市教育委员会教学研究室 编

我是快乐的艺术家

——高瞻课程创造性艺术活动本土化实践研究

上海教育出版社
SHANGHAI EDUCATIONAL
PUBLISHING HOUSE

图书在版编目（CIP）数据

我是快乐的艺术家：高瞻课程创造性艺术活动本土化实践研究 / 上海市
教育委员会教学研究室编.— 上海:上海教育出版社, 2020.10 (2021.5重印)
（幼儿园教师专业发展丛书）
ISBN 978-7-5720-0237-3

Ⅰ.①我… Ⅱ.①上… Ⅲ.①艺术教育－教学研究－学前教育
Ⅳ.①G613.5

中国版本图书馆CIP数据核字(2020)第187114号

策　　划　王爱军
责任编辑　王爱军　时　莉
美术编辑　王　慧
整体设计　王　慧

幼儿园教师专业发展丛书
我是快乐的艺术家
——高瞻课程创造性艺术活动本土化实践研究
上海市教育委员会教学研究室编

出版发行　上海教育出版社有限公司
官　　网　www.seph.com.cn
地　　址　上海市永福路123号
邮　　编　200031
印　　刷　上海昌鑫龙印务有限公司
开　　本　787×1092　1/16　印张 25.75
字　　数　383 千字
版　　次　2020年10月第1版
印　　次　2021年 5月第2次印刷
书　　号　ISBN 978-7-5720-0237-3/G·0185
定　　价　82.00 元

如发现质量问题，读者可向本社调换　电话：021-64377165

项目顾问

　　　　徐淀芳　谭轶斌

项目主持、本书主编

　　　　周洪飞

项目核心成员、本书编委

　　　　徐则民　贺　蓉　王　菁　常　明　张　婕

项目专家

　　　　华爱华　张荫尧　张　婕　宋　青　黄婴茵

项目实践组核心成员（以姓氏笔画为序）

　　　　于敏惠　方红梅　宋　青　陆　薇　周卫红　郁亚妹
　　　　周莉莉　顾英姿　奚　珏　浦瑜倩　曹莉萍　潘丽华

2001 年，我到意大利瑞吉欧的幼儿园参访，对那里浓浓的艺术教育氛围印象深刻。我的印象之一是，陈列在活动室的孩子的作品，与我国幼儿园呈现的幼儿的作品完全不同，孩子的自我表达得到教师最大的尊重，哪怕这个作品看似什么也不像，甚至只是一团乱乱的细铁丝，教师也会在倾听孩子的表达后将其展示出来，各种看似稚拙的幼儿作品，由于个性化的表达，让人感到一种童真的灵动。而我国幼儿园教室里呈现的都是挑选过的"杰作"，尽管看上去成熟而精致，但千篇一律的表达方式显得呆板沉闷。我的印象之二是，在米兰、罗马的街头广场，有很多废旧物组合而被称为后现代艺术的作品，堂而皇之地耸立在显眼之处，着实令人震撼和耳目一新，观者深受感染（记得与我同行的上海市静安区芷江中路幼儿园园长大呼，"这与我们的孩子在自发活动中经常出现的作品一样嘛"）。随后，我在宾馆、饭店等场合的墙面上，都看到了犹如儿童般表现的成人作品，这让我又一次感到了一种反差，他们是成人艺术家在模仿儿童的表现方法，而我们是让孩子尽快地学会成人的表现方法。后来，我在芷江中路幼儿园，真的看到了大量类似意大利街头成人作品的幼儿原始创作，感受到一种真正意义上的童真。

2012 年，我被要求对《3—6 岁儿童学习与发展指南》艺术领域的目标进行解读，这使我有了一次对幼儿园艺术教育的价值导向进行深入思考的机会。为了深刻理解《3—6 岁儿童学习与发展指南》的精神，我有目的地接触了艺术领域的专业工作者，接触了幼儿园艺术教育特长的教师，与他们进行了各种对话，也阅读了一些艺术家、美学家发表的文字，从而发现了我国幼儿园艺术教育的两个现实问题：一是两个落差，即幼儿园教师与艺术领域的专家之间在艺术教育的观念上有落差，以及我国幼儿园艺术教育的实践与当代教育倡导的理念之间有落差；二是我国学前教育改革三十年来的巨大进步并没有很好地体现在幼儿园的艺术教育领域，也就是说，那些相信儿童、尊重儿童、主动学习、自主探索等新观念的落地，在艺术教育领域是滞后的，幼儿园艺术教育的改革被技能导向的惰性牵扯着，而《3—6岁儿童学习与发展指南》正是来解决这个问题的。

在宣传、解读和落实《3—6岁儿童学习与发展指南》精神的过程中，我发现艺术教育领域仍然阻力最大，原因在于教师们普遍认为艺术教学离不开教幼儿技能，因为教师们感到两难：不教，孩子们就不会表现或胡乱表现；教了，孩子们的表现被动，这有悖于主动学习。于是，幼儿园的艺术教育要么在新口号的包装下想方设法坚持传统做法，要么就干脆屏蔽了艺术。

然而，我不得不为上海学前教育整体水平的领先而点赞，目前在幼儿园艺术教育的改革方面，上海又向前跨了一大步。我认为，这与上海市教育委员会教学研究室长期以来始终瞄准改革实践中的一个个困惑和难点，善于整合各种资源，通过行动研究以点带面地各个击破，并进行区域性推进的工作方法有关，本书正是针对新时期幼儿园艺术教育改革难题进行研究所获得的成果。我有幸参与其中，见证了在周洪飞老师的主持下，上海市教育委员会教学研究室的几位教师是如何领衔项目幼儿园，从幼儿艺术教育的价值导向开始，领会美国高瞻课程中的幼儿主动学习理念，借鉴高瞻课程中创造性艺术的实操原则，对照实践一线存在的问题和不足，在理论和实践的层面，展开无数次的对话、论辩、研讨和尝试，最终在实践的不断验证中，实现了认识的日益趋同和实践的不断完善，摘得第一轮新果。

我非常看好这一成果可持续发展的后续效应，因为这个研究从一开始就抓住了幼儿艺术教育最本质的价值定位：将"呵护天性"作为艺术教育的理念，这就明确告诉教师，"幼儿是天生的艺术家"，"呵护"说明教育的作用在于由内而外地唤醒和激发幼儿本身就具有的艺术潜能，而不是由外而内地传递成人认定的艺术准则；将"释放天性"作为艺术教育的目标，直接凸显了儿童的主体地位。检验教育成功与否，就看儿童是对外在的被动接受还是对内在的主动释放，具体就看儿童的艺术行为是否表达了个体自我的情绪和情感，是否表现了自我对外部世界的观察与思考，而不是生硬地去表现和表达强加于他们的成人想法。我兴奋地看到，这一理念和目标的定位确实改变了教师对孩子们艺术表达的态度和看法，如他们会从"一团乱"的幼儿作品中看到孩子丰富的内心表达，能在没有"兰花指"的幼儿自主舞蹈中与孩子们共鸣。

这一研究对传统幼儿艺术教育有一个很大的突破，那就是强调艺术素养（感知、体验、表征、想象、创造）的熏陶，而不是对艺术元素（色彩、线条、节奏、旋律）的技能教授。于是，幼儿园的艺术教育就不再局限于专门的艺术活动，而是向一日生活延展，在依据《3—6岁儿童学习与发展指南》艺术领域目标和借鉴高瞻课程的幼儿艺术行为评估指标的基础上，形成了《幼儿创造性艺术发展观察指标（试验版）》。教师们的艺术敏感度显著提升，他们发现一日生活中处处有幼儿的艺术表现和创造。在沙池中，在角色游戏和建构游戏中，在各类区角活动中，在户外的运动中，教师们无时不在观察和发现幼儿特有的审美体验和艺术表现。儿童作为天生艺术家的形象，在教师们的心中树立起来。一个有着艺术特长的教师激动地表示，她的目光从班里的几个"台柱子"转向了全体孩子，发现了在她组织的艺术活动中不起眼的孩子，在自发的活动中却有如此自在的艺术活力。

这个研究直面幼儿艺术教育中的两难困惑，即在幼儿发起的活动和教师发起的活动之间，在艺术活动的专门预设和艺术表现的日常生成之间，总是会存在主体和主导的矛盾，通过实践—反思—再实践—再反思的不断求证，教师们开始把握这其间的"度"。幼儿艺术潜能的激发，幼儿艺术素养的提升离不开幼儿的主体性发挥，也离不开教师的支持性作用。艺术审美的感受和表现只能是幼儿内发的，而艺术审美的感受和表现却是需要教师给予机会的。在幼儿发起的活动中，只有当教师能敏感地捕捉和解读孩子的艺术审美时，其支持性引导才能实现；在教师发起的活动中，必须降低结构并开放到能尊重幼儿的自主表现时，幼儿的自主性才能实现。教师们在这两类活动的两难中，逐渐体悟如何才能在艺术审美领域与孩子同频共振。

参与研究的幼儿园具有一定的代表性，有以艺术为特色的幼儿园，有课程改革卓有成效的幼儿园，有不同级别的幼儿园，有远郊和城区的幼儿园，成果是在不同声音之间的交锋碰撞、互动切磋和协同攻克中收获的。我认定撒下这样一批优良的种子，一定会在整个上海迎来满园硕果。

华爱华

2020 年 5 月 10 日

目录

别样的艺术让每个孩子"嗨"起来 /1

别样的艺术让每个孩子"嗨"起来

上海幼儿园经过一期、二期近 30 年课程改革的洗礼,已经发生了令人欣喜的变化。然而,随着改革的不断深入,随着教育理念与价值取向的与时俱进,上海学前教育课程文本(《上海市学前教育课程指南(试行稿)》、教师参考用书等)需要进一步修改与完善,上海的课程实践也需要迈上一个新的台阶。艺术课程,作为幼儿教育的重要组成,需要基于国家的新要求,针对现实问题,不断尝试新的探索与改革。本着"立足本土,吸收外来"的工作理念,2018 年初,上海市教育委员会教学研究室启动了"高瞻课程创造性艺术活动本土化实践研究",即以高瞻课程主动性学习为核心,聚焦创造性艺术领域,取其精华,融合本土实践,重在释放儿童天性,培育幼儿创造性探索和表达的态度与精神,同时也为上海学前教育课程改革的可持续发展奠定基础,积蓄专业力量。

一、研究背景与意义

(一)呼应国家艺术教育改革的需要

艺术对幼儿的发展价值不言而喻。艺术不仅可以帮助幼儿探索世界,也可以促进幼儿创造力的发展,更可以培养幼儿的自信心,"让幼儿获得内在效能感"(Epstein & Trimis,2012)。

2012 年,教育部颁布的《3—6 岁儿童学习与发展指南》,将艺术作为幼儿发展的五大领域之一,纳入幼儿的学习与发展体系。艺术领域又分为感受和欣赏、表现和创造两个子领域。《3—6 岁儿童学习与发展指南》明确提出:"幼儿艺术领域学习的关键在于充分创造条件和机会,在大自然和社会文化生活中萌发幼儿对美的感受和体验,丰富其想象力和创造力,引导幼儿学会用心灵去感受和发现美,用自己的方式去表现和创造美。"①

2015 年，国务院办公厅印发《关于全面加强和改进学校美育工作的意见》，直接从美育入手讨论艺术教育，指出学校美育课程以艺术课程为主体，"幼儿园美育要培养幼儿拥有美好、善良的心灵，懂得珍惜美好事物，能用自己的方式去表现美、创造美，使幼儿快乐生活，健康成长"，这是国家对艺术教育美育导向和育人目标的强调。

2016 年，国家教育部发布了《中国学生发展核心素养》，也将艺术素养纳入学生发展核心素养这一整体框架中，提出全面发展的人需要具备"自主发展、文化基础和社会参与"三个方面的必备品格和关键能力，其中，文化基础中就包括了审美情趣。审美情趣主要表现为："具有艺术知识、技能与方法的积累；能理解和尊重文化艺术的多样性，具有发现、感知、欣赏、评价美的意识和基本能力；具有健康的审美价值取向；具有艺术表达和创意表现的兴趣和意识，能在生活中拓展和升华美等。"可见，最新的国家研究报告已经将艺术素养视为所有学生都应当具备的重要素养之一，肯定艺术素养、创造力、创新能力是适应个人终身发展和社会发展需要的必备品格和关键能力之一。

以上一系列文件的颁布表明，现阶段我国艺术领域正在不断地进行教育改革，且这些改革正处于关键阶段。学前艺术教育要"充分尊重幼儿身心发展规律，在深入了解幼儿艺术能力和审美情感发展规律的基础上，尊重幼儿独特的艺术表达，从而发挥艺术教育培养儿童想象力、创造力和审美能力的功能"；"要重视儿童用自己的方式在艺术领域进行学习、体验和探索，关注幼儿在艺术学习中的分享与交流，通过艺术对幼儿进行全人教育"，这些均表达了鲜明的艺术教育的价值导向。因此，学前教育要深化艺术教育改革，以回应时代发展的新诉求。

（二）改善学前艺术教育不足的需要

与国家的价值导向与要求比照，目前上海艺术教育实践中仍然存在

---

① 李季湄，冯晓霞.《3—6 岁儿童学习与发展指南》解读［M］.北京：人民教育出版社，2014：287.

以下几个问题：

1. 艺术活动对幼儿发展的重要意义认识不足

教师对幼儿艺术教育不够重视，艺术教育在整个课程安排中占比不足。即便一些教师能理解并接受艺术教育在帮助幼儿探索世界，促进幼儿创造力的发展，培养幼儿自信心等方面的价值，也没有将其落实于活动实施的过程中。

2. 艺术教育观念不够正确

毕加索说过，"儿童都是艺术家"。但是在现实中，儿童的艺术潜力还没有得到充分的认识和尊重。教师在活动中常常表现出高控，控内容，控程序，控作品，让儿童被动接受。显然，这是对儿童权利及能力的不尊重，不信任。

3. 艺术教育实施途径狭隘化

已有的艺术教育常以音乐课、美术课以及艺术区角为实施途径，并没有将艺术融入一日活动，使之成为儿童生活的一部分。教师缺乏对生活中以及大自然中艺术元素的敏感性，没能让幼儿获得丰富的艺术滋养和浸润。

4. 艺术教育内容单一

目前，幼儿园艺术活动的内容主要来源于上海市"二期课改"的教师参考用书，而教师参考用书中的艺术教育内容，如童谣、儿歌、手工制作等数量有限，内容也相对单调，再加上教师参考用书编写于二十年前，与现代幼儿的生活和兴趣以及越来越多元化、个性化的艺术表现呼应不足。同时，又由于教师对于家庭、社区艺术资源的开发和利用意识不强，无处不在的艺术资源并没有为幼儿发展所用。

5. 艺术评价背离艺术的本真

一者，教师常常以"唱得好不好，跳得对不对，画得像不像"作为评价视角，强调技能，忽视表达方式的多样性，忽视幼儿情感的抒发和表达；二者，已有的评价偏向关注集体，而忽略了幼儿个体，往往用统一的方式去评价幼儿，缺乏与幼儿的情感沟通及意义的追寻，没有尊重幼儿个体独特的理解与表达。

由此，本研究立足于幼儿创造性艺术教育，聚焦基于新理念的问题与实践的落差，寻求突破，对深化当前幼儿艺术教育研究具有重要意义，同样也是学前教育深化课程改革的必然抉择。

（三）"他山之石，可以攻玉"

高瞻课程是一套比较完整的课程体系，主动学习是其教育理念的核心，主张幼儿是在主动操作及与成人的积极互动中主动建构对周围世界的认知和理解。创造性艺术教育是高瞻课程的重要内容之一，既有满足幼儿主动学习内在需求的清晰的指导原则，又不乏具体、可资借鉴的教学策略。它强调儿童对艺术的感受和体验，鼓励儿童把学习当作有趣的创造，让儿童发现、感受、思考和创造生活；它强调只有当教师为幼儿提供自由表达的安全环境时，幼儿才会受到激发，运用多种艺术形式进行探索试验。这与艺术教育回归生活、回归审美教育是相契合的，也真正符合《3—6岁儿童学习与发展指南》的精神内涵。

"他山之石，可以攻玉。"由美国高瞻基金会授权成立的中国高瞻教育科学研究院拥有丰富的、前沿性的高瞻课程资源与专家研究团队，他们愿意支持上海的学前教育课程研究。基于此，上海市教育委员会教学研究室与中国高瞻教育科学研究院合作，以高瞻课程创造性艺术教育本土化为切入点，结合中国实际国情，深入探索支持幼儿主动学习的课程环境与策略，让幼儿充分感受和发现艺术的魅力，用自己的方式去表现和创造属于自己的艺术，由此寻找出一条具有中国特色的幼儿艺术教育的道路。

二、研究设计

（一）研究重点

一是引入高瞻课程幼儿创造性艺术活动，进行本土化（园本化）实践，解决上海幼儿园创造性艺术实践的问题，促进艺术教育理念与行为的真正变革。

二是通过培训式项目实践，形成核心专家团队，储备丰厚的专业和技术力量。

三是了解高瞻课程幼儿创造性艺术活动设计的理念、结构、方法、内容、实施、评价等方面的特色，积累和形成促进上海课程深化发展的经验，从而促进上海幼儿园课程的持续优化。

（二）研究架构

经由幼儿园自主申报，上海市教育委员会教学研究室与专家团队审核，确定 12 所幼儿园（包含市中心园、远郊园，示范园、一级园、新办园等）为项目幼儿园。为有效推进本课题的行动研究，高校专家、资深幼儿园园长以及中国高瞻教育科学研究院成员等组成了项目专家组，为课题研究提供理论指导和咨询服务。

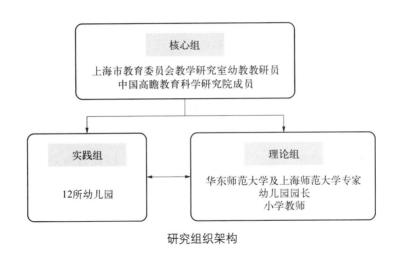

研究组织架构

（三）研究过程

1. 自下而上，确立研究框架

在研究初期，我们进行了多轮自下而上的专题探讨，最后确定了研究框架。这样的框架基于试验单位，各有侧重，又做到综合全面，涵盖了研究希望突破的重点内容。

2. 横向协同，扎实研究过程

确立"培训学习—实践探索—展示研讨"三位一体的策略。首先，以研究与同步培训相结合，引领研究方向。比如，邀请美国专家作高瞻课程的培训，邀请中国高瞻教育科学研究院教师作幼儿发展观察评价专

研究框架

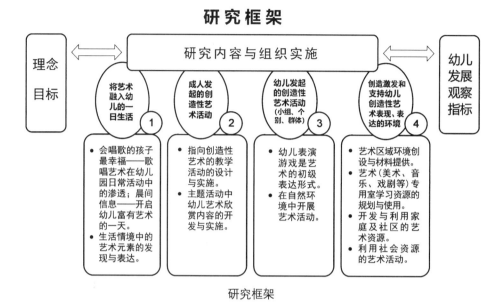

研究框架

题培训，邀请项目专家华爱华教授作《3—6岁儿童学习与发展指南》艺术部分的解读，等等。在浸润式培训的过程中，大家的理念在不断地被改变，被塑造。其次，以"制订计划—行动实践—观察反思—行动改进"的程序展开项目研究，推动各子项目实践探索。据初步统计，市项目组在不同阶段组织开展了十余场项目幼儿园现场研讨、多场总项目探讨和一场项目市级展示交流。每场活动由项目幼儿园园长、骨干教师、专家组团队等全体参加。通过园长与教师对话、专家与幼儿园对话等形式分享经验，相互借鉴，聚焦内容，明晰思路，形成共识，改进行动，实现边实践，边反思，边改进，边传播。从上海市黄浦区学前幼儿园创造性艺术项目核心课题组会议汇总列表中，可见联动的频次与作用。总之，几十所项目幼儿园与总项目组教师一起，共同行走在这条光荣的荆棘路上。

3.研制模板，规范实践提炼

项目实施有时限性，在研究中，我们以"2+2+1+N"（2个案例、2个故事、1篇总结报告、N项课程资源）为模板，引导幼儿园在有限的时间内解决重点问题，提供典型经验。对于每一项任务，总项目组都提供模板并加以细致培训。比如，对于活动案例的实践与总结，总项目

上海市黄浦区学前幼儿园创造性艺术项目核心课题组会议汇总（一学年）

时间		会 议 议 题	达成共识（关键词）
2018 年 9 月	园外	回顾暑期高瞻课程理论培训	主动学习；家庭、社区艺术资源开发与利用
	园内	明确我园高瞻课程项目计划	
2018 年 10 月	园外	姐妹园观摩、交流、反馈	玩沙；户外音乐活动；教师艺术素养；城隍庙；豫园；建筑艺术美；家长志愿者
	园内	研讨项目组活动方案	
2018 年 11 月	园外	姐妹园观摩、交流、反馈	东方乐器博物馆；主题课程
	园内	研讨、反馈项目组活动方案	
2018 年 12 月	园外	分享上海市实验幼儿园观摩感悟	生活情境；材料丰富性；社区、家庭、幼儿园艺术活动
	园内	讨论教师、幼儿发起的案例	
2019 年 1 月	园外	分享上海市闵行区莘庄幼儿园观摩感悟	教师发起的活动；活动回顾
	园内	研讨、反馈项目组活动方案	
2019 年 3 月	园外	姐妹园观摩、交流、反馈	新学期方案实施计划；家长志愿者
	园内	研讨、反馈项目组活动方案	
2019 年 4 月	园外	分享创造性艺术领域教师观察指标本土化培训	艺术领域关键性发展指标；轶事记录
	园内	研讨、反馈项目组活动方案	
2019 年 5 月	园外	分享上海市静安区华山美术幼儿园、上海市金山区艺术幼儿园观摩感悟	课程故事
	园内	回顾暑期高瞻课程理论培训	
2019 年 6 月	园外	明确我园高瞻课程项目计划	主动学习；家庭、社区艺术资源开发与利用
	园内	姐妹园观摩、交流、反馈	

组先研究了活动案例的模板，同时指导一所幼儿园提前研究与总结活动案例，然后总项目组与之一起对所提供的案例材料进行深度研讨和修改，定稿后作为最终的模板下发到各项目幼儿园，让要求变得直观"看得见"。

三、研究成果

（一）形成了创造性艺术教育的理念、目标与实施原则

本项目将艺术视作一个独特的课程领域，在研究中逐步形成了创造性艺术教育的理念、目标与实施原则（详见下表），力图从根本上转变对艺术教育的传统观念，并以正确的理念、清晰的目标以及实施策略引领和指导幼儿园的课程实践，使幼儿艺术教育到达一个新高度。

创造性艺术教育的理念、目标与实施原则

理念	呵护天性，让艺术真正成为幼儿表达自我的重要方式。
目标	释放天性，能用多种感官感受与表达自己的情绪以及对生活的观察、想象与思考。
实施原则	●引导幼儿欣赏与幼儿表现同等重要。 ●让幼儿欣赏多种艺术，包括自然美、生活美、艺术美。 ●用艺术独有的方式开展艺术活动。 ●呵护幼儿的天性，尊重幼儿自己的表达和创作。 ●借助《观察指标》发现和解读幼儿的艺术。 ●和幼儿认真谈论艺术。 ●在幼儿需要时提供技能支持。

理念是幼儿园课程的重要组成要素，明确了幼儿园教育活动的立场和方向。"呵护天性，让艺术真正成为孩子表达自我的重要方式"的理念，首先，强调艺术是幼儿的天性，艺术是幼儿表达自我的重要方式，成人要予以呵护；其次，强调艺术活动能让幼儿体会到愉悦、胜任感、自信和被接纳，所以成人要俯下身来，调动和促进幼儿主体价值的实现；再次，艺术不是外在的、统一的，成人应该提供个性化的"鹰架"，满足幼儿个性化的需求。

目标是通过各类活动，希望在孩子身上有所体现和落实的要求。以"释放天性，能用多种感官感受与表达自己的情绪以及对生活的观察、想象与思考"作为目标，希望以此统一思想，实现共同的理想追求。首先，该目标强调幼儿的天性在艺术活动中需要得到真正的释放；其次，该目标强调调动幼儿所有的感官，让艺术与幼儿自己的感觉、想法以及情感

密切联系;再次,该目标强调幼儿以多种方式表达自己,挑战自己的想法,并由此进一步理解周围的世界。

实施原则是根据理念与目标而制订的行动方略,也是实现理念与目标的方式方法的集合。七个实施原则为艺术活动的具体实践指明了方向。

(二)探索并形成了创造性艺术活动的操作策略

用开放、融合、接纳的价值观丰富艺术教育的实施途径,扩展艺术教育的场所,利用一切可利用的空间与资源让幼儿在丰富、多样、充满艺术气息的活动中浸润艺术,在潜移默化中提高幼儿的艺术兴趣与素养。

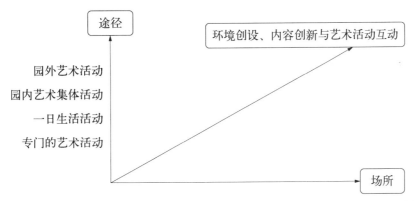

创造性艺术活动的操作策略

在上图中,纵轴表达了艺术活动的实施途径,即从原来专门的艺术活动,拓展到园外艺术活动。横轴呈现了艺术教育活动在场所上的变化,即从班级活动室,到幼儿园公共空间、幼儿园自然环境,甚至是社区艺术场馆。环境创设、内容创新、艺术活动互动是链接"途径"与"场所"的核心内容。

1.将艺术融入幼儿的一日生活

教师带领幼儿共同敏锐地去发现四类活动(运动、生活活动、游戏、学习活动)中的艺术元素,并给予适宜的支持,以帮助幼儿进一步感受、表现,提升幼儿对艺术的敏感性、表现力与创造性。比如,上海市闵行区莘庄幼儿园"狂欢十分钟"活动很好地将运动与艺术融合在一起，让幼儿都成为有创意的舞者：不设限的场地——给幼儿充分律动、互动的空间；不一样的舞台——每个人都是焦点（操场四周分别放置了一个像小舞台一样的长方形木质增高台）；多类型的材料——让幼儿和音乐节奏亲密互动。又如，上海市长宁区新实验幼儿园创建"信息板"，来园时，每个孩子都可以表达自我主张，挥洒创意，画个"餐桌＋大头娃娃"，表达甜蜜餐点的时候要和某个伙伴坐一起；进餐前，开展自制卡通饭团品尝会等，增添艺术化的小细节；散步时，鼓励幼儿收集周边不同颜色的花瓣，以装点不同口味的冰激凌蛋糕；捡起落叶、果子，绘制特别的落叶小人；收集沙水混合后产生的泡沫，绘制一幅特别的泡沫画……生活活动与艺术体验浑然一体。再如，上海市宝山区陈伯吹艺术幼儿园在表演游戏中，用丰富的低结构材料激发幼儿的艺术性，如设立明星榜、剧组照片墙、大拇指点赞、宣传栏、"哇"时刻等激励机制，让幼儿获得成功感。游戏活动给予幼儿更多的表现艺术兴趣和艺术能力的机会，幼儿更快乐，更灵动，更有艺术范儿了。

让一日作息的转换富有艺术感，让常规的流程带来艺术乐趣。比如，上海市虹口区体育幼儿园在一日活动的各个环节以不同的方式融入音乐，让幼儿重新创作熟悉的、想象的律动，按照音乐的音量或节奏，像各种动物一样移动，自然地从一个环节过渡到下一个环节；又在班级固定的作息时间中，增添"艺术桌""故事会""家庭宝贝艺术展"等，为原本固定的环节转换增添艺术的气息。又如，上海市松江区岳阳幼儿园在一日活动中有机渗入音乐欣赏活动：入园时，选用活泼、优美的音乐；户外运动时，选用曲风动感、节奏变化的进行曲；活动过渡环节，运用不同节奏的乐曲，歌词内容既提示幼儿活动内容的转换，又能够让幼儿在艺术的氛围中得到熏陶，让欣赏活动自然而然地发生。

在节庆等活动中，增添艺术表现和享受的机会。比如，上海市闵行区莘庄幼儿园在主动学习理念下，将传统的创意节办成一个儿童自己的节日。在创意节期间，每天上午除了运动和必要的生活环节外，其他时间都成为创意节活动时间，保证幼儿能拥有大块、完整的时间可以不被打扰，连贯地进行创造性艺术活动。又如，上海市虹口区体育幼儿园的

"音乐集市""春日歌会""秋日歌会"等，跨越班级、年龄的限制，用歌会点亮每一位幼儿的歌唱热情，把幼儿的歌声从班级传到了整个幼儿园，创造园本化或班本化的艺术形式。

2.创造激发、支持幼儿创造性艺术表现表达的环境

（1）支持性心理氛围的营造

首先，教师应承认幼儿天生是艺术家，幼儿的艺术活动是一种源自幼儿内在的、最原始质朴并伴随无限想象力的创作活动，幼儿的生活本身就是艺术。其次，教师应成为和幼儿一起感知世界的人，尊重幼儿的主体性，尊重幼儿的兴趣、需要、想象和创造，尊重幼儿在生活中、游戏中的学习特点，激励幼儿与环境、材料互动，支持幼儿富有个性和创造性的表达表现。第三，即便需要介入，教师也需小心翼翼地把握好度，对幼儿的心理发展进程心存敬畏，不是一味地根据教师的设想打乱幼儿的活动，使幼儿偏离自己的探索轨道，而是创造条件去发展、支持并延伸幼儿的艺术表现。

（2）基于幼儿视角的赋权与资源材料的提供

上海市实验幼儿园以幼儿视角引领项目实践，提供生活素材，支持生活情境再现；调整生活素材，追随生活情境变化；运用班历梳理，呈现共同生活中的话题和问题；抓住关键事件，不断延展共同生活中的闪光和灵感；融入情绪情感，聚焦个体表达生活中的感受和体验。在项目实施中，该园积累了生活情境下的艺术资源和环境，归纳梳理出幼儿各类创造性艺术活动的材料。又如，上海市松江区岳阳幼儿园让幼儿讨论、投票，决定出自己喜欢的音乐和素材。再如，上海市闵行区莘庄幼儿园在门厅、走廊、楼梯、公共区域、艺术专用教室、班级环境等空间，创设了丰富的艺术欣赏与互动的材料，用环境去熏陶、点燃孩子的艺术细胞，体现了"细节之处徜徉着艺术的音符"。

（3）新颖的学习资源的引入

上海市静安区华山美术幼儿园为破除原有经验对创造表现的禁锢，用新颖的学习资源来激活幼儿的灵感，即以视频、实物、图册等将幼儿的故事和成果展示出来，以支持幼儿相互学习、自主探索。比如，提供形式多样的艺术品，引发幼儿感受和欣赏、创造与表达；提供有情景、

有留白的展示环境，持续激发幼儿的创作动机；提供有美感的展示环境，引导幼儿感受和表现美。教师通过观察和分析，精准地识别孩子的发展需要，并通过环境创设、资源更新、设备投入，及时回应和支持孩子的诉求。

（4）到公共区域和大自然中开展艺术活动

艺术活动走出班级，以公共区域和户外大自然为主要场域，有利于促发创意。比如，在幼儿园的门厅布置一个艺术展览；去幼儿园的种植园，为花朵、果子、小草写生；在幼儿园最大的一棵树下举办一场关于树叶的音乐表演；走出园所，来到路边的绿化带、樱花林下寻找秋天。场地的调整让活动的情景感更强了，也使得幼儿的艺术表现愈加丰富、多样，自然环境支持了幼儿的艺术表现。

3. 幼儿艺术活动内容的再开发

（1）主题中幼儿艺术欣赏内容的开发

上海市浦东新区金囿幼儿园艺术内容开发，经历三个步骤：首先，教师根据主题等要求适度选择相关内容，并将自己的初步选择告诉幼儿；其次，与幼儿分享主题中艺术欣赏的内容；再次，结合幼儿的兴趣，借助主题，形成艺术欣赏活动，体现艺术欣赏丰富的内容与形式，如小班"过年啦"主题中"年来了"，中班"身体的秘密"主题中"脸"，大班"动物大世界"主题中"狮子"等主题欣赏活动。

（2）与幼儿生活相链接的内容开发

上海市虹口区体育幼儿园将歌唱内容与幼儿的生活相联系，形成了与一日活动中各环节相契合的、又蕴含价值观念导向的歌曲素材库，如来园互相问候歌《你好》《好宝宝》；游戏后，整理玩具的劳动号子《劳动最光荣》《Clean Up》；运动前后情绪调节的歌曲《Go，Go，加油！》《身体音阶歌》；学习活动过度环节的歌曲《我的身体都会响》等。同时，开发了与节庆、季节以及与古诗词相结合的歌唱内容，即中秋节唱团圆，国庆节唱爱国，新年欢唱喜悦，感恩节唱出谢意等。上海市松江区岳阳幼儿园在研究中形成了低结构音乐资源库，包括幼儿喜欢的儿童歌曲、流行歌曲、动画片主题曲、艺术歌曲、纯音乐、手机铃声等。上海市闵行区莘庄幼儿园"狂欢10分钟"音乐曲库的形成，则经历了从单纯地依据音乐节奏、韵律到遵循科学性、适宜性，以及能否促进幼儿创造力的发展视角上的变化；音乐选择过程也从单一地由教师选择，扩展到由教师筛选—幼儿反馈—教师观察判断—幼儿推荐—确定音乐的过程。值得肯定的是，该园的做法不仅仅有利于艺术活动内容上的丰富与拓展，更是在如何选择上融入了幼儿的视角与意见。

4. 艺术活动的改善与优化

（1）成人发起的艺术活动的优化

结合项目的研究，幼儿园形成了兼具内涵品质与操作细节的活动案例（详见本书的"实践案例篇"），诠释了高瞻课程教育理念下的艺术活动样态。

第一，教师以高瞻课程教育理念为魂，以艺术活动的改进与优化为重点，探索并确立成人发起的艺术活动的思考与实施框架：过程性目标—弱化结构框架—活动情境支持探索与生成—师幼互动。这个实施框架强调温和的延展，降低教师的高控性，使教师发起的活动更自然灵动，也使幼儿的学习更具主动性。例如，全市展示会上的活动"秋叶儿"，教师和孩子一起玩音乐，在积极情绪感染和适度的"鹰架"下，孩子们体验到了多姿多彩的音乐表达与想象之趣，较好地诠释了教师发起的艺术活动的变革。

第二，聚焦艺术表现来自幼儿真实的体验，凸显在幼儿发起的活动与教师支持性活动之间螺旋式地转换、衔接及递进。

第三，强调了活动的综合性，即教师不仅关注幼儿创造性艺术的发展，还要关注幼儿身体与健康、语言与交流、科学与学习方式等其他领域的发展。

总之，活动案例直观地再现了幼儿园项目研究的实践过程，体现了教师在课程转型过程中理念的转变、行为的优化，折射出从教师个体到幼儿园整体课程领导力的提升。

（2）对幼儿发起的艺术探索活动的支持

幼儿发起的艺术活动也是艺术教育的一个途径。上海市金山区实验幼儿园的"快乐音乐吧"，上海市松江区岳阳幼儿园的个别化音乐欣赏活动等，积累了有价值的经验。幼儿发起的艺术活动与教师发起的预设性活动有明显不同之处。第一，对幼儿活动的观察与价值判断的重视，如"中国功夫"案例体现了幼儿发起的活动源于其内在动机，即幼儿表现出对"中国功夫"的兴趣，继而自发开启"功夫学校"，体验活动中的乐趣。第二，借助持续观察、轶事记录以及提供材料等策略，帮助幼儿实现和优化他们的艺术创作过程。第三，教师在同幼儿的互动中尝试使用与艺术相关的语言，鼓励幼儿谈论艺术，同时通过描述、评论以及询问一些开放式问题，引发幼儿思考，让幼儿体会艺术创作的价值。比如，"由乐器博物馆引发的趣事"案例，教师关注幼儿艺术创作及声音探索中的细节，通过师幼互动，进一步理解幼儿的语言和思维，也让幼儿获得了艺术体验。

5. 挖掘家庭及社区艺术教育资源

家庭和社区是更宏观意义上的学校。拓宽艺术教育的途径，有针对性地挖掘和扩充园外资源，为幼儿服务，让幼儿获得丰富的感受和体验，这是本项目的又一突破。比如，参观嘉定汽车博物馆，催生了创意汽车画展；参观油罐艺术中心，激活了湿拓创意的个别化学习方案；充分利用QQ农场和班级植物区，挖掘出常规活动的创造性艺术潜力。除此而外，教师、幼儿和家长一起走进了草间弥生艺术馆、东方乐器博物馆、城隍庙、大世界、社区图书馆、少年宫等，形成了社区艺术资源利用的活动方案。通过"艺术之旅护照"，安排幼儿实地考察，向幼儿介绍创造性艺术，让幼儿再现自己的经历。这样既拓宽了艺术教育的途径，盘活了社区的艺术资源，又赋予了幼儿体验创造性艺术的机会，同时增强了亲子关系，拓展了家长的审美力。

（三）初步形成了《幼儿创造性艺术发展观察指标（试验版）》

幼儿创造性发展观察指标旨在帮助教师在一日生活中学会观察幼儿，理解幼儿的艺术发展过程，从而制订出相应的策略，以支持幼儿的创造性表现和表达，最终实现基于高瞻课程理念的创造性艺术教育的目标。

以高瞻课程最新的儿童观察评价工具《学前儿童观察记录量表》为依据，结合《3—6岁学前儿童学习与发展指南》《上海幼儿园保教质量评价指南（征求意见稿）》以及大量国内外对于创造性艺术指标的思考，形成《幼儿创造性艺术发展观察指标（试验版）》（以下简称《观察指标》）的框架。在试点幼儿园实践使用基础上，对《观察指标》的逻辑框架、指导思想、表达格式等进行了多次修改，最终完成《观察指标》的研制。

《观察指标》具有以下特点：

1. 综合性

高瞻课程《学前儿童观察记录量表》包含 9 个领域，36 个评价条目，每个评价条目中包含 8 个级别。创造性艺术是其中的一个领域，包含艺术、音乐、律动、假装游戏和艺术欣赏。如果单独看这些艺术指标，该量表很容易被看作是艺术技能性评价。所以，我们并不简单照搬高瞻课程中的创造性艺术指标，而是从创造性艺术课程理念与价值出发，建构了由"主动性、情绪情感与自信心、艺术表现与欣赏"三方面 17 个子领域组成的综合指标框架，旨在帮助教师以综合的视角看待幼儿的艺术。同时，不强调幼儿的年龄，而更强调幼儿的发展水平，关注每个幼儿作为独立的个体在各个指标上的发展水平以及上升的空间，突出儿童视角，为教师的观察和了解儿童的艺术发展提供基本依据。

2. 操作性

第一，《观察指标》的用词以描述客观事实性行为为主，避免使用主观词汇和模棱两可的词汇，以帮助教师更清晰地了解和判断幼儿当下的艺术发展水平。比如，"幼儿花费 20 分钟的时间开展一个或两个有关创造性艺术的游戏或活动""幼儿在艺术及相关活动中用多种方法探索一种新材料"，等等。第二，《观察指标》中的每一项配有详尽的轶事例举，提升了观察指标的操作性。比如，在"幼儿在艺术及相关活动中用多种方法探索一种新材料"的观察指标中，配上了三个轶事例举，如"芝芝用捶、戳、揉的方式操作黏土，并把叉子按进黏土"；又如，"悠悠用胳膊按压面团并观察纹路，然后将袖管拉下来，用袖管垫着胳膊肘按压面团并观察，她又将手指来回碾面团，直到面团中间断裂，最后她用两只手撕扯面团并观察断裂处"。第三，编制了《观察指标使用手册》，即对指标制订的背景、指标编制的基本思想和原则、指标的解读、使用方法、轶事记录写作规范以及指标实施，作出了清晰的阐述。

四、研究成果与反思

（一）研究成效

以解决实践问题为导向的行动研究带来了显著的变化。

1. 教师的变化——理念变了，由此带来了实践智慧的提升

第一，教师由衷地承认、相信每个孩子都是天生的艺术家。"一团乱"等活动充分体现出每个孩子都是天生的艺术家。教师看见了童年，懂得了尊重童年和向儿童学习的意义。

第二，教师尝试放手，让艺术真正成为孩子表达自我的方式。教师们纷纷表示："如今的我不再只追求幼儿作品是否漂亮、好看，而是会尝试着读懂幼儿创作的过程，我惊讶于孩子们的创意，也惊喜于自己的改变"。

第三，在一日活动中，教师能敏感地捕捉艺术的存在。教师开始注意到了孩子来园时嘴里哼的歌曲，在个别化活动中画的连环画，在过渡时间用肢体模仿飘落的落叶，在户外时间自编自唱的歌曲，并给予多样化和个性化的支持，使得创造性艺术无处不在，处处都有孩子创造性的表现表达。

第四，在《观察指标》指引下，通过对幼儿上百条甚至是上千条轶事记录、视频记录的研究，教师更加清晰地把握了幼儿艺术发展的不同阶段以及大致的发展水平，学会借助《观察指标》，有效指导幼儿的艺术活动过程。

第五，拓展了园外艺术教育的内容与途径。教师有意识地开发利用家庭、社区艺术资源推进艺术教育，让家长参与到园内的各种艺术教育活动中，同时走出幼儿园，充分利用社区的博物馆、画廊、剧场等资源开展艺术活动。

"短短两年，我们的教师无数次陷入理念与现实的矛盾中，直到欣喜地看到孩子在活动中的无拘无束和专注投入。我们开始愿意放下攥在手里的绳索，尝试让孩子在创造性艺术活动中飞得更高、更远。'高瞻课程创造性艺术活动本土化实践研究'是一场静悄悄的革命。"项目幼儿园园长如是说。

2. 幼儿的变化——变得更自信了，积极参加艺术活动

幼儿乐此不疲地参与到各种创造性艺术活动中，能够主动、深入地探究各种材料。活动中，幼儿保持强烈的创作欲望，能根据自己的创作意图自主选择各类材料，并尝试进行组合与变化；能积极感受美，愿意欣赏他人的作品。越来越多的幼儿愿意在众人面前大胆表现自己。

另外，幼儿变得做事更有计划性了。他们预设计划，通过直接感知、实际操作和亲身体验来理解事物，在与材料、人、想法、事件的积极互动中构建知识，理解世界。"乐器博物馆引发的趣事""沙池里的长卷画""'中国功夫'小达人"等一个个由幼儿发起的活动，无不透射出幼儿无穷的创作力和丰富的想象力。

一位爸爸动情地说道："我总以为孩子们就是玩，没想到看了班里孩子舞狮的全过程，才发现原来孩子的玩是高阶的、认真的，让我目瞪口呆！感受、体悟、自信、创造，孩子们灿烂成长着……"

3. 家长变了——更多家长成为幼儿园艺术活动的志愿者

"一直以为，除了语、数、外和琴、棋、书、画，孩子其他的行为都是瞎玩的。没想到在一次参观活动后，还能引发这样一场小小的音乐会，让我目睹了孩子制造乐器、编写歌曲、现场演奏的过程，原先以为只是孩子的胡闹，没想到孩子都能自圆其说，有理有据，头头是道。家长应该多理解孩子，从孩子的兴趣入手给予支持，让孩子在兴趣的道路上越走越远，越走越好。"一位家长如是说道。

（二）研究反思

尽管项目持续时间不长，但无论教师还是幼儿，乃至家长，都获得很大的收获和进步。回顾这段研究的历程，仍然有很多问题值得我们继续深入地探讨和思考，尤其需要进一步处理好以下三对关系。

1. 释放天性与有效支持的关系

我们以为，幼儿艺术创造中的释放天性不等于自由放任，创造性艺术教育不应放弃教师的引导作用。我们希望能够平衡教师主导的活动和幼儿主导的活动，如何处理好这两者的关系，还需要更深入的研究。教师需要更好地了解幼儿艺术教育的规律和特点。从表面上看，幼儿是在

"玩"，但教师应该知道幼儿的这种"玩"带有多少主动性、自觉性，隐含着哪些最基本的艺术元素和规律，在此基础上，有准备地进行各类活动的设计与实施、支持与延展。研究表明，有成人参与的艺术活动，儿童的艺术活动时间会更长，并且对材料的探索也会更多。无论是在教师主导的活动中，还是在幼儿主导的活动中，教师都需要更关注幼儿的兴趣和需要，借助《观察指标》，进一步思考和处理好教师指导的时机和方法，进而给予幼儿有效的"鹰架"。

2. 艺术教育与整体课程的关系

这里有两层含义：一是指艺术教育本身各部分内容要打通，体现其整合性；二是艺术教育应嵌入高质量的整体课程之中，体现其融合性。具体来说，一方面，要进一步扩展对音乐、美术的理解，加强音乐、美术之间以及与艺术其他领域（舞蹈、戏剧表演、艺术欣赏等）之间的联通，满足幼儿整体性学习的需要；另一方面，艺术作为整体课程的一个组成部分，如何在整体课程中嵌入艺术，既保证有相对稳定的适宜的时间段，让幼儿享受到丰富而有意义的艺术体验，同时，又要让艺术扎根于整体课程之中，实现多领域内容的整合，让创造性艺术成为早期教育课程中富有价值的一个有机组成部分，也值得进一步研究。

3. 典型案例与持续发展的关系

目前，项目研究已经总结和提炼形成了一些活动方案、资源和故事，虽然希望能够得到推广，但毕竟各幼儿园、各班级的幼儿的兴趣和经验都不一样，所以这些经验和案例的实用性和可推广性还有待经受检验。我们也期待其他幼儿园在借鉴方案和资源的基础上生发出更多的经验，碰撞出更多的思维火花。"我们的艺术教育既要让孩子在快乐的时候能够起舞，也要让他们在面对挫折、面对挑战的时候，能够记得世界上有美、有爱、有同伴。在艺术活动当中，可以宣泄自己，可以释放自己，可以解放自己，这样我们的孩子才会不负人生。"幼教行政领导为我们的研究指明了前行的方向。为此，我们更需要不忘初心，在后续实践中进一步挖掘出基于中国文化传统的中国经验和上海经验，使艺术教育成为上海幼教内涵发展的又一张靓丽的名片，也期待未来小艺术家们能够更加自如地释放天性，创造表达。

第一篇
理性思考篇

第一章　研究缘起

本章将从幼儿园艺术教育的现状与问题分析、幼儿园创造性艺术教育的价值定位以及来自高瞻课程的启示三个方面，对这项研究的背景作详细的探讨。

第一节　幼儿园艺术教育的现状与问题分析

上海的幼儿园和教师们积累了不少艺术课程资源和教育经验，上海也涌现出了一批以艺术教育为特色的幼儿园以及一些颇具创新性的艺术特色活动。经过一期、二期的幼儿园课程改革，上海的幼儿园的艺术教育也发生了很多与时俱进的变革。例如，从活动目标上看，教师们从唯结果、唯技能（如学会唱一首歌）为目标，逐渐转向同时关注艺术活动的过程（如在艺术活动中体会到快乐）；从内容上看，艺术教育已不再是简单的、被割裂的一个个分科活动，而是更多地融入了综合性主题活动，强调跟幼儿当下的经验相结合；从活动形式上看，艺术教育不再是纯粹的集体教学活动，而是同时采用了区角活动等其他活动形式，关注幼儿个体在经验、兴趣和水平上的差异；从教学方法和课程评价上看，过去教师示范、幼儿照着做的教学模式正在逐渐被摈弃，教师们开始强调幼儿的创造性表现和表达。

课程改革给上海的幼儿园的艺术教育带来令人欣喜的变化，但随着课程改革的推进，尤其是在深入学习和贯彻《3—6岁儿童学习与发展指南》的过程中，我们发现，从整体上看，上海市幼儿园的艺术教育仍然存在一些观念与做法上的问题。

一、艺术活动对幼儿发展的重要意义认识不足

虽然教师都熟知艺术领域是幼儿的五大学习领域之一，但现实情况是，与健康、语言、科学和社会领域相比，除了一些以艺术教育为特色的幼儿园，艺术活动在上海幼儿园课程中的占比是普遍不足的。这其中很大一部分原因是：教师对艺术教育的重要意义认识不够，他们更强调其余四个领域对幼儿发展的不可或缺的重要意义。即便教师认可艺术教育是重要的，但在潜意识中仍然会认为与其他领域相比，幼儿在艺术方面的发展可能只是锦上添花。因此，虽然教师们会留意五大领域活动在课程架构上的平衡，但很少有教师会认为艺术活动是幼儿园的关键活动，很多教师在认为自己没有艺术特长，不擅长进行艺术教育的情况下，对艺术活动的开展往往是重视不够的。例如，我们经常能听到教师这么说："我自己画画不好，唱歌也容易走调，所以我能不上艺术活动就尽量不上。"也有教师这么说："设计和实施一个艺术教育活动要做很多前期准备工作，其他工作我都来不及做了，更没有精力开展艺术活动，所以要不是我班级里有一位不上班、有点艺术特长的妈妈定期来辅助我开展一些艺术活动，我真不知道我们班级还能开展多少艺术活动。"显然，在这位教师的潜意识里，艺术活动是排在其他工作之后的。

另外，教师们对于幼儿艺术教育重要价值的认识还不够全面和深入。教师们普遍能认识到艺术教育在培养幼儿审美能力上的价值，也认可艺术教育在发展幼儿想象力和创造力方面的重要意义，但对艺术有助于幼儿探索周围事物、增强内在效能感、表达情绪情感等方面的价值认识是不够的，这也造成教师在具体实施艺术活动时，不能充分实现艺术教育活动的这些价值，使得艺术活动常常出现一些问题。例如，教师通常较少关注到艺术活动对于其他学习领域的价值，不少幼儿在画画时会显得自信心不足，怯于下笔或者认为自己不会画。又如，教师也较少去关注幼儿在艺术活动中的情绪表达和调节。举一个例子来说，在一堂集体教学活动中，教师让幼儿描画自己的爸爸，其中一名男孩画了一个长头发的看起来像女性的人物。教师看到后说："今天我们是要画爸爸，不是画妈妈。你要不重新画吧。"孩子最后重画了，在纸上画了一个男性的头

像，但后来男孩告诉班级里的实习教师："我其实知道是要画爸爸的，我最开始画的就是我的爸爸，因为我想让我的爸爸对我像妈妈对我一样温柔一点，他总是动不动就打我和骂我。"这个故事让我们在心疼男孩的同时，也不得不对幼儿园的艺术教育进行深刻的反思。

二、艺术教育观念不够正确

《3—6岁儿童学习与发展指南》颁布实施后，上海的幼儿园已经很少有教师示范、幼儿照着画的传统教学模式了，幼儿园走廊或教室的墙壁上贴着近30幅几乎一模一样的幼儿作品的场景也已经很少见了。教师们普遍认同需要给孩子自由创作、自由发挥的空间。但是经过观察和分析，我们会发现，很多教师的艺术教育观念并没有彻底扭转过来，教师们仍然重程序、重作品，轻幼儿在学习过程中的体验、感受与表达的过程。

具体来说，虽然教师都认可"儿童是天生的艺术家"，但大部分教师对于这句话半信半疑，教师对于儿童的艺术潜力是认识不足，不够信任的，加上教师们还是很在意最后呈现的作品，因此教师们在组织艺术活动时，总是会想方设法地为孩子最后能够创作出好的作品搭建好各种所谓的"脚手架"，不仅设定内容，设定程序，而且控制好各种教师所认为的关键细节，仅留给孩子不多的可选择、可变化的余地。例如，教师引导幼儿观察毛毛虫，然后引导幼儿学用海绵蘸颜料，画出一个个连着的圆代表毛毛虫的身体。虽然教师对孩子说，"你现在可以按照自己的想法画毛毛虫了"，但孩子可选择的空间只剩下：毛毛虫身体的长度和扭动的方向，毛毛虫头部的触角、眼睛和嘴巴以及毛毛虫所处的场景。虽然看起来孩子可以发挥自己的想象力和创造力，孩子的作品看起来是不完全相同的，但是这仍然是在教师高控下的活动，因为如何表现毛毛虫的主要方法和材料等仍然是教师的想法，并非来自幼儿的个体体验和个性化的表达。又如，上海市闵行区莘庄幼儿园在项目启动之初，反思幼儿园的艺术活动时，也发现在原本律动活动"母鸭带小鸭"中，学鸭子叫的动作—学鸭子走路的动作—学鸭子游泳的动作这一结构设计是唯一的一种学习路径。上海市金山区艺术幼儿园的教师们在最初尝试引导幼儿开展"金山农民画"个别化艺术活动时也遭遇了失败，原本最看好且最具金山地域特色的金山农民画应该很接地气，可孩子们除了感受与欣赏，展现了一幅在教师的引导下创作的农民画作品之外，似乎也仅此而已。教师们反思后发现，"穿新鞋走老路"，过于注重结果，而忽视了孩子在此过程中的感受与欣赏、表现与创造。可见，缺乏情感投入的艺术创作是苍白的，失败也在情理之中。

可以说，以上这些例子是比较普遍的，教师们虽然给幼儿"留白"了，但仍然没有从根本上彻底改变原有的艺术教育观念和做法，教师仍然较多地站在成人的立场上给孩子们打好隐形的框架，让孩子们的创作走在自己的预设中。如果孩子没有达到自己预期的成效，教师的调整角度往往是再增加框架，却恰恰忽视了孩子自我的感知与创造才是最重要的。《〈3—6岁儿童学习与发展指南〉解读》中曾指出，当前艺术领域教育存在的三个误区——艺术教育价值与目标定位上忽略幼儿的感知与体验、想象与创造等艺术本体能力的培养，艺术教育内容选择上重技巧学习，艺术教育方法运用上忽略幼儿内在的体验在实践中仍然存在。①

三、艺术教育实施途径狭隘化

目前幼儿园艺术活动主要以音乐、美术集体教学活动以及艺术区角为常规的实施途径，虽说艺术活动通常会被纳入综合性主题活动的框架，但教师对于其他领域活动中的艺术元素是不太敏感的。实际上，艺术课程的内容与幼儿的生活、幼儿的体验息息相关，艺术元素和艺术活动在生活中无处不在。例如，教室环境布置就渗透有审美的元素，教室内外也充满了审美的机会。又如，艺术在自然界中无处不在，儿童在分享他们对自然界中光线、空间、色彩、声音等方面的观察时，既可能在进行科学探索，也可能是在进行艺术感知与表达。

但在实践中，教师较少会从综合性活动的视角捕捉艺术教育的契机，

---

① 李季湄，冯晓霞.《3—6岁儿童学习与发展指南》解读［M］.北京：人民教育出版社，2013：158-159.

学习领域的壁垒和界限仍然存在，如孩子户外的沙水游戏中经常存在一些艺术表现与表达的契机，但教师常常会忽略其中的艺术教育，相应投放的支持幼儿进行艺术创作的材料也较少；幼儿在科学等其他领域的活动中常常用艺术的语言表达自己的感受与认知，但教师很少会从艺术教育的视角去发掘其中的艺术教育契机。一日生活中的散步、户外活动、收拾玩具等各个环节中都存在艺术感受与欣赏的机会，也存在艺术表现与创造的机会，但因为教师对艺术活动实施途径的认识趋于狭窄，因此很少意识到其中的艺术教育契机。总之，大部分幼儿园和教师并没有将艺术融入一日活动，使之成为儿童生活的一部分，同时也缺乏对生活中以及大自然中艺术元素的敏感性，未能让幼儿获得丰富的艺术滋养和浸润。因此，我们需要通过研究来拓宽传统的"艺术集体教学活动＋艺术区角活动"的艺术教育实施途径，让幼儿能够真正地、大量地在生活和自然界中用心灵去感知美和发现美，并能随时有机会用自己的方式去表现美和创造美。

四、艺术教育内容单一

目前大部分幼儿园艺术教育活动的内容主要来源于上海市"二期课改"教师参考用书《学习活动》，但教师参考用书中的艺术教育资源数量相对有限，再加上教师参考用书的编写时间距今已二十年，其内容与现代幼儿的生活和兴趣以及越来越多元化、个性化的艺术表现呼应感不足。在这种情况下，教师如果还只是参照教师参考用书实施艺术教育的话，是不足以支持当下幼儿的欣赏和表达的，但倘若教师自己去收集和设计新的艺术课程资源，又显得心有余而力不足。

因此，我们急需通过研究来进一步收集和拓展与幼儿现代生活经验相关的、有助于幼儿自主表现和表达的艺术教育内容，从而为幼儿园和教师提供更丰富、与当前幼儿园艺术教育理念更契合的艺术课程资源。

更为重要的是，幼儿艺术的内容并不只是来源于教师参考用书，艺术也存在于幼儿所生活的家庭和社区中。例如，家庭中的日常用品和特定的装饰物件体现了家庭成员的审美选择，幼儿的审美肯定会受到家庭的深刻影响。又如，上海市黄浦区学前幼儿园在开题报告中这样描述："我园所在的半淞园街道和黄浦区拥有丰富的历史文化和自然资源，外滩建筑群的宏伟壮丽，豫园的婀娜秀气，黄浦江的川流不息，南京路的灯火辉煌，城隍庙的商铺林立，艺术馆的神秘莫测……在这里，我们能嗅到最时尚的艺术气息，能拥抱历史洗涤后的艺术底蕴。可以说，艺术无处不在。"

幼儿对于艺术的感受、欣赏、表现和表达会受到家庭、社区和文化的深刻影响。无论从儿童艺术发展的规律来看，还是从文化传承、增强幼儿文化归属感和认同感的需要来看，我们都有必要更多地关注家庭和社区中的艺术资源，并借助相关艺术资源的开发和利用，进一步推动幼儿的发展。但综观上海市幼儿园艺术教育的现状，大部分幼儿园和教师对于家庭和社区中的艺术资源重视不足，利用意识不强，也缺少相应的方法。因此，有必要通过研究拓宽幼儿园和教师关于艺术资源及元素的视野，深化对家庭和社区艺术资源重要性的认识，并形成一些可供借鉴的开发利用家庭和社区资源的思路及方法。

五、艺术评价背离幼儿艺术的本真

很多教师的艺术教育理念或许已经更新，如在具体组织和实施幼儿园艺术活动时常常会对幼儿说"你想怎么画就怎么画""你想怎么跳就怎么跳""要发挥你的想象力和创造力哦"，希望能由此鼓励幼儿自己的创作与表达。但一个根本性的矛盾是，到了评价与讨论环节，教师却又容易以好不好、对不对、像不像等成人的标准来衡量幼儿的艺术作品与表达，教师会在无意识中去挑选符合成人审美观的作品作为"好"的作品。而幼儿为了迎合教师的评价观，就不得不向教师所希望的标准靠拢，属于幼儿独特的、个性化的、发自内心的抒发和表达就被抑制了。

更多地关注结果意味着教师忽略了对幼儿的艺术感受以及艺术表现过程的关注。例如，有教师在反思自己在幼儿表演游戏中的教学行为时发现，"教师关注更多的是投放材料的成效和功利性的经验判断，而忽略了对幼儿行为过程的关注与分析，没有真正地倾听幼儿的语言，记录游戏的真实情景"。"艺术教育不但要关注幼儿艺术活动实际呈现出来的结果即艺术作品，而且更要关注艺术创造中幼儿的艺术思维过程、艺术形式、语言使用过程以及对艺术工具和材料探索的过程。"① 因此，我们需要通过研究来引领教师和幼儿园在艺术活动中更多地转向过程性评价。

另外，教师在评价时偏向于集体统一达成的目标，往往用统一的、横向比较的方式去评价幼儿，忽视表达方式的多样性，没有真正做到尊重幼儿个体独特的、独一无二的理解与表达，同时又缺乏与幼儿的情感沟通及意义追寻，这往往使得有些幼儿会认为自己的艺术能力较弱，导致自信心下降。在这种情况下，我们需要突破原有的艺术活动评价方法和标准，让评价不成为一种束缚，不是一种受制于外在统一标准的甄别，而是真正地去关注和激励每个幼儿自己的表达和发展，让评价成为孩子们艺术智慧的碰撞点。

以上描述的这些问题是不少幼儿园教师普遍面临的困难和疑惑，是造成他们时常觉得矛盾和摇摆不定的根源。因此，我们有必要对幼儿园艺术教育进行进一步的研究和突破，希望能为广大教师提供更多的支持，从而推进幼儿园艺术教育的深入变革和发展。

第二节　幼儿园创造性艺术教育的价值定位

从表面上看，前文所描述的幼儿园艺术教育活动的各种问题看起来似乎是不同方面的问题，但经过深入剖析，我们发现这些问题实际上都可以归结至一个根本原因，那就是教师对幼儿园艺术教育的价值定位仍然是不清晰或者是错位的。对于这个牵一发而动全身的问题，在本研究初始，我们就对幼儿艺术教育的价值进行了进一步的深入思考和定位。对这一问题的思考也使得我们更加充分地认识到艺术教育对幼儿发展的重要性，也更加坚定了深入研究艺术教育的决心。

---

① 李季湄，冯晓霞.《3—6岁儿童学习与发展指南》解读［M］.北京：人民教育出版社，2013：158.

艺术教育对于幼儿发展的价值绝不是学习音乐、美术这两个学科的知识技能。《3—6岁幼儿学习与发展指南》没有把艺术领域按照音乐和美术来分类，而是从艺术共性价值出发，分为感受与欣赏、表现与表达两大块，这就明确地反映了艺术教育价值导向上的转变。那么抛开艺术技能的学习，艺术教育对于幼儿发展的价值是什么呢？我们认为有以下四个重要的价值。

一、为幼儿提供了表达体验及感受的重要方式

艺术给人们提供了一种表达观念与情绪，展示个人体验和认识的方式。对于语言能力有限的幼儿来说，艺术更是他们表达感受与体验的一种重要方式。艺术不仅是他们感知与表达审美体验的途径，更是表达自己对世界认识和情绪体验的另一种"语言"，艺术使他们能够以更多的方式进行表达及交流。"当我们把艺术当作一个独特的课程领域，并带有独特的、可以被教授和掌握的知识体时，我们在乎的并不是教授技能、技巧、欣赏和艺术史。我们把艺术当作这样一门重要的课程，它不仅被提供给有天分的儿童，也被当作一种通用的、特别的表达和交流意义的方式，这既可以是个人水平上的交流和表达，也可以是更广泛意义上的交流和表达。"[1] 在瑞吉欧教育方案中，艺术也被称为是"儿童的一百种语言"的组成部分。其创始人马拉古兹（Malaguzzi）曾说过："将想法通过图像表现出来，可以让幼儿知道他们的行为是可以和其他人沟通的。这是一个了不起的发现，因为图像的方式可以让幼儿知道：为了充分沟通，他们的图像必须能让其他人理解。我们认为图像表征是一种比文字更简单且清楚的沟通工具。"[2] 当然，不仅图像是如此，其他艺术形式都是幼儿用以表达和沟通的重要方式。

国家及上海的各类学前教育文件中也反复强调艺术活动是幼儿自我表达的重要方式。《幼儿园教育指导纲要（试行）》反复指出，艺术是幼

---

① WRIGHT S. The Arts, Young Children, and Learning［M］.Boston, MA: Person, 2003: 154.
② 卡洛琳·艾德华兹等 . 儿童的一百种语言——转型时期的瑞吉欧·艾米利亚经验［M］.尹坚勤，等译 . 南京：南京师范大学出版社，2014：69.

儿"表达自己的认识和情感的重要方式";《3—6岁儿童学习与发展指南》在艺术部分也强调,"艺术是人类感受美、表现美和创造美的重要形式,也是表达自己对周围世界的认识和情绪态度的独特方式";《上海市学前教育课程指南(试行)》中也反复强调,课程的目标之一是要让幼儿运用包含音乐、舞蹈、美术等在内的多种方式,"积极地、有个性地、创造性地表达和表现在共同生活和探索世界的活动中所获得的感受和认识,并体验表达与表现的乐趣"。

　　从这个价值定位上看,我们不仅要关注幼儿在艺术活动中对世界认知、生活经验、情绪情感等多方面的、多种形式的表达,更要强调,"艺术并非天赋异禀的个别人的权利,而属于愿意参与和投入其中的每个个体",① 因为每个人都有表达的权利,也有不同的表达方式。

大班幼儿用各种方式表达"生气"

(本图由上海市实验幼儿园王欢提供)

【案例】合唱队属于所有幼儿

　　艺术之于人类的作用,最明显的莫过于情感的抒发和表达。可是在幼儿园,我们很少看到将歌唱用于幼儿情绪的表达。细细想来,传统式

———————————
① 霍力岩,等.高宽课程［M］.上海:华东师范大学出版社,2017:149.

的幼儿园歌唱类音乐活动大多将歌曲框定，基调固定，强调对歌词的记忆、曲调的熟悉、歌唱技能的获取。传统的合唱教学活动更是认为：合唱是一种具有较高艺术性的活动，要求有一定的唱歌技能，还要有控制自己、服从全局的能力。

我们在判断合唱队的活动价值是要把少部分幼儿培养成有一定水平的唱歌队伍，还是让所有的幼儿享受合唱的乐趣时，更偏向后者。所以，全园的每一个幼儿都有参加合唱活动的机会。

平时的练声曲目，我们经常鼓励孩子用自己喜欢的声音哼唱。在孩子非常熟悉歌曲后，我们鼓励孩子们根据自己的表达需要改编歌词。于是，我们合唱队的小朋友除了能唱，还能创编。

歌唱，着实是人类的本能。技巧高低在这群学龄前孩子的心中实在不是个事儿，将欢乐和生命力唱在眉眼间、嘴角上、手舞足蹈的动作里，唱进彼此的心里，才是最重要的。就像我们常说的，爱唱歌的孩子更幸福，他们把幸福唱进了歌曲里。

（本案例由上海市虹口区体育幼儿园潘丽华提供）

二、有助于促进幼儿创造力的发展

近些年，创造力被世界各国认定为未来人才应具备的关键能力之一，它作为一个核心素养为各国际组织和经济体高度重视。[1] 毋庸置疑，艺术教育能够有效地培养这种能力。"实验显示，个人的创造力是任何创造性艺术过程中的属性；反之，我们亦可说，创造性的艺术过程刺激了一般创造力。"[2] "艺术有助于幼儿享受创造性所带来的丰富，并能够帮助幼儿发展批判性思维和动机，这些是他们未来在学校中取得成功所需要的能力。"[3]

---

① 师曼，等.21世纪核心素养的框架及要素研究[J].华东师范大学学报，2016（3）：29-37.

② 罗恩菲尔德.创造与心智的成长［M］.王德育，译.长沙：湖南美术出版社，2002：3-4.

③ 安·S.爱泼斯坦.艺术智慧——幼儿园中的创造性艺术［M］.唐小茹，等译.北京：教育科学出版社，2019：9.

因此，我们可以说，"幼儿艺术是发挥年幼儿童创新潜能的最佳载体。"①而且，"幼儿期是最富有创新精神的阶段，他们大胆、浪漫、无拘无束地表现童心、童趣""他们较少受到各种成规戒律的束缚，可以随意联想、拟人、神化"②，他们在探索艺术媒介时，在通过艺术自由表达时，比青少年或者成人更为自由，更少约束。"差不多每一个孩子到了4—7岁时，在合适环境的鼓励下，都是极富创造性的。对于所有的孩子来说，这个阶段正是最自由的阶段。"③因而，教育者和研究者们都认可"幼儿是天生的艺术家"，他们与生俱来就有着艺术创造的潜能，幼儿时期是通过艺术教育培养幼儿创造力的黄金时期。著名艺术教育家罗恩菲尔德（Lowenfeld）在《创造与心智的成长》一书中也提道："在一个均衡发展的教育系统里，强调每一个人的思想、感情以及感受力都必须均衡地发展，才能开发每一个人的潜在创造力。艺术教育，如在儿童早期施行的话，便可能造就出富有适应力和创造力的人；否则，便可能培养出虽有丰富的学识，但却不晓得如何去应用，以致成为缺乏内涵，而且难以与环境融洽相处的人。"④

综观各类文献关于幼儿艺术的论述，我们可以发现，学者们和教育实践者们有一个共同的认识，那就是幼儿艺术教育的一个重要价值是挖掘并促进幼儿创造力的发展。在很多国家的幼儿教育课程中，艺术活动前都会直接加上"创造性"三个字，高瞻课程中的艺术课程也是如此。我国《幼儿园教育指导纲要（试行）》《3—6岁儿童学习与发展指南》中也反复强调要支持和尊重幼儿自发的表现和创造。《〈3—6岁儿童学习与发展指南〉解读》一书中更是指出，"艺术教育应以幼儿的创造意识、创造能力和创造个性的培养为中心任务"。⑤

---

①② 教育部基础教育司.《幼儿园教育指导纲要（试行）》解读［M］.南京：江苏教育出版社，2002：177.

③ H.加登纳.艺术与人的发展［M］.兰金仁，译.北京：光明日报出版社，1988：332-333.

④ 罗恩菲尔德.创造与心智的成长［M］.王德育，译.长沙：湖南美术出版社，2002：2.

⑤ 李季湄，冯晓霞.《3—6岁儿童学习与发展指南》解读［M］.北京：人民教育出版社，2013：158.

在本研究中，我们也非常认可并十分看重艺术教育在挖掘并促进幼儿创造力方面的作用。我们希望艺术教育能够呵护幼儿想象与创造的萌芽，能够鼓励与激励幼儿自主、自由地去创造，引导他们充分地展现创造的潜能。当重视并尝试发挥艺术教育在创造力培养方面的价值时，教师便会一次次地为孩子们的无限创意而感叹不已。

【案例】孩子们的无限创意

以图画书《有麻烦了》为导入，大班幼儿在问题情境下，让一个"小麻烦"成为创造性艺术诞生的契机。衣服上的小破洞、透明桌布上的黑色印记、纸袋上的两条黑线等这些生活中的小麻烦，经过孩子的创造性表达，变成了森林里的啄木鸟，找妈妈的小蝌蚪，正在吐丝的蜘蛛……各种奇思妙想让我们感叹孩子们的无限创意。

衣服上的小破洞

透明桌布上的黑色印记

纸袋上的两条黑线

幼儿：衣服上面有一个大洞，我觉得这是一棵受过伤的树，它需要啄木鸟的帮助。

幼儿：黑黑的小点点就像是小蝌蚪，它们要去找妈妈啦！

幼儿：黑色的线就像是蜘蛛吐的丝，它们在造自己的窝呢！

（本案例由上海市实验幼儿园顾倩文提供）

三、有助于增强幼儿的自信心

鼓励创造性、结果开放的艺术教育能增强幼儿自信心，让他们对自己的活动和行为有一种掌控感和胜任感。一方面，"艺术活动是幼儿获得自我满足感的最佳舞台。幼儿喜欢显示自己的成果，因为这些艺术活动成果出自自己的脑和手，是自己的创作。自己的创作最能体现自我的价值，从而使他们获得真正的满足感"。[①] 另一方面，艺术表达可以极大地拓宽幼儿的交流渠道和抒发观点的方式，可以加强幼儿与世界的连接，帮助幼儿进一步获得胜任感和效能感。美国幼儿学习与艺术工作小组通过研究发现，当儿童参与到创造性艺术活动中时，"他们发现自己可以观察、组织与解释自己的经验。他们可以进行决策，采取行动，并且监测

---

① 教育部基础教育司.《幼儿园教育指导纲要（试行）》解读［M］.南京：江苏教育出版社，2002：175.

到那些行动的效果"。① 因而，对于幼儿来说，创造性艺术有助于他们获得胜任感和内在效能感，有助于增强他们的自信心。因此，如果我们不能正确认识艺术教育在增强自我效能感方面的价值，我们可能常常看到的是不自信的、要求成人帮忙的孩子，以及对孩子的能力不够尊重和不够信任的教师。但如果我们在创造性艺术教育实践中，能够充分地接纳、鼓励每一位孩子多样化地自我表达与表现，我们就能经常看到幼儿满足地欣赏自己的艺术创作，能经常看到幼儿在艺术创造过程中的兴奋感和自我满足感，也能经常看到幼儿会迫不及待地招呼成人或同伴来欣赏自己的艺术作品。

【案例】"我们的舞狮很棒！"

小核桃举着一个狮头说："我外公会舞狮，你们看，这个狮头是我带来的！"阳阳一脸羡慕地说："好厉害啊！我也要做一个自己的狮头。""那我来帮你吧。"阳阳说："我想一下，我要做一个有鬃毛的狮头。"阳阳补充说："我最喜欢雄狮这一圈鬃毛了，特别威风！"小核桃连忙附和："好的，我们一起做。做好后，我们可以一起舞狮子。"用什么材料做狮子的头呢？两人讨论了起来，小核桃指着舞狮头套说："我们找个圆的框吧。"说完，小核桃奔向材料库，可是找了半天没找到需要的圆形框，阳阳跟过去说："头套很硬的，我们找个硬一点的东西吧。"此时，我把材料库底下那个快递纸盒悄悄放到显眼处。阳阳转头一眼就看见了，于是把纸盒套在头上说："就用这个吧，挺好的。"小核桃也在自己头上比画了一下同意了，转身又去拿了扭扭棒、即时贴、橡皮泥、剪刀、双面胶……两人试着把咖啡色即时贴贴在纸盒周围做"狮头"的"鬃毛"，结果发现太软了，"鬃毛"都垂下来了，阳阳说："这不行，一点都不威风。"最后，他俩把纸盒倒扣在桌面上，找来硬纸板撕成一条一条的，用玻璃胶将其粘在纸盒的周围。

---

① ARTS EDUCATION PARTNERSHIP. Young Children and the Arts: Making Creative Connections — A Report of the Task Force on Children's Learning and the Arts: Birth to Age Eight [M]. Washington, DC: Author, 1998: 2.

第二天,"狮头"终于完成了,阳阳得意地说:"展现我实力的时候到了!"他把纸盒套在头上,扭动起来。小核桃连忙说:"不对啊,你这个狮头套在头上什么都看不见,不能舞狮!"于是,他俩又开始在狮头上比画起来,用剪刀挖了两个洞,两人轮流将"狮头"套在头上,大笑:"这下能看见了!""简直和真的一样啊!"小核桃一蹦一跳的,手里拿着他们自己做的"狮头"耸肩、摇头,还真有舞狮的感觉。阳阳看了一会儿说:"给我给我,我要在鬃毛上添一点金色,看上去金光闪闪

根本停不下来的舞狮

的,超级厉害。"小核桃说:"我回家去让爷爷教我动作。"

第三天,小核桃又从材料库找出我提前放置在那里的金色即时贴、小鼓和 iPad 里下载的一段舞狮的视频,他对阳阳说:"你看,舞狮子要敲鼓的。"一旁的唯唯看着他们说:"我会敲鼓,我给你们伴奏吧。"接下来,他们三个就这么做一做、演一演、改一改、添一添,一个"狮头"越来越有模有样。"黄老师,这个太好玩了,今天我们晚一点午睡可以吗?我们还想要排练。""我们的舞狮很棒的,你们想看吗?""黄老师,看我们像不像狮子?"其他孩子都被他们吸引了过去,一群小家伙乐在其中,根本停不下来!

（本案例由上海市浦东新区金囹幼儿园黄蓓提供）

四、有助于促进幼儿其他领域的发展

诸多研究者发现,创造性艺术作为一个课程领域,其实并不是孤立的,不是只指向艺术审美的领域,它与幼儿对周围世界的探索,与幼儿

在其他领域的学习和发展是密切关联的。例如,在艺术活动中,幼儿对周围事物和材料也同时在进行探索、感知和体验(如幼儿要画花,就要先去观察和了解花,探索和感知画花所需要的各种材料等)。再如,在艺术活动中,幼儿的手眼协调能力和精细动作能力都明显得到提升。《聚焦幼儿和创造性艺术》一书中的引言这样写道:"艺术邀请儿童进行想象、解决问题、表达自己的想法和情感,并使他们的经验具有意义。因其自身的价值,并且因为艺术能够促进幼儿在语言、科学、数学、社会学习等领域的发展,所以创造性艺术是早期教育课程中有意义的部分。"[1]

瑞吉欧教育方案中所展现的艺术教育的重要性以及艺术与其他领域学习的有效统合也启示我们:创造性艺术并不是一个孤立的学习与发展领域,艺术甚至可以成为课程的中心领域,来促进幼儿对外部世界的探索与认知,促进幼儿在其他学习领域的发展。在瑞吉欧,"所谓艺术工作室,它不仅应当成为综合设计的一部分,同时也是一个用来进行探索的附加空间。用一种更好的方式来形容,它是为了让孩子们通过视觉艺术的实践,亲历动手动脑,提升观察的精锐度。这个地方必须能够提升品位和审美,并可以在其中对项目进行独立探索"。[2] "艺术工作室中所使用的表现性语言的特殊结构(包括视觉的、音乐的、其他的),能将情感共鸣和理性认知以一种自然的、不可分离的方式编织在一起。这种交融继而促进想象力的发挥,营造出更多理解现实世界的方式。同时,它也衍生出一种更为宽泛和清晰的视角应对学习。"[3]

美国当代著名的艺术教育家罗恩菲尔德在论述艺术在教育上的含义时也强调:"艺术教育对于我们的教育系统和社会的主要贡献,在于强调个人和自我创造的潜能,尤其在于艺术能和谐地统整成长过程中的一切,造就出身心健全的人。"[4] 他举例说道:"当小民画后院景色时,他必须认

① KORALEK D. Spotlight on Young Children and the Creative Arts [M].Washington, DC: National Association for the Education of Young Children, 2015: 2-3.
② 卡洛琳·艾德华兹等.儿童的一百种语言——转型时期的瑞吉欧·艾米利亚经验 [M].尹坚勤,等译.南京:南京师范大学出版社,2014:313.
③ 卡洛琳·艾德华兹等.儿童的一百种语言——转型时期的瑞吉欧·艾米利亚经验 [M].尹坚勤,等译.南京:南京师范大学出版社,2014:316-317.
④ 罗恩菲尔德.创造与心智的成长 [M].王德育,译.长沙:湖南美术出版社,2002:10.

识他要画的事物，此种对自己和环境的自觉是智慧成长的重要部分；当他表达了他对爱莲的喜爱，以及对小强的憎恨、对来富的挚爱和畏惧时，他体验了对环境的情感关系。当他遭遇这些，他学会如何去适应它，如此，他便涉入了情感成长最重要的一点。如果他没有站在父亲的立场去思考，就不可能描述父亲修理篱笆了。体验别人的需要是合群的先决条件。小民观察花蕾、树以及爱莲衣裳的质料，而对画面的不同颜色变得很敏感，他的知觉成长受了创作过程的刺激。甚至生理上也是如此，他感到使双手与视觉协调的冲动。他透过美感的产品，表现了他能够把思想、情感、感官认知和谐地统整起来，尤其是能独创了对自己和对环境的概念。他用自己的表达方式探索、调查和实验。"①

从我国学前教育的各类文件来看，无论是《幼儿园教育指导纲要（试行）》《3—6 岁儿童学习与发展指南》，还是《上海市学前教育课程指南（试行）》，也都强调艺术对于幼儿来说，除了有其本体的、内在的审美价值以外，还有衍生的外部价值。"艺术具有促进幼儿向善与益智等价值"，"这主要是指通过艺术活动使幼儿获得其他领域发展所需的态度、能力与知识技能，从而获得多方面的全面发展"。② 毫无疑问，艺术活动应该是综合性的具有多领域教育价值的活动。与此相一致，在本项目研究中，我们也强调创造性艺术活动的重要价值之一是有助于幼儿探索世界，促进幼儿其他领域的发展。

以上四个价值其实是关联的。例如，幼儿通过艺术表达了自己的体验及感受，实际上也在探索世界，并增进了情绪情感方面的健康发展；当每位幼儿都能进行自我表达时，实际上也实现了创造性的发展；当幼儿发现自己有能力表达，并且很有创意时，他们的自我效能感会增强，这反过来又促进了情绪情感的发展。

---

① 罗恩菲尔德.创造与心智的成长［M］.王德育，译.长沙：湖南美术出版社，2002：10-11.
② 李季湄，冯晓霞.《3—6 岁儿童学习与发展指南》解读［M］.北京：人民教育出版社，2013：153-154.

第三节　来自高瞻课程的启示

　　基于对上海市幼儿园当前艺术教育现状与问题的分析，也基于对创造性艺术教育价值的深入思考，我们需要在幼儿艺术教育方面破除一些原有的想法和做法，来改善上海市幼儿园创造性艺术教育方面的问题与不足，促进教育理念与行为的真正变革。

　　高瞻课程模式（High/Scope）也译为"高宽课程""海伊斯科普课程"等，诞生于 20 世纪 60 年代，是一个经过充分研究并在美国乃至全球被广泛使用的一种综合性早期教育课程模式。该模式也因其被研究证实对儿童个体乃至整个社会有持续性积极影响而享誉世界。高瞻课程拥有一套完整的课程体系，创造性艺术是其中的一个重要内容领域。高瞻课程在创造性艺术方面的价值定位与《幼儿园教育指导纲要（试行）》《3—6 岁儿童学习与发展指南》《上海市学前教育课程指南（试行）》在艺术领域的指导精神不谋而合，既有满足幼儿主动学习内在需求的指导原则，又不乏具体可操作的、可资借鉴的教学策略。

　　因此，我们尝试借助高瞻课程的教育视角和策略，跳出可能已经固化的原有思维模式以及做法，对上海幼儿艺术教育进行新的审视，采取新的行动。

一、高瞻课程理念：以主动参与式学习为核心

　　在具体阐释高瞻课程给我们带来的启示之前，有必要对高瞻课程的基本理念作一简要介绍，因为这是高瞻创造性艺术教育开展的基础。

　　高瞻课程最初是基于皮亚杰（Piaget）关于儿童发展的建构主义理论发展而来，其基本理念强调幼儿的主动建构，即儿童在学习过程中，通过作用于物体以及与人、想法、活动的互动，构建新的认知。没有人可以替代幼儿进行相关经验，幼儿必须亲身实践。"课程的基本假设是，儿童是主动的学习者，他们通过自己计划、实施活动并对活动经验进行反

思而获得最好的学习。"①

　　教师在尊重幼儿主动学习的同时，也发挥自身的积极作用。"在高瞻课程教室中，教师像幼儿一样主动、投入。他们精心提供适宜的材料，设计活动，并以支持乃至挑战幼儿的方式与幼儿交谈。活动既是幼儿发起的，建立在幼儿自发的好奇心之上，又是发展适宜性的，与幼儿当前的、即将出现的能力相适应。高瞻课程把这一模式称为主动参与式学习。这是教师和幼儿共同形成经验的过程。"② 因而，高瞻课程强调幼儿是在主动操作及与成人的积极互动中主动建构对周围世界的认知和理解的。

　　基于这样的理念，高瞻课程构建了"学习轮"的基本框架，我们从高瞻课程的"学习轮"中可以简要地了解高瞻课程的概况。在"学习轮"中，主动学习处于中心地位，强调幼儿主动性的重要性以及对与关键性

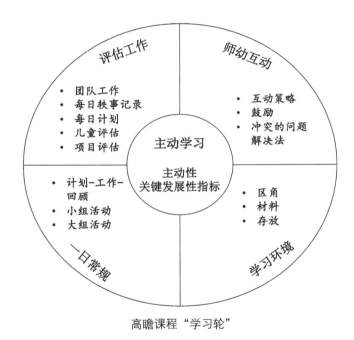

高瞻课程"学习轮"

① EPSTEIN A. Training for Quality: Improving Early Childhood Programs Through Systematic Inservice Training[M]. Ypsilanti, MI: High/Scope Educational Research Foundation, 1993: 30.
② 安·S.爱泼斯坦.学前教育中的主动学习精要——认识高宽课程模式［M］.霍力岩，等译.北京：教育科学出版社，2012：12.

发展指标相关的教育内容的全面关注。高瞻课程共确定了八个领域的 58 条关键性发展指标,创造性艺术是其中一个重要领域,其余领域包括学习方式、社交情感发展、身体发育和健康、语言、读写与交流、数学、科学和技术和社会学习。"学习轮"的四个扇形区域代表教师在以主动学习为核心,以关键发展性指标为主要指向时,与幼儿互动时的四大职责:参与支持性的成人与幼儿互动,创设有挑战性的学习环境,建立稳定的一日常规,开展持续性评价以制订教学计划,满足幼儿的教育需求。

在具体的高瞻课程实践中,主动参与式学习是高瞻课程教育方法的首要原则,亦是高瞻课程艺术教育的首要原则。它包括五个要素:

1. 材料——提供充足的、多样化的、年龄适宜的操作材料。材料能够吸引幼儿多种感官参与,而且是开放性的。也就是说,材料有助于幼儿用多种方式操作,有助于扩展幼儿的经验,有助于激发幼儿的思考。

2. 幼儿的操作——幼儿可以摆弄、探究、组合和转化材料并形成自己的观点。他们通过直接用手操作或者用脑思考与这些材料互动,并形成自己的新发现。

3. 幼儿的选择——幼儿选择材料、玩伴,改变或形成自己的想法,并根据自己的兴趣和需要计划活动。

4. 幼儿的语言和思维——幼儿描述他们所做和所理解的。当他们思考并修正想法,打算进行新的学习时,他们用语言或非语言的形式进行交流。

5. 成人的"鹰架"——"鹰架"意味着成人支持幼儿当前的发展水平,并在幼儿进入下一个发展水平时给予平缓的延伸。成人以这种方式帮助幼儿获取知识,发展幼儿创造性地解决问题的技能。

二、来自高瞻课程创造性艺术教育的启示

以上不仅是高瞻课程的基本理念,也是高瞻课程中创造性艺术在具体实施过程中必须遵循的基本理念。围绕高瞻课程的基本理念,我们对高瞻创造性艺术教育的具体理念和做法进行了深入的学习、研究和探讨。在这一年多的行动研究过程中,高瞻课程的确给我们的幼儿园创造性艺

术教育带来了诸多启示。

（一）创设激发和支持幼儿创造性艺术活动的环境

高瞻课程创造性艺术教育是不主张教师直接教艺术的。"太过直接的方法，如通过临摹去教儿童画画，是没有效果的。通过不同阶段表征训练的儿童会获得较快的进步（如细节更丰富或比例更加精确），但是目前没有证据表明这种学习可以推广到直接任务以外的领域，或是能让儿童创造出更成熟的艺术作品。"[①] "此外，它还会剥夺幼儿发现材料的用途的机会，并限制他们创造性想象力的发展。"[②]

与高瞻课程的理念相一致，高瞻课程创造性艺术教育更强调支持幼儿的主动学习。幼儿主动学习的内在动机的核心是：乐趣、控制、兴趣、成功的可能性、能力和自信的感觉。从幼儿艺术发展的角度来看，当幼儿基于这些核心要素进行艺术探索时，幼儿在艺术方面的成长也最快。因此，高瞻课程强调，首先要创设一个学习环境来鼓励幼儿带着好奇、自信以及逐步发展的控制感来主动探索艺术。

首先，教师要为幼儿提供多样化的、开放性的艺术材料和经验。幼儿艺术教育的开端是探索。当多样化、开放性的艺术环境激发出表达欲时，儿童最终将能够使用艺术材料来再现他们的认识与体验。因此，当幼儿拥有选择权，能够以不同方式来探索材料时，幼儿的艺术经验和能力能得到快速的发展。"拥有各种不同材料和工具以及使用这些材料和工具的感知能力、精细动作能力，让儿童更加自信、更少挫折地实现自己的艺术构思"，[③] 而且"结果开放的材料和经验让儿童把艺术与自己的生活相联系。这些联系使艺术具有了意义，并带来真实的艺术表达和真正的创造"。[④]

[①] 安·S.爱泼斯坦.有准备的教师——为幼儿学习选择最佳策略［M］.李敏谊，等译.北京：教育科学出版社，2012：173.

[②] 安·S.爱泼斯坦.创造性艺术——关键发展指标与支持性教学策略［M］.霍力岩，等译.北京：教育科学出版社，2018：26.

[③] 安·S.爱泼斯坦.艺术智慧——幼儿园中的创造性艺术［M］.唐小茹，等译.北京：教育科学出版社，2019：21.

[④] 安·S.爱泼斯坦.艺术智慧——幼儿园中的创造性艺术［M］.唐小茹，等译.北京：教育科学出版社，2019：22.

其次，教师还要为幼儿的艺术活动提供支持性的心理环境，即建立一种支持为了创造而冒险、强调过程而非结果的氛围。高瞻课程强调，只有当教师提供一个幼儿可以自由表达的安全环境时，幼儿才会被激发运用多种艺术形式进行探索。"当儿童感觉到了支持，并相信不会因为自己的言行而受到批判时，他们的艺术创造性最高。要把儿童创造某件东西的尝试或说出自己的艺术观点的做法看作是一种学习经历，而不是失败。"① 因此，教师要使用一些策略（如对幼儿正在做的事情表现出兴趣；鼓励而非表扬；避免竞争，鼓励合作；倾听和尊重幼儿对其艺术创作的解释和自己的艺术感受，不事后猜测儿童的艺术选择或观点等），帮助幼儿敢于主动探索和表达，增强幼儿艺术表现表达的自信心。

（二）增强师幼间的支持性互动

在之前分析上海幼儿园艺术教育实践中存在的问题时，我们曾提到，有的教师对幼儿的能力不信任，他们希望能够控制活动的流程，以使自己能够确保孩子在艺术方面有所发展，但在这种情况下，幼儿并没有能够充分发挥自己的创造性。随着课程改革的推进，有不少教师意识到这种控制型教育模式的问题，但与此同时，又有教师因为极度认同艺术作品中的个体表现力以及幼儿与生俱来的艺术创造力，进而认为只要为幼儿提供环境和材料就可以了。在这种放任型的教室里，幼儿有支配权，幼儿能按照自己的意愿活动，但幼儿的艺术经验可能并不能很好地得以提升和拓展。

在高瞻课程创造性艺术教育中，教师既不会放任不管，也不会对幼儿进行高控。除了创设支持性的学习环境和氛围以外，教师还可以通过支持性互动来分享控制整个学习过程。分享控制意味着幼儿和教师可以轮流担任领导者和被领导者、讲话者和倾听者、教师和学生。"教师和幼儿在一天的任何时间都是合作者。"② 幼儿可以主动发起多种活动，可以

---

① 安·S.爱泼斯坦.艺术智慧——幼儿园中的创造性艺术［M］.唐小茹，等译.北京：教育科学出版社，2019：22-23.
② 安·S.爱泼斯坦.学前教育中的主动学习精要——认识高宽课程模式［M］.霍力岩，等译.北京：教育科学出版社，2012：48.

邀请教师参与他们的活动，教师可以向幼儿学习，也有意识地给幼儿支配权。当教师设计并发起一个小组活动或集体活动时，他们也会考虑幼儿感兴趣的活动目标、行为以及想法。

　　从幼儿艺术发展的角度来讲，高瞻课程也认同：仅仅提供有趣的、多样的材料和环境并不足以促进幼儿在艺术方面的发展，成人需要有目的地与儿童交流，需要促使幼儿有目的地使用艺术材料和工具，"并规划好大组活动时间，去帮助幼儿发现、回顾创造性艺术活动中包含的认知和社交可能"。① 因此，高瞻课程强调教师要遵循幼儿艺术的发展过程，允许幼儿主动发起多种学习和活动，但教师同样要起到应有的支持作用，而且"在艺术课程中，最好要平衡儿童主导及教师主导的学习经验"。② 例如，在视觉艺术欣赏领域，"儿童主导的学习对于下列方面极为重要：关注到艺术作品的某一个方面，做出简单的审美选择，认识和理解艺术作品中表达的情感。教师主导的学习经验在这些方面显得极为重要：给艺术材料、要素和技法命名，关注作品的多个方面，审美选择的原因解释，描述并解释作品表达的情感，认识文化和社会习俗因素对艺术的影响"。③

　　受高瞻课程的启示，我们也形成了成人发起的艺术活动以及幼儿发起的艺术活动两种类型的活动。在两类活动中，我们希望都尽量做到教师和幼儿能够分享控制权（具体策略详见第三章）。

　　此外，高瞻课程参与式主动学习的第四、第五个要素——"幼儿的语言和思维""成人的'鹰架'"决定着在高瞻课程创造性艺术中，教师在与幼儿互动时有两个重要的策略：要倾听幼儿在艺术活动中的表达并与幼儿谈论艺术；还要基于观察和评估了解幼儿在艺术领域的发展水平，并在幼儿当前的发展水平上支持并适度地扩展儿童的学习和发展。这也启示我们

---

① 安·S.爱泼斯坦.艺术智慧——幼儿园中的创造性艺术［M］.唐小茹，等译.北京：教育科学出版社，2019：26.

② 安·S.爱泼斯坦.有准备的教师——为幼儿学习选择最佳策略［M］.李敏谊，等译.北京：教育科学出版社，2012：173.

③ 安·S.爱泼斯坦.有准备的教师——为幼儿学习选择最佳策略［M］.李敏谊，等译.北京：教育科学出版社，2012：183.

要重视艺术教育中教师的两个重要作用：与幼儿谈论艺术，以及基于观察使用适当的"鹰架"策略来鼓励和支持幼儿在艺术方面的发展。

（三）将艺术与各领域融合，并贯穿在一日活动中

通常，教师会有意识地通过设计一些活动，把创造性艺术整合进课程，也允许幼儿在个别化区域活动时间里到艺术区进行艺术活动，但高瞻课程强调，这是远远不够的。

一方面，艺术与学习方式、社交情感发展、身体发育和健康，语言、读写与交流、数学、科学和技术及社会学习等高瞻课程内容的其他领域是密不可分的，艺术可以促进幼儿在其他领域的发展，反过来，艺术也"能够融入早期教育课程的任何一个领域中"。[1] 因此，高瞻课程强调，艺术不仅仅只存在于艺术区角，也不仅仅只存在于艺术集体活动中，艺术可以发生在每一个区角，也可以发生在各类小组和大组活动中。例如，沙水桌也能为幼儿提供艺术探索的机会；孩子在图书区看完一本图书后，他们有了一些感想想画下来或者想把自己对故事的改编记录下来，那么这个时候也正在发生艺术的活动；同样，当孩子在对某些材料或物体的特征和细节进行科学探索并在纸上再现他们的经验时，幼儿的艺术感知和表达能力也正在得以提升。

另一方面，高瞻课程还强调，教师不应限制幼儿只能在一日生活的某个环节或某个时刻才能进行艺术活动，而应为幼儿的深度探索提供充足的艺术活动时间；艺术也不应该被局限于自由选择区域活动时间、教师发起的大组和小组集体活动时间，相反，教师还可以"使用一些策略来保证幼儿把艺术看作一日生活的一部分"，[2] 即把艺术活动贯穿在一日活动中。在每日迎接和送别幼儿时，创建晨间信息板时，帮助幼儿进行计划时，用"鹰架"支持幼儿学习时，跟幼儿一起回顾时，与幼儿在一起户外活动时，与幼儿分享午餐、点心时，帮助幼儿过渡到新活动时，

---

[1] 安·S.爱泼斯坦.我是儿童艺术家——学前儿童视觉艺术的发展［M］.冯婉桢，等译.北京：教育科学出版社，2012：19.
[2] 安·S.爱泼斯坦.艺术智慧——幼儿园中的创造性艺术［M］.唐小茹，等译.北京：教育科学出版社，2019：24.

都可以和幼儿一起进行艺术探索和表达，也可以一起谈论艺术。例如，在晨间信息板上，教师可以用画的形式表达出要告诉幼儿的重要公告，幼儿可以一起讨论画的内容；计划时间里，幼儿可以用艺术的形式表达自己的计划；回顾时间里，教师可以以稳定的节拍轻拍膝盖，然后以吟诵的方式开始进行回顾并引导幼儿也这样做，幼儿也可以使用各种各样的艺术媒介或形式去回顾和再现他们的活动；户外时间则是幼儿探索自然界中光影、颜色等视觉变化的绝好机会，也是探索泥土特征和使用泥土进行艺术创作的机会；在点心和进餐时间，可以和幼儿评论食物的颜色、形状和造型；午休时间里，"当孩子在小床上都安顿下来后，教师可以让他们闭上眼睛，请他们像轻风一样，像轻柔落地的雨滴一样，像小熊结束漫长的冬眠后伸展身体一样，晃动胳膊或腿"。[1]

高瞻课程创造性艺术教育的这个实施原则极大地拓展了我们对艺术教育途径的认识。受其启发，当有意识地去寻找和思考艺术元素时，我们也确实发现，在幼儿的一日生活中，艺术无处不在，一日生活中有非常丰富的进行艺术活动的机会和资源，幼儿的艺术体验和表达在一日生活中也有更多的机会可以得以丰富和拓展。

（四）加强与家庭、社区的联动

艺术教育不仅存在于幼儿园，也存在于家庭和社区。每个家庭都有用来装饰家具、墙壁或者花园的艺术作品，社区也到处可见与文化息息相关的艺术作品，有各种文化艺术活动，"事实上，在进入幼儿园之前，幼儿已经在家、在当地社区和更广泛的文化中接触到了艺术。"[2] 因此，高瞻课程强调，"利用幼儿家庭和社区文化中的艺术形式"是创造性艺术一般性教学策略中的重要一条。在高瞻课程中，鼓励教师邀请当地社区中的艺术家来园或者带幼儿参观他们的工作室，或带幼儿去画廊、博物馆、公众艺术展等参观；也鼓励教师邀请家长来园与幼儿分享他们的艺术兴趣和爱好，

---

[1] 安·S. 爱泼斯坦. 艺术智慧——幼儿园中的创造性艺术［M］. 唐小茹，等译. 北京：教育科学出版社，2019：26.

[2] 安·S. 爱泼斯坦. 创造性艺术——关键发展指标与支持性教学策略［M］. 霍力岩，等译. 北京：教育科学出版社，2018：35.

或者共享家庭中的艺术资源，等等。这些具体的做法也启示我们，在本项目中，应更好地利用家庭和社区资源，以拓展和丰富幼儿园艺术教育的资源和途径。

总而言之，正如上海市实验幼儿园的一位教师所说："我们都已经习惯了实施已经成功、即将成功或一定会成功的教育，毕竟比起那些不确定的未知，'确定'能够带给我们更多的安全感。但我们也都希望自己不要失去挑战不确定的勇气，'不确定'意味着更广阔的视野，更新奇的视阈，更独特的视界。"比起那些确定的、照着做就可以的传统艺术教育方法，我们更希望以本研究为契机，在思想和行动中有破有立，勇于突破原有模式的禁锢，改革存在的问题，在新的不确定中去不断汲取高瞻课程创造性艺术教育中的精髓，并站在本土的立场上，形成我们自己对创造性艺术教育的认识和做法，由此探索出一条中国特色的幼儿艺术教育的道路。

第二章　幼儿园创造性艺术活动实施定位

基于对幼儿园创造性艺术教育价值的重新思考以及从高瞻课程创造性艺术教育中汲取的有益经验，经过与专家、高瞻课程教育科学研究院及项目园的上下互动，我们对幼儿园创造性艺术这一独特的课程领域形成了新的认识。本章将从理念、目标、实施原则三个方面对幼儿园创造性艺术教育作一概述。

第一节　幼儿园创造性艺术活动的理念

一、幼儿园创造性艺术活动的理念

理念是幼儿园课程和教育活动的核心要素，决定了幼儿园教育活动的立场和方向，目标、内容、实施及评价等都是围绕理念形成和发展起来的。因而，我们首先花了较多的时间研究和明确幼儿园创造性艺术活动的理念。

通过多次讨论，我们将本项目中幼儿园开展创造性艺术活动的理念确定为：呵护天性，让艺术真正成为幼儿表达自我的重要方式。

二、幼儿园创造性艺术活动理念的具体内涵

（一）强调艺术是幼儿的天性，成人要予以呵护

艺术是幼儿的天性，幼儿天生喜欢艺术，会自觉地参加艺术活动。同时，艺术给人们提供了一种表达观念与情绪、展示个人体验的方式。对于语言能力刚开始发展的幼儿来说，艺术尤其是他们表达感受、体验与发现的一种重要方式。教师应充分理解幼儿创造性艺术活动的这个重要价值。

从这个意义上来讲，艺术在更多的时候就是幼儿的自我表达。幼儿对事物的感受和理解不同于成人，他们表达自己认识和情感的方式也有别于成人，"检验儿童如何创作和评判成人艺术作品的方式是截然不同的"。① 因此，教师的首要作用是呵护幼儿的天性，应尊重幼儿自己的表达和创作，倾听幼儿关于艺术表现的想法或感受，领会和尊重幼儿的创作意图。

（二）强调艺术活动源于幼儿内在动机

艺术既然是自我的表达，那么艺术活动应该更多地源于幼儿的内在动机。"艺术提供的自主性是幼儿自我表达的最珍贵的特性。所谓自我表达就是儿童本人表现自己想要表露于众、表现于外的内在信息。这样的表达基于自身的内在需求，处于自发的行为倾向，因此只能由主体自己做主，而不应该受到教师强加的干预和控制。可以认为自主性是自我表达的灵魂。"②

因而，创造性艺术教育应遵循主动学习原则，强调基于幼儿的内在动机，促使其充分发挥主观能动性来真正地表达自我。幼儿主动学习内在动机的核心是：乐趣、控制、兴趣、成功的可能性、能力和自信的感觉。那么，幼儿园艺术教育应更多地基于幼儿内在的兴趣和需求，让幼儿在艺术活动中主动地、自由地进行感知和表达，而不是让幼儿成为步步紧跟教师要求，努力做成人标准下的尽善尽美的孩子。同时，在为幼儿提供支持，与幼儿互动时，教师应更多地关注幼儿释放天性的过程，应鼓励幼儿享受艺术的过程，让幼儿在艺术活动中体会到愉悦、自信和被接纳。

但是，创造性艺术活动是具有教育性的，教师不对幼儿进行高控，但也不是放任不管。虽然幼儿会自发地开启并推进艺术活动，但教师对于幼儿在艺术方面的发展是能起到促进作用的，幼儿艺术教育中"使用

---

① 卡洛琳·艾德华兹等.儿童的一百种语言——转型时期的瑞吉欧·艾米利亚经验 [M].尹坚勤，等译.南京：南京师范大学出版社，2014：319.
② 教育部基础教育司.《幼儿园教育指导纲要（试行）》解读 [M].南京：江苏教育出版社，2002：176.

非干预方法的'结果'是，个体在艺术表现活动中令人遗憾地表现出洞察力、理解力和能力的缺失"。① 在创造性艺术教育中，我们希望能够平衡幼儿发起的活动和教师发起的活动。

总之，在创造性艺术教育中，教师应通过支持幼儿的主动学习和分享主动权，尊重幼儿自发的艺术表现与创造，让艺术真正成为幼儿表达自我的方式。通过重视过程胜于结果，让幼儿感到愉悦和胜任感。

【案例】理念的变化

我毕业于舞蹈表演专业，有多次承担音乐教学活动的经验。以我们曾经的评价标准"会唱、会跳、会表现"来看，我们班有三分之一的孩子在音乐舞蹈活动中表现突出，曾是我园各类演出、展示、比赛公开活动中的"台柱子"。

作为园课题组的成员，我参加了"美国高瞻课程创造性艺术活动本土化实践研究"项目的培训。在这个过程中，我最大的感受就是让幼儿释放天性，创造表达。

理念带来的惊喜，内心燃起的激动，并没有给我带来实践的动力。当回到班级，面对原有的音乐活动模式，我一下子就成了没有行动能力的思考者。在最初的一个月，我非常茫然，经常看着孩子不知道该做什么，该从哪里开始做。

"释放"到底是什么？怎样才能"释放"？怎样才是"释放"？

有天晚上，刷朋友圈时，我看到了班级一位妈妈发的视频：孩子跟随着音乐的节奏非常放松又非常协调地对着妈妈的手机镜头扭动着屁股和身体。镜头里孩子的表现让我忍俊不禁，一天的疲惫顿时一扫而光。

我突然脑海里就跳出了两个字"释放"。这个孩子是我们班里非常

---

① KINDLER A. M. Significance of Adult Input in Early Childhood Artistic Development［M］// C. M. THOMPSON. The Visual Arts and Early Childhood Learning. Reston. VA: National Art Education Association, 1995: 11.

腼腆、不善于表现的一个孩子。在我曾"引以为傲""备受肯定"的许多音乐活动中快速搜寻记忆，我发现很少听到他大声歌唱，也很少见到他大胆的肢体表现，我甚至不知道他最喜欢什么音乐，最拿手的歌曲是什么……孩子天生是愿意倾听音乐，愿意感受表达的，为什么在幼儿园，我没有看到这样的释放呢？

此时，我想起了开展这次项目研究的初衷，是为了重新审视原来的活动模式和评价视角，鼓励教师真正愿意放手，赋权给幼儿，能够从心底相信孩子天生喜欢音乐，喜欢表现。

（本案例由上海市松江区岳阳幼儿园周燕提供）

（三）强调艺术没有统一的标准

艺术没有统一的标准，每一位幼儿的艺术都是独一无二的。幼儿用对他们有意义的方式表达自我，反映出自己的兴趣、体验和性格，这是一个具有创造性的过程。因此，教师应重视创造性，而非一致性，应接纳幼儿不同的想法与感受，鼓励幼儿原创性地自我表达。教师不应以年龄段的普遍特征或一般发展目标对幼儿的艺术发展水平进行简单粗暴的评价，或以所谓"好的作品"为标尺去对幼儿进行横向比较，而应尊重幼儿之间的水平差异、性别差异、文化差异等各个方面的差异。教师应细心地观察每位幼儿在艺术活动中的表现，根据幼儿个体的现有发展水平和需求，发现幼儿的"最近发展区"，并提供个性化的"鹰架"支持，即通过一些教学策略支持幼儿当前的发展水平，扩展幼儿的学习和思维，帮助幼儿平缓过渡到下一个发展水平。

例如，如果一名幼儿在艺术活动中开始能表现出事物的一两种基本特征（如画出简单的人物画像），为了支持幼儿的现有水平，教师可以描述幼儿作品的艺术特征（如线条、形状或颜色等），评论时聚焦于绘画的过程，而非成品。当这名幼儿在目前水平上已经非常稳定，感到足够自信开始往下一水平发展（用多个细节创造复杂的形象）时，教师可以问问幼儿是否还能够添加其他特征，鼓励幼儿持续观察事物的更多细节，帮助幼儿顺利过渡到下一个发展阶段。

第二节　幼儿园创造性艺术活动的目标

一、幼儿园创造性艺术活动的目标

与理念相对应，我们将幼儿园创造性艺术活动的目标确定为：释放天性，能用多种感官感受与表达自己的情绪以及对生活的观察、想象与思考。

二、幼儿园创造性艺术活动目标的具体内涵

（一）幼儿的天性真正得以释放

艺术课程的目标不应过多地强调最终的艺术作品，而应更多地关注幼儿天性释放的过程。幼儿在进行艺术体验和创作时，常常是一种游戏的心态。艺术教育应让幼儿感受到艺术活动是一个自由体验和表达的过程，并让幼儿在艺术活动的过程中能体会到愉悦、胜任感、自信和被接纳。

（二）幼儿所有的感官得以调动

创造性艺术活动的目标绝不是幼儿仅仅学会去创作成人希望他们完成或者由成人教会的作品，我们更希望幼儿能够在艺术活动中充分调动所有的感官，去体验和表达自己的感觉、想法以及情感，让艺术真正成为幼儿的重要表达方式。

"儿童必须通过感官和行动来直接接触物体或事件，并且直接接触要用来表现这些物体或经验的材料。在儿童偶然发现了生活中实物之间的相似性，并且认识到手中的媒介对表现这种相似性的作用之后，儿童的表现活动才能开始：清烟斗的通条像蜡烛一样又长又细，胶水像蛋糕糖霜一样白，纱线像头发一样有弹性。然后，他们就会有意地去捕捉这些相似性。"[1]　总之，要使幼儿有创造性的想法，他们首先要有想表达的所

---

[1] 安·S.爱泼斯坦.我是儿童艺术家——学前儿童视觉艺术的发展［M］.北京：教育科学出版社，2012：34-35.

感、所思和个人体验。这样，"在不会被判断为'正确'与否，儿童能够自由表达自己的解释的情况下，他们会喜欢反思自己的艺术表现，并将它们与自己生活中的人和事联系起来"。①

因此，在创造性艺术活动中，教师的目的应是鼓励、支持和引导幼儿积极调动各种感官，与材料、人、事、物以及观点直接发生互动，建构知识与经验，产生自己的感觉、想法和情感，并鼓励幼儿基于对生活的观察、思考和想象，自由地表达、创造，反思对人、物、事件的想法。教师应为丰富幼儿真实的生活体验和艺术体验提供机会，鼓励幼儿在生活中细致观察和多角度地欣赏世界，帮助幼儿建立真实生活和艺术之间的联系。

【案例】油菜花开了

在中班艺术活动"油菜花开了"中，教师并没有将目标定位在教幼儿画油菜花，而是让幼儿动用多种感官去体验并将体验表达出来。教师

幼儿画的油菜花

① 安·S.爱泼斯坦.我是儿童艺术家——学前儿童视觉艺术的发展［M］.北京：教育科学出版社，2012：28.

与幼儿一起看油菜花，闻油菜花，听油菜花，摸油菜花，说油菜花……丰富幼儿对油菜花的视觉、听觉、触觉等多感官的体验。幼儿将体验反映到了画作上：有的孩子画作上有蜜蜂的嗡嗡声；有的孩子画作上有花的香味；有的孩子的画上有油菜花掉落的瞬间；有的孩子的画上有风吹过油菜花田的触感……

（本案例由上海市闵行区莘庄幼儿园郁亚妹提供）

（三）幼儿多种表达方式得以激发

幼儿园创造性艺术活动的目标绝不仅仅局限于让幼儿用画笔和音乐等传统方式去表达自己，艺术表现与表达的方式有多种，如声音、动作、音乐等，孩子们天然地会被多种艺术表现形式吸引。"儿童有一百种语言"，在创造性艺术活动中，我们不应限制幼儿表达的方式，而应以鼓励幼儿在多种艺术表现方式中做出选择和表达自己。

当幼儿有意识地把艺术与自己的感觉、想法以及情感关联起来，并通过艺术与其他人交流时，他们会尝试用多种方式更好地表达自己想法和情感，而每用一种方式，无论是他们的艺术能力，还是他们对事物的感知和理解，都得到了进一步挑战、巩固和修正。正如马拉古兹所说："当幼儿从一种符号语言到另一种象征语言时，他们会发现每一种转换过程都能产生一些新的东西。这会使得情况变得复杂并提升幼儿的能力。当他们建构想法时，同时也在建构符号和多样性的编码体系。因此，在

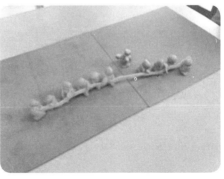

幼儿用不同方式表达拔河的经历

（本图由上海市实验幼儿园顾英姿提供）

绘画的时候，他们不仅是以图像的方式进行交流，同时也对想法进行筛选，去除那些过度的、不必要的或误解的想法。他们必须重新建立并阐明问题的架构或边界。每一步都会让幼儿们走得更高、更远。就像是多级火箭，每一级都在推动太空船往宇宙的更深处前进。"① 因此，创造性艺术活动应重视运用多种方式表达对推进幼儿重新审视并调整自己对周围世界的认知的价值。

综上所述，我们强调创造性艺术活动的旨趣之一是鼓励幼儿以多种方式表达自己，使得幼儿关于艺术材料的认知、关于周围世界的认知在多种艺术表达方式的转换中，在通过多种艺术表达方式与他人交流的过程中不断得到巩固、挑战或修正，由此使得艺术成为幼儿进一步理解周围世界的重要手段和途径。

第三节　幼儿园创造性艺术活动的实施原则

为了在具体实践中落实幼儿园创造性艺术活动的理念和目标，经过讨论、总结和调整，我们提出了幼儿园创造性艺术活动的七条实施原则。这七条实施原则不仅给各项目园的实践指明了更为具体的行动方略，同时也为教师在实施和反思创造性艺术活动时提供了具体的思考角度。

一、引导幼儿欣赏与幼儿表现同等重要

《3—6岁儿童学习与发展指南》中明确把艺术领域分为"感受与欣赏"和"表现与创造"两个子领域，但在幼儿园实践中，教师往往重艺术表现，轻艺术欣赏，甚至将艺术活动直接等同于艺术表现。

如前所述，艺术表征产生于儿童的真实体验，美学表现根植于对物体、人和事件的实际体验中。对幼儿来说，首先是感受美，由此积累起

---

① 卡洛琳·艾德华兹等.儿童的一百种语言——转型时期的瑞吉欧·艾米利亚经验［M］.尹坚勤，等译.南京：南京师范大学出版社，2014：70.

来的感知和经验才有助于幼儿进行艺术创作，从而提高艺术表现的能力。可见，感受与欣赏是表现与创造的前提，艺术教育应该从感受与欣赏入手，在此基础上进行表现与创造。因此，幼儿欣赏和幼儿表现同等重要，这是教师在实施创造性艺术活动时必须恪守的首要准则。

在引导幼儿欣赏时，我们应呵护幼儿对艺术的兴趣，进一步激发幼儿对艺术的热爱，这样幼儿才会产生愉悦感，并为充满创造力的艺术表现奠定基础。

值得注意的是，幼儿自发模仿常常是欣赏艺术过程中自然产生的行为，我们不鼓励教师的高控，但允许甚至鼓励幼儿在欣赏艺术时或欣赏艺术后自发产生的模仿（包括即时模仿和延时模仿）。模仿是幼儿的天性，幼儿在欣赏艺术时，往往会在其认识和理解的水平上，以自己的方式对印象深刻的或感兴趣的感知对象及艺术表现进行自发的模仿，如模仿自然界和生活中有特点的声音，模仿自己喜欢的文艺演出中的表演，模仿图画书中的图画表现手法，模仿同伴使用材料的方法，等等。这种自发模仿是在为自己的创造性表达积累前期经验，随着时间的推移，幼儿不再满足于照搬性的模仿，他们一定会有自己的创造和想法。观察、借鉴其他幼儿和艺术家的做法实际上会激发幼儿创造性的表现。因此，我们不应排除幼儿的模仿，而应为幼儿创设引发欣赏和自发模仿的环境、材料和机会，引导和支持他们在对图画、照片、图书、表演、画展等各种艺术形式和艺术作品进行感知的过程中自发模仿。

【案例】由模仿到创造

中班孩子小A在美工室中的泥塑区坐下，他想用彩泥捏一头大象。他先将蓝色彩泥团成圆球，自言自语："大象长长的鼻子"，拿着剩下的彩泥看了许久却没有继续下去。他起身走向学习资源区，翻了翻里面的相册，打开动物小册子，找到大象的图片，先观察了一会儿，然后用手指点着大象身上的不同部位来回滑动。他把小册子带到了泥塑区自己的座位前，边看小册子中大象的图片，边继续用彩泥制作大象的鼻子、耳朵、身体和四肢，最终完成了自己的作品。

翻阅相册找灵感　　　　　　　　　　　小Ａ作品：《大象》

（本案例由上海市静安区华山美术幼儿园陈凤提供）

二、让幼儿欣赏多种艺术，感受自然美、生活美和艺术美

艺术无处不在，在一日生活中，在大自然和周围环境中，随处可见艺术元素。我们应为幼儿提供丰富的机会，有意识地引导幼儿去欣赏多种艺术，通过多种途径引导幼儿感受美。

首先，大自然的美随处可见，大自然给我们带来的艺术元素唾手可得。例如，微风吹过时柳树的婀娜多姿，樱花花瓣飘落下来的美丽意境，树下的斑驳光影，还有大自然里美妙的声音，都是幼儿可去欣赏的艺术资源和元素。因此，我们要将感受和欣赏大自然的美引入艺术活动中。

其次，我们要引导幼儿随时感知、发现和欣赏生活中的美。例如，可以引导幼儿发现家庭、幼儿园环境布置中的美，食物中的美等；同时，引导幼儿带着艺术审美的眼光去发现和感知各类活动中的美（如建构活动、语言活动、沙水游戏等活动中都存在艺术），随时随地支持幼儿的艺术成长。

再次，我们也需要让幼儿有机会欣赏各种艺术表现形态的美。我们可以通过幼儿园组织或家园共育的方式，带领幼儿到音乐厅、美术馆、博物馆、剧场等艺术场馆感知艺术美，接受艺术的熏陶；也可以带领幼儿在社区的传统民间艺术和地方民俗文化活动中，感知文化中的艺术美。

一旦有意识地拓宽孩子感受艺术和美的视野后，教师会发现，幼儿比成人更容易发现生活情境中的趣味，幼儿具备成人所不及的好奇和童趣。

【案例】幼儿发现无处不在的美

幼儿发现阳光调皮地透过车窗遮光帘细密的小网格晒进来，在手上呈现金黄金黄的点点，认为是阳光在手上跳舞。

幼儿发现车轮痕迹的美，并自己探索，把不同的车轮痕迹表达出来。

幼儿发现车窗光影之美　　　　　　　幼儿发现车轮痕迹之美

（本案例由上海市实验幼儿园顾英姿提供）

【案例】对艺术元素越来越敏锐的教师和幼儿

"美国高瞻课程创造性艺术活动本土化实践研究"带给教师最大的转变之一在于对艺术元素的敏感。例如，教师自身对自然界的美的感受更加敏锐，色彩、线条、构造、布局、声音等，原本容易被忽视的艺术元素一一被察觉。

深秋时节是银杏叶变色的季节，我们带着孩子们到园外共同欣赏金黄成片的银杏叶美景。孩子们即刻被这满地金黄的银杏叶吸引，纷纷拾起银杏叶，仔细地观察它们特别的小扇子形态，并大把地抓起银杏叶向空中抛洒，瞬间飘落的"银杏雨"让孩子们欢呼雀跃。游戏中，孩子们收获了银杏叶变色的奇妙知识，收获了与大自然嬉戏的快乐与幸福。不止如此，秋季的风最为多变，在散步的过程中，教师带领孩子们一同聆听耳边变化的风声，观察树叶随风舞动的姿态，跟随风儿一同舞动。看似平凡的场景，一一化为孩子们生动的学习契机。

伴随着研究的逐步深入，教师自身的艺术修养不断提高，他们对每一个素材点有了更加敏锐的判断，这激励着他们不断地挖掘新的素材。

更重要的是，在教师的影响下，孩子们也开始变得敏锐，他们自发地寻找生活中的每一个美的元素。玩沙时，我们注意到，有孩子收集周边不同颜色的花瓣，以装点不同口味的冰激凌蛋糕；有孩子收集沙水混合后产生的泡沫，并用泡沫绘制出一幅特别的泡沫画；有孩子收集落叶、果子，模仿着图画书上的落叶小人，绘制出特别的落叶画……

（本案例由上海市长宁区新实验幼儿园奚珏提供）

三、用艺术独有的方式开展艺术活动

有一位教师在访谈中曾这样说道："在很多教师的艺术活动中，我看到的是语言课、数学课的影子，所不同的只是它多了画画的操作环节，孩子们要画什么，大概怎么画，教师都有明确的要求与教学过程。例如，比对幼儿园的美术活动与数学活动，在形式上基本相同：讨论—演示—分散操作—交流分享，这样的大框架下的美术活动与其他活动有何区别？幼儿处于教师的高控制下何来创造想象一说？"这位教师的话语或多或少地反映了一个现实，就是实践中教师对艺术活动的独有方式和原则把握得并不够。虽然说艺术活动可以整合到其他领域如科学领域中，但适合艺术活动的方式和适合其他领域的方式不能混淆。

在项目研究中，我们希望能打破大一统的活动套路。教师应理解幼儿在艺术上的发展特点，并以这些特点为依据，以幼儿独有方式来进行艺术教育。例如，无论是视觉艺术活动，还是音乐活动，幼儿艺术的发展顺序一般先是大量的探索，然后再到表征和设计。因此，幼儿艺术教育的开端是探索。在幼儿做好准备之前就强迫他们使用一些材料来完成作品的做法是错误的。因此，在课程实施上，应首先鼓励幼儿去探索材料和工具的特性，如鼓励儿童探索和辨别声音，鼓励儿童用自己的嗓音歌唱，等等。

基于探索的重要性，教师需要给予幼儿充分的时间和丰富的机会去探索。例如，在使用黏土来表现一个动物、一辆汽车或一个人之前，他们需要捏一下、戳一下、搓一下、掐一下或用其他方式摆弄一下黏土；在他们开始用毛笔画水墨画之前，他们需要用手指来感觉毛笔和墨汁的质地，需要观察在墨汁中加一点水或很多水时会发生什么，用毛笔把墨汁弄到纸上又会发生什么，等等。

游戏是幼儿特有的艺术表现方式，游戏中的想象和创造正在孕育艺术的高级形式。例如，角色游戏可能正孕育着喜剧艺术；结构游戏与建筑艺术相关；玩黏土、橡皮泥的高级形式就是雕塑艺术；自发性的唱唱跳跳与音乐艺术相关。从大量文献中可以看到，研究儿童游戏的除了教育学者和心理学者外，还有美学家和艺术家。因此，我们必须关注幼儿艺术活动重要且独有的形式——游戏。

当然，幼儿创造性艺术活动还有很多其他独有的方法和策略，具体详见本书第三章和第二篇实践案例部分。

四、呵护幼儿天性，尊重幼儿的表达和创作

对于幼儿来说，艺术是释放天性的过程。因此，教师在艺术活动实施过程中，不应过多地强调最终的艺术作品，而应更多地关注过程；教师应以欣赏的态度接纳幼儿的各种表达，不应以是否符合成人认定的标准来评判幼儿的艺术表达；教师应尊重幼儿自己的表达和创造，不对幼儿的作品进行修改或美化。例如，一位2岁多的孩子说他画了爸爸妈妈和自己，成人本想在旁记录下孩子的语言，这位孩子以为成人在改他的画，他大发雷霆并把画团在一起扔了。由此，我们可以看到孩子对自己的表达和创作其实是很在乎的。如果孩子在幼儿园习惯于被批评，习惯于为了讨好成人而向成人的标准去靠拢时，你会发现孩子自己的表达和创造会越来越少。

【案例】约不到的"彩虹舞台"

    我这次向全园教师展示了我们班的表演游戏活动和之后的集体分享交流环节。在之后教师们的集中研讨中，有教师告诉我："你知道吗？刚才你们的分享交流像是一场严肃的研讨会，站在台上表演完的这两组孩子太可怜了，像是在开批评与自我批评的大会。""你可能没注意到，刚开始孩子们表演完还是笑嘻嘻的，可是他们的心情随着你刚才的批评越来越不开心。"我突然愣住了，我努力地回想之前的分享交流中孩子们的表情，发现好像真的是这样。

    在接下来的一个星期里，我惊讶地发现以前预约爆满的"彩虹舞台"，来预约表演的孩子越来越少，有一次甚至尴尬到没有人愿意上来表演，"彩虹舞台"约不到表演了。于是我尝试主动去询问孩子们的表演意愿，但他们给我的回答总是"我们还没准备好呢！""我们还有两个组员动作还记不住，总需要提醒。""老师，我们的儿歌动作还没想好呢！"……

（本案例由上海市宝山区陈伯吹实验幼儿园陈佳楠提供）

    因此，在艺术活动实施过程中，教师应营造一种支持创造性尝试并重视过程的氛围，让幼儿感到自己是被支持的，自己的创作是被重视和尊重的，自己自由的表达也是安全的。教师要让幼儿感知到：在艺术中没有所谓的失败。教师不控制和决定幼儿使用什么材料，用什么方式来表达，也不框定幼儿最终呈现的艺术作品，要接受幼儿发自内在动机的表现表达。"教师要帮助幼儿了解自己，表现自己，让他们都产生一种成功的体验，并能感受到其中的乐趣，从而增强自信心，对艺术活动产生更大的兴趣和更强的创作欲望。"[①]

---

① 李季湄，冯晓霞.《3—6岁儿童学习与发展指南》解读［M］.北京：人民教育出版社，2013：164.

五、借助《观察指标》发现和解读幼儿的艺术

"艺术，同语言一样，打开了一扇了解思考者的想法的窗户。"[①] 我们需要通过观察及时发现、理解幼儿的艺术及想法。

我们以《3—6 岁学前儿童学习与发展指南》《上海幼儿园保教质量评价指南》为依据，参照高瞻课程儿童观察评价工具《学前儿童观察记录量表》，以及国内外大量关于创造性艺术指标的研究，在试点幼儿园实践使用的基础上，形成了《幼儿创造性艺术发展观察指标（试验版）》（详见第四章）。研究这个指标的目的并不是为了评价幼儿发展处于什么等级，而是为了鼓励和帮助教师借助指标，在一日生活中观察幼儿，既理解幼儿的艺术发展过程，又能通过观察判断幼儿当下的发展水平，并根据幼儿现有的发展水平制订教育计划和提供连续支持。

在观察的过程中，我们常常会发现看不懂幼儿的艺术，这主要是因为幼儿用不同于成人的独特方式来表现表达，也因为幼儿的艺术表达方式并不是写实的。在看不懂时，教师不要轻易地对幼儿作品表达的内容下结论或进行猜测，而是要注意倾听，以避免误解误判。教师要学会倾听，就像日本学者鸟居昭美曾说过的："无论画的好坏，成人都应该首先倾听孩子在绘画中想要表达的东西，理解他们所要讲述的内容。""孩子的画不是用来'看'的，而是用来'听'的，就是这个意思。更准确地说，孩子的画是'听'了才能够明白的东西。"[②] 在尝试倾听时，教师既可以倾听幼儿在艺术创作时时常伴随着的叙述（可能会自言自语，也可能会对着同伴和教师说，这些叙述可能正在表达作品的内容，也可能正在表达幼儿创作的方法和发现），也可以通过和幼儿交谈来倾听幼儿的表达。

此外，儿童的艺术发展阶段并不总是那么明显，他们在不同水平间转换，尤其是当他们发现一种不熟悉的媒介或者探索一种新的表达方式

---

① 安・S. 爱泼斯坦 . 我是儿童艺术家——学前儿童视觉艺术的发展［M］. 冯婉桢，等译 . 北京：教育科学出版社，2012：36.

② 鸟居昭美 . 培养孩子从画画开始——走进孩子的涂鸦世界［M］. 于群，译 . 桂林：漓江出版社：2018：6.

时。幼儿在发展时，或前进或后退，有时候是以倒退的方式来取得更大的进步。教师在观察时，要充分理解幼儿艺术发展的这个特点，不能误读误判。

六、和幼儿认真谈艺术

在创造性艺术活动中，与幼儿认真地谈艺术是一个重要的实施原则。这是因为：首先，语言是思维的工具，让幼儿在艺术活动中把自己的行动和想法描述出来，既可以促使幼儿尝试更清楚地表达想法，进而在艺术活动中更好地表达自己的想法，也可以帮助幼儿逐步从无意到有意地进行艺术表现和创作，在回顾和反思中巩固自己的学习，并且向更高层次的艺术欣赏、表达和创造发展；其次，幼儿常常渴望分享他们对一幅画、一首歌或者一个故事的感受，而且幼儿的观察力非常敏锐，具有欣赏艺术的能力，"幼儿渴望讨论艺术作品，即使他们的词汇有限。他们对艺术作品的观察和分析程度令人惊愕"。[1] 因此，教师要鼓励幼儿用自己的话来谈论自己的艺术感知与表达，培养他们的艺术鉴赏能力。

教师在与幼儿讨论艺术时，不能敷衍了事，不能只是随意地说两句，为了完成讨论而讨论；也不要过多地去评论和提问，以免干扰幼儿的创作过程，对于谈论的内容和提出的问题要深思熟虑。总之，要与幼儿认真地谈论艺术。

与幼儿认真地谈艺术的另一层含义是：教师要认真对待和尊重幼儿的表达，与幼儿谈论艺术是为了鼓励幼儿自主地感知、想象与感受，是为了在肯定的基础上支持和拓展幼儿的艺术发展，而不是为了指出幼儿的错误或遗漏的地方。这样，幼儿就会觉得谈论艺术是一件愉快的事情。教师也不要把自己的想法强加给幼儿，只有当幼儿觉得你愿意倾听他们的感觉和想法时，他们才会随时真正地与你分享观点。

具体实施该原则时，教师可以在适当的时候通过描述、评论和开放性问题等开启和幼儿的对话，谈论的内容可以是材料，也可以是技能和

---

[1] DOBBS S. M. Learning in and Through Art [M]. Los Angeles: The Getty Education Institute for the Arts. 1996: 64-65.

方法；可以是欣赏别人的艺术作品，也可以谈论幼儿的艺术作品；可以是幼儿在创作过程中涉及的艺术本身，也可以是创作的过程涉及的艺术语言（如描述色彩、造型、线条、尺寸等艺术元素的语言，也可以是描述声音和肢体动作的语言）……总之，谈论艺术的内容可以涉及各个方面，教师的目的是通过和幼儿认真地谈论艺术，来丰富和拓展幼儿的艺术语言，肯定他们的创作，启发他们想表达的内容，促使幼儿反思他们的创作过程，并由此支持和拓展他们的发展。

七、在幼儿需要时提供技能支持

幼儿的艺术表现和创造不以技能学习为目标，但不可否认的是，随着幼儿的发展，幼儿的艺术表达不可避免地会运用到技能，而且幼儿的技能水平也随着自身认知和精细动作能力的发展而自然地在提高，如画的线条越来越流畅。但需要注意的是，在幼儿的发展水平还没有准备好，其感知的经验还没有产生相关的表现表达的需要时，教这些技能是徒劳的。

不过这并不意味着教师不需要给幼儿提供技能指导和支持。相反，当幼儿在发展能力上做好了准备，且有自主表达的迫切需求时，教师可以给幼儿提供一些技能上的恰当支持和拓展。需要注意的是，这种支持基于观察，以尊重幼儿自主感知、自主表达和发展水平为前提。正如上海市浦东新区金囡幼儿园的教师们所总结的：孩子们的创作让我们深信，任何一种艺术表达所需要的技能都来自表达的急迫，当积累足够、热情足够、想法足够时，孩子们的创造就会水到渠成。在这种情况下，教师及时地给予技能支持，并采用多种互动策略和不同活动形式（如教师模仿幼儿的行为，并暗示幼儿反思自己的技能和手法，如幼儿之间互相交流、互相学习经验等），就可收到事半功倍且不压抑幼儿创造性的效果。

第三章　幼儿园创造性艺术活动实施策略

前述章节比较深入地阐释了幼儿园创造性艺术活动的理念、目标、原则等重要内容。本章在此基础上，从课程实践的操作层面为幼儿园提供更为具体的实践指导和建议。

第一节　构建充满艺术气息的幼儿园一日生活

一、在一日作息安排中渗透艺术气息

通常的情况下，幼儿在园的一日作息安排就是一张时间安排表，列出了幼儿在园的日常活动顺序、具体内容。这是幼儿园、班级开展教育活动的结构化呈现方式。幼儿园的生活如何才能够带有艺术的气息？比如哪些环节可以容纳怎样的艺术元素？怎样的节奏才有助于幼儿生活的充实而自由，从而让他们体验到生活的美好？当我们走进一个班级，如果待上一段时间，就会自然感受到班级的氛围、节奏、幼儿活动的水平，如有的班级可能整齐统一，安静有序，而有的班级则充满了自由和艺术感，令人愉悦、享受。

一份富有艺术气息的幼儿园作息时间安排，需要教师根据本班级幼儿的特点和发展需要，进行整体设计与不断调适。教师除了要接纳和尊重幼儿的生理、心理特点，多角度地考虑空间、材料、活动内容、幼儿活动过程的具体需求，还要为幼儿自发的艺术活动和教师发起的艺术活动留有足够的空间和发挥余地。

【案例】爱唱歌的孩子更幸福

我们在幼儿园大厅里创设了"音乐漂流角"和"全民K歌区"，鼓励

幼儿自主选择感兴趣的音乐聆听，由听到唱，由自己唱到一起唱，由唱班级主题到唱自己的生活，让歌声滋养幼儿。

我们在图书室外创设了可以听的音乐绘本角，将歌声藏于绘本中，让幼儿多角度感受阅读之美。

我们在走廊、绿化带创设了互动板，一块破铜烂铁，一把小乐器，孩子们走过路过，随手敲击，叮叮咚咚，不亦乐乎。

我们在小班教室门口创设了联动小舞台，弱化了班级的概念，小班幼儿可在一整个长廊上串门，挑选自己喜欢的音乐素材，咿咿呀呀唱啊，跳啊，玩啊。

我们把音乐环境做得相对开放、低位，随手可得，随耳可听，随喉可唱后，发现孩子们对唱歌的兴趣明显增强，对各种音乐元素都敏感了起来。

（本案例由上海市虹口区体育幼儿园潘丽华提供）

【案例】开启艺术的一天

幼儿一日生活是一个有机的整体，在幼儿园一日生活中渗透音乐元素，不仅能够培养幼儿的音乐审美，提升幼儿感受表现音乐的能力，还能够让幼儿在艺术的氛围中得到熏陶，让欣赏活动自然而然地进行。

1. 入园和离园环节

入园和离园环节是建立良好家园关系的环节。入园时，要选用活泼、优美的音乐，减轻幼儿早起入园的紧张感和暂时离开家长的焦虑感，对即将开始的一日生活充满期待。

离园环节包括教师与小朋友说再见，小朋友互相说再见，教师与家长沟通幼儿在园情况等，适合选用抒情、优美的音乐，稳定幼儿的情绪，让幼儿积极愉悦地参与离园时的自由活动及游戏等。

2. 户外运动环节

户外运动可选择动感较强、节奏感鲜明的律动音乐，并结合集体音乐教育活动的内容进行延伸和拓展，调动幼儿参与运动的积极性。在此过程中，许多曲风动感、节奏变化稳定的进行曲等都很适宜。

3. 餐点和午睡环节

幼儿园的餐点环节，除了要提供有足够营养的食物，还要营造轻松愉快的氛围。进餐前可播放舒缓的音乐，让幼儿心情舒畅，情绪稳定。

午睡前是幼儿听故事和音乐的时间，幼儿常常在奇趣的故事情节和优美的音乐中进入梦乡。可以选择有一定故事情节的音乐进行播放，能够让幼儿产生美好的想象，有利于睡眠。慢速音乐和经典童话类音乐故事比较适合这段时间播放。

起床环节，幼儿通常动作比较缓慢，可欣赏节奏感较强的、活泼欢快的起床音乐来进行辅助。进行曲音乐和动感活泼的音乐比较适合，但不宜经常更换。

4. 过渡环节

过渡环节是指幼儿一日生活中各项活动之间的衔接转换，是非正式的、闲散的、自由活泼的。教师可以运用不同节奏的音乐提醒幼儿调整身心活动的节奏，在尊重幼儿身心的同时也能顺利地进行教学活动。例如，在语言活动与户外活动之间的过渡环节，可以采用活泼欢快的音乐，如《健身操》等歌曲，调动幼儿情绪，利用歌词提示幼儿活动内容的转换。

5. 艺术活动交流环节

幼儿园通常会在节日安排各类音乐表演和娱乐活动。在这类音乐活动中，我们可以将日常集体活动中、社团中幼儿收集的许多曲目作为素材，为幼儿提供集体欣赏的机会。在聚会的气氛中，幼儿更容易体验到音乐活动的快乐，有助于培养幼儿对音乐欣赏稳定而持久的兴趣。

（本案例由上海市松江区岳阳幼儿园周莉莉提供）

二、创造属于班级的艺术仪式

例如，很多幼儿园会结合节庆活动，开展类似于"嘉年华"的活动，也有专门的艺术表演活动，如在班级中建立小舞台，一个班级或者某个年龄段的幼儿在某个时间，如每月一次聚集在一起，通过表演的方式来分享他们在前一段时间里学习的歌曲舞蹈，在表演中享受快乐。这种用相对固定时间开展的共享艺术可作为班级的艺术仪式。幼儿园要鼓励教师在班级中培育一种艺术仪式，可以是艺术桌、故事会、家庭宝贝艺术展等，发挥教师和幼儿的创意。

又例如，在一个幼儿园的班级里，我们发现一位教师每天在幼儿吃饭前短短的一段时间里，运用自己掌握的简单的剪纸技能，剪出几个小动物的形象，并用它们即兴为幼儿讲故事，故事的内容则完全来源于教师观察到的幼儿之间发生的事件。幼儿完全被这样的环节吸引，一边欣赏和佩服教师娴熟的中国剪纸技艺，一边从中发现了剪纸的意义。他们为此着迷，每天都期待着这个属于他们班级的小乐趣。

在很多幼儿园的班级里，教师还会定期组织"小舞台"活动，将幼儿定期聚集起来欢唱、表演，让幼儿共同体验艺术带来的愉悦。

【案例】"狂欢 10 分钟"，让我们都成为有创意的舞者

"狂欢 10 分钟"是我园以幼儿兴趣为思考起点，在运动操节环节打破传统组织形式，在即兴创作中彰显幼儿的艺术创造力的集体活动项目。

1. 音乐的选择

音乐是狂欢的灵魂，是幼儿在狂欢时不可缺少的互动材料之一。选择适合幼儿特点的音乐，并且进行音效的制作，不仅有利于激发幼儿的感知能力，而且可以有效地提高幼儿肢体动作表现能力。

（1）选择依据：科学性、亲幼性、适宜性

经过多次实践与研究，我们对音乐选择的依据做了调整。音乐选择的依据不仅要考虑音乐节奏、韵律等因素，还要根据创造性艺术的目标，注重音乐选择的科学性，即乐曲内容和节奏类型要利于激发幼儿的动作创造表现；注重音乐选择的亲幼性，选择幼儿喜欢、熟悉的音乐；选择符合不同年龄段幼儿的特点和需要，具有感染力，能够激发创造力的音乐。对课程中的乐曲进行积累和整理，形成了"狂欢 10 分钟"曲库。

（2）选择过程：师生共同选择

在"狂欢 10 分钟"推进的过程中，音乐选择过程从单一的教师选择，扩展到由教师筛选—幼儿反馈—教师观察判断—幼儿推荐—确定音

乐曲目。教师根据幼儿创造力培养目标搜集音乐曲目，并将其作为一日活动的背景音乐播放给幼儿听，观察幼儿对不同音乐的反应情况，询问幼儿对音乐的喜爱程度，组织讨论"我最想要的狂欢音乐"，最后确定音乐曲目，并定期更换狂欢曲目，丰富曲库。

"狂欢 10 分钟"曲库

类 型	曲 目	使 用 建 议
动物类	《蓝皮书和大脸猫》《小跳蛙》《小鸡小鸡》	音乐节奏较强，有趣味性，尝试四肢协调地模仿小动物，调动幼儿的积极性，适合小班幼儿。
动漫类	《葫芦娃》《奇迹再现》《蓝精灵》《开心往前飞》《麻吉宝贝》	选择幼儿熟悉的动漫主题音乐，可以发挥幼儿的想象力和主观能动性，可根据班级幼儿对动漫的熟悉程度进行挑选，相对较适合中大班幼儿。
传唱类	《挫冰进行曲》《卡路里》《嘻唰唰》《小苹果》《你就是我的天使》	欢快的节奏能引起幼儿的兴趣，让幼儿在音乐的氛围中激发创造力，适合小、中、大各年龄段。
情境类	《大王叫我来巡山》《我是一颗跳跳糖》《大家一起喜羊羊》《健康歌》	幼儿能根据音乐主题有目的、连贯地进行创编，相对较适合中大班的幼儿。
民族类	《穷开心》《中国话》《桃花笑》《十二生肖》	富有变化，能激发幼儿民族自豪感，适合大班幼儿。
性别类	女生：《彩虹的微笑》《公主歌》《不怕不怕》《da da da》 男生：《小宇宙》《为梦想，时刻准备着》《大梦想家》《少林英雄》	根据幼儿性别不同，提供不同的风格的音乐，女孩可以青春可爱，男孩可帅气阳刚，适合小、中、大各年龄段。

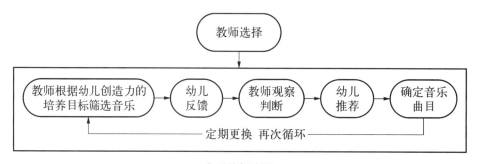

音乐选择流程

2. 组织形式的创新

（1）狂欢主体：幼儿为本

"狂欢 10 分钟"是幼儿的狂欢，是幼儿在感受音乐节奏中肢体动作创作的表现。所以，"狂欢 10 分钟"的组织主体经历了由教师中心化到去教师中心化的过程。除了将小舞台的机会还给幼儿，让他们都能站上小舞台展现自己的动作，"狂欢 10 分钟"中的动作创编也由教师创编转变为幼儿自主表现、自主创编，给予幼儿更多发挥创造力的机会。另外，增加狂欢的时长，给予幼儿更多表达表现的机会。

（2）方位转向：每个人都是焦点

转向不同方位做操是"狂欢 10 分钟"的一大亮点，朝向方位的不同实现了让每一位幼儿都成为排头的可能。不同操节转位的变化，让幼儿对方位有了一定的认识。转位后，幼儿周围的同伴发生了改变，增加了和其他幼儿和教师互动交流的机会。对于小班幼儿来说，转动身体面向不同的方向是有一定的难度的，所以小班的教师和幼儿讨论出了提示转位的特殊手势和提醒的指令。

（3）互动形式：人、物结合

不设限的场地、不同的转位、多样的辅助器械都给互动形式提供了可能，增加了幼儿交流和相互学习的机会，实现了人和物的互动，让狂欢的形式和内容更加多样。

（4）乐段安排：扩展自由表现空间

"狂欢 10 分钟"，既有面向四个方向跟随领舞者的模仿动作时间，也有幼儿自由创作表现时间。我们尤其关注给予幼儿自由表现部分更多的时间，应不少于模仿动作时间的一半，甚至更多。选取不同乐段，安排多次自由创作时间，利于幼儿根据不同风格进行更多元的创作可能。

（本案例由上海市闵行区莘庄幼儿园郁亚妹提供）

三、为固定的作息增添艺术性的情趣和变化

幼儿园的生活需要有规律，但也需要在某个合适的场合下有所突破，制造一些变化和惊喜，为常规化的流程带来一份欢乐。幼儿好奇、活泼，

喜欢变化，如果教师有意识地在富有节奏的生活中增添一份富有童趣的艺术变化，会让整个班级的幼儿一天都充满积极向上的情绪。

例如，有的教师在某个特别的日子，选择带上一个有趣的头套或头饰，或穿着具有某种特点的衣服躲在门后迎接每一名幼儿的到来，或者和孩子约定好用一种特别的富有艺术感的方式和教师、小朋友告别，或者是使用一种特殊的方式来进餐，在进餐前和进餐中增添一些艺术化的小细节，如开展一个自制卡通饭团品尝会……这会为班级的每个成员制造惊喜与快乐的体验。艺术元素的不定期渗透能够有效地调动幼儿的积极性，加强师幼互动，同时，让幼儿体会到生活和艺术、情趣不是截然分离的，而是自然相融的。久而久之，孩子们也会习得在生活中增添一些变化和乐趣的习惯。

四、结合节日、节气、仪式创造艺术表现和享受的机会

节日、节气、庆典、纪念日等是集中体验和展现艺术的重要场景。教师充分利用节日、节气以及幼儿园里举行的各种仪式活动等，为幼儿设计与一日生活相融的艺术活动，为幼儿创造理解特殊日子、特殊场合、情境的机会。在这样的活动中，幼儿更能体会艺术的价值。

例如，结合中国的传统节日，教师可以和幼儿共同商量如何安排节日活动的主要流程，怎样用自己的方式来制作特定的装饰物或者富有创意的仪式物品。例如，妇女节到来的时候，很多教师选择让幼儿设计贺卡送给自己的妈妈；在国庆节时候，一些教师带领幼儿用国旗的图案和典型色彩装点班级活动室和幼儿园的公共区域，营造欢庆的氛围。

五、随时随地自然地交流艺术感受和体验

语言是思维的外壳，可以用符号化、概念化的方式来展现个人的认识。丰富、多元的艺术语言可以启迪幼儿对艺术的认知，发展幼儿对艺术的敏感。

（一）教师尽量使用丰富的艺术语言

教师在幼儿园的日常生活中，尽量使用多样的、生动的艺术语言，为幼儿提供丰富的表达方式和内容来源的刺激。

比如，教师在组织一日活动中有意识地选择能够营造多样情境的语词、句子，用多样多变的话语，甚至用多变的语气与幼儿说话，会对幼儿产生很强的吸引力。在幼儿生活和艺术活动中，教师要注意使用更多描述性的语言，把自己观察到的幼儿艺术探索的过程描述出来，便于幼儿借助教师的语言来审视自己的探索和创作过程。

不同年龄段的幼儿，其理解和掌握艺术领域相关词汇、概念、语句的能力是不同的。教师需要对艺术语言进行挑选和设计，有意识地引导幼儿在相关活动中，在亲身感受和体验中，学习理解并尝试运用；教师有意识地扩展幼儿的词汇，让幼儿在顺畅的交流中自然感知。例如，在引导幼儿想象安静的夜晚时，教师完全可以有多种表达方式，用到不同的词汇。

同时，教师对艺术语言的把握还要设法为幼儿理解、表达自己内心的体验提供支持。例如，当幼儿在欣赏乐曲和舞蹈时，不能仅强调动作表现的关键词汇，如"交叉""左右扭动"等，还要注意多提供丰富的表现内心感受的语言。例如，同样描述开心，不仅可以用"快乐"一词，还可以用"幸福""愉悦""欢喜"等词语。

在艺术活动中，幼儿不仅需要探索、表演、创作，还需要用语言交流他们的想法和认识。教师发起的艺术活动更能够为幼儿提供这样的机会。教师会主动地和幼儿谈论艺术，让幼儿在表达自己的感觉、理解、认识的过程中，获得对艺术的体会。

对艺术语言有准备和选择的教师一定会有意识地提供相应的语言刺激，来帮助幼儿走近艺术。即便是在幼儿个体创作的环节，教师也可以通过和幼儿个别交流，向幼儿描述自己从幼儿的表现过程或作品中观察和体会到的东西。幼儿在倾听的过程中，不断吸收来自不同视角的语言，理解他人如何看待自己的创作过程，进一步思考和理解自己的探索、创作过程。

【案例】创造性艺术集体教学活动的设计与实施

教师要通过艺术语言和幼儿共同分享关于造型、色彩、线条、质感、音色、节奏等的认识，从而丰富幼儿对美的感受。例如，小班音乐活动"小星星"，教师用尤克里里弹奏欢快的、安静的等不同风格的小星星乐曲，欢快的音乐旋律让幼儿想到小星星在唱歌，安静的音乐旋律让幼儿想到小星星在睡觉，这些都是幼儿听到音乐、感受音乐、进行联想之后迸发出来的各种不一样的思考。可以看到，幼儿能够读懂音乐的不同风格，将其与自己的已有经验联系到一起，并愿意与同伴、教师分享自己的感受。当幼儿能够在大脑中储存具有多种特征的图像和情境时，他们的表征也就更为具体，能够一边做着动作一边表达小星星在做什么事情，唱什么样的歌。

为了鼓励幼儿用艺术的语言描述作品和表达创作，教师可以这样与幼儿互动：

1. 谈论材料、作品、音乐

（1）这样的材料让你有什么感觉？（如摸起来，听起来，闻起来，看起来……）

例：这块面团让你有什么感觉？这段音乐让你有什么感觉？

（2）这样的材料让你想到什么？

例：这个蓝色让你想到什么？这个纸盒让你想到什么？

（3）你是怎么使用这样的材料的？

例：你是怎么使用双面胶的？你是怎么让筷子发出声音的？

（4）关于这样的材料，你有什么新发现吗？

例：关于扭扭棒，你有什么新发现吗？关于这首音乐，你有什么新发现吗？

2. 谈论创作的过程

（1）你是怎么做（跳、画、唱等）的？

例：你是怎么做出小鸭子动作的？

（2）你是怎么想到创作出这样的作品？

例：你调配出绿色、紫色、橙色，画了七色彩虹，你是怎么想到创作出这样的作品？

（3）你在创作中有什么发现或问题吗？

例：你一直在搓筷子，有什么发现吗？

（4）接下来，你觉得会发生什么？

例：如果这只鳄鱼吃饱了，你觉得接下来它会做什么？能用动作做出来吗？

3. 描述幼儿创作

（1）你的颜色、声音、动作让我想到了某个事件或情绪等。

例：你作品里黑色的线条让我想到了龙卷风。

（2）我发现你的创作中加入了某个细节。

例：我发现你唱的小星星在打嗝，一颤一颤的。

（本案例由上海市闵行区莘庄幼儿园郁亚妹提供）

（二）使用艺术词汇引导和回应幼儿的感知

幼儿正处于语词的积累阶段，他们感知事物的水平是粗浅的，但是可以在成人有意识的帮助下迅速发展。教师和家长语言的丰富程度能够极大地影响幼儿，时刻与幼儿互动的成人就是为幼儿积累和发展语言提供了最好的浸入式的环境。4岁左右是幼儿的语词爆发期，尽管有时他们词不达意，但是前期的积累在这个阶段会得到比较充分的体现。从幼儿经常使用的语言方式和词汇中，可以看出幼儿所生活的环境和文化带给他们语言上的差异。缺乏艺术感知和影响的环境，幼儿的艺术语言可能比较简单、贫乏。

为了诱发幼儿对艺术相关方面的好奇和感知，成人包括教师和家长要适当积累一些艺术性的词汇、概念。例如，对于颜色，可以不仅限于简单的红色、蓝色，而是要尝试积累一些有区分的词汇，如大红、酱红、砖红、十黄、天蓝、孔雀蓝、湖蓝等。结合幼儿的日常生活经验，可以将艺术性的词汇、概念分为不同的种类。例如，有描述事物特征的颜色、形状、质地和性质的，也有描述事物存在和发展变化的静态和动态的，还可以有展现人的外在活动和心理感受的艺术性的词汇、概念。教师还要有意识地使用不同的语气与声调等，来调动幼儿的感知，吸引幼儿并让幼儿体会到自由地运用自己的语音、语调的可能和惊喜。例如，在讲述表演，朗读儿歌，演唱歌曲时，让幼儿生动地感知自己可以用更优美、更精确的语言、声音和动作等，来充分进行艺术表达。

在与幼儿的日常互动中，教师要敏感地感知幼儿的艺术表现水平，并自然地回应幼儿的艺术表达，让幼儿认识到，他们努力使用艺术语言进行表达被成人认可和鼓励。

（三）支持幼儿的艺术表达表现

在一日生活中，教师要持续通过示范和提供丰富的探索条件，鼓励幼儿在各种教育活动中，在不同的场合下，持续地感受生活，感受自然，并用艺术化的方式进行展现。例如，在下雨时，有意识地为幼儿创造感知雨的不同状态、声音的机会，让幼儿用自己的方式来表达表现。在不同的季节，引导幼儿去观察幼儿园里的同一棵树，如感受、记录、表现同一棵树树叶的变化。幼儿的多种感官的充分打开，为他们的艺术发展提供了可能。

另外，幼儿园还要提供丰富的艺术表现材料和工具，包括观察工具和记录的工具、探索和表现的材料和工具等，并允许幼儿自主取用，让幼儿认识到，任何时候关注并表现周围有趣的现象都是被允许和支持的。成人还要通过和幼儿的直接互动，在尊重幼儿选择的基础上，组织分享和交流，让幼儿认识到成人关注和支持他们探索艺术的行动。

幼儿任何的自然艺术表现都应被接纳，而不是按照所谓规定的要求和标准来评判，从而让幼儿失去自主和自信。成人的轻视或者任何的奚落、嘲笑、纠正，都会对幼儿造成不良的影响，幼儿会从成人那里获得这些潜在的标准，并用它们来规定自己的理解和表现，甚至用来评判其他同伴的作品。例如，我们会看到幼儿向教师说"看，他涂到外面了"，或者跟同伴说"他画了一只短耳朵的兔子"。学会真诚地描述和欣赏幼儿个性化的感知，是成人在与幼儿在日常交流中必须学习和练习的。

【案例】生活情境中的幼儿艺术表现

生活情境包括个人生活情境和共同生活情境，本案例聚焦生活情境中的幼儿艺术表现。

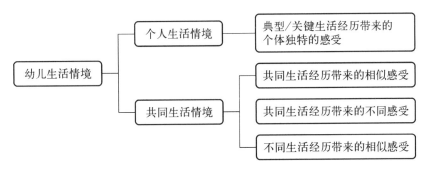

幼儿生活情境的思维导图

艺术元素是艺术作品的一部分，是构成作品的基本原料和媒介。艺术元素包括线条、方向、大小、表情、形状、形态、色彩、配色、空间等。我们评论艺术作品的好与坏时，往往会把艺术元素和内容联系起来去批判。因此，理解艺术元素和原则有助于我们更好地思考和谈论艺术作品。

1. 幼儿与成人对具象的艺术元素具有相似的艺术感知

对于生活情境中的具象的艺术元素，包括形态、大小、色彩、空间等，幼儿和成人均能够感知到。例如，在对大自然中落叶的观察中，幼儿与成人都能够发现树叶的形态之美；在音乐中，幼儿与成人都能够发现乐曲之美。

2. 幼儿与成人对抽象的艺术元素具有不同的艺术思维

对于生活情境中一些抽象的艺术元素，幼儿与成人因为生活经验的不同，思维发展的不同，常常会产生不同的理解。例如，成人看到秋叶落下能感受到秋天萧瑟的意境，而幼儿没有如此深刻的感受。同样的生活情境，幼儿常常会更具象地呈现知觉，但成人往往更多地会产生心理上的感觉。

3. 幼儿比成人更擅长发现生活情境中的艺术趣味

我们发现，幼儿比成人更容易发现生活情境中的趣味，也往往具备成人所不及的好奇和童趣。例如，幼儿能够发现阳光调皮地透过车窗遮光帘细密的小网格晒进来，在手上呈现金黄金黄的点点，认为是阳光在手上跳舞；幼儿能够发现车轮痕迹的美，并自己探索，把不同的痕迹表达出来等。

我们认为，幼儿对生活情境中艺术元素的发现和表达是一个完整的过程。

聚焦幼儿的艺术发现过程，思考如何让幼儿的感知更丰富。艺术不仅仅只是借用画笔和音乐等传统方式来表现，而是要求我们调动所有的感官，同时运用我们的心智和身体来表现。在艺术活动中，教师应鼓励、支持和引导幼儿积极调动各种感官，与材料、人、事、物以及观点直接发生互动，发现生活中的艺术美。

聚焦幼儿的艺术表达过程，思考如何让幼儿的表达更多元。幼儿在生活情境中充分地调动各种感官进行感知，从而发现艺术元素，并将发现的艺术元素用自己的方式表达出来，形成一个艺术作品，但这个艺术作品可能简单到只有一句话，也可能是一个完整的实物，抑或是一个虚幻的认识。

聚焦幼儿的艺术转化过程，思考如何让幼儿的思维更活跃。我们认为，在幼儿艺术发现和表达的过程之间还有一个关键的步骤，那就是艺术转化。

艺术发现、艺术转化与艺术表达过程

艺术给人们提供了一种表达观念与情绪、展示个人体验的方式。对于语言能力刚开始发展的幼儿来说，艺术尤其是他们表达感受与体验的一种重要方式。教师应充分认识到幼儿创造性艺术活动的这一重要价值。通过艺术表达，可以极大地拓宽幼儿的交流渠道和抒发观点的方式，进一步让幼儿获得胜任感和效能感。教师的首要作用是呵护幼儿的天性，如尊重幼儿，了解并倾听幼儿关于艺术表现的内心想法或感受，领会和尊重幼儿的创作意图，从而让幼儿的艺术语言丰富起来，幼儿的艺术思维活跃起来。

成人如何发现与了解幼儿的生活情境并更好地给予解读与支持？我

们的答案是，通过幼儿的绘画作品了解幼儿的想法，并支持幼儿进一步发现艺术元素并表达出来。

幼儿的绘画作品可能是文字、符号、线条等各种元素的组成，教师可以从幼儿的描述中找到互动的时机，进而推进幼儿对生活中艺术元素的发现过程。

（本案例由上海市实验幼儿园顾英姿提供）

第二节　艺术环境、资源、材料的创设

对于幼儿的艺术发展来说，艺术环境、资源、材料的重要性不言而喻。但在实践中，艺术环境、资源、材料的创设仍然存在着困惑和疑难，因此艺术环境、资源、材料的探索仍旧是我们关注的重点。

一、艺术空间和时间的规划

为了更好地满足幼儿艺术发展的要求，我们要有意识地规划幼儿园的艺术空间和时间。

（一）设计富于艺术性的生活和学习的空间

富有艺术感的幼儿园环境能对生活在其间的幼儿和成人产生潜移默化的影响。环境并不仅仅意味着一片场地、一块地方，或者摆放在其间的各种需要的物品的总和，它根本上是一个兼有物理特性和心理倾向的空间。这个空间通过它的大小、高低、明暗、色调等为开展活动提供了多种可能。幼儿班级环境将对幼儿的心理产生影响。我们要强调富有美学特征的环境设计，充分运用空间分割、色彩和线条、光线明暗与变化等为幼儿创造生理和心理舒适的空间。例如，上海市虹口区体育幼儿园的室内外空间设计就富有艺术气息。在建筑的内部空间中，除了有不同的班级活动室，还有挑高和跨越、多层次的室内公共空间。在户外，该园建造了富有自然趣味的山坡、草地、树林，幼儿经常游戏其间。另外，

大面积的窗户、天棚的设计方便采集自然光线，增加建筑在视觉上的通透性。再如，上海市长宁区新实验幼儿园还在户外设计了富有艺术美感的长廊，提升幼儿园空间的品质。

适宜的、富有艺术感、能唤起和支持幼儿在其中展开艺术探索和表现的空间，在规划时至少要考虑以下内容。

首先，班级空间是否为幼儿开展艺术活动提供实用性支持，即幼儿是否拥有开展个体和集体艺术活动适宜的场地。值得注意的是，它不仅仅意味着有空间摆放桌椅、材料柜，还意味着要考虑容纳幼儿开展各种形式的艺术欣赏和创造活动。比如，幼儿可以坐下来欣赏，包括坐在不同角度欣赏，也可以选择站起来走动着进行观察；或者幼儿不仅有桌面的表现可能，也可以趴在地面上用身体进行创作。又如，在一些幼儿园，每个班级都有一个便捷的通向公共院落的通道，幼儿可以经常来到院子里开展共同的活动，如果院子还设计有可供围坐的半圆阶梯状的表演空间，那么无疑，不同班级之间可以更方便地开展班级之间幼儿的艺术交流与展示。而有的幼儿园的每间教室都能允许幼儿一分钟以内到达户外，自然就能吸引幼儿到教室外面去开展艺术观察、观赏与表现。

其次，如何规划环境中的艺术元素，也是一个挑战。例如，如何在班级里自然地融入艺术品、装饰物等。有的教师会选择在班级的某些角落摆放幼儿喜欢的绿植、世界名画的精致仿制品、美丽的摄影作品、本地鸟类的图鉴等。

我们期望幼儿获得怎样的艺术教育，在怎样的原则下开展艺术活动，将决定我们如何规划幼儿艺术活动的空间。

（二）为开展和生成艺术活动预留时间

艺术区角活动、舞蹈活动、美术欣赏和创作活动、艺术的分享交流活动等，通常都是在基本确定的时间段内实施的。例如，教师组织的美术创作活动通常是 30 分钟左右，但是在很多情况下，时间似乎总是不够。于是，常有这样的声音："快，小朋友们在等你了。""因为时间的原因，我们就先画到这里，等你有空的时候再画。"但是，幼儿什么时间有空呢？教师又什么时间有空和幼儿继续开展围绕幼儿欣赏和创作的互动呢?

所以，教师要安排好幼儿艺术活动的时间，就需要回到我们的课程理念和目标这个根本上来，即我们希望幼儿在艺术中获得怎样的发展? 如何获得这样的发展? 在这个基础上，教师才能更好地规划幼儿艺术活动的时间。

最重要的是，提供充足的时间，即为幼儿开展某种形式和内容的艺术活动提供一段必要的充足的时间，让幼儿不被催促、不半途放弃地持续完成自己的作品。因此，我们首先要审查自己对幼儿艺术活动的理解，并控制活动内容的容量，把大部分时间放在满足幼儿的充分思考、创作和表达上，而不是让幼儿理解和掌握教师的意图。因而，教师要对艺术活动的时间结构作调整。例如，幼儿在艺术区角活动的时间要保持在45分钟以上，以便他们真正可以静下心来探索; 而在教师发起和主导的活动中，则要想明白究竟是期望让幼儿自己创作作品，还是重点激发幼儿之间的交流，这两种意图对活动时间的要求是不同的。

教师不能因为可以主动控制时间就取消幼儿发起艺术活动的时间。丰富的生活会带来多样的刺激，不同家庭条件和成长经历的幼儿也会不定期地为我们展现他们的艺术灵感和想象。因此，教师还要在整合的观念下形成时间规划的意识，注重发挥一日生活中随机渗透的艺术发展的机会，包括幼儿的着装和进餐，到农村的郊游或到动物园参观，让幼儿随时随地感受艺术，理解艺术和创造性表达。艺术时间资源的合理规划，有利于营造积极支持的氛围，让幼儿受益终身。

（三）到公共空间和自然环境中开展艺术活动

艺术专用公共活动空间，如艺术专用活动室或者多功能厅等，对幼儿艺术活动开展的要求更高，需要教师思考如何更好地满足和支持幼儿的艺术欣赏和表现。我们经常看到的是，这样的专用空间往往和班级里的艺术角、艺术区有很大的区别，如在整个空间的大小面积、运用装饰的方式、家具的提供、储备的艺术欣赏与探索材料的丰富性程度上更为大胆和突破常规，显得抓人眼球，能营造出更加浓厚的艺术想象和创作的氛围。

在艺术专用公共活动空间里，幼儿通常会持续活动 45 分钟以上，并且不同班级的幼儿在教师的安排和带领下进入其中开展活动。越来越多的人认识到，专用的活动室并非用于把幼儿带入其中，让他们在教师的带领下绘画或歌唱，而是鼓励每一个幼儿在其中充分探索和创造属于自己的艺术成果，这也许是更重要的。

【案例】规划空间资源，支持幼儿自主学习

美工专用室是创造机会和条件，支持幼儿创造性地运用已有美术经验和能力，自发进行美术表现和创造的公共空间。鼓励、支持幼儿的自我满足是教师在美工专用室活动中的首要任务。

不同年龄段幼儿有不同的关键经验，若教师能适时提供与幼儿当下或未来发展相宜的环境刺激，幼儿就能从教师那里得到更多、更适宜的支持。

规划空间资源实质是使学习环境合理化和优质化，以方便幼儿自主开展活动，获得审美体验。空间资源规划包括：活动区域划分，活动材料投放，视觉环境管理，审美体验推进。

与以往凭经验选择游戏，因游戏开展需要划分区域、投放材料的操作思路不同，我们提出：教师应通过创设具有教育性（材料与经验关联），富有艺术感（表现与审美并重），激活创造力（创意与方法纷呈）的环境，支持幼儿的自主学习和创造，引导幼儿感知与欣赏多种美术作品及表现形式，运用多种材料进行想象、创作，从中获得丰富的审美体验和多样化表达的经验。但是，实践中，如何借助环境给予幼儿审美体验，推进幼儿的发展，教师需要做以下思考和实践。

1. 支持幼儿的自我满足

（1）保证幼儿选择的自主

美工室活动中，幼儿自行选择活动区域、活动内容。若非幼儿有求助的表现，教师不干预幼儿的选择。各活动区域内，每一个活动内容有 4—8 个座位，可供幼儿选择。区域、座位可根据幼儿活动的需要，做阶段性的调整。

（2）支持幼儿探索的持续

调整活动室安排，中大班每班每两周连续进活动室2—3次，保证幼儿在有兴趣的情况下深入探索，避免因时间间隔过长而造成兴趣转移，技法生疏，学习无法持续。每个区域添置暂存车、暂存橱柜，幼儿未完成的作品可得到暂时保存，以便幼儿延续探索和自我满足。

2.发挥教师的主导作用

（1）材料投放有助于幼儿积累多种美术经验

材料投放要有利于幼儿积累涂鸦、玩色、泥塑、多种材料创意制作等经验。根据美术领域固有的三大板块内容：涂鸦、手工和欣赏，设立涂鸦区、玩色区、泥工区、综合材料创意制作区等。我园的美工室每个区域都以操作台为中心聚合幼儿，不设低矮围栏分割边界，原因有二：其一，出于安全考虑，怕兴奋中的幼儿被绊倒；其二，鼓励不同区域材料和经验的综合运用。

（2）环境创设有助于幼儿获得丰富的审美体验

通过控制色调和照明，给专用活动室一个有美感的背景；用高低错落、色调一致的橱柜连接各区域，形成统一的整体；材料、半成品、成品的分类管理，保证活动空间既有功能价值，又有欣赏价值；有设计地展出艺术家、教师和幼儿的作品，促进幼儿的感知和欣赏，传递美术经验，激发幼儿的学习、创造和交流互动。

（3）提供学习资源支持幼儿开展自主学习

设立学习资源角，提供生活中常见物品的照片，分类装订成册，支持幼儿自主学习。借助视频、图册，将幼儿的作品资源化，支持幼儿相互学习，自主探索。

（本案例由上海市静安区华山美术幼儿园陆薇提供）

艺术需要变化与转换，所以，不妨安排一些特殊的活动，让幼儿在更广阔的时空中展开艺术活动。例如，在幼儿园的门厅布置一个艺术展览区；去幼儿园的种植园，为花朵、果子、小草写生；在幼儿园最大的一棵树下举办一场关于树叶的音乐表演；在有积雪的时候，和幼儿用雪来绘画；如果幼儿对花架前美丽的蜘蛛网分外感兴趣，那么索性让幼儿仔细欣赏并创作他们关于蜘蛛网的想象和故事。

这些活动可能是偶然发生的，也可能是教师认真安排的。让幼儿在户外、在大自然中开展艺术活动，不仅有利于锻炼他们的身体，还有利于发展他们敏锐的观察力，激发幼儿表现的愿望，调动幼儿多种感官的深度参与。

【案例】走进自然，助推创造性艺术表达

我们试着在室内和室外不同场地开展同样主题和内容的艺术活动，效果截然不同。当孩子们处于室内环境时，他们往往会踌躇于原地，这阻碍了他们释放天性的创作。而当他们走到室外空间时，教师和孩子都变得放松起来，不再担心颜料会把周围弄脏，孩子们不由自主地走动起来，他们的动作也更加大胆。特别是那些刚进幼儿园就自认为不会画画的孩子们，一个个都成为了"艺术大师"。

接下来，我们试着将更多的活动转移到户外，如"秋天"这一音乐活动，表现的是秋天秋叶飞舞、落叶满地的美景，这样的活动移到室外再合适不过了。再如，我们利用我园的远足活动，走出幼儿园，来到路边的绿化带、樱花林下开展活动。满地的樱花落叶铺成了厚厚的地毯，踩在上面嘎吱作响，空中更是时有樱花叶随风飘落，汇聚成一幅美丽的景象。场地的调整让课堂的情景感更强了，身处其中的幼儿仿佛自己也能成为一片落叶，迫不及待地想与它们共同飞舞。当歌词唱到"树叶到处飞呀飞的时候"，教师带着孩子们一同观察自然飘落的树叶：有的小树叶在地上移动，有的小树叶在空中转圈，有的小树叶则是被吹到了小树杈上静静地休息，还有的两片小树叶紧紧地贴在了一起……当孩子们体会到树叶到处飞的意境，并用肢体动作表现的时候，他们不再呆板地用双手比作树叶简单地左右挥舞，而是将自己的身体都化作了小树叶，表现出了落叶不同的姿态：有的学着落叶的样子在空中旋转，有的结伴飞舞，有的慢慢挪动，甚至还有一个孩子学着那片在树杈上的小树叶，倚靠着大树静静地休息。我们欣喜地看到孩子们肢体表现愈加丰富、多样，自然环境真正支持了幼儿的艺术表现。

　　孩子们的变化让教师们体会到，应给予孩子更多的时间去观察周围树叶飘落时的形态，并鼓励孩子大胆地模仿、表现。后续的探索开始变得顺畅起来，教师更加主动地带领幼儿去发现自然环境中的艺术元素，并给予适宜的支持，以帮助幼儿进一步感受、表现美，从而提升幼儿对美的敏感性、表现力与创造力。

　　当发现幼儿对树叶所发出的声音很感兴趣时，教师可以追问"树叶还能怎样发出声音"，以鼓励幼儿尝试多样的探究，并在此基础上组织"秋天演奏会"的活动，引导幼儿寻找、发现自然界中不同类型的材料，并尝试将其组合，自制乐器，比较不同演奏方法、组合形式所发出的声音的不同；当发现幼儿对沙池中不同工具所留下的痕迹感兴趣时，教师敏锐地把握契机，鼓励幼儿观察、比较不同的痕迹，与幼儿共同享受绘制沙池长卷画的乐趣；当发现幼儿在沙水创作中对辅助物有更高的需求时，教师鼓励幼儿提前收集各种不同类型的辅助物，以满足幼儿创作塑形的需要，同时教师通过共同参与游戏打破幼儿固有的思维，启发幼儿在塑形上萌发新的想法，从而实现更富有创意与想法的建构；当发现幼儿因春天的变化而惊奇时，教师引领幼儿四处观察、感受，并将画布搬到室外，提供多样的绘画材料，鼓励幼儿用自己的方式记录下春天的美景……

　　（本案例由上海市长宁区新实验幼儿园奚珏提供）

二、提供适宜的艺术创作材料

　　材料对于幼儿开展艺术活动的重要性不言而喻。幼儿必须直接接触艺术活动材料，才有探索、欣赏和创作的可能。幼儿园开展的幼儿艺术活动的实践研究，绝大部分都聚焦在活动材料的选择和提供方式上。教师如何提供材料，幼儿如何使用材料是艺术活动品质的重要影响因素之一。不管是音乐表演类的活动，还是美术与造型类的活动，幼儿必须拥有能够开展相应活动的适宜的材料。

（一）提供凸显艺术属性的材料

　　美术类的活动材料通常有画笔（包括蜡笔、铅笔、勾线笔、毛笔、笔刷等），纸张（铅画纸、手工纸、皱纹纸等），造型物（彩泥、模具、彩色毛条等）以及安全剪刀、胶水等工具；表演艺术类的材料一般有幼儿使用的各种小乐器（铃鼓、碰铃、三角铁、沙球等）。

从支持幼儿创造性艺术发展的角度来审视这些材料，我们发现这些艺术活动材料的提供还有相当大的改善空间。处理好材料典型性和丰富性的关系是重中之重。教师要按照幼儿表达艺术形式的需要来规划材料的类别，并提供充足的典型材料，用具有典型意义的材料满足幼儿的探索和创作。例如，提供红、黄、蓝三原色的水彩颜料以及其他不同纯度、色调的颜色，鼓励幼儿在探索中尝试和发现；在幼儿探索水彩的过程中，提供调色盘、洗笔筒、流动的水、足够大的吸水的纸张、悬挂或者晾干幼儿作品的架子等典型的材料；如果让幼儿接触中国水墨画，则提供毛笔、水和墨；在幼儿尝试跳新疆舞的时候，给他们一段典型的新疆舞曲、一顶新疆人的帽子、几个典型的动作形象也许是最必需的。

在幼儿艺术活动中提供丰富的、多元的、可供选择的材料，不能简单地理解为提供的材料类别和品种越多越好，让幼儿想用什么就用什么。不掌握典型材料及其价值，只会陷入表浅的所谓"丰富多元"中。

（二）提供真实、精美、高质量的材料

在艺术活动中，给幼儿提供高质量的活动材料是容易被忽视的环节。一般认为，只需要提供最简单的，能够满足写写画画、唱唱跳跳，有一些儿童趣味的材料即可，如套装的蜡笔和油画棒、干净的纸张、简单的乐器。很多时候，成人不认为提供高质量的材料给幼儿具有什么实际意义。

我们要强调的是，在能力范围内要尽量给幼儿提供高质量的艺术材料，让幼儿同成人一样，享有体验高质量艺术材料、产品和成果的机会。而使用高品质的艺术材料所带来的回报，远远大于我们的想象。对艺术的品鉴能力和眼光直接体现在对材料的敏感中。劣质的材料极有可能损害幼儿的感觉和创造的欲望。例如，幼儿在进行中国水墨画探索的时候，高质量的不同特性的纸张会让幼儿的作品的效果更好，而不会因为纸张不能很好地吸附墨水而让作品受损。再如，敲击一个真正的羊皮鼓所发出的声响和敲击一个塑料制成的玩具鼓所发出的声响有天壤之别。为了让幼儿从小就获得对艺术的真切感知，我们完全有必要让幼儿直接接触真实的高质量的艺术材料。值得注意的是，高质量的艺术材料并不一定意味着高价格的材料，我们可以选择真实的、在合理成本内、数量充足的材料。

同时，符合文化特性的材料在某种文化环境中一定会表现得更有品质，更能体现其生活性和艺术性。例如，蒸制上海小笼汤包的竹蒸笼，四川有名的竹丝瓷胎茶具等，都是因为在生活中真实地普遍存在和被使用而具有更广泛的被传播、被欣赏的意义。教师有意识地收集符合本地生活特征的文化艺术物品，供幼儿使用和欣赏，能够帮助幼儿更真切地体验艺术对于生活的价值。

（三）提供能以多种方式使用的工具与材料

幼儿园开展艺术活动一定会提供各种材料与工具。在功能比较明确的材料之外，提供给幼儿更多的非固定功能的材料，并鼓励幼儿从多角度尝试探索材料使用的方式方法，也是很重要的。通过提供这样的材料，让幼儿理解艺术不仅限于用固定的方式来表现，还可以通过对材料的不同的使用方式创造出不同的效果。纸张、沙子、泥和面团等，这类不具有确定功能的艺术材料可以给幼儿提供广阔的创作空间。例如，纸不仅用于绘画，还可以用来剪、贴、撕、揉成某个立体的状态；布不仅可以用于剪裁缝纫，还可以用于包裹、装饰等；而沙子、面团等材料更加具有艺术发挥的自由度，通过和水的混合，可以产生不同质感的状态。

幼儿天生好奇，喜欢探索，在保证安全和卫生的情况下，给予幼儿不确定功能的材料，允许幼儿探索它们的多种使用方式来创造自己喜欢的感觉和成果，这是对幼儿艺术创作的有力支持。

三、艺术资源的收集和运用

幼儿园开展创造性艺术活动必须要有足够支撑幼儿开展相关活动的资源。

（一）收集和运用体现多元文化的艺术资源

在幼儿创造性艺术活动中，教师要建立文化与艺术之间密切关联的意识，带着艺术的眼光和视角有意识地寻找、收集体现多元文化的艺术资源。例如，富有特色的上海民居与徽派建筑有很大区别，与北方的四合院更有完全不同的艺术欣赏价值，展现出区域文化的不同，是幼儿可以去观察、欣赏、模仿的素材。

教师要尽力收集与班级中幼儿所生活的环境和文化相关的事物，让幼儿有机会接触、使用，甚至参与制作。但是就目前的情况来看，教师的选择对象和范围还比较局限，因而我们需要有意识地加强对本地居民日常生活的观察，积极发现生活中的艺术资源。

（二）结合幼儿生活经验和兴趣，有甄别地引入艺术家作品

结合幼儿生活经验和感兴趣的内容，向幼儿介绍艺术家的作品，引导幼儿欣赏并创作，这一点是以往的幼儿艺术教育比较忽视的方面。随着观念的开放，向幼儿介绍艺术家的作品，逐渐成为目前在幼儿园比较流行的艺术活动的内容。教师通常从自己的经验出发，选择一些适合幼儿欣赏的名家作品，引导幼儿观察、理解并进一步用类似的方式来表现作品。但是，经常会发现的是，教师往往很看重艺术家原本的表现形式，不经意地就引导幼儿去模仿大师作品的外在形式。

我们为幼儿提供艺术家的作品，不是为了让幼儿能创作出一个一模一样的作品，而是借鉴创作手法，扩展幼儿对多样的艺术表现的理解与鉴别，让幼儿学会接纳、包容，并作出自己的选择和尝试。通过向幼儿介绍艺术家的作品，目的是让幼儿期待自己也成为艺术家那样的富有创造力和表现力的人，而不是让幼儿在模仿艺术家的某个具体表现方式时体会"他是大师，他的做法很正确，我要用和他一样的方式来绘画、表演"。

教师在向幼儿介绍艺术家的美术或音乐作品时，要注意以下两点。首先，要结合幼儿的年龄特点和兴趣，不要单方面地从艺术技能等角度提供与幼儿经验没有关联的东西。例如，向根本不知道向日葵为何物的幼儿展

示梵高的作品《向日葵》，并要求幼儿模仿绘画。其次，尽量提供真实的或高质量的、精美的仿制品供幼儿观察和欣赏，减少因为作品的粗糙和低劣造成的欣赏价值的缺失，影响幼儿对艺术的感知和体验。

（三）让幼儿参与收集身边的艺术资源

艺术是属于所有人的，不同发展阶段和特点的人都有参与艺术活动的权利。对于幼儿来说，尤其要强调的是，虽然成人在见识和经历上必定超过年幼的幼儿，但这并不意味着成人就对幼儿的艺术活动，包括艺术活动的主题和内容、艺术资源的享有和提供拥有全部的掌控权。让幼儿参与收集身边的艺术资源，教师才能更好地理解幼儿眼中的艺术是什么模样。

幼儿作为发展中的人，有他们独特的看待世界的视角和眼光，他们更善于发现细节之美。例如，有教师曾经给幼儿提供便于他们使用的照相机，当分析幼儿自己拍摄的照片时，教师发现幼儿关注的角度和细节与教师平日理解和关注的完全不同，幼儿会主动选择自己喜欢的艺术表现和审美对象。

在日常的艺术活动中，教师至少要认识到，允许幼儿收集他们感兴趣的艺术资源是必要的。例如，在户外玩耍时，幼儿会捡起一些树叶、石头，甚至磨损的玻璃片等，某些成人可能认为他们会被毫无特点和价值的东西吸引。

教师要鼓励幼儿收集他们喜欢的美的东西，和幼儿一起研究和谈论这些东西的特点，并在适合的机会让它们的价值在更大的范围内产生影响，如向其他孩子介绍它的独特性。

【案例】孩子们的歌曲库

传统式的幼儿园歌唱类音乐活动大多将歌曲框定，基调固定，更多的是让幼儿记忆歌词，熟悉曲调，获取歌唱技能。在高瞻课程创造性艺术理念的带动下，我园进行了以下尝试。

日常生活中，教师要做有心人，挖掘出孩子们自己的曲库。我园大三班的孩子们将生活中听闻、喜欢的歌曲收集起来，一共57首歌曲。这些歌曲可能来源于幼儿园里教的歌曲，动画片里的歌曲，兴趣班教师放的歌曲，爸爸妈妈车上常播放的歌曲……经过集体投票，筛选出大家都普遍熟悉的30首歌曲，于是孩子们有了属于自己的"小小曲库"。

这些歌曲中，有的歌词太复杂，太绕口；有的音域太高或者太低，孩子们不容易跟唱。面对这些问题，教师用音乐编辑软件把这些不合适的歌曲尽力调整到合适，然后把调整后的歌曲一首首插入"K歌之王"的ppt中，ppt由歌曲目录和配有歌词的歌曲组成。孩子们可以通过点击歌曲目录直接超链接到附有歌词的歌曲页面，每一页的右下方有目录返回键，小朋友操作起来也非常方便。

当孩子们可以自由演唱自己想唱的歌，我们发现歌曲中的情绪多了起来。除了宣泄兴奋外，幼儿知道抒情慢歌代表伤感，摇滚偶尔会代表愤怒；歌曲的歌词不再仅仅唱来好玩，幼儿还能体会出歌词背后所表达的情感。例如，《稻香》唱出对家的幸福感，《骊歌》和《送别》唱出同学毕业时的不舍和祝福。孩子们甚至会通过歌曲来猜测同伴的心情。他们会洋溢着微笑唱一首快乐的《蓝蓝天空》；他们会皱着眉头唱一首《社会摇》；他们会深情地望着在座的小朋友唱一首《爱上幼儿园》；他们会握紧拳头唱一首《运动会会歌》……我们欣喜地发现，孩子们的表现力在歌唱中得到了展现和提升。

（本案例由上海市虹口区体育幼儿园潘丽华提供）

第三节　支持幼儿为主导的艺术探索活动

在适宜的环境和条件下，幼儿有时会自主自发地开展艺术探索活动，表达他们发现的周围世界的模样。以幼儿为主导的艺术探索活动具有更大的探索空间，更能满足幼儿个性化探索的需求，让幼儿在舒适的节奏和环境中，在主动的选择中获得更深刻的体验，完成富有个性的艺术作品。

一、建立幼儿发起的艺术活动的观察程序

为了支持幼儿的自主探索和表达表现，在他们自发自动地选择和开展艺术活动时，我们要做到鼓励和支持幼儿展现他们的意愿、需要和兴趣。教师在充分解读和理解幼儿的基础上，有针对性地选择是否提供个别化、场景式的支架。

在幼儿发起艺术活动时，教师要考虑的关键要素和程序如下：

记录信息：幼儿园、年龄段、日期、环节或场景、地点。

幼儿活动轶事：比较完整地记录幼儿发起的记录（用图文并茂的方式客观地记录轶事发生的日期、时间、地点、人物以及轶事中幼儿的行为和语言，可以是连续的多个片段的轶事）。

幼儿行为的解读与判断：从幼儿创造性艺术行为中分析幼儿的经验、表现及发展程度等，可以参考幼儿创造性艺术表现评价指标来确定分析角度，也可以开放式地解读与判断。

师幼互动：包括环境支持、语言支持、非语言支持、活动后续支持（如活动后的分享）。

分析与反思：从主动学习的角度分析记录带来的启示，以及后续进一步支持的设想与展望。

在这样的观察程序的引导下，教师可以比较清晰地把握自己在这类活动中的角色和定位，可以对幼儿进行针对性的互动支持，并思考自己将如何为幼儿进一步的发展提供扶持。本书第二篇呈现的幼儿发起的艺术活动的案例，基本都采取这种方式来表现，以区别于成人发起的艺术活动。

在艺术活动中，我们要设法推动幼儿有意识地使用材料，在了解资源、材料特性的基础上，不断给幼儿机会，让他们去熟悉材料的特性，增强对材料的掌控感，为理解和艺术表现服务。

二、引导幼儿有目的地探索材料

自由探索材料的过程对幼儿而言是必需的，只有充实的、多角度的探索过程，才能给予幼儿感知材料艺术表现特性的机会，幼儿对材料的

认识才会更为全面和深入。

值得注意的是，在幼儿开始接触新材料的时候，教师要向幼儿演示材料和工具的基本使用方法，包括介绍材料或者工具准确的名称、最典型的用法等。

（一）演示材料和工具的基本使用方法

演示过程可以结合幼儿的年龄特点，采用演示和讲解同时进行的方式进行。幼儿会从解说和示范中获得对材料粗浅的感知，激发好奇心。因而在最初接触材料的阶段，幼儿会愿意模仿教师的示范方式来探索材料。除此之外，幼儿一定不满足于此，他们天生就是好奇的探索者，会对材料进行多角度、多方式的操作。有些时候，在成人看来，幼儿似乎是在恣意地玩耍，甚至是捣蛋，并没有去做教师期望他们做的所谓正确的创作，但正是这些过程可以充分地满足幼儿探索的欲望。他们反复地、长时间地做同样的事，或者变换花样"折腾"材料和工具，才能够帮助他们充分感知材料的特性，从大量的操作、观察和思维活动中，获取有益的直接经验。

教师要做的是：在保证安全、卫生的情况下，允许幼儿做最充分的探索；细心、耐心地观察幼儿的行为表现，尝试在心里去描述、感知、理解幼儿的探索行为，猜测幼儿的体验和想法，从而去发现幼儿对材料的兴趣指向、把控的水平。

从另一个角度来看，不加分析地、毫无区别地向幼儿粗略地推荐和提供材料，允许幼儿用相同的方式使用不同的材料（如用同样的方法使用水彩笔和蜡笔），这是对幼儿的艺术发展不负责任的做法，会让幼儿的艺术感知与表现力停滞不前，甚至倒退。不向幼儿作任何说明就直接把材料提供给幼儿，这看似提供给幼儿自由探索的空间，但其实只是一种肤浅的纵容，不仅让幼儿缺乏通过模仿学习的机会，还会打乱幼儿对材料的艺术表现力，增加幼儿无序或无效学习的可能。

值得注意的是，向幼儿示范材料与工具如何使用，并不意味着打消幼儿自发自主的探索。教师的示范主要在于引起幼儿对材料的重视，避免不恰当的使用可能带来的后果。教师要向幼儿表达期望他们在使用材料时认真感受它们带来的不同的艺术表现力，并且相信幼儿一定有能力很好地使用它们，这会激发幼儿探索和使用材料与工具的愿望和信心。例如，一位教师在向班级幼儿介绍马克笔时，说道："我们已经长大了，今天要使用一种全新的笔来画蜘蛛网。因为一旦画到纸上，就再也擦不掉了，所以，你们在用它之前，一定要先认真想一想如何使用它。"在幼儿认真的观察下，教师示范了如何使用马克笔。当幼儿拿到马克笔和纸张的时候，他们果然没有很贸然地在纸上落笔，而是把笔握在手里观察，然后开始小心翼翼地画起来。

（二）支持幼儿多角度探索材料

给予幼儿充足的机会，允许幼儿充分地亲身感受材料与工具，直接与材料互动，获得最真实的感知。当幼儿探索某种材料时，教师要给予幼儿足够的自由，保证幼儿尽量尝试他想要做的事。比如，幼儿刚刚接触一大团泥的时候，能感觉到泥团是冷的、柔软的又有些韧性，自己可以用手指划过泥团的表面，或者按压泥团让它产生一个凹陷，甚至把手指戳入泥团，或者揪下一块，用手掌拍、压、搓、团。幼儿探索如何使用水彩颜料也是如此，应允许幼儿在纸上尝试画出相同的或不同的线条。

充分的、自由的探索是幼儿获得对材料与工具掌控感的最直接的途径。对材料具有掌控感，理解自己的某些行为能够产生某些比较确定的效果，这是幼儿拥有自信的重要基础。

观察幼儿，了解他们的兴趣方向和经验，这有利于教师有针对性地回应幼儿的艺术表现和体验，给予适当的指导。建立在观察、了解上的支持才可能是有效的。

三、帮助幼儿实现和优化艺术创作过程

幼儿开展艺术相关的活动，是为了展示和表达自己对周围世界人、物、关系等的感知与体验、情绪和情感，教师始终要把这个定位放在自己的意识中。从这个意义上说，帮助和支持幼儿在艺术活动的过程和结果上获得成功，就是帮助幼儿确立自尊、自信。

（一）给予幼儿资源和技能上的支持

教师要在幼儿需要的时候，给予他们有针对性的指导和帮助。例如，幼儿在探索、表现和创作中缺少适当材料时，幼儿在暗示教师或者明确向教师提出需要技能上的示范和帮助时，教师要及时给予资源和技能上的支持。

值得注意的是，当幼儿因为担忧自己的技能不足而向教师提出帮助的请求，或者干脆向成人表述"我不会""太难了"等，并且在行为上表现出退缩、胆怯时，说明幼儿受到过不恰当的外在的期望，担忧自己的表现不能符合外在标准或规则。这时，幼儿需要的不是真的资源和技能上的帮助，而是心理上的安全感。但很多时候，教师没有意识到这一点，而仅仅是提供给幼儿其他的材料，甚至手把手直接帮助幼儿完成艺术活动。根本上，这体现出的还是教师关注活动的结果远大于过程。教师在乎的是幼儿表现的成果，而并不在乎幼儿有没有自己的感受、体验、表现的方式。在这种情况下，即便教师通过示范、语言指导等提供多种方式的支持，实际上是在维护教师期望幼儿表达的结果，幼儿即便学会了技能，如画出大小不同的人物来表示人物的前后关系，甚至画面还很丰富，但是幼儿表现的手段被局限了，幼儿的技能被僵化了，内心的创造性表达的自信也被打击了。

另外，一些艺术技能并不很强的教师会面临幼儿请求的挑战，他们担心自己无法为幼儿提供专业的帮助，如画出一个幼儿喜欢的形象，教给幼儿期望的美的舞蹈动作。实际上，不少幼儿园教师缺乏专业的艺术素养和技能，后续的相关学习与培训也不足，因而在指导幼儿的艺术活动时比较拘谨，表现出自信不足。解决的方法是，我们要相信幼儿并不是真的需要教师比他们画得好，唱得好，跳得好，他们需要的是针对性的帮助和支持。比如，为幼儿提供他们感兴趣的绘画形象、真实的影像等，和幼儿一起认真观察，对比颜色的变化、线条的特点，找到幼儿想要表现的关键，鼓励幼儿用自己的理解来尝试学习和模仿。当幼儿想要表现某种舞蹈动作，而教师自己不能很好地胜任时，不妨和幼儿一起来研究这些动作，鼓励幼儿尝试模仿和表现。教师参与的学习过程给了幼儿足够的陪伴，幼儿会体验到教师对他们探索的关心，对他们学习过程的欣赏。

（二）引导幼儿回顾、观察、表述自己的创作过程和意图

随着年龄的增长，幼儿活动的目的性逐渐增强。了解幼儿的艺术活动意图，是教师了解幼儿的一种有效途径。教师要帮助幼儿去发现并不断明确自己的艺术活动意图。例如，教师可以在艺术活动前，通过和幼儿的语言互动，包括借助具有细节的影像和图片，让幼儿感知自己真正想要做的是什么。幼儿描述得越详细，往往越能够去努力达到。但是教师要确信的是，自己并没有通过这个过程去影响幼儿的追求，而是积极地支持幼儿清晰地表现自己的创作意图。

另外，教师要允许幼儿去自由表现，倾听他们描述画面里呈现的故事，或者表述他们舞蹈的过程中产生的故事。幼儿在享受创作的自由和被认可的安全感时，会主动表现自己的真正兴趣点。例如，一个3岁的幼儿画她的妈妈，当她画完后，发现画面中的形象并不符合妈妈这样一种女性角色的特质，看不出和爸爸等男性角色的区别，所以很爽快地为妈妈添画了两条小辫子。其实，她自己的妈妈是短发，并没有辫子，幼儿只是用这种符号化的表达方式来表示"我知道妈妈是女的"。

教师可以通过观察、记录幼儿的艺术活动，来引导幼儿回顾自己的艺术探索和表现的过程。这对帮助幼儿确认自己的情感，从而更深入地发现和认可自己，都是非常有必要的。

教师可以向幼儿展示他们在活动中的表现，可以是一个独立的小事件。例如，某幼儿曾经用了三种不同的乐器来演奏一段音乐，在一团彩泥上用不同于其他幼儿的工具压出了印子，教师请该幼儿回忆当时的思考和活动过程，并启发该幼儿发表意见和想法。教师也可以从尊重幼儿的角度，帮助幼儿知道自己的探索、选择或创造是有意义的。艺术是幼儿内在体验的外显表达，在很大程度上不如语言那样能让人明确地感知，但是教师可以通过和幼儿一起回顾探索和表现的过程，设法让幼儿感受艺术的魅力。

在幼儿有需要的情况下，教师可使用语言、动作来帮助幼儿感知自

己的行为。例如，教师可以用语言描述幼儿的行动和结果，"我看见你开始选了三角铁来击打，后来换成了小铃""我看见你的一只手总是按住这张纸""我看见你一直在看这个洞，又用手指伸进去"。如果幼儿的确是这样做了，他会愿意接过教师的话题，作出自己的解释。当然，教师也可以选择不出声地在幼儿的身旁模仿幼儿的行为和做法，如拿出幼儿同样的工具和材料，和幼儿做同样的事情。幼儿可能发现教师的做法，并愿意同教师分享自己操作的过程和结果，"我刚才墨放太多了，所以画成了一团"，甚至"指导"教师的行为，"你可以像我一样，把手工纸这样对折再对折"。在放松的状态下，幼儿会愿意主动表露自己的想法和体验，自然地呈现已有的经验和理解水平。

有时候，教师可以刻意使用对比的语言，帮助幼儿更为明确地感知自己探索的差异和特点。例如，"你画的三个圈，有什么不一样的地方？""你先轻轻唱，又用了更响一些的声音唱，还在最后一句特别提高了嗓音"。通过对比幼儿的行为，帮助幼儿建立更为深入具体的感知，为幼儿有意识地结合自己的艺术表现和创作意图积累经验提供帮助。

在幼儿不反感的情况下，增加这些有意识的对话过程，可以帮助幼儿加深对材料特性、自己行为和表现结果之间关联的认识，从而帮助幼儿有目的地选择材料，进一步满足自信和快乐的需要。

（三）引导幼儿认识自己和他人的创作

从幼儿创造性艺术活动本身的价值和目的来看，幼儿对自己的艺术创作过程和结果应该具有最根本的解释权，没有任何一个人能代替甚至帮助幼儿去作出更为合理的解读。所以，教师应尊重幼儿在艺术活动中的发现、个性化表达，让幼儿充分地被关注、被认可。例如，不为幼儿提供统一的评价标准，不随意对幼儿的艺术探索、表现过程指手画脚和纠正，不对幼儿的作品做违背幼儿意愿的引导和批判。相反，要让幼儿充分感受到自己艺术创作过程和成果的价值。

在幼儿主动发起的低结构化的艺术探索活动中，教师不仅要控制自己的言行，采用支持的、鼓励性的方式，还要注重激发幼儿同伴之间的相互理解和尊重。教师可以做的是，引导幼儿观察他人的艺术作品，说说自己如何理解这些艺术作品。例如，"我看到子轩用了深灰色来画大海，我不知道他的想法，但是我用了一些绿色，因为爸爸妈妈带我去泰国海滩上玩的时候，看到了绿色的、透明的海""我用了彩色的纸条来晃动，表示小鸟很快乐"。

教师要时刻注意，在艺术活动中，每一位幼儿都是独特的主体，都享有创作和表现的自由。让幼儿富有安全感地经由艺术活动进行多样化地理解和表达自己，这是艺术重要的功能和价值。

四、让幼儿体会艺术创作的价值

很多时候，见到幼儿的涂鸦或者表演时，成人常常会感到幼儿很幼稚，他们的作品很初级、简单，不值得被认可、欣赏和尊重。对幼儿艺术活动的价值，成人会用自己已有的"艺术是成人的、专业的"优越感去忽视它们，认为那只是幼儿不成熟的表现，幼儿的作品也不值得被珍惜，这样的观念是谬误的。幼儿园中的艺术课程就是对这些观念的反对，它强调艺术对幼儿发展的价值，幼儿的艺术作品有其独特的价值，应得到理解和尊重。我们可以从以下几方面来加强教师、幼儿对艺术创作的价值的认可。

（一）设法保留和展示幼儿的自主创作过程和成果

教师要认识到，幼儿开展艺术活动的过程和作品都是有价值的，设法保留、展示幼儿的自主创作过程和成果是非常重要的方式。

在幼儿园里，我们经常能看到，在公共环境如大厅、走廊、教室等处，都悬挂着幼儿的画作，或者展示幼儿的手工作品，但这仅仅是对幼儿作品的一种浅层次的展现方式。当我们更深入地探寻这些作品背后的故事就会发现，也许这些做法只是在说"看，我们的孩子会按照我们期望的样子来表达"。

对于参与艺术活动和创作的幼儿来说，活动成果被教师认可、欣赏，并拥有被展示的权利，有利于培养艺术自信。每一位幼儿的作品都要有被展示的机会，幼儿（而不是教师）拥有决定和挑选展示内容的权利。当你发觉，在一个班级或者幼儿园仅仅挑选了部分甚至极其个别的幼儿的作品来展示，甚至是教师请掌握了较好的表现技能的幼儿特意画几幅画来供人欣赏的时候，这就完全背离了幼儿艺术活动的初衷，反映出教师内心存在某种错误的认识，甚至对外在评价标准的焦虑。

在班级教室中，不仅要创设用于保存、展示幼儿作品的环境和条件，还要为幼儿尚未完成的作品留出保存的空间。设法保存和展示幼儿的作品，能够让幼儿为自己骄傲。甚至定期或者不定期地在幼儿园的公共区域为幼儿举行专题的艺术展览，或者举行歌唱、舞蹈和戏剧表演，都是展示的有效方式。它们的目的不是挑选，而是理解和展现。所以，为幼儿的作品记下幼儿的话语、解读、主张，也是很多教师选择的一种好的做法，它们帮助感兴趣的人了解幼儿创作的意图。教师也可以选择在呈现幼儿作品、表演的同时，呈现幼儿创作过程的资料和图片，以更丰满的方式来展现对幼儿的深入理解和尊重。幼儿会从中领会到，并不仅仅是作品本身有价值，创作过程中的思考、努力也是独特和富有价值的。

【案例】艺术环境创设三部曲

实践一：投放艺术品，引发幼儿感受和欣赏、创造与表达

教师有设计地展出艺术家、教师、幼儿的作品，为幼儿提供感受和欣赏、创造与表达的资源。但实施效果如何？幼儿是否从中受益？从什么角度来评价活动成效？

在以往的实践中，教师发现，幼儿常会近距离观察同伴作品，或是受同伴启发加入小组活动。对于悬于高处的艺术品，幼儿偶尔有驻足观望的行为，但只一会儿就跑开了。短暂的感受和欣赏无法给幼儿带来新的经验。如果幼儿在欣赏活动中获得的经验未能有助于其表现能力的提高，那么，在活动空间里展出艺术作品是否有价值？

经过对实践的调研和反思，我们对艺术品的选择、提供和呈现的方式进行了调整。

1. 把握时机，在幼儿对新经验有兴趣和需要时投放展品。

2. 设计操作，引导幼儿做出审美选择。

3.增进互动，引导幼儿在表达和倾听中，提高审美能力。

实践二：创造性地呈现幼儿作品，激发幼儿表现动机，提高幼儿表现力

富有艺术感地、创造性地呈现幼儿作品是上海市静安区华山美术幼儿园每一位教师的基本功。在我们眼里，作品呈现不是一段教学活动的结束，而是一个新的欣赏活动的开始。

根据平面作品和立体作品的特点，分类处理。

平面作品：1.用硬撑裱贴，直立展示。

2.对作品做剪贴，附着在装置上展示。

3.将作品上传到播放器，翻阅或滚动播放。

立体作品：1.根据幼儿近期作品，创设展示背景、情景或支架。

2.根据幼儿作品承载的经验，设计有主题的小型展览。

3.根据幼儿近期学习的需要，制作多样的展示架，满足展示和互动的要求。

实践三：有设计地提供学习资源，培养幼儿的自主学习

学习资源的提供是教师对幼儿求助行为的回应。我们创建了学习资源角，提供常见的动物、植物、建筑的照片放在图书架上，满足孩子再观察的需要。

根据培养目标和幼儿发展中表现出来的需要，我们梳理出四条线索：

1.创意哪里来？（展现艺术和生活的关系，鼓励幼儿表现自己的经历、想法、感受。）

2.材料如何使用？（把握材料的特性，拓展使用方法，发展幼儿的表现能力。）

3.遇到困难如何解决？（分享克服困难的思路和方法，获得信心。）

4.如何承载新的美术经验或挑战有一定难度的作品欣赏？（在感受和欣赏中激发学习兴趣，树立探索目标，获得新经验。）

幼儿有需要时，可以求助教师，也可以以更主动的状态在学习资源中获得支持。

（本案例由上海市静安区华山美术幼儿园陆薇提供）

（二）鼓励幼儿在生活和游戏中使用自己的作品

幼儿的创作过程本身对幼儿就具有意义，我们不妨将这些意义放大，扩展到幼儿的生活中去。例如，幼儿的画作可以用作幼儿活动区的展示和装饰；幼儿制作、制造的玩具和其他物品完全可以允许幼儿随时拿出来玩；幼儿可以将自己折纸作品、手偶作品等用在自己的游戏中，还可以为角色游戏创作他们自己想要的道具，或者戴着自己制作的帽子参加幼儿园开展的游行活动，甚至可以没有任何目的地就戴着自己装饰好的一条头箍度过在幼儿园的一整天。

教师要记住，幼儿对于自己的创作过程和成果具有掌控权和决定权，它们代表什么意思，可以用作什么，什么时候用，都取决于幼儿的意愿，而不是服务于教师的目的。例如，当幼儿想要在游戏中使用自己制作的帽子，他可以自由地取用，也可以根据游戏的需要来更改帽子的设计。

有时候，我们会在幼儿园见到这样一些情况：幼儿的作品要么被要求保留好带回家给父母看，要么被教师整理和收藏起来，要么被教师随意处置，幼儿再也没有欣赏和回味的机会，也失去对自己的创作过程的尊重。

还有一种常见但被忽视的情况是：教师在创设班级环境时，为了美观，会对幼儿的作品进行再加工，有时甚至是破坏幼儿的原来作品，如只保留幼儿作品的某一个部分，剪掉自己认为不需要的部分，来达成自己设计的展示效果。如果是征询过幼儿的意见并让幼儿参与，这种做法也许可行，但若教师自作主张处置幼儿作品，无疑是对幼儿的一种伤害。我们当然支持教师用幼儿的艺术作品来装点教室，但前提是让幼儿知晓并经由其同意。

还有另外一种情况也要避免。教师在不满意幼儿的作品时（如幼儿使用了很多种色彩而让画面看起来一塌糊涂），就自作主张将孩子的作品裁剪成另外的东西，如一件小衣服或者一只小蝴蝶。甚至在幼儿表示迷惑或者不解的时候，教师自己动手将幼儿的作品加工成另外一件作品。这样的做法仍然是教师带着自己的标准来评价幼儿作品的价值，这种情况即便是征求过幼儿的同意，也是不值得提倡的。只有幼儿自己认为不满意，想改变自己的作品并求助于教师时，教师才可以小心地作出提议，并尊重幼儿的想法。

第四节　开展成人发起的艺术活动

由教师主动发起并在活动中发挥主导作用的艺术活动，是幼儿园艺术课程的重要组织形式。教师在其中发挥了更为主动的引导作用，是活动的设计者、组织者。

一、建立成人发起的艺术活动设计与实施框架

以教师为主导的艺术活动强调的是教师在整个过程中的积极作用，如确定艺术活动的目标、主题、内容、活动方式、活动材料，指导活动过程，组织分享交流等。教师需以了解和尊重幼儿的兴趣、能力为前提，并尝试激发幼儿参与活动的愿望。

结合以上的思考，本研究从成人发起的艺术活动的角度，提出了一些必须遵循的设计要求，供幼儿园参考使用。

（一）活动名称

活动名称应明确、生动。

（二）活动背景

1. 本次/系列活动指向的幼儿创造性艺术领域及幼儿的关键经验（必需）。

2. 幼儿已有相关经验和表现，以及本活动可能提供给幼儿的重要经验（必需）。

3. 本次/系列活动的来源：课程内容、教师参考用书、幼儿兴趣、新闻等（必需）。

4. 其他（可选）。

（三）活动准备

1. 活动场景：描述活动的时间、地点、人数等（必需）。

2. 活动材料：开放的材料、教师使用的材料、幼儿的材料（必需）和备用的材料（可选）。

3. 教师角色：若有一位以上成人参与，写明其关系及各自承担的具体任务（必需）。

（四）活动过程

1. 用简明的图示表明本次 / 系列活动流程。

2. 简明而重点突出地呈现教师和幼儿共同活动的过程，体现教师的价值（教师能辨识幼儿的艺术发展水平，并给予适宜的支持）。

3. 通过关键环节、关键材料激发幼儿的主动学习。

（五）跟进的想法

1. 如何延伸活动（添加与材料、计划相关联的教学活动，一日生活和游戏中的支持和延伸，与幼儿家长的协同）（必需）。

2. 对幼儿创造性艺术的相关新认识（可选）。

3. 教师对自身在幼儿创造性艺术方面的做法的反思（可选）。

在教师（成人）发起的艺术活动规划与实施中，我们建议幼儿园可以按照以上的框架来架构活动，以凸显教师对幼儿的主动支持。

对于成人主动发起的活动，我们往往忽视了回顾和反思。我们往往更关注活动是否走完了所有的过程，是否每个幼儿都参与并获得了可见的成果，但整个活动是否达成了艺术活动的价值和目标，有哪些影响因素，有什么不同寻常的发现，后续有怎样的活动思考，等等，教师需要结合对活动的期望进行整体反思。

另外，教师会发起不同指向的幼儿艺术活动，因为活动主题和内容不同，艺术表现形式不同，适宜每个活动的模式或流程也不同。所以，我们可以尝试为教师发起的活动设计架构，让教师结合实践来运用和优化，以期更好地达成教育目标。

【案例】指向创造性艺术的集体教学活动设计与实施

1. 指向师幼共建的基本框架

框架的建立以有助教师设计指向创造性艺术的集体教学活动为出发点，框架内容主要包括：明确活动特质，思考适宜的场地，剖析活动设计的背景，提供利于幼儿主动学习的材料，分析幼儿已有经验，活动可以保留的材料、作品及经验，架构活动环节，设计与推进具体环节，幼儿创造性艺术学习的支持要点，根据活动中的观察进行深入的评价与反思等。

2. 指向幼儿为主体的活动目标

教学活动设计是一个系统设计并实现学习目标的过程，因此，目标制定显得尤为重要。如何制定目标，是一大考验。对于创造性艺术课程而言，幼儿自主选择意味着有更多创造的可能性。

当我们比较活动异同，尝试"同课异构"组织集体教学活动时，我们需要思考是否局限了幼儿创造性艺术能力多元化发展这一问题。例如，在"钻洞洞"活动中，纸团钻洞洞—同伴钻洞洞—老师钻洞洞，这种结构设计是唯一的一种学习路径。对于钻洞洞这一话题，有幼儿对如何钻小洞洞进行探索与尝试；有幼儿对怎样和同伴合作变成更圆的洞进行身体延展和表现……这些各不相同的学习路径都是对"钻洞洞"为主的"身体部位的弯曲伸展能带来身体姿态的变化"的学习过程。

3. 指向过程体验的活动模式

（1）一般模式

对于大部分创造性艺术集体教学活动，活动的模式可以分为充分感受、自主创作、分享讨论三个主要的环节，根据活动内容以及班级幼儿的年龄段特点可以进行个性化设计。

例如，小班的音乐活动"小星星"，依照这三个环节设计了一次活动。师幼先沉浸在星空的

小班音乐活动"小星星"

环境中，充分感受星星的美，在夜空下唱儿歌，感受儿歌的意境；接着进入自主创作不一样风格的"小星星"环节，幼儿根据自己的想法用不一样的节奏和韵律唱这首歌；最后进入集中分享交流环节，鼓励幼儿在集体面前自信大胆地唱一唱自己的"小星星"给大家听，听一听同伴的"小星星"，试一试更多不一样的唱法。教师可以根据活动内容的变化，安排各个环节的具体内容和形式。

（2）探索材料模式

材料的丰富与多元是创造性艺术活动的重要特点。幼儿通过对材料的组合，从而产生很多有趣的创造。集体教学运用新材料时，可以采用探索材料—讨论材料—分享交流的模式。

中班音乐活动"筷子音乐会"

例如，中班音乐活动"筷子音乐会"，首先介绍材料筷子，让幼儿有一段时间自由探索，如用各种自己喜欢的方式让筷子发出声音；接着集中讨论后，跟着熟悉的儿歌旋律进行伴奏；最后分享交流活动感受。

（3）引入主题模式

如果是涉及引入新主题的活动，我们认为，可以开放多种材料，让幼儿用自己的理解与想象去诠释经验，如可以从分享主题经验—决定创造内容与材料—大胆尝试与创作—分享交流这四个环节进行设计与组织。

例如，小班"动物花花衣"主题下的集体教学活动"小斑马的秘密花园"，从关于小斑马身上的皮毛讨论开始，鼓励幼儿大胆尝试用各种自然材料为小斑马造一个秘密花园，乐意分享自己创作的灵感。用各种自然材料为小斑马造一个秘密花园的学习过程让小班幼儿在选择合适的材料过程中有了自己的思考。

（4）艺术欣赏模式

艺术欣赏类的集体教学活动可以使用的模式则是：欣赏艺术内容—表达感受理解—讨论艺术元素—延伸活动。

例如，视觉艺术欣赏活动"冷军叔叔和他的五角星"，教师先通过冷军叔叔的肖像画导入对冷军绘画风格的初步认识；接着欣赏冷军叔叔创作的各类五角星，表达自己对作品的理解和感受；最后讨论冷军叔叔用了什么好办法创作出了这么特别的五角星，让幼儿体会艺术作品的魅力，从而为之后自己创作五角星提供了充分的经验基础。

（本案例由上海市闵行区莘庄幼儿园郁亚妹提供）

二、艺术活动的设计和实施框架以儿童为中心

（一）结合幼儿生活，确立艺术活动主题

当教师为幼儿开展艺术活动设计时，触碰到的最直接的问题就是选择和确立幼儿活动主题。比如，在一个活动中，主题可能是幼儿用剪纸的方式来剪花朵、窗花，或者是集体感受和学习唱一首有趣的歌曲、童谣，也可能是欣赏某位艺术家的作品。

确立活动主题必须关注幼儿的兴趣点，而不是靠教师想当然地为幼儿预设艺术活动的主题。例如，在初春，教师可以引导幼儿去户外寻找发芽的小草和树木，并用绘画的方式来表现他们看见的场景；或者，在幼儿对当地的服饰感兴趣的时候，设计一个幼儿观赏多种花布并用蜡笔模仿和勾画的活动。这样的做法强调的是，教师基于幼儿的兴趣和能力，主动吸引和引导幼儿的注意，激发幼儿的探索、创作的愿望，并提供有针对性的条件和机会供幼儿尝试。

【案例】赋予儿童选择权

完全跟随主题来选择艺术欣赏内容，或者完全跟随教师的意志来选择艺术欣赏的内容，这两种做法都过于成人主导，缺乏对幼儿个人兴趣的尊重。我们试图寻找到一种平衡，以使主题中幼儿艺术欣赏活动的内容符合幼儿的兴趣点。

以往，主题中幼儿艺术欣赏内容完全由教师来做选择，由教师基于自我艺术感知，选择认为幼儿不可错过的饱含人文价值的艺术作品。但

是，如果幼儿在活动中不能选择和决定，又何来主动和胜任呢？于是，教师改变早早地预设欣赏内容的做法，而是顺着主题的开展观察等待着，当发现孩子们的兴趣时，才开始推动活动。例如，发现孩子们对狮子感兴趣后，教师收集来了舞狮的视频，带来了关于狮子生活的百科全书，讨论起威武的鬃毛和摇摆的狮头，孩子们对活动内容兴趣十足，于是决定做"看门狮"……

赋予幼儿选择权，使幼儿在艺术欣赏时能明白想要看什么，想要怎样看，体验到了什么，想表达什么。

（本案例由上海市浦东新区金囡幼儿园曹莉萍提供）

（二）认真考虑幼儿会怎样真正参与活动

对艺术活动发展幼儿的价值认识不同，活动预设逻辑和框架的选择也会不同。如果认为帮助幼儿获得艺术表现的技能更重要，那么教师在设计活动时一定会将这个作为最主要的目标来指导活动的设计；如果认为艺术是让幼儿体会自身的感受并将感受个性化表现出来，帮助幼儿展现自己作为主体的价值的存在，那么教师一定会选择放大幼儿的理解和表现。

教师通常会思考，"我希望给幼儿一个怎样的艺术活动，发展幼儿的哪些方面？我选择的内容和艺术形式是幼儿喜欢的吗？我需要如何安排这个活动？活动的开展中，我需要做哪些准备？我计划用几个环节来完成这个活动……"我们比较习惯用这样的视角和框架来架构教师预设活动的逻辑，这当然是一个必要的、基础的工作。这些方面的呈现为教师组织开展幼儿的艺术活动建立一些基本的重要关系，如活动目标和幼儿发展的关系，活动内容与幼儿参与的关系等。这些无疑是非常重要的。

但我们认为，在教师主动发起和组织开展的幼儿艺术活动中，需要加强对幼儿艺术相关经验的了解，更需要和幼儿基于艺术活动开展对话，并为幼儿充分个性化的表现提供切实的支撑，还需要在幼儿间创造相互理解和欣赏的艺术交流的机会。对这些方面的关注，将更好地引导教师从幼儿艺术活动的价值本质上来考察艺术活动可以如何进行。站在这个角度上，幼儿的歌唱活动也许就不仅是学会唱一首歌曲，而是在学唱歌曲的过程中让幼儿充分感受音乐。幼儿的美术活动更应该注重幼儿结合自己的感受和经验，个性化地探索和表达特定场景和情感的过程。

所以，教师预设活动关键是要允许和支持幼儿围绕主题表现他们真正想表现的东西。尤其是在与幼儿的对话，指导幼儿的创作过程中，绝不能让幼儿感到被约束，而应该让他们感觉到在任何的情况下都是被教师欣赏并支持的。教师可以主动地预设幼儿在美术或音乐表演创作过程中的多种可能的表现，认真分析这些表现的影响因素，并针对性地做好支持和应对准备，而不是在教师自己创作作品的经验上，来要求幼儿都经历自己认为应该经历的过程和内容。

（三）预设如何观察幼儿的学习和创作

教师在预设的幼儿艺术活动中，常常会关注活动目标、活动内容、活动方式等，这是我们习惯并可以理解的做法。但是，一个活动最关键的是，幼儿在活动中究竟是如何学习并获得发展的。教师主导的活动要让幼儿有所获得，而不是让幼儿在原有水平上随意、随机地表现。优秀的教师都是在观察和了解大量幼儿的表现的基础上，作出教学选择的。

在教师预设和主导的活动中，不是要减少或者忽略对幼儿的关注，而是一定要留出时间来给予幼儿充分的关注，这样才能帮助教师感知自己有目的的设计对幼儿是否产生影响，产生哪些方面的影响。

在教师主动发起的艺术活动中，保持对幼儿行为、表现的观察，仍然是这类活动成功的关键要素。观察让教师将自己的注意力适当分配给幼儿，对幼儿的行为和表现敏感，是教师获得即时反馈的重要手段，可以帮助教师避免埋头只顾自己教的行为。同时，了解艺术活动中幼儿的兴趣、能力、意愿是推动教师反思并调整当下以及后续活动设计的重要手段。教师只有在持续观察、深入了解幼儿需求和能力的基础上，才能有针对性地预设。

教师发起的、主导的幼儿艺术活动，其根本仍然是幼儿的活动。教师所有的预设、安排都是为了推动幼儿的活动主动性。幼儿的主动性来自对自己能力的自信，来自他人对自己想法的认同和尊重。教师的预设不是为了框住幼儿，而是为幼儿提供支架。

教师为幼儿的艺术发展和创作提供支架，要基于对幼儿艺术发展阶段的具体特点和行为有很好的把握，能够有效辨析幼儿表现出的现阶段的发展水平和需求，以及可以达到的范围或高度。解读幼儿的艺术表现行为是推动幼儿发展的基础。教师若没有掌握如何分析和解读幼儿表现的能力，就很难做到有效地为幼儿提供支架。同时，我们要注意，在成人发起的艺术活动中，为了避免让幼儿都用同一种或者差不多的方式表现某个内容，教师在为幼儿提供支架的过程中，必须理解和尊重幼儿想表达的内容与方式，对不同的幼儿有所区别地对待。教师要乐于倾听幼儿的想法并给予针对性的指导，帮助幼儿去实现他真正想要表达的内容。

【案例】互相学习，与幼儿共同创作

创造性艺术集体教学活动的过程是分享各自创作并互相学习的过程，教师不是活动的权威，而是创作过程的学习者、参与者与支持者，在和幼儿互相学习的过程中，肯定他们的创作亮点，并为有需求的幼儿提供相关的支持与延伸。

教师可以运用多种歌唱方式与幼儿共同体验音乐的特性。当幼儿在创作前对歌曲较为陌生时，教师可以运用清唱的方式引发幼儿对旋律、歌词的感知；当幼儿在创作中没有选择与决定时，教师可以运用跟唱的方式支持幼儿对歌曲的反复尝试；当幼儿在创作中有所发现时，教师可以运用跟唱的方式肯定幼儿对歌曲的表现；当幼儿在创作后有所满足时，教师可以运用轮唱的方式鼓励幼儿与同伴分享自己的创作。

随着音乐扭动身体，表达自己的感受是幼儿与音乐互动的最直接的方式，也是幼儿自发、自主的最基本的表现。教师参与其中，与幼儿进行互动，肯定幼儿的表现，更能激发幼儿的兴趣和学习的主动性。教师应根据不同年龄段幼儿的年龄特点、学习特点，选择适合的教学策略，促进幼儿与音乐的互动。教师可以鼓励幼儿以轻松愉悦的方式跟随音乐创造性地进行律动，鼓励幼儿深入某一动作的不同组合来丰富自身的表现表达。

（本案例由上海市闵行区莘庄幼儿园郁亚妹提供）

【案例】把握契机，提供"鹰架"

在我们的研究中，教师们会有这样的困惑：在主题活动中，我们如何为幼儿提供"鹰架"，才能让孩子们的艺术欣赏能持久且主动地进行呢？

在大班主题"动物大世界"实施中，孩子们对狮子非常感兴趣。两个小组的孩子根据各自的兴趣分别进行了"看门狮"制作和舞狮的道具创作。可两组孩子的主动性却出现了很大的差异，这是为什么呢？之后，教师收集了两组孩子的主动性言语表现。

两组幼儿的主动性言语表现

"看门狮"组的语言	"舞狮道具"组的语言
"这个狮子是做不成功的。" "太难了，不行的。" "我们实在没办法了。" "没劲。"	"好厉害啊！我也要做一个自己的狮头。" "我要在鬃毛上添一点金色，看上去金光闪闪的，超级厉害。" "我去让爷爷教我动作。" "我会敲鼓，我给你们伴奏吧。" "黄老师，这个太好玩了。今天我们晚一点午睡可以吗？我们还想要排练。" "我们的舞狮表演很棒的，你们想看吗？"

上表中是两组孩子活动中主动性言语表现，从中很明显感受到：第一组孩子充满不确定和无奈，第二组孩子则始终充满自信，主动而积极地参与其中。一个主题内容中萌发兴趣容易，但维持主动学习却不太容易，它需要教师将每一个孩子的活动收在眼底，将每一个孩子的状态把握在心中，随时关注、捕捉每一个细节。以下是主题艺术欣赏实施中教师需要敏感的时刻：

当孩子在材料库寻寻觅觅时，也许一种想法、一个尝试即将开始。

当孩子使用材料踌躇犹豫时，也许无法决定，或是无计可施，抑或是正在思考和完善，你需要耐心观察和辨识，孩子们需要的到底是什么？

当孩子的主动性言语减少时，一定是孩子失望了，你需要了解令孩子失望的事情后才能帮助孩子找回自信。

当孩子反复征询教师意见时，他可能需要一个伴儿，或是需要一个依靠，你是他的力量，你需要在他的身边不离不弃，和他一起面对感受和表达的难题。

当孩子总拿眼睛偷瞄教师时，这孩子一定做了什么事情却不想让你知道，没关系，就先装作不知道和没看见吧，让我们再等一等、等一等。

当孩子唉声叹气、感到无能为力时，放弃即将发生，赶在孩子放弃之前，弄清放弃的原因。

当孩子对活动心不在焉，注意力分散时，兴趣是学习的动力，如果对这个活动没有兴趣，不必强求，但需要发现孩子兴趣点到底在哪里。

……

这些时刻提醒我们或跟进材料，或丰富经验，或给予鼓励肯定，或发起挑战讨论……这样，主动学习和创造表达才可能得以延续，才能贯穿主题的始末。

（本案例由上海市浦东新区金囡幼儿园曹莉萍提供）

三、支持并指导幼儿获得艺术发展

在教师发起的艺术活动中，教师要为幼儿的有意学习、有意识地加深和扩展相关艺术的经验做准备。

（一）保障幼儿参与活动的充足机会

教师在预设和发起活动时，通常很看重自己设定的活动目标、规定的活动过程与期望达成的结果，往往忙着创设环境，提供材料，设想着活动的每个环节如何一步步推进，而会忽视幼儿在活动中可以做些什么以及在什么时候做，用怎样的方式去做。所以，教师要让幼儿能够感其所感，言其所言，行其所愿。

在艺术活动中，我们常常听见教师用不同的方式催促幼儿。例如，"某某已经完成了""快一点，时间快到了""因为今天时间有限，我们就……"。这其实反映的是教师对幼儿的艺术创作活动的节奏缺乏理解，因而在一个活动中预设了太多的内容、环节，造成幼儿始终在追赶教师的节奏。

因而我们强调，教师在发起艺术活动时，一定要考虑幼儿的活动时间、数量、频率等，保障幼儿参与活动能获得深度体验和学习。

（二）帮助幼儿有意识地回顾创作意图和过程的关联

教师主动发起的幼儿艺术活动通常具有明确的活动目标，通过情境的创设、材料的提供等，引发幼儿围绕某些主题开展创作。创作的过程和结果之间是否具有意义上的联结，是教师要关注的。教师要在认真观察幼儿的意愿和活动过程的基础上，在尊重幼儿的前提下，引导幼儿回顾自己的创作意图、创作过程，帮助幼儿发现自己在创作过程中的做法、选择与创作意图之间的关联。这对于幼儿的艺术感知与理解是非常有帮助的。

在活动中，教师可以安排专门的环节引导幼儿回顾自己的创作意图、创作过程。通过增加回顾的环节，让幼儿有意识地去收集他们关注或者没有关注到的过程、内心体验等，这有助于加深幼儿对活动过程的具体细节的感知。教师可以请幼儿回忆自己最初希望做什么，在过程中遇到哪些特殊的情况，自己又是怎样解决，以及最后的作品是否达到了自己的意图，等等。

更为重要的是，这个过程是让幼儿去体会自己作为一个富有主动性的人是如何经历艺术创作的过程，艺术是否真正对自己具有价值，自己的表现和想象是否能与其他人进行交流，同时促进幼儿感知自己无论是从技能上还是从内心体验上是否获得了展现和提升。

（三）增强幼儿在艺术活动中的感受

教师可以在活动中及结束时，基于幼儿共同经历的话题、表现和创作的主题，组织幼儿进行作品的展示、交流、分享，推动幼儿间积极的交流，其目的绝不是为了展现哪些幼儿表现水平比较高，更不是去强调有多少幼儿按照教师的规定完成作品，而是引导幼儿学习去体验他人创作的过程和表现方式，理解每个人的情感、表达是不同的，理解个人的体验和选择的表达内容和方式之间是如何建立关联的。

教师发起的艺术活动不应仅仅是为了传授技能，或者仅仅是完成艺术活动而去设计并实施的，更重要的是，能和幼儿专心共享艺术带来的快乐体验。教师要引导幼儿积极参与活动，获得成功的体验。有这样一些幼儿在集体开展的艺术活动中总是比较"显眼"：当其他幼儿都在专心创作时，他们会迟迟不动手，对教师说"我不会"；有些幼儿参与度很高，活动很积极，但是有些幼儿总是落在后面，或者很少参与。出现这些情况，原因往往是幼儿对于自己的艺术能力缺乏自信，也许他们曾经遭遇多次被否定。所以，在活动中，教师给予每一个幼儿充分的表现机会并积极鼓励和指导，幼儿的自信心会逐渐增强，并反过来促发幼儿创作的欲望。

第五节　携手家庭和社区开展艺术活动

幼儿园开展幼儿艺术教育，如果要取得理想的成效，就必须和家庭、社区建立合作的关系。社区，尤其是家庭，在幼儿的创造性艺术发展方面，会有不亚于幼儿园的推动作用。通过创设机会，让幼儿亲身体验当地文化，了解周围熟悉的人正在开展的文化艺术活动，这对幼儿学习和理解艺术是一种积极的支持和引导。

一、充分利用家庭的艺术资源

在前述章节中，我们已经提及了家庭对幼儿的艺术发展具有重要的作用。对于幼儿园和教师来说，要设法将来自家庭的艺术资源有效利用起来。

（一）展示幼儿家庭生活中的"艺术宝藏"

幼儿来自不同的家庭，每个家庭有各自的生活方式和观念。教师可以通过创设机会，邀请幼儿和家长来展示各自家庭中的"艺术宝藏"，一方面有利于增进幼儿家庭之间的相互了解、尊重，另一方面可以利用这些特殊的材料和资源，为幼儿欣赏和学习艺术打开一扇窗。

比如，教师可以和幼儿商定，幼儿轮流从家庭中选取一样有艺术感或者有艺术价值的物品带到班级。在围坐分享的时间里，由幼儿来介绍这件物品，也可以把这些东西包装起来，不让人看出来是什么，由大家来猜测它是怎样的一种东西，具有怎样的艺术特征，如它是柔软的，它是闪闪发光的，它是用来盛放食物的，它是用竹子作为原料的……其他幼儿可以向物品的主人提问，或用已有的生活经验和艺术常识来猜测物品。

从幼儿家庭中获取的资源可能是很随机的，但是会带给每一个人不可预知的惊喜。比如，这件物品可以是由奶奶手工编织的绒线手套或花毯，也可以是家庭外出旅游时买到的一套精美的瓷器茶具，甚至可以是相对比较珍贵的家庭里流传了几代的雕刻精美的一块手表，等等。很多物品都具有使用价值、纪念意义，也同样具有各不相同的文化、美学欣赏价值。幼儿可以观察这些物品，还可以和物品的主人对话，询问这件物品的来历、功能、材质、艺术技法等方面的问题，甚至是有关这个物品和家庭成员间的生动的故事。

这种来自幼儿家庭生活的"艺术宝藏"的展示和故事分享方便日常开展，同时又不会增加额外的花费，让生活中无穷无尽的艺术资源展现在幼儿面前，使幼儿体会到艺术无处不在，激发他们的向美之心，同时让每个幼儿和家庭拥有参与感、归属感。

还可以邀请家长利用自己的艺术才能，为幼儿艺术教育提供服务。

【案例】社区的爷爷奶奶乐队

我园童声小乐队活动的目的是：让幼儿在看看、听听的过程中欣赏乐器演奏的美妙；通过试一试、听一听，感受不同乐器的发音方式；选择喜欢的歌曲，体验用自己制作的乐器和爷爷、奶奶一起合奏的乐趣和成就感。

我们得知一位爷爷有一个属于他们自己的演奏乐队，经常在社区表演。于是，我们邀请他们来园和幼儿互动。

活动刚开始，爷爷奶奶们为孩子和教师带来了一场美妙的视听盛宴。孩子们听完音乐后提出了各种有趣的问题，有的孩子忍不住想要上前摸一摸这些幼儿园小舞台里没有的乐器。

有的孩子在体验古筝   有的孩子在体验小提琴

　　小朋友也有自己的乐队装备，如响板、响铃、沙球、自制的架子鼓……孩子们想邀请爷爷奶奶一起来试一试，如他们提出了一些自己会唱的歌曲名称，请爷爷奶奶和自己一起来演奏。通过活动的开展，孩子们更加近距离地感受到了乐器的魅力。

　　爷爷奶奶带来的乐队让孩子们着实身临其境地体验了一把乐队演奏的乐趣。我们的教师也如同孩子般对这些陌生的乐器产生了浓厚的探索欲，身体里的艺术细胞被这些拥有年轻艺术心的祖辈们唤起。爷爷奶奶在孩子们稚嫩的童声里也感受到了幸福。

孩子和爷爷奶奶合奏表演   教师也在大提琴体验中乐此不疲

（本案例由上海市黄浦区学前幼儿园浦瑜倩提供）

（二）让幼儿在园、在家的艺术活动互为延伸

幼儿在幼儿园经常会参与各种各样的艺术活动，但他们参与活动的时间是有限的。幼儿在家庭生活和社会生活中也会有机会接触和开展创作活动。如果有意识地让幼儿的艺术活动在幼儿园、家庭中建立关联，互为促进，幼儿将获得艺术上的充分发展。

教师通常会请幼儿将自己在幼儿园里创作的艺术作品带回家分享给家庭成员，这似乎是幼儿园开展艺术活动的一个必需环节，因为家长可以从幼儿的美术作品、舞蹈、歌曲中了解幼儿接触和参与了哪些内容和形式的艺术活动。有的教师也会让幼儿将在园没有完成的作品带回家继续完成，有时也会要求幼儿与家人共同设计完成一份艺术作品，如制作一幅树叶剪贴画，完成后带到幼儿园来展示和分享。有时，教师会启发幼儿为自己的家庭成员制作礼物（如新年贺卡）或表演来表达自己的情感；有时，教师会示意家长在休息日带幼儿去博物馆、艺术场馆参观，以让幼儿获得相关的直接经验。

如果要进一步加强幼儿在园、在家艺术活动相互关联、互为延伸，还可以在以下方面实践。

一方面，教师要为家长更深入地了解幼儿的艺术发展提供专业的支持。比如，当幼儿带美术作品回家时，教师通过在作品上书写记录或者和家长的交流的方式，使家长明白幼儿的作品该如何欣赏。这个过程要尽力避免宽泛的、模糊的话语，如"很漂亮、完整"等，而要用更为精确的视角引导家长去发现作品表现出的幼儿在艺术发展上的关键水平，幼儿在创作过程中的情感世界等。教师发挥对幼儿创作过程和结果的专业解读能力，能够有效帮助家长也成为幼儿艺术成长的欣赏者和积极参与者。当然，教师乐于和家长分享幼儿在园主动发起的艺术活动，这也将对家庭和幼儿产生积极影响。

另一方面，教师要善于发现幼儿家庭为幼儿创设的艺术环境，为幼儿提供更符合他们需要的活动。教师可以从家访、和家长谈话、网络沟通等方式了解幼儿家庭对幼儿艺术发展的基本认识以及日常会提供给幼儿的艺术方式和内容，并结合幼儿的发展需要，为幼儿提供更加适合他

们的艺术活动。例如,有些幼儿的家庭忽视艺术对幼儿发展的价值,缺乏艺术活动的机会,家庭艺术氛围极其匮乏,幼儿园一定要通过规划、安排好园内的艺术活动,为幼儿的艺术发展提供保障。

（三）不断激发家长参与幼儿艺术活动的热情

幼儿的艺术发展需要家长的支持和参与。幼儿园普遍注重吸引幼儿家庭参与到幼儿园艺术活动中,甚至还建立了系列化的家园互动的艺术活动方案与相关的活动制度。这样的做法在很多幼儿园已经形成了惯例,是为了让幼儿家长对艺术教育知晓、理解、支持、合作,在观念、目标和行动上与幼儿园达成一致。但即便有了制度,有了方案,家长的参与劲头仍提不上来。如何激发家长参与艺术活动的热情?教师可以尝试从以下几方面做出努力。

第一,教师可启发家长舍得为幼儿参与艺术活动投资,根据各自的经济条件,愿意为幼儿购买适合的艺术材料和用品用具,为幼儿参与艺术活动提供必要的经费支持。

第二,幼儿园合理安排活动时间,便于家长陪伴幼儿参与艺术活动。一些幼儿园往往活动时间安排不合适,导致家长不愿意参与活动。

第三,针对有意识地思考和判断艺术教育对幼儿发展的价值的家长,教师可以引导他们来园观察幼儿的探索和创作过程,从而帮助家长获得对幼儿活动水平的判断,有利于与幼儿园的教育达成一致。

第四,家长是幼儿学习的榜样,当幼儿观察、感受到家长对某项艺术活动的兴趣、关注、行动投入时,将潜移默化地影响幼儿对艺术活动的兴趣。所以,幼儿园也可以通过建立家长艺术工作坊等方式,吸引那些愿意尝试的家长参与到幼儿园丰富的艺术活动中,并鼓励他们发展自己的艺术兴趣和潜能,成为幼儿学习的榜样。

【案例】家庭资源的开发与利用

1.建立家长艺术资源档案

家长资源是课程资源的重要组成部分,课程组会拟定家长资源库开发计划，组织家长申报课程资源，建立家长资源管理数据库，并对家长资源的开发利用进行监管。首先，根据我园每学期主题课程和特色艺术课程的实施计划，梳理出我们需要的家长艺术资源，通过家委会和班级进行宣传，从而方便家长根据实际情况进行报名。其次，通过开放式的家长问卷调查家长参与我园艺术课程的意愿，以班级为单位建立家长艺术资源档案，包括家长期望参与艺术活动的内容、方式、频率，家长的职业、艺术爱好与特长，以及家长可提供的其他社会艺术资源等。根据实际情况，将家庭艺术资源分类存档，归类管理，以便查找和使用。

2. 指导家庭艺术教育活动

（1）通过搭建亲子艺术平台进行指导

幼儿园应为家长艺术资源的使用提供多元化平台，家长可以以信息的提供者、活动的指导者、场地的介绍者等多种角色参与幼儿园艺术活动。我们通过公众号、家委会等途径积极调动家庭艺术资源，为愿意来园分享艺术经验、技能的家长搭建平台，加深家长对幼儿在园艺术行为表现的认识。

（2）通过设计"艺术之旅护照"进行指导

"艺术之旅护照"是我们针对幼儿艺术素养培养而设计的家庭、社区艺术教育活动方案。我们在组织家长参与艺术活动的同时，也针对家长进行儿童艺术教育指导，帮助家长树立科学的艺术教育观，引导家长认识不同年龄段幼儿艺术发展的特点，通过实践活动让家长感受幼儿园艺术教育的魅力。

3. 提供多种参与途径

（1）材料提供

材料提供是家庭参与艺术活动的最常用的方法。教师可以根据自己预设的或者幼儿生成的艺术方案，邀请家长和幼儿共同搜集需要的材料。在班级材料区域建立百宝箱，重视幼儿从家中带来的那些熟悉的材料的使用，幼儿在操作这些材料的过程中探索新玩法，习得新知识，练习新技能。

在"参观东方乐器博物馆"活动结束后，幼儿和家长带来了各种有趣的自制乐器及材料，为幼儿探索各种有趣的声音提供了丰富的材料。

（2）陪同参与

陪同参与主要是指家长和孩子共同参与幼儿园组织的艺术活动，包括园内的艺术活动和园外的艺术活动。在陪同参与的过程中，家长可以是帮

幼儿用家里带来的自制乐器开展演奏活动

助教师维护幼儿安全的家长志愿者，可以是和孩子一起参与艺术体验的活动者，还可以是孩子艺术活动中的指导者。

在"参观城隍庙"活动中，家长通过和孩子一起完成亲子艺术闯关，获取豫园门票。在教师带领下，家长和幼儿一起感受城隍庙及豫园的建筑特色，在实践基础上积累艺术创作的直接经验。

（3）组织策划

组织策划对家长的专业要求较高，家长会因为无法掌控局面而焦虑。参与组织策划的家长需要对幼儿园艺术教育有更加深入的认识和理解。

我园的"彩绘戏剧社"是由家长发起的小组创造性艺术活动，从一开始教孩子们跟着家长画，到后来引导孩子们学会观察特征和使用材料，孩子们自由创作出了很多不同的造型，家长也在实践中的转变理念，发挥专业特长，为幼儿和教师带来了一次次充满惊喜的彩绘活动。

观察"艺术之旅护照"上的建筑图片

"彩绘戏剧社"活动合影

（本案例由上海市黄浦区学前幼儿园浦瑜倩提供）

二、充分利用社区的艺术资源

社区具有更广大的地理环境，更多的资源，为幼儿接受文化、艺术、生活方式的滋养提供了真切的浸入式的环境。在同一个社区生活的人容易彼此联系，观念和生活方式会相互影响。

（一）把艺术活动和社区的需要联系起来

幼儿园通常会将自己的责任和义务局限在幼儿园的围墙以内，对于幼儿园所在社区的认识是比较模糊的。幼儿园在某些特定的情况下会带领幼儿到社区活动，但活动的方式和内容往往也是尽量减少社区的参与，依靠的仍旧是幼儿园本身的资源、人手等。从另一方面看，社区的文化、艺术的发展似乎也并没有表现出对幼儿园的需求，也缺乏邀请幼儿园参与社区艺术活动的有效行动。

一些幼儿园逐步关注到了这些情况，正在做出积极的努力。例如，幼儿园根据所在社区的文化传统，会有意识地在幼儿园开展类似的活动，以帮助幼儿更好地融入社区的文化氛围，增强对本地文化的归属感。再如，有的幼儿园周围社区有打腰鼓的传统，人们在特殊的节庆等场合，会以腰鼓来庆祝。幼儿园课程中也融入了初步的腰鼓活动，甚至会被邀请参加社区的表演。幼儿园作为社区的一分子，参与社区的民俗活动是应该被积极鼓励的。优秀的传统文化、民间技艺需要从幼儿期开始逐渐渗透。

（二）向社区开放和宣传幼儿的创造性艺术活动

幼儿园是专门的幼儿教育机构，应向社区宣传幼儿教育的观念，传递幼儿园的办学理念、课程目标、教育原则等。

幼儿园可以通过很多方式来展示幼儿创造性艺术活动的内容。比如，策划一场生动的专题展示，邀请社区相关人士来园观摩并研讨，听取他们的想法和建议；通过讲座与演示等方式集中、有选择地向相关人士介绍和呈现目前的幼儿艺术教育的发展趋势、新的理念和尝试，等等；组织有需求的社区成员来参与教师组织的工作坊，比如，如何从幼儿的绘画和表演过程中理解幼儿的成长，如何为 3 岁以下仍然在家庭中生活的婴幼儿创设适宜的艺术环境和条件,有哪些亲子共同开展的艺术活动适合在家庭中开展,等等。幼儿园将日常研究和实践的积累转化为服务社区的资源,主动引导社区文化、教育的发展。

另外,幼儿园也可以选择在当地的文化服务中心展出幼儿的艺术作品,为幼儿的艺术活动成果举行正式的发布会。幼儿园还可以选取幼儿的绘画作品设计成富有社会特点的明信片、海报等,让更多的人知晓幼儿园的艺术活动和成果。这些做法让幼儿、教师都感受到作为社区的一员如何对社区做出贡献,并获得成就感。

(三)将幼儿园和社区的艺术活动融为一体

幼儿园要善于利用社区开展丰富的幼儿创造性艺术活动,将幼儿在园的艺术活动和走进社区的文化和艺术探访活动有机地联结起来,让幼儿在更大范围、更多平台和视角的支撑下,获得更加充实的艺术体验。

有的幼儿园在收集、整理所在社区的艺术和文化资源方面下了很多功夫,如将资源列入选择清单,为教师规划安排幼儿园的艺术活动提供参考;重视幼儿艺术发展的支持系统的构建,满足幼儿艺术感知、体验、表现的需要。

社区已经建立的长期开放的艺术场馆是幼儿园可以利用的资源之一。幼儿园、教师可以有意识地收集、整理当地的艺术场馆的类型和数量,将它们纳入幼儿园开展艺术活动的园外场所。博物馆、艺术馆不仅艺术藏品众多,而且其艺术展现方式新颖,能够为幼儿提供不同一般的体验。园长、教师甚至可以和家长志愿者一起走访每一个艺术场馆,探索这些场馆能够为幼儿提供哪些适合的活动内容、相关的服务与活动方式。通过和艺术场馆管理者的沟通,并且通过整合课程,让幼儿园安排的艺术活动和艺术场馆的活动、项目之间建立关联,并互相促进。

尽管在一些人看来,博物馆的艺术品和艺术场馆的表演,幼儿似乎很难理解,但实际情况可能并非如此。幼儿一定会对展品、艺术活动有想法,只是不同于成人的理解,不被成人既定的审美标准接纳罢了。我们带领幼儿去博物馆或艺术场馆时,更应该听听幼儿有什么看法,看看他们看见了什么,他们是怎么理解的,而不是成人怎么看。比如,在允许和支持下，教师可以带领幼儿去了解剧院负责舞台、灯光和音响的人员的工作。

教师可以结合自己身边的资源，为外出的艺术活动设置一种模板，以确保开展这类活动的流程合理、简明、安全。比如，活动目标、活动准备、实施过程的要求和规范、参与对象、活动方式，如何判定活动是否达成目标，幼儿有哪些收获，相关的活动宣传等，这些都可以列入幼儿园的课程方案，在需要的时候，教师可以参照方案来设计具体的活动。当然，在模板规定的要素和结构里，艺术参观和访问等活动可以有不同的具体的内容主题。幼儿园让每个幼儿都拥有一本"艺术旅行护照"，根据幼儿可能会关心的问题，为幼儿设计相关主题的活动内容，引导幼儿参与、探索、记录，并将家长、志愿者的活动也一同规划进去。幼儿每一次到博物馆、艺术场馆的活动都可以在"艺术旅行护照"上留下有意义的学习痕迹。

【案例】幼儿园利用社区艺术资源开展创造性艺术活动

1. 社区艺术资源的选择策略

（1）从主题入手，整合性开发利用

我们认为，社区艺术资源的开发利用要与主题课程相结合，通过幼儿园缺乏的而社区所拥有的独特艺术资源来丰富幼儿的主题学习。社区艺术资源不仅能丰富幼儿的艺术学习内容，还能促进其他领域的学习。

幼儿园主题课程中社区艺术资源的开发利用

年龄段	主题名称	社区艺术资源	艺术元素
小班	小花园	草间弥生艺术展	波点艺术之美
中班	春天来了	浦江郊野公园	花艺造型之美
中班	交通工具	世博会博物馆	科技进步之美
大班	我们的城市	城隍庙、豫园	传统建筑之美
大班	我是中国人	东方乐器博物馆	乐器乐音之美
		大世界	非遗文化之美

本项目研究中，大部分的社区艺术资源开发利用都是源于幼儿主题学习的需要，围绕主题的社区艺术资源开发能够丰满幼儿的主题经验，推动幼儿园课程的常态化建设。

（2）从兴趣入手，生成性开发利用

日本艺术家草间弥生"爱的一切·终将永恒"艺术展正在进行中，项目组教师去现场进行了体验。"波点作品很有特色，小朋友肯定喜欢，而且容易表现""色彩很鲜明，配色也是一个艺术学习点""小朋友可以用不同的感官去感受艺术大师的作品""里面的镜子屋是一个特色，多种圆点灯光的组合很震撼"，项目组的教师们从一次参观活动中抓出了很多适合幼儿的艺术生长点。于是，"圆的世界——草间弥生艺术展"活动生成了。

2.外出艺术活动的实施模式

（1）计划：以"艺术之旅护照"为媒介

"艺术之旅护照"是我园利用社区艺术资源特点所开发的针对3—6岁学前儿童艺术素养发展的亲子活动任务本，包括教师围绕艺术元素预设的活动及留白区。

这也是高瞻课程带给我们的启示，计划是指孩子明确说出自己要做什么，要到哪里进行，用什么材料，和谁一起做等。这一环节是培养孩子主动学习的有效方式。

文文的计划

"艺术之旅护照"中的留白区可以让幼儿绘画自己的计划或记录自己的趣事。针对中大班幼儿，教师会提供更多的留白区。

文文就在她自己的"艺术之旅护照"中画了三件事情：第一个愿望是想听一听马头琴的声音并弹一弹马头琴；第二个愿望是想听一听古筝的声音；第三个愿望是想听一听竖琴的声音并弹一弹竖琴。

（2）整合：园内外活动联动

我们还尝试将在幼儿园和在社区开展的艺术活动建立联系，保持幼儿的兴趣，帮助幼儿有意义地学习。在活动设计时，我们就同时考虑了"社区艺术活动"和"幼儿园艺术活动"。

① 传统建筑之美

● 社区艺术活动

城隍庙和豫园是幼儿和家长非常熟悉的景点，也是上海市黄浦区特色资源，可以结合大班"我们的城市"主题开展社区艺术活动。

改变以往笼统的参观方式，在欣赏传统建筑图片的基础上，由幼儿和教师共同设计"城隍庙艺术之旅护照"，幼儿根据护照上建筑物照片的细节，找到相应的建筑物，找对了会得到游园奖章。

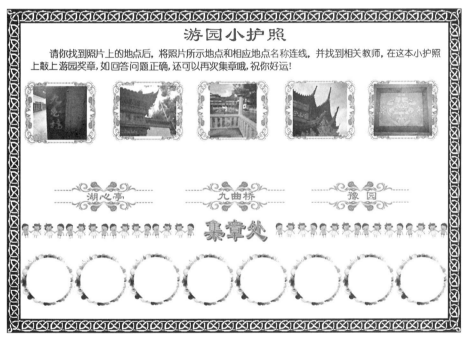

城隍庙艺术之旅护照

在活动前，集中向家长进行活动介绍和家教指导，以亲子闯关游园的方式引导家长和幼儿去关注传统建筑的细节，如湖心亭屋檐角上的神兽，九曲桥上的花卉地砖，豫园的门头装饰和窗户样式，等等。

教师在活动前的集中介绍　　　　　　　幼儿在九曲桥上发现了护照中的地砖

　　孩子们通过集章获得了豫园的门票，这样的设计激发了幼儿参与活动的主动性，提高了幼儿和家长的任务意识。进入豫园后，教师有准备地带领幼儿和家长进行了游览，重点引导幼儿关注豫园建筑的门、窗等的花纹样式。

　　随后，孩子们自由选择材料进行操作。教师从幼儿园带来了各种不同的材料，如粉笔、蜡笔、水彩笔、记号笔、金银笔、不同颜色的卡纸、刮画纸、磨砂纸等。每一个孩子都有自己独特的创意视角，有的选择画局部细节，如屋顶、窗户、围栏；有的选择画整体建筑，别有一番滋味。

　　家长和幼儿在活动中都表现出了较高的专注度和积极性，家长感慨："来过那么多次城隍庙，却很少带孩子这样去仔细观察""这样的艺术活动很有意思，寓教于乐""通过亲子游戏，增进了对孩子的了解""很多东西我平时自己都没有注意到，通过活动长知识了"。

　　● 幼儿园艺术活动

　　活动一：屋里厢。

　　参观活动后，大家带来了一些家里老房子的照片，请爷爷奶奶志愿者来幼儿园讲述老房子里的有趣故事，有的家长还带孩子参观了黄浦区屋里厢博物馆。幼儿园的活动区随处可见大朋友、小朋友搜集的老房子资料。孩子们不仅仅对老房子，还对老房子里的物品产生了浓厚的兴趣。

　　活动二：外滩建筑群。

　　除了老房子，各种风格迥异的建筑也吸引着孩子们的眼球。外滩建筑群是黄浦区的重要建筑艺术资源，也是孩子们所非常熟悉的。站在外滩，对望浦东陆家嘴林立的高楼，我们为上海的发展而感到自豪。孩子们也提出了很多自己关于建筑的想法，如想要造一幢很高很高的楼，可以冲到天空中；要在楼里面加入快速上升的电梯，里面有游乐场，有好吃的冰激凌，等等。

② 非遗文化之美

• 社区艺术活动

大世界是黄浦区特色文化资源，展示了很多具有上海地方特色的非遗文化。我们从德育角度出发，聚焦非遗文化中的艺术元素，以一个大班为试点，向家长发出了活动邀请。本次活动中，家长主要负责孩子的接送，不进入场馆，由教师组织幼儿开展参观活动。

活动前，教师邀请家长和孩子们讨论了爸爸妈妈小时候的玩具和游戏，家长讲得津津有味，孩子们听得饶有兴趣。当教师告诉他们，有一个地方记录了很多这些有意思的游戏和玩具时，孩子们想去看一看的愿望非常强烈。于是，教师给幼儿提供了一份全部留白的计划书，孩子们记录下自己最想看的非遗文化，带着计划去大世界找一找、看一看。

来到大世界，里面的哈哈镜一下子吸引了孩子们的注意，各种高矮胖瘦的变化引得他们哈哈大笑。有的孩子还在自己的计划书上记录下那个哈哈镜中有趣的自己。

敬个礼，看看会变成什么样　　　　幼儿在记录哈哈镜里的自己

随着参观的推进，孩子们很兴奋地看到了爸爸妈妈提起的捏面人、吹糖人。悦悦说："这个就是我们的彩泥。""不是彩泥，这是用面粉做的。"小宝急忙说。通过事先与馆内工作人员的沟通，孩子们不仅欣赏到了各种非遗文化表演，还体验了各种非遗文化活动。

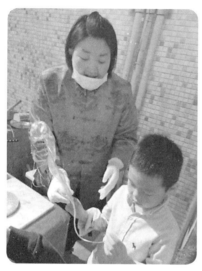
体验吹糖人

欣赏捏面人

● 幼儿园艺术活动

活动一：我们的大世界。

大世界参观后的第二天，有的孩子就在早晨的游戏计划书中画了一些自己喜欢的大世界游乐项目，如捏面人、哈哈镜等；有的孩子在百宝箱里寻找能够搭建活动场景的材料，在教室里开启了属于大世界的游戏。

活动二：传统戏剧和传统书法。

在"六一"儿童节游园活动中，我们开设了传统书法和传统戏剧两个活动会场，邀请了社区专业艺术人员前来和孩子们进行互动。

中舞台活动是以年级组为单位开设的特色艺术活动。我园利用社区专业木偶剧团队资源，请他们来幼儿园为孩子们开展一次近距离的桌面木偶戏表演，让幼儿感受木偶戏的趣味性。

（本案例由上海市黄浦区学前幼儿园浦瑜倩提供）

　　利用社区资源开展幼儿创造性艺术活动的尝试将有利于教师思考艺术教育的价值，如何开展幼儿艺术教育，如何反思幼儿艺术教育的成效等。但是，在更多不可控因素的影响下，设计这样的艺术活动的确是对教师的理念、实践能力的极大的挑战，他们不仅需要有协调多方资源和人员的能力，更需要有正确的艺术教育观念和坚定的决心，幼儿园要积极为教师持续开展这样的活动提供有力的支撑。只有获得外部的支持和鼓励，并从幼儿那里获得积极反馈，让教师看见幼儿创造性艺术的回报时，教师才能获得成就感并不断坚持和推进下去。

第四章　幼儿创造性艺术活动评价

本章聚焦幼儿创造性艺术活动评价工具及其使用方法与成效，旨在为教师提供观察与解读幼儿创造性艺术行为的新视角、新思路、新方法，突破评价幼儿创造性艺术发展的原有思维模式，建立无时不艺术、无处不观察的思维习惯，培养教师在一日生活中、在园所各个环境中捕捉幼儿创造性艺术行为的能力，并依据观察工具对幼儿的创造性艺术行为作出客观且动态的评价。

第一节　幼儿创造性艺术活动与幼儿观察评价

评价是整个教学过程中不可或缺的重要环节，通过评价可以促使教师反思教学适宜性，了解儿童发展水平。《幼儿园教育指导纲要（试行）》指出："教育评价是幼儿园教育工作的重要组成部分，是了解教育的适宜性、有效性，调整和改进工作，促进每一个幼儿发展，提高教育质量的必要手段。评价应自然地伴随着整个教育过程进行。"在开展幼儿创造性艺术活动评价时，教师需要在整个教育过程中观察幼儿的兴趣与发展水平。

幼儿创造性艺术评价往往要考虑艺术教育目标、活动方案、活动效果以及教学活动过程中的各项因素，作出相应的价值判断，这不仅包含评估幼儿艺术学习的效果及个体发展水平，还包括对教师的艺术教育观、活动组织形式、教学目标适宜性、教学过程科学性等方面的考量与评估。在本章中，我们着重探讨教师在一日活动中如何使用适宜的工具来观察幼儿的创造性艺术行为，理解幼儿并将评价结果作用于幼儿，作用于课程。

第二节　幼儿创造性艺术活动评价工具的研制

本节聚焦《幼儿创造性艺术发展观察指标（试验版）》（以下简称《观察指标》）研制的背景与过程、使用方法以及案例演绎。

一、《观察指标》研制的背景与过程

《观察指标》是通过借鉴完整且成熟的课程体系——高瞻课程中的评价原理及特点，并融合了本土文化特点后，历经多次修订编制而成。

（一）《观察指标》研制背景

1. 他山之石：高瞻课程儿童观察评价

《学前儿童观察记录量表》是高瞻课程的儿童观察评价工具，具有真实性、普适性、科学性等特点。它重在评价发展适应性教育项目中不同领域的儿童发展水平，所展示出来的结果可以帮助教师和管理人员决定如何去改善机构，以满足儿童的发展需求，同时满足群体中儿童的个性化需求。

高瞻课程儿童观察评价思想主张真实性评价。这一概念由美国评价学会专家格兰特·威金斯（Grant Wiggins）于1989年首先提出，"这是一种基于真实的任务情境，并由此来检验儿童学习成效的评价方式，它要求儿童能够应用所学相关知识与技能去完成模拟真实情境抑或真实情境中的相关任务，通过考察儿童完成任务的状况进而达到培养儿童思考问题、分析与解决问题以及反思实践等目的"。从儿童发展观的角度看，真实性评价首先受社会建构主义的影响，认为幼儿通过与外界的互动来建构对世界的认知，互动的过程体现了不确定性、过程性及个别性，相应的教育评价也应是过程性和持续性的。除此之外，真实性评价还受到情景认知理论的影响，认为个体在与周围世界的积极互动中，总是伴随着社会情境的变化，个体与周围世界之间的关系是动态的、变化的，因而幼儿获得的知识也是情景化的。只有与幼儿实际生活与活动经验密切结合，最大化地体现幼儿如何在真实情境中活动和学习，采用多样的方法来获取评价信息，才能更全面地了解幼儿的发展和进步。

采用真实性评价的高瞻课程观察评价有以下特点：不简单通过是非选项来评价幼儿，注重幼儿自我建构的过程；强调在真实情境中，基于在生活和实际的活动过程中来收集幼儿的表现；基于多角度的幼儿发展，尤其是使用资源、解决问题、创造性等思维能力的发展，而非仅针对技能或知识的掌握；评价的结果并非用于甄别筛选，而是了解幼儿并支持幼儿的发展；强调幼儿个体在观察评价活动中的主动参与性，而非被动完成评价者下达的任务；注重教师、家长及管理者对观察评价的共享和参与。

高瞻课程的儿童观察评价对教师及幼儿具有积极意义，为教师了解幼儿的发展提供了指导，帮助教师在实际操作过程中有章可循，明确了幼儿发展的完整的及分领域的核心指标，为教师观察了解幼儿和家园共育提供了科学依据。过去教师在观察及评价幼儿发展时，学科或领域之间往往是相对独立的，虽然后来的整合课程使得教师在同一活动中考虑多方面的活动目标，但往往只体现整合的形式，而忽略整合的实质。高瞻课程的儿童观察评价工具帮助教师通过对幼儿轶事的分析，了解轶事中所包含的不同领域的发展指标，如幼儿在数学、科学、艺术等领域的活动，往往与学习品质、社交情感、语言等领域的能力发展也有密不可分的联系，同一条幼儿的轶事往往可以对应多个领域条目，这使得教师以新的视角看待幼儿发展的整体性。

高瞻课程的儿童观察评价要求教师通过多渠道、多形式收集幼儿的轶事信息，并结合评价工具的指标对信息加以说明。这些信息既反映了幼儿真实的知识建构过程，也体现了幼儿自身主动学习获得的进步和发展，同时能够让幼儿在观察自身活动痕迹的过程中学习计划和反思，教师也能清楚幼儿已掌握及还未掌握的关键经验。在以往的教学活动及自主游戏中，教师更多关注的是幼儿个体在集体发展中的水平，并以此评价幼儿的能力。而当教师能够通过具体的轶事关注幼儿个体的兴趣、当前的能力时，个体差异的概念也逐渐变得清晰。教师能够理解不同的幼儿在同一领域的发展有先后之差，也能够理解同一幼儿在不同领域的发展也有早晚之别。

由此，基于国内创造性艺术评价现状和高瞻课程的评价理念，我们研制出一套适宜我国幼儿发展水平的观察工具，帮助教师在一日活动的各个环节中观察与捕捉幼儿的相关行为，并在此基础上解读幼儿发展水平，以支持幼儿进一步发展。

2. 幼儿创造性艺术评价的现状

《幼儿园教育指导纲要（试行）》指出："幼儿园艺术教育在于培养幼儿对艺术的兴趣，发展幼儿对美的感受力、表现力和创造力。"幼儿的艺术学习既遵循客观发展规律，又有着个性化的体验、感受和表达，这就对艺术教育者提出了挑战，即评价如何回归到幼儿本位去观察、理解、鼓励并尊重幼儿的个性化表现，以此形成属于幼儿的艺术审美观（张丽俊，2004），这也是《观察指标》研制的使命。

在项目推进的过程中，幼儿园的创造性艺术活动发生了很大变化。在积极实践"每位儿童都是艺术家"的理念，并尝试使用主动性学习指导下的教学方法的同时，幼儿园也遇到了一些挑战：教师不知道如何观察幼儿在艺术活动中的表现，不确定如何介入幼儿的艺术活动，甚至在结构较低、开放程度较大的活动中难以评估幼儿的创造性艺术发展水平，更是在与家长沟通幼儿创造性艺术领域的成长和进步时遇到了"不知道说什么"的难题。由此，课题组开展了《观察指标》的研制。

（二）《观察指标》研制过程

根据高瞻课程的已有经验，课题组的专家结合《3—6岁儿童学习与发展指南》《上海市幼儿园办园质量评价指南（试行稿）》以及大量国内外对于创造性艺术指标和观察方向的思考，明确了《观察指标》需要具备综合、实操、有效的特点。《观察指标》只有具有综合的特点，才能够更贴合幼儿发展的逻辑。创造性艺术作为幼儿发展领域之一，是反映幼儿情绪情感发展、学习品质与态度的媒介，同时也是幼儿表现和表达自己的途径。《观察指标》只有具有实操的特点，教师才能在观察幼儿时找到方向。教师最需要的不是形而上的理念，而是具有可操作性、方便实用的观察工具。《观察指标》只有具有有效的特点，客观真实地反映儿

《观察指标》研制过程

童发展，才能够帮助教师解读与应用。

在《观察指标》研制的过程中，课题组选择了上海两家幼儿园作为试点。上海市教育委员会教学研究室和中国高瞻课程教育科学研究院组成专家团队，推广理念，明确方向，开展培训，提供支持，两家试点幼儿园在实践中落实指标，再由专家组听取园所实践汇报，结合理论研究与实践研究修改指标。经过对理论的深入研究，对实践的深刻思考，结合上海园所的情况与教师实际需求，最终完成《观察指标》的研制。

《观察指标》不断修订的过程也是课题组成员不断明确该指标的意义、价值的过程。第一版《观察指标》主要以借鉴美国高瞻课程为主，西为中用。通过两所实验园对指标的解读与实施，不断融合本土幼儿特点与语言文字习惯，逐渐形成符合我国幼儿创造性艺术发展规律，符合中国教师阅读习惯和使用习惯的第二十二版《观察指标》。在这个过程中，主要有如下体会。

1. 转变观念，以幼儿发展为中心

起初在制订指标时，课题组的出发点是希望通过指标帮助教师更好地读懂幼儿。但随着课题的推进与研究的深入，我们的视角从支持教师的专业发展，转变为更多地关注对幼儿发展的观察、解读与支持。支持教师专业发展与更好地读懂幼儿并不矛盾，甚至是相辅相成的，只有当我们聚焦幼儿发展，深挖幼儿创造性艺术的价值时，才能够更好地帮助教师实现其专业发展。

2. 读懂幼儿为主，评价幼儿为辅

初版《观察指标》带有浓烈的评价幼儿发展水平的意味。初版《观察指标》中将幼儿的创造性艺术发展划分为 8 个级别，将级别和相应的能力作对等。如果单纯从评价结果入手，教师会更加关注幼儿创造性艺术的作品，关注技能、技巧，这与我们制订指标的理念背道而驰。随着对指标精神深入的理解和对指标的修订，我们的关注点从评价幼儿转变成了读懂幼儿。我们期待着教师阅读并理解指标后，能够对幼儿的创造性艺术的行为更加心中有数，能够关注幼儿在创造的过程中渴望表达的内容，以及在创造过程中幼儿的情绪情感和态度等。因此，在第二十二版《观察指标》中，没有强调幼儿的年龄、幼儿的发展级别，这意味着同龄不同能，我们更关注每个幼儿作为独立的个体在各个指标上的发展水平和上升空间。

3. 从看不见到看见，观察幼儿在创造性艺术中的情绪情感

在制订《观察指标》时，课题组面临的挑战之一就是如何观察幼儿在创造性艺术过程中的情绪情感。高瞻课程创造性艺术活动本土化实践研究强调："要让艺术真正成为幼儿表达自己的途径。"由此，通过对高瞻课程资料的梳理和总结，我们发现高瞻课程较为强调情绪情感与创造性艺术的关系。而在课题组教师的实践过程中，教师们发现，幼儿在一日常规中很难有情绪情感的共鸣，原因有二：第一，教师很难观察到幼儿主动将情绪情感与创造性艺术结合，是因为我国文化是含蓄的、低调的、内敛的，而非张扬的；第二，教师较少从情绪情感角度与幼儿共同解读作品，幼儿对于艺术与情绪情感结合的前期经验不足。幼儿的学习是渐进式、体验式与螺旋式的，他们需要从成人或同伴处获得前期经验，需要深入观察具体的创造性艺术作品，需要理解抽象的语言词汇是如何与创造性艺术挂钩的，更需要理解通过创造性艺术表现表达的思考和情感内涵是什么。如果教师在日常与幼儿互动时常常提到类似的概念，那么对幼儿而言，在艺术表现表达时突出情绪情感、解读情绪情感就会信手拈来。

4. 用《观察指标》指导教学，广开思路

《观察指标》旨在帮助教师更好地理解幼儿的创造性艺术行为，给予教师教学灵感。例如，《观察指标》中提到，"幼儿根据游戏或互动情景用自己的声音或材料（含乐器）为他们正在操作的事物配上声音"，那么教师需要反思自己在教室中是否投放数量充足、种类多样的乐器，鼓励孩子们对不同乐器进行深入探索，甚至可以思考是否有机会组织集体活动与幼儿一起探索生活中的声音，并根据幼儿的已有经验投放相关材料与补充材料等。

二、《观察指标》的具体内容

幼儿创造性艺术发展观察指标（试验版）

	水平 1	水平 3	水平 5
主动性	1. 幼儿在艺术及相关活动中，偏好使用熟悉的材料。 例如，铭铭一连四天都选择死他熟悉的橡皮泥。今天在艺术区，铭铭看了看瓦楞纸、铜版纸等新投放的材料，依旧选择了玩橡皮泥。 例如，菲菲在选择伴奏乐器摇铃时，都会摸摸两声筒、响板等新材料，最后还是会选择地操作了三天的摇铃开展活动。 2. 幼儿在艺术及相关活动中，遵循或跟从他人的想法或做法。 例如，元元在装饰小伞时，他看到减减把皱纹纸喷湿，然后再把皱纹纸贴在伞面上，无元也选了皱纹纸，把皱纹纸喷湿并贴在伞面上。	1. 幼儿在艺术及相关活动中，用一种或两种方法探索某种新材料。 例如，小壹用蜡笔和水彩笔在艺术区的新材料玻璃纸上画了两笔。 例如，小雨在用喷壶喷水，他往自己的身上喷一下，往桌面白色收纳架里面喷一喷，接着往小伞上喷了几个。 例如，秋天落叶满地，来到户外时，小琪把手放在落叶堆里，说"藏起来了"！又把一把落叶扬起来，说"飞喽"！ 2. 幼儿在已有的基础上做出改变或做做法的基础上做出改变。 例如，芳芳看到小注把黄色颜料和蓝色颜料混在一起后，也把红色颜料和黄色颜料混合，说"都变了"！	1. 幼儿在艺术及相关活动中，用多种方法探索某种新材料。 例如，芝芝用捏、揉、搓的方式操作黏土并把叉子描进黏土。 例如，悠悠先用手肘按压面团并观察纹路，后将其袖管垫着胳膊时按压面团并观察，她又将手指未回硬面团直到面团中间断裂，最后，她用两只手撕拉面团并观察断裂处。 例如，鸿鸿在教师自制的音阶玻璃瓶中先注入不同高度的水，并用小木棒敲击，感受音高的不同；接着，他又分别拿了滴管、漏斗、棉花，往音阶玻璃瓶中倒水，观察哪个可以更好地把水注入水壶，让水径直滴到玻璃瓶中。 2. 幼儿在创意地操作材料。 武育有创意地操作材料。（创意地操作材料意味着幼儿不再单纯地模仿他人，而是按自己独特的方式操作材料。） 例如，依依把水果网涂成黄色，贴在卡纸上，画上绿叶，做成菠萝形状。

说明：水平 3、水平 5 分别代表幼儿典型的行为表现，水平 2 和水平 4 分别介于水平 1 与水平 3 和水平 3 与水平 5 之间。

续 表

	水平1	水平3	水平5
	例如,看到教师示范过两声筒的两种用法(水平是晃动和垂直晃动)后,小冰也按照这两种方法操作雨声筒。	例如,晨晨在装饰风筝时,看到小峰将亮片贴在了风筝上,她说:"这个好看,我也要!"她走到美工材料车前,拿了亮片、珠子和彩带,回到座位上说:"我这个颜色更多!"	例如,瑞瑞用风干的颜料做成立体的海浪形状。
	例如,菲菲看到小七去娃娃家扮演"妈妈",她也跟着去命演"妈妈"。		例如,小莉先用多个橡皮筋套在两根木棒上,再把木棒固定在橡皮泥上,拨动橡皮筋让木棒发出声音,说:"我在弹吉他。"
主动性	3. 幼儿在艺术及相关活动中,频繁转换区角或变换材料。(如果幼儿变更区角或材料是为了实现某个明确的游戏意图,则不属于该水平。)	3. 幼儿花费二十分钟以上的时间开展一个或两个有关艺术的创造性游戏或活动。	3. 幼儿开展一个需要耗时两天以上才能完成的游戏或活动。(该游戏活动需要是连贯、完整且日递进的,并非单一重复前的工作。)
	例如,欢欢先去艺术区画气球,随后又来到教室中间扮演警察,2分钟后又去了娃娃家做客。	例如,小天在美工角游戏开始时,他将一个美饰店面的树枝推进游戏室,对教师说:"今天要开饭店。"在30分钟的时间里,他搬了桌子、椅子来置饭店,还负责烧饭、上菜。	例如,小峰第一天为"金山卫站"增加了闸机,第二天在"金山卫站"上增加了黄色的棚顶,第三天增加了查危仪,并且有两位佳票员开始给乘客检票,一位安检员负责安检。
	例如,小北拿了两下纸,又拿起了马克笔在画架上涂鸦,一会儿又去捏橡皮泥。	例如,贝拉去纸盘创意区,拿着纸盘说:"我要做一个月亮。"接下来的时间,他先用弯弯的纸盘做了一个月亮,接着又用剩下的纸盘做了一艘小船,整个过程超过了20分钟。	
	4. 幼儿在艺术及相关活动中,遇到简单的困难时,向他人求助。(简单的困难是指该困难可以用一个步骤来解决,且没有固定操作流程的困难,比如完成拼图。幼儿会暗示问题是什么,但不会明确指出问题。)	4. 幼儿在艺术及相关活动中,遇到简单的困难时,尝试一种或几种方法直到成功地解决该困难。(幼儿尝试一种或几种方法来解决该困难,不包括幼儿放弃解决这个困难而转向其他游戏,幼儿需成功地解决该困难。)	4. 幼儿在艺术及相关活动中,遇到一个复杂的困难时,尝试调动多种资源(材料、人等)来解决。(复杂的困难意味着需要经历多个步骤来解决。资源包括其他人,辅助物等。幼儿向其他人求助时,不仅仅对别人说"帮帮我"。)

续 表

	水平 1	水平 3	水平 5
主动性	例如，盼盼准备装饰小伞。她选了一把绿色的小伞，发现不能完全撑开，于是把这把坏了的伞交给教师。 例如，幼儿在搭东方明珠时，因为东方明珠重心不稳，总是搭倒，于是他观察了旁边的小朋友，于是他说："立不住。" 例如，幼儿玩耍时无法打出响亮的声音，于是跑到教师面前，把响板递给教师，说："帮我。"	例如，宁宁看了《小动物的家》后，拿了树枝说："我想要帮小马做个家。"他先将树枝直立起来并用固体胶涂在树枝横切面上，尝试把树枝立在桌面上，但是树枝倒下来了，并没有固定在桌面上。他又拿来了橡皮泥，将树枝粘在上面，小马的家在宁宁搭入第三根树枝的时候倒下了。宁宁扶住树枝任处连接处用橡皮泥再次粘合，但还是未能稳住树枝。他又找来了陶土替换橡皮泥，用陶土将树枝连接在一起，做成一个正方体，说："小马有马厩了。" 例如，小诺试图自己撕下一块胶布，但他没有成功。于是，他找另外一名幼儿帮忙拿住胶布，他再用剪刀将胶布剪下来。	或"你来做"，而是需要解释清楚自己需要什么样的帮助，并详细说明让其他人如何提供协助。 例如，小艾正在和其他幼儿用毛毯做帐篷，她把毛毯铺在了积木上帐篷屋顶坍塌时，她把毛毯又塌了，于是她对其他幼儿说："你把毛毯拿着，等毛毯扯上去之后告诉我，我再把它用胶带固定好。" 例如，薇薇想开展一个"旅游巴士"的活动，但是没有人加入她的游戏。她跟教师说："你可以帮我宣传一下吗？"找不到人做售票员和司机。招募到3个工作人员后，还是没有游客加入游戏。于是，薇薇跟其他人说："我们可以做一些吸引一些客来。"
情绪情感与自信心	1. 在没有觉察的情况下，幼儿用艺术形式抒发情绪情感。 例如，静静和柔柔在一起唱歌，唱的时候总是哈哈大笑；在表演小兔乖乖的时候，她们也又笑又跳。 例如，散步时，小邱微笑地唱着"啦啦啦"，就这样哼唱了一路。	1. 有意识地在艺术及相关活动中表达和表现情绪情感。 例如，在小舞台上，依依拿着话筒对旁边的幼儿说："你扮演的爱丽丝，碰到食人花，幼儿应该表现得很害怕的，因为人花要吃了你。" 例如，离园时，全班只剩下茜茜一人，茜茜皱着眉头跟教师说："徐老师，你陪我。"	1. 幼儿通过艺术及相关活动来调控自己的情绪。 例如，宁宁噘着嘴用蓝色的雪花片做了一朵花，他说："今天早上妈妈没有送我，有点难过，所以我用蓝色搭了一朵花代表难过的小花，晚上送给妈妈。"说完，他叹了口气，把花放在自己的橱里，然后加入"海洋馆"的游戏中去了。

续表

	水平 1	水平 3	水平 5
情绪情感与自信心	2. 幼儿在艺术及相关活动中，完成创作并产生积极的情绪体验。 例如，菲菲完成一幅画，跑到教师面前说："老师，你看！" 例如，慧慧在做超级漂亮的小伞，在快要完成的时候，他微笑着对教师说："可以给我拍照吗？" 例如，璐璐和珏珏开了一个"猜猜摸摸"店。游戏过程中，她们每隔 5 分钟左右就来对教师说："老师，我们开了一个新店，你快来玩吧！""老师，你呈来吗？" "老师，有奖品送的！"	唱唱歌吧。"然后，茜茜用很低的声音唱《小星星》。 2. 幼儿在艺术及相关活动中，认识到自己擅长的事情。 例如，蒙蒙说："我很会做这个！"一边说一边指着她用橡皮捏出来的仓鼠的家。 例如，小秋告诉教师："我会改编歌词，你要不要听一听？" 例如，在小舞台完成了表演后，斐斐说："我演狮子演得比较好，我声音可以很粗很粗。"斐斐发出了狮子的叫声"嗷……"。	例如，小琪握紧拳头要打到别到小朋友时，教师建议小琪用艺术区画下来。小琪跑到红色区涂鸦，涂满了 4 张纸后，说："哎，算了。" 2. 在艺术及相关操作中遇到更难的操作未挑战的自己。 例如，菲菲和其他小伙伴一起做做好了描的家后，问其他小伙伴："我们再做点别的吧。" 例如，斐斐在表演子王时获得了其他小伙伴的多次认可。斐斐对教师说："我不想做狮子了，都演得很熟了，有没有新的故事可以演？"
艺术表现与欣赏	1. 幼儿调动感官探索材料。 例如，媛媛用手接触面团的时候，发现面团黏到手指上了，她说："好黏呀。" 例如，亮亮闻一闻墨水说："好臭！又黑又臭！"	1. 幼儿在操作中关注到材料或工具营造出的效果。 例如，韬韬使用一宽一窄的平头颜料刷，说："能用这把刷子画一个胖胖的虫子。" 例如，亮亮用喷壶把颜料喷在城堡上，说："颜料喷出来和刷出来是不一样的，喷出来的都有很多点点。"	1. 幼儿利用用材料或工具的属性（如形状、颜色、纹理）代表某物或营造某种效果。 例如，小雄用压蒜器捏泥，制作"蛋卷头"。 例如，在制作"雷鸣山漂流过山车"时，程程用毛条、彩片来代表水流，他解释说："这个像水一吹就会改变方向。"

续表

	水平 1	水平 3	水平 5
艺术表现与欣赏		例如，宁宁用笔蘸水在地上画房子，他用很粗的线条画了烟囱，说："烟囱的烟很多，所以我用力往下压，这样线条就会很粗。" 例如，源源用梳子切了一下面团，拿起梳子时，他看了一下说："切出了一个'印子。'"然后他转动面团，在另一个方向用梳子又切了一下说："现在切出一个'×'了。"	例如，小艺用花纹剪刀在地刚画好的一颗乌龟蛋上剪了一个口，说："要破壳了。"
	2. 幼儿创造出一个简单的成品。 例如，小凯用磁力片搭了一座小塔。 例如，小宇用双手搓白色的橡皮泥，说："汤圆。"	2. 幼儿创造出一个简单的、有一些细节的成品。 例如，媛媛用棉签蘸取棕色的颜料画一个大圆代表向日葵的圆盘，又用黄色的颜料沿着圆盘外围画了很多短线代表向日葵的花瓣，画了一条竖直的线代表向日葵的茎，画了两个绿色的小圆代表向日葵的叶子。 小熊用笔在刮蜡画上画出人物的头、身体，手臂以及脸上的眼睛、嘴巴等五官，说："我在草地上玩游戏。" 例如，思思用黏土和牙签做了一个长椅的凉亭。	2. 幼儿创造出一个复杂的、有多个细节的成品。 （幼儿如果单纯使用语言来丰富其作品中的内容，而不在作品中没有相应细节，则不属于该水平。） 例如，蕾蕾画了一幅《幼儿园》，画面中有操场、洗手池、教室、国旗，还有门房间，小兰画的消防车有车轮、水管、梯子、窗户等。 例如，齐齐搭建的飞机小镇上有停机坪、风力发电风车，加油站和维修站等。
	3. 幼儿无目的地使用材料和工具进行工作。例如，恢恢反复地画线条，将黏土胡乱团成一团。	3. 幼儿无目的地使用材料和工具进行工作，然后认为它能代表某物。 例如，小熊用梳子改变多次地在面团上成一团。	3. 幼儿有目的地表现某物。 例如，岚岚说："我要做一个蜻蜓。"她将两个圆形纽扣放在最上面，将两个海螺

续表

	水平 1	水平 3	水平 5
艺术表现与欣赏	例如，轩轩第一次使用喷壶时，看着纸喷壶对着纸喷了几下。 4. 幼儿能够识别某种声音。 例如，丽丽听到小羊合群台热闹的声音，说："咩咩咩!" 例如，琪琪听到《时钟店》音乐里有"丁零零""丁零零"的响声，说："我听到了闹钟的响声。" 例如，风铃大动地吹，东东说："我听到风呜呜地吹。" 例如，菲菲说："那是我们班宋老师的声音。" 5. 幼儿使用教室材料（含乐器）制造声音。 （材料可以是教室中的材料，幼儿自己的声音或其他材料。）	按压，说："我按出了字母H，一个很大的H。" 例如，小悠在搭积木，搭出一个圆形的底座后，说："这里是我们幼儿园。" 4. 幼儿能够体会到声音的变化。 例如，小妮说："现在雨小了，刚刚是哗啦哗啦那儿!" 例如，莉莉问："你的声音怎么变得粗了好多？"（另外一个小朋友感冒了，在咳嗽） 例如，教师重重地弹钢琴上的低音，波波说："很低沉，大灰狼来了!"教师轻轻地弹高音，波波说："很轻，像兔妈妈的声音。" 5. 幼儿根据游戏或互动情景用自己的声音或材料（含乐器）为他们正在操作的事物配上声音。	放在下面，将四个牛角扣分别在海螺的两边，将余牛角扣放在两个海螺的中间，连接一条很长的线条，指着两边的四个牛角扣说："这是蜻蜓的翅膀。" 例如，大择说："我要做一条很厉害的蛇。"他先用剪刀将该海绵块的一头剪成三角形，再用双面胶将该海绵块与另一块长方形的海绵块连接在一起，接着用记号笔在上画出蛇的眼睛和嘴巴。 4. 幼儿自发地识别环境中乐器的声音并说出乐器的名称。 （幼儿不仅认识其他打击乐器和管弦乐器的声音，如小提琴、长号、小号、长笛、葫芦丝、口琴等。） 例如，教师播放进行曲，小号的声音一出来，小布马上说："我听到了小号。" 例如，当孩子们在等待音乐播放音乐时，柯柯说："我希望里有长笛，因为我它听起来像像汽笛声，我喜欢这个声音。"然后，他模仿装吹长笛。 5. 幼儿有目的地调控自己的行为，以探索或运用声音（含乐器）的属性，如快慢、强弱。

续表

	水平1	水平3	水平5
艺术表现与欣赏	例如，果果用钢棒敲击汤锅，又换了两个黑白色响板来提，然后又用手敲击响板，用手拍一拍，源源拿出一个奶粉罐，让它发出声音。	例如，菲菲拿着小汽车说："哗啦啦，哗啦啦，下雨天在开车。" 例如，宁宁将石榴果放在盘子里旋转，发出"唰唰"的声音。	例如，在给静音状态下的电影配音的游戏中，变变先后轻轻地和重重地敲击木桃，慢慢地和快速地摇晃手摇铃，拍打自制鼓。 在电影主人公要关门时，发出"嗖"的声音。 在电影里下两下雨时，变变拿起手摇铃快速拍打了一下自制鼓，变变更加密集和快速拍打前俯后仰。 例如，东东对思思说："下雨哗哗……"，然后，东东对思思说："啊……，很好玩。"说着，东东一边发出"啊……"的声音，一边用一个手掌有节奏地拍打嘴巴。思思笑着说"可以快一点，你拍打嘴巴"，东东思思笑得前俯后仰。 例如，球球先用手拍打非洲鼓，再快速敲击三角铁，再快速敲快了声音…… 例如，球球说："鼓好听，三角铁音尖尖，不好听。"
	6. 幼儿能唱出简单的歌曲。 例如，茜茜平上一边唱着"小树小树长得好，小树小树长长"，一边脱外套，准备进教室。 例如，在整理玩具时，小灵唱着："一闪一闪亮晶晶，满天都是小星星"。	6. 幼儿用熟悉的歌词来表达自己的想法。 例如，小欣在娃娃家上班，唱着："爸爸妈妈快去上班，我上幼儿园……" 例如，小谭拿着手偶，改编《小兔乖乖》的歌词，对着手偶唱："小羊乖乖，把门开开，快点开开，我要进来"。 例如，小潘拿着话筒唱《这就是我》，并改	6. 幼儿唱出复杂歌曲的主歌和副歌部分来表达自己的想法或通过给熟悉的歌改编歌词。（复杂歌曲指该作品包括10个或10个以上不同的音符。曲调创编指幼儿用自己原创的曲调歌唱。） 例如，在70周年国庆后，小池说："我会唱《我和我的祖国》"，于是，他唱完了整首歌。 例如，椰头在弹钢琴，他按照歌曲《洗澡》

续 表

水平 1	水平 3	水平 5
	编歌词为:"这是我的头发,美美的;这是我的眉毛,黑黑的;这是我的衣服,格子的。这就是我呀,我是小小潘。" 例如,妮妮用《两只老虎》的曲调唱着:"两个蛋糕,两个蛋糕,真奇怪,真奇怪,一个数字没有,两个数字有了一个蛋糕,真奇怪,真奇怪。"在唱道"吃掉了一个蛋糕"时,幼儿放慢了速度。	的节奏拍给自己伴奏。接着,他用同样的节奏、相同的句式,但用不同的曲调,编出了一首新的歌曲:"小朋友呀精神好,什么东西都不怕,暴风雨呀都不怕,开开心心上学校。我们都是好孩子,什么东西都不怕,开开心心上学校。"
艺术表现与欣赏 7. 幼儿尝试用一个动作表现他们的想法。 例如,当《大棒和小鸟》的音乐响起时,小吴双手向上合十并举过头顶,表示大树。 例如,欧阳说:"有种车的车门这样开的头顶。"(绷直整个手臂,从下移动到头顶)。	7. 幼儿用两个又以上的动作表现他们的经验或想法。 例如,浩浩用话筒和其他幼儿合唱《妈妈的眼睛》,他听着音乐,做出握拳(表示眼睛),双手环抱自己等动作。 例如,伴随着《狮王进行曲》的音乐,宁宁弯下腰,脚用力地踏在地面上,两手缩起来放在胸前,双脚交替往前走,并且抬头发出用粗粗的声音说:"我是霸王龙。" 例如,鸣鸣一边摸着海草在水中的动作,一边说:"海草在水里呀这样的,扭扭屁股,手要晃一晃。"	7. 幼儿创造出自己的一套动作(至少四个以上)并重复这一系列动作。 例如,在户外玩的时候,小麦编了一个舞蹈。他左右摆摆臀部,前后踏步,转圈圈,最后跳起来拍手。他又向旁边的维维展示了这套动作。 例如,沫沫在模仿机器人动作时说:"机器人的动作要僵硬一些。"然后,她蹲下,起立,双手左右摆动,点头,并在每个动作之间精简地问瑞琪:她重复了三遍这些动作,然后问瑞琪:"学会了吗?"
8. 幼儿随着音乐活动他们的身体,不考虑音乐的特点(节奏或情感)。 例如,当听到《大家一起唱歌》时,小吴	8. 幼儿做出一到两个动作,与音乐建立连接并保持至少八个稳定的节拍。 例如,宁宁跟着《五月五,过端午》的音	8. 幼儿能将动作与音乐的特征建立联系。 例如,峰峰说:"我在慢慢地活动身体,因为这是一首让人听起来轻飘飘的歌。"

续　表

	水平 1	水平 3	水平 5
	摆动双臂做出了快速打鼓的动作。例如，听《义勇军进行曲》时，优优弯腰，放松地挥动毛巾手臂。	乐做出了划龙舟和敲鼓的动作，边唱边演，并保持稳定的节拍到音乐结束。例如，萌萌随着轻快的音乐上下跳跃，踩着音乐的鼓点点跳了八个八拍。	例如，思思对小伙伴说："这首歌当中很快的部分，要踩脚很快；后面慢的地方，要慢慢地摆身体。"思思跟随音乐节奏左右摇摆身体。
艺术表现与欣赏	9. 幼儿会表演熟悉的人物、动物或物体。例如，嘉嘉表演《好饿的毛毛虫》故事时，他伸出两只手，弯曲手指说："毛毛虫出动了。"例如，在表演《狮子王》时，小艾趴在地上，扮演狮子王，发出"哇喔……"的声音。	9. 幼儿能表演作品的部分情节，并根据所演角色，调节自己的声音和肢体动作，以呼应情节。例如，豪豪说："大家好，我是爱丽丝，看，我的小花园美吗？但是，我有点困了，先去睡觉了。"他说着放慢了语速，放低了声调。例如，莹莹根据图画书《鳄鱼怕怕牙医怕怕》的情节，表演其中牙医给鳄鱼拔牙时的对话，并相应变换声调。	9. 幼儿能表演完整的故事、神话或寓言等，并加上自己的想法。（幼儿完整地呈现一个故事，针对如何表演这个故事，幼儿会分享自己的想法。幼儿可以扮演其中一个角色，也可以帮助他人表演。）例如，在《三只小猪》的表演中，扮演第三只小猪的幼儿说："这些木头看起来很像砖块。"然后，他建议它们用木头来搭建房子的材料，另一个幼儿用吸管做稻草。当扮演到小猪家里来时，扮演第三只小猪的幼儿用自己想的台词来回应大灰狼。变换声调对大灰狼说："哦，不，你不能这么做，请你，你才能来做客，但是我没邀请你！"
	10. 在艺术活动或游戏中，幼儿独自活动或使用相似的材料参与到平行游戏中。例如，芝芝独自在小舞台上唱歌。例如，悠悠和小涛在同一张桌子上分别用橡皮泥和轻质黏土做飞船和卡车。	10. 在艺术活动或游戏中，幼儿通过提出想法或整合其他幼儿的想法，与一名或多名幼儿进行合作。例如，宁宁对豪豪说"我们来做轨道吧。"他们将许多的管子连接到一起，在轨道	10. 在艺术活动或游戏中，幼儿与一名或多名幼儿持久地进行合作，即从每个人那里获得想法，从每个人那里获得想法，持续一同……例如，小豪与同伴玩双簧节目计划，都在排练和商讨彼此的想法。

续表

	水平 1	水平 3	水平 5
艺术表现与欣赏	11. 幼儿描述作品中的一个或两个艺术特征（如颜色、音色、材质、线条、音高、节奏等）。 例如，小蕊说："向日葵上面有两种黄色。" 伊伊说："这个圆舞曲节奏是慢慢的。"	拐角处的位置，宁宁找来了两块积木垫在轨道下，说"这里是高架，我帮你把这边扶着，你就可以连上去了。"宁宁扶住轨道转弯的地方，豪豪继续连接轨道。 例如，针对如何装饰恐龙的身体，瑞瑞、小凯和峰峰商量后决定每个人把自己想要的颜色在恐龙身上试一试，再决定最后涂成什么颜色。 11. 幼儿能够说出自己（不）喜欢的某个艺术特征（如颜色、线条、材质、音高、音色、背景音乐等）及理由。 例如，大未说："我喜欢这幅画，上面的玉米看起来有些离我很远，有些离我很近。" 例如，一听这首歌，我就想原地踏步，说："一听到这音乐《义勇军进行曲》就很神气！"	例如，作为主要策划者，琪琪、小庄和妮妮的流浪未福制作"未福制作"整个活动持续了两个学期。制作过程中，琪琪、小庄和妮妮各自表达自己的观点和思考，并倾听他人的想法，在整合每个人的想法后不断试验。 11. 幼儿能解释其如何使用艺术特征来表达自己的想法和情感的，也可以通过分析他人作品中的艺术特征来分析其想法、情感的关联。 例如，幼儿说："我想画出让人觉得很孤单的蓝色。" 例如，幼儿在看《苏菲生气了》时，说："他看起来好小，真的好孤单。" 例如，皮皮画了一个生气的表情，对教师说："我看到他把脸涂满，教师问？"教师问："我看到你把脸涂成红色，是吗？"皮皮说："因为他很生气，红色看起来很生气。" 例如，凡凡用了红色、蓝色、绿色、粉色、黄色、紫色、橙色……"大家都很开心地去春游，所以我用了彩虹色。" 例如，宁宁在信息板上画了一个螺旋图案，说："这个图案让我想到龙卷风。"

三、《观察指标》的使用原则、目的及流程

（一）《观察指标》使用原则

在《观察指标》的使用过程中，需要遵循整体性原则、发展性原则及灵活性原则。

1. 整体性原则

《观察指标》包含"主动性""情绪情感与自信心""艺术表现与欣赏"三个领域，这三个领域是整合的而非割裂的。在观察幼儿进行创造性艺术活动的过程中，我们既要观察幼儿的艺术作品，又要关注幼儿在创作过程中的主动精神、探索欲望、情绪情感和表现表达。由此，在解读和使用《观察指标》时，需要从整体上解读幼儿的发展，而非单一地关注幼儿的艺术表现或技能技巧。

以"主动性"领域中条目三（观察幼儿对艺术活动的计划性和专注性）为例，幼儿最初关于材料本身的属性能够用来做什么并没有在大脑中形成清晰的认识，因而会频繁地更换区域和材料，但是随着对材料的探索越来越多，对材料的认知也越来越丰富，幼儿的创作会越复杂，完成一个艺术创作关联到的材料就会越多，操作的方式就会更多样，持续的时间就会越长。那么，教师在观察时，不仅要关注条目三中的量化指标的时间，更要观察到幼儿在活动中是如何调动身边的资源实现创作需求的，是否通过艺术表达了情绪情感，而最后的艺术作品中又包含了多少细节能够反映出幼儿的创造性艺术水平。由此，在幼儿创造性艺术活动中，教师往往会发现，观察记录能够同时指向多条指标中的多个发展水平，当教师发现幼儿的创造性艺术活动中涵盖多条指标时，可以说这很可能是一条高质量的、真实的、指向幼儿发展的观察记录。

2. 发展性原则

幼儿的发展是一个经验积累的过程，幼儿当下在活动中体现的发展水平是以其先前发展水平为基础的，绝不是一蹴而就的。例如，幼儿艺术创作表现出由简单到复杂的发展规律，对于目前尚处于"幼儿能创作出一个简单的有一些细节的成品"水平的幼儿，教师如果一味地通过示范企图让幼儿添加更多的细节以达到下一个发展水平，可能并不会奏效。

因此，只有当幼儿对想要表达的物品、事件、场景在大脑中有了越来越多的信息存储，才有可能创作出有复杂细节的艺术作品。那么，教师当下对其最好的支持，可能是倾听幼儿想要表达的是什么，与幼儿谈论目前作品中的内容，并且帮助幼儿关注更多的细节，不断丰富幼儿对事物的认知。使用《观察指标》遵循发展性原则，有利于提升教师对幼儿艺术发展的了解度，并能够以适宜的方式充分支持幼儿当下的发展需求，为下一阶段的发展奠定基础。

3. 灵活性原则

首先，在《观察指标》解读的阶段，各园所可发挥主观能动性，通过形式不同的教研活动，帮助教师理解指标的价值与条目内容。其次，在实际观察幼儿时，园所可根据教师发展水平与实际需求，选择适合观察记录幼儿发展水平的工具。教师可以使用手机、录音机、幼儿作品、学习故事、观察记录、轶事记录等方式记录幼儿的发展，但无论使用哪一种记录工具，教师都需要确保记录内容的真实性与客观性。只有幼儿行为表现是真实的，观察评估结果才是有价值的。再次，在评价幼儿和使用评价结果上，各个园所也可有自己的方式方法。在以艺术为特色的幼儿园中，《观察指标》可以成为教师观察解读幼儿的重要工具。例如，幼儿园可以通过幼儿观察评价结果，反思环境中材料投放与归类方式对幼儿创造性艺术行为和发展水平的影响，并以此为依据升级学习环境中的材料。在投放新材料后，再次观察幼儿创造性艺术行为与材料之间的联动关系，以终为始，周而复始，不断通过《观察指标》提升教师对于材料的敏感度。

（二）《观察指标》使用目的

作为观察工具，《观察指标》可以用来观察幼儿，为幼儿提供"鹰架"，为教师生成教学活动提供思路，同时也能够帮助教师反思与理解幼儿创造性艺术发展的规律与特点。

1. 观察幼儿

《观察指标》是辅助教师观察和理解幼儿创造性艺术活动的工具。教师需要先熟悉《观察指标》的大致内容，明确《观察指标》中对幼儿发展水平和表现的描述，带着思考观察幼儿。例如，《观察指标》第一条是观察幼儿使用材料的方式，鼓励幼儿使用多种方法探索材料，这有利于帮助教师从关注结果转向关注幼儿的创造性艺术的过程。

与此同时，教师在观察幼儿创造性艺术活动时，通常觉得没有抓手，不知道该观察什么，《观察指标》能够给予教师观察幼儿创造性艺术活动的方向。例如，《观察指标》中将观察方向划分为主动性、情绪情感与自信心、艺术表现与欣赏，从而在维度上给予教师观察的抓手，每个活动都可以从这三个角度开展观察。

2. 为幼儿提供"鹰架"

"鹰架"是指教师根据幼儿的"最近发展区"，有目的地为幼儿搭建"脚手架"，为幼儿提供支持，帮助幼儿从目前的发展水平提升到下一个发展水平。教师提供的"鹰架"是暂时的，当幼儿逐渐掌握时，教师要慢慢撤出"鹰架"支持。当观察到幼儿能够反复出现某一条指标水平时，教师就可以提供新的"鹰架"，帮助幼儿从当前发展水平向下一个发展水平前进。

例如，当幼儿达到在艺术及相关活动中用一种或两种方法探索一种新材料，且幼儿没有表现出对于艺术材料更多主动的探索时，教师可以思考是否可以通过"鹰架"来支持并延伸幼儿的发展。教师可以思考通过语言或非语言来为幼儿的发展提供"鹰架"。非语言"鹰架"包括环境的创设、材料的提供、家园互动等；语言"鹰架"包括提少量开放式问题，与幼儿沟通其当下的艺术作品等。例如，针对"在艺术及相关活动中，幼儿在他人想法或做法的基础上作出改变"，教师可以通过非语言来为幼儿的发展提供"鹰架"，如提供更多相关作品供幼儿赏析，或将班上幼儿的作品展出在幼儿看得到的地方。同时，也可以加入语言支持，教师可以说"在这里，你做出了一些自己的调整""在这里，你加入了自己的设计"等，鼓励幼儿尝试将自己的想法通过艺术形式表达和表现出来。

3. 生成教学活动

在生成创造性艺术活动时，教师可以参考《观察指标》中提到的内容来丰富幼儿的艺术体验。例如，针对"幼儿自发地识别环境中乐器的

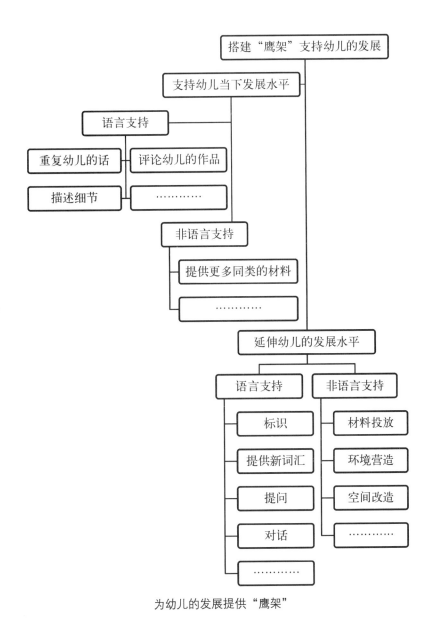

为幼儿的发展提供"鹰架"

声音并说出乐器的名称",教师可以考虑在集体教学环节中,向幼儿介绍或展示不同的乐器。通常,打击乐器是幼儿经常探索的对象,而长笛、小号、竖琴等乐器并不是易于取得的乐器,所以幼儿的经验会相对较少一些。由此,教师可以通过视频、照片、绘本等媒介向幼儿介绍这些乐器的形态、特性、所属类别以及音色等基本信息。再如,针对"幼儿唱出复杂歌曲的主歌和副歌部分来表达自己的想法或进行曲调创编",教师可以反思是否为幼儿提供了复杂的歌曲,如果没有,则可以在一天中选择某个环节向幼儿有层次地介绍新的、复杂的歌曲。

当个别幼儿或大部分幼儿在一段时间内的发展水平停滞不前或集中在某个水平上时,教师可以结合《观察指标》中的水平生成相关活动。例如,当幼儿创作出一个简单的有一些细节的成品,且处在该水平已有一段时间时,教师可以思考主动向幼儿介绍艺术家作品中的细节,通过对细节的观察和讲评,帮助幼儿理解艺术作品中的细节。

(三)《观察指标》使用流程

在正式使用《观察指标》之前,教师需要经过相关的培训或阅读相关材料,以便更好地理解指标的含义。由此,建议教师先学习《观察指标》,再结合实践教学,用《观察指标》辅助教育教学。

1.学习与内化

教师需要通过参与培训、教研或自学等方式了解《观察指标》制订的背景、内在逻辑及使用方法。例如,针对"幼儿创造出一个复杂的有多个细节的成品",教师往往倾向于只在幼儿的作品中找出细节的数量,但该条目旨在帮助教师从观察幼儿作品细节的角度解读幼儿的发展水平,开展相关的师幼互动,教师的介入和"鹰架"要比评估幼儿作品中的细节数量更为重要。幼儿作品细节的增多反映了幼儿对生活和经验观察的再现,体现了幼儿各方面能力的提升。

2.观察与记录

创造性艺术活动贯穿于一日中,教师需要根据《观察指标》观察与记录幼儿的艺术表现。观察与记录幼儿的媒介主要是轶事记录。

3.分析与匹配

在教师观察幼儿并记录好相应的观察笔记后,可将观察笔记与《观察指标》进行匹配,通常会出现三种情况:第一,教师因为心中有指标,记录观察内容时是有目的地记录,所以观察记录与指标高度契合,有时一条轶事记录能够对应到两条甚至三条指标;第二,教师心中有指标,但是认为幼儿的某项行为或活动非常有意义,虽然不能够与指标匹配,但也不失为一条有价值的观察记录，后续能够使用该观察记录支持教育教学或家园工作；第三，教师发现记录的内容不能够匹配指标，同时对后续教育教学也没有帮助。第一种与第二种情况中的轶事记录教师可以留档，作为高质量观察记录留存。随着对幼儿创造性艺术发展的熟悉和对指标的理解，第三种观察记录出现的次数会越来越少，高质量的观察记录会越来越多。

在分析轶事记录并将轶事记录与《观察指标》进行匹配的过程中，教师通过实践发现，为了更好地匹配，往往需要多思考，多推敲，抓关键字。一般来说，教师需经历三个阶段，才能够将轶事记录与《观察指标》更好地结合。

阶段一：根据《观察指标》，寻找匹配的行为表现。

在刚接触《观察指标》时，由于对《观察指标》不熟悉，教师对于轶事记录呈现焦躁的心态，往往拿着《观察指标》去寻找匹配的行为表现。在这个过程中，教师经常为幼儿不出现指标中相应的行为而着急，挫败感很强，观察记录的效率比较低。

从轶事记录来看，此阶段的观察往往集中于艺术区、小组活动（分组教学）和大组活动（集体活动）中。在艺术区，教师最能直观地发现艺术的痕迹；小组活动与大组活动是教师主导的活动，教师能够把握活动中幼儿艺术行为表现。观察时间与地点的局限使观察呈单一性、片段化，甚至忽略幼儿真正有价值的行为表现。

阶段二：根据行为表现，匹配《观察指标》。

在使用《观察指标》的过程中，教师对《观察指标》的内容逐渐熟悉，慢慢学会如何观察幼儿的行为表现。根据幼儿的行为表现匹配《观察指标》时，教师发现指标并不是单一的，而是交叉的。轶事记录的质量提升较为明显，教师逐渐掌握观察的要点。

但教师也面临着困惑，观察获得的信息量比较大，并非每一次的观察内容都能够匹配到相应的指标。与阶段一相比，阶段二的教师观察打破了单一的区域、局限的时间段，教师观察的视野逐渐扩大，从局限于观察一名幼儿，到对场景、阶段进行持续性的观察，抓到了观察的技巧，观察越来越从容。

阶段三：将行为表现与《观察指标》建立有效联系。

在这一阶段，教师的观察与指标已经完全融合在一起。在日常活动中，教师在观察幼儿的同时心中能自主浮现出适合的指标内容，并且能清晰准确匹配到指标相应的水平，可见教师对于《观察指标》已经烂熟于心。此阶段教师对于《观察指标》的理解已经比较透彻，能将《观察指标》与幼儿的行为建立有效的联系，此时的观察效率是最高的。

当然，达到这个阶段是有难度的，需要经过时间的沉淀与实践经验的积累，教师才能历练出善于观察、客观评价、有效反思的能力。

4. 生成与实施

在完成轶事记录后，教师可以思考如何生成与实施：如果幼儿目前在水平 3，那么如何通过学习环境中材料的投放、师幼互动中的语言以及一日常规的某个环节来支持幼儿从水平 3 向水平 5 发展？具体方法与案例详见后面"案例演绎"部分。

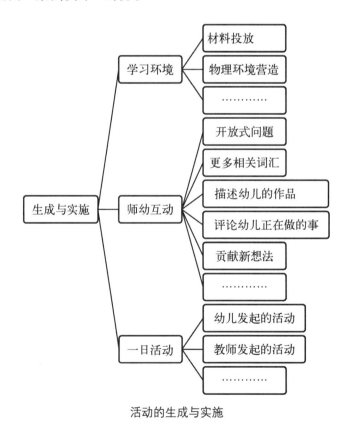

活动的生成与实施

5.后续跟进

通过不断变化的材料投放、师幼互动策略来支持幼儿不断发展，鼓励幼儿不断表达其所思所想。

（四）案例演绎

以下通过四个案例，更详细地阐述如何使用《观察指标》帮助教师读懂幼儿，生成课程。每个案例由四部分组成：案例概况、轶事记录、分析与匹配、生成与实施。

【案例】小 M "车游记"

1.案例概况

5 岁的小 M 是班级里比较活泼好动的小男孩，也是一个很有想法的孩子，尤其是对车子，是由衷地喜欢，几乎到了痴迷的程度。在一日活动中，他谈论最多的话题就是各种各样的汽车，画得最多的也是各种各样的车子。所以在一次活动中，小 M 主动承担起了制作婚车的工作。

2.轶事记录

（1）小 M 画了小汽车，看到小 J 拿了纸箱制作车子，小 M 也拿了纸箱制作车子，边剪边说："我也要和小 J 一样，用纸箱做车子。"接着，小 M 将彩纸贴在车上说："我要再装饰一下，做一辆婚车"。（主动性 2-1）

（2）看见小 J 在红色纸上写了"喜"字，小 M 也在红色纸上写了"喜"字，小 J 对小 M 说："把'喜'字贴到玻璃门上吧。"小 M 说："玻璃门上要贴，汽车上也要贴上'喜'字。"于是，小 M 在婚车上也贴上了"喜"字。（主动性 2-1）

（3）小 M 说："我要给婚车做个车灯。"于是，他把锡箔纸剪成两个圆，贴到车头说："我的车灯是圆形的，还会发光。"接着，他又在纸上写了一串数字

小 M 制作婚车

贴到了车子的后面说："这是车牌号码。"（艺术表现与欣赏3-5）

（4）小M连续5天的计划都选择去娃娃家做婚车，并且每次都使用整块时间完成计划。（主动性3-5）

3.分析与匹配

根据《观察指标》，此次的轶事记录对应了如下指标：

（1）主动性2-1：幼儿在艺术及相关活动中，遵循或跟从他人的想法或做法。

（2）主动性3-5：幼儿开展一个需要耗时两天以上才能完成的游戏或活动。

（3）艺术表现与欣赏3-5：幼儿有目的地表现某物。

轶事记录中体现了一个有趣的现象。首先，小M最终完成了婚车的制作，但在制作的过程中，却常常借鉴他人的想法，如和小J一样选择纸箱子，模仿小J在纸上写"喜"字贴在婚车上。这是否就违背了艺术原创的初衷呢？并非如此。幼儿在艺术活动中的主动性与最终的成品并不直接关联，这也就意味着即使幼儿的主动性并不高，也可以创作出有多个细节的作品，这与幼儿经验相关，如小M对婚礼中需要婚车以及婚车的样子有了先前经验，知道婚车都有"喜"字，有后视镜，有车牌号，才得以完成此项作品。

其次，在制作婚车的过程中，小M利用了锡箔纸亮闪闪会反光的属性制作了反光镜，添加了数字车牌，还有方向盘，这说明小M对车的构造较为了解，也验证了其对车的高度热爱。

最后，小M连续几天都沉浸在婚车制作中，这对于好动的小M来说实属不易。正是因为车是他的兴趣，所以他坚持了自己的想法，专注地去做一件事情。

4.生成与实施

在思考如何给幼儿搭建"鹰架"时，可以从学习环境、师幼互动、一日活动等角度进行介入。结合指标，教师可以有意图地鼓励幼儿更多地表达自己的想法，在幼儿表现出独立性和创意时，给予及时的鼓励，增强幼儿的自信心与主动性。婚车的制作是幼儿自主发起的游戏，相比于生硬地设计一堂制作车的教学活动，倒不如通过环境材料、家长资源等，让幼儿自然而然地开展更多细节的创作。具体可以从以下几方面搭建"鹰架"支持幼儿的创作。

（1）提供一套从不同角度拍摄到的车内的照片。

（2）提供不同国家用于婚礼时的婚车图片，帮助幼儿欣赏不同国家的婚车。

（3）提供各种各样车的模型，帮助幼儿了解不同种类的车的外形以及构造。

（4）邀请一名了解车辆设计或建造的家长或专家为孩子进行讲解。

（5）实地参访汽车制造厂，了解汽车生产的步骤。

（本案例由上海市静安区慧思顿高瞻幼儿园管勤轶提供）

【案例】"我可以自己编舞蹈了"

1. 案例概况

该案例发生在大班上学期的自主游戏活动中。小西、小潘和小桐搭建了小舞台，在小舞台的表演中，他们搬来了各种各样不同的"乐器"。在这些"乐器"中，有些是生活用品，有些是废旧材料。在不同背景音乐的变化中，几个孩子表现出各不相同的回应。

2. 轶事记录

（1）在音乐角内，小辰打开了《小黄鸭减肥操》，跟着视频中的小黄鸭，他们一会把手臂抬高放下，一会又做起了压腿的动作。（艺术表现与欣赏7-3）

（2）在下午的自主游戏中，小辰在小舞台上表演。当园歌《荷花池畔》音乐响起时，小辰边摇晃着身体边用基本准确的音调唱起来。他跟随着歌词一会儿学小鸟飞，一会儿做个爱心的动作，一会儿又旋转摇摆起来。随着重复的音乐，他重复着这一系列动作。（艺术表现与欣赏7-5）

3. 分析与匹配

根据《观察指标》，此记录对应了如下指标：

（1）艺术表现与欣赏7-3：幼儿用两个或以上的动作表现他们的经验或想法。

（2）艺术表现与欣赏7-5：幼儿创造出自己的一套动作或一系列动作

（至少四个以上）并重复这一系列动作。

可以看出，在经过了一个学期的音乐角个别化学习后，小辰不仅听辨音乐节奏的能力加强了，在以往较为薄弱的肢体动作表达表现上也有了很大的进步。现在，小辰不仅能够跟随着熟悉的旋律唱歌，还能进行律动的创编，做出和音乐相匹配的律动来。

4. 生成与实施

由于艺术表现与欣赏第七条指标指向的是幼儿用动作表达自己的所思所想，由此，教师可以结合幼儿的兴趣点开展师幼互动。

（1）通过模仿幼儿的动作，鼓励幼儿多用身体表达歌词中不同的事物。例如，教师可以模仿小鸟的动作，与幼儿一起探索小鸟不同的飞行方式：慢慢地飞，快快地飞，遇到暴风雨时的飞行，艳阳天时的飞行……

（2）引导幼儿思考还可以用哪些不同动作表现歌词中小鸟的飞行，如除了敞开翅膀飞翔，还可以用什么动作呈现小鸟不同的飞翔动作。

（3）教师与幼儿一起讨论：旋律和节奏的变化引起怎样不同的感受，这些感受怎样与身体动作建立关联。

（本案例由上海市黄浦区荷花池幼儿园张雯提供）

【案例】L 的成长

1. 案例概况

L 非常喜爱音乐，经常会使用教师投放在教室里的乐器。通过操作与探索这些乐器，L 对音高和旋律有了基本的感知。同时，L 的创造性艺术表现与同伴及活动场景高度相关，在与发展水平更高的同伴一同游戏时，更能够激发 L 的音乐灵感和表现力。

2. 轶事记录

（1）角色游戏时间，区角里多了一个站立的话筒。L 一个人不停地唱着自己的原创歌曲，并配合自己的身体动作进行表演，引来许多观众。结束后，L 反复说道："我明天来开音乐餐厅，我唱歌很厉害的。"（艺术表现与欣赏 6-5）

（2）在表演区，L 跟着快速的舞曲音乐不停地唱歌，并能跟上节奏进

行舞动，保持了八个节拍。（艺术表现与欣赏 8-3）

3. 分析与匹配

根据《观察指标》，此次的轶事记录对应了如下指标。

（1）艺术表现与欣赏 6-5：幼儿唱出复杂歌曲的主歌和副歌部分来表达自己的想法或进行曲调创编。

（2）艺术表现与欣赏 8-3：幼儿做出一到两种动作，与音乐建立连接并保持至少八个稳定的节拍。

从小班到中班，我们看到了 L 依然对音乐歌唱活动的热爱，看到他具有主动、活力、创意的演出，并在教师不断的支持与鼓励下，逐渐自信了，也更会用语言表达出自己内心的想法与感受。

4. 生成与实施

将轶事记录与《评价指南》结合，我们不难发现，幼儿下一个发展水平是"幼儿能将动作与音乐的特征建立联系。"（艺术表现与欣赏 8-5）。由此，教师可以在支持幼儿现有水平的基础上，尝试通过投放材料、师幼互动，有意地让幼儿体会音乐特征与动作之间的关联。

例如，基于 L 的兴趣点，教师可以添加相关的材料，如头饰、服装、点歌簿等；通过与幼儿讨论喜欢的音乐风格和主题，进一步添加与音乐餐厅相关的材料，如新疆风格的主题餐厅可以添加与新疆舞相关的材料。

同时，教师也可以考虑在一日常规中加入生成的内容，支持幼儿的兴趣。例如，可以在集体活动时间，以幼儿的兴趣为切入点生成活动，通过引入 L 创编的歌曲及原创的律动动作，尝试让其他幼儿也参与到这一活动中；也可以在过渡时间，组织幼儿改编熟悉的歌曲，减少幼儿的等待时间。具体生成与实施内容如下：

（1）让 L 给原创歌曲命名。

（2）与 L 讨论他所创编的歌曲是什么风格的。

（3）邀请其他小朋友一起欣赏 L 创编的歌曲，并作出评论。

（4）询问 L 歌词和律动之间的关系是什么。

（5）与 L 讨论什么样的表演风格能够吸引更多的观众。

（6）观众如果有点歌需求要如何解决。

　　　　　　　　　　　　　（本案例由上海市黄浦区荷花池幼儿园余洁、谢雨卉提供）

与以上案例不同的是，本案例着重突出教师的观察与支持是一个持续且动态的过程。在观察与记录、分析与匹配、生成与实施后，教师开展了第二轮的观察与记录、分析与匹配、生成与实施以及后续跟进。通过两轮动态的观察与支持，我们更清晰地看到，当教师有意识地支持幼儿创造性艺术发展时，幼儿的创造性艺术行为更为丰富，教师的观察更为聚焦。

【案例】创造性艺术活动中的观察与支持

第一轮观察

1. 案例概况

班级幼儿的大部分作品都是以二维平面的形式呈现的，如何让幼儿的艺术作品从二维过渡到三维，教师在教室里添加了新材料海绵，并观察幼儿使用新材料的情况，期待着幼儿制作出三维作品。小N通过对海绵的探索和操作，第一次创作出了鲨鱼，接下来连续两天通过源源不断地添加各种海洋生物，完成了"水族馆"的创作。

2. 轶事记录

（1）小N按压、摸、翻转，并捏了捏海绵，说："我感觉这个海绵像跳跳床一样软软的，制作鲨鱼第一步是剪掉一个口子，在这里加上一个眼睛，这里放一个尾巴，这里再加上鲨鱼鳍，就可以了。"接着，小N开始根据自己的计划进行操作。（主动性2-5）

（2）小N说："我今天的计划是要到艺术区完成我的鲨鱼，并把它贴

小N制作的"水族馆"

到白纸上，再画大海。"接着，小N边哼歌边在艺术区完成他的"水族馆"制作。（主动性3-3；情绪情感与自信心1-5；艺术表现与欣赏3-5）

3. 分析与匹配

根据《观察指标》，此次的轶事记录对应了如下指标。

（1）主动性2-5：幼儿在艺术及

相关活动中，用自己的方式创意地操作材料。

（2）主动性3-3：幼儿花费20分钟以上的时间开展一个或两个有关创造性艺术的游戏或活动。

（3）情绪情感与自信心1-5：幼儿通过艺术及相关活动来调控自己的情绪。

（4）艺术表现与欣赏3-5：幼儿有目的地表现某物。

小N通过多种操作方式体验海绵的材质，并借助语言表达了自己的感受，如"像跳跳床一样软软的"，带给了听者想象的画面感，也反映出了小N对材料属性的认知。

值得注意的是，小N哼着歌进行艺术创作，这说明他非常乐意且享受自己的整个创作的过程。小N将自己沉浸于艺术创作中，体现了高度的专注性。小N在创作过程中，借助了画、贴表达自己对鲨鱼和大海的想象，最终完成自己的"水族馆"。

4.生成与实施

在回顾环节，小N已经为接下来的"水族馆"进一步完善做好了相关的计划。考虑到海绵是新的材料，幼儿需要更多时间对其进行探索，教师可以在师幼互动上提供"鹰架"，主要有以下两个策略。

其一，教师用语言描述小N创作的"水族馆"，如"你在蓝色的纸上画了波浪线当作大海，还用海绵作出了鲨鱼，添加了贝壳和绒球作为鲨鱼的朋友"。

其二，针对幼儿的后续计划，可以准备一些开放性问题，以此推进小N的艺术创作，并且丰富其视野，思考如何利用更多的材料进行表征。例如：

（1）如何将"水族馆"做得更大一些呢？

（2）除了鲨鱼，"水族馆"里还会有哪些其他的生物呢？

（3）还需要用到哪些材料做鲨鱼的朋友呢？

第二轮观察

1.轶事记录

小N计划要把"水族馆"做大一些，于是将开心果壳嵌入橡皮泥作为灯笼鱼的鱼鳞；用剪刀在布上剪下一个三角形，又剪了一个长条，接着用固体胶将它们粘贴在一起，并在三角形上画了一个圈，再把它们贴到"水族馆"里，说："这是鳐鱼，它有长长的尾巴，还有扁扁的三角形的身体"。（艺术表现与欣赏 1-5；艺术表现与欣赏 2-5）

2. 分析与匹配

根据《观察指标》，此次的轶事记录对应了如下指标。

（1）艺术表现与欣赏 1-5：幼儿利用材料或工具的属性（如形状、颜色、纹理）代表某物或营造出某种效果。

（2）艺术表现与欣赏 2-5：幼儿创造出一个复杂的有多个细节的成品。

小 N 能够选取不同的材料进行大胆的表现，如用软软的、白白的海绵制作鲨鱼；用开心果壳表现灯笼鱼的鱼鳞；用布来制作扁扁的飘逸的鳐鱼。尽管有些材料是小 N 第一次使用，但是他却对材料能营造出的效果有清晰的认知。

3. 生成与实施

首先，教师用新的词汇描述幼儿的作品，如"飘逸的""扁扁的"，帮助幼儿丰富创作，加深对美的感受。

其次，幼儿的艺术创作是需要被尊重的，幼儿艺术表现与欣赏是难以被割裂的。为了更好地支持幼儿分享自己喜欢的艺术作品，教师在班级中设立了"作品展示区"，鼓励了更多幼儿参与到艺术欣赏和创作中。

（本案例由上海市静安区慧思顿高瞻幼儿园吴玉婷提供）

第三节 《观察指标》的实施成效

一、幼儿创造性艺术水平的提升

（一）抒发幼儿的天性

传统的艺术课上，幼儿会跟随教师的引领，完成教师预设的作品，唱出已有的歌词，跳出既定的舞步。但是教师通过学习《观察指标》，理解艺术不是教出来的，艺术本身即为幼儿的一部分，需更多关注幼儿发起的活动、幼儿的经验与其表达的方式方法。在这个过程中，教师是观察者、倾听者，而幼儿是表达者、创作者。每个幼儿的前期经验与兴趣点都不尽相同，那么在创造性艺术表达的过程中，幼儿的作品都是独一无二的，教师不应以统一的要求衡量所有的幼儿。通过落实《观察指标》，在幼儿运用艺术表达表现自我时，教师更懂得何为幼儿的艺术天性，更能够给予尊重和理解。

（二）满足幼儿的个性

由于《观察指标》并没有将幼儿特定的年龄与特定的创造性艺术发展水平一一对应，仅陈述了幼儿创造性艺术发展的规律和阶段，所以在实施《观察指标》的过程中，教师应把《观察指标》作为解读幼儿的工具，而非衡量所有幼儿发展水平的标准。每个幼儿在各个指标上的发展水平是可以不尽相同的，甚至同一名幼儿在不同指标上的发展水平也可以是不同的。教师应根据幼儿不同的发展水平，有针对性地提供支持，促进幼儿个性的发展。

（三）提升幼儿的创造性艺术水平

首先，在创造性艺术领域，我们往往会发现：教师无法看懂幼儿的艺术表达，不清楚在幼儿的创造性表达中潜藏着什么样的价值。其次，教师在看到幼儿创造性艺术行为时，第一时间想到的是技能技巧上的支持，如纠正幼儿的发音，调整幼儿的握笔姿势等，却较少关注幼儿表达的内容、表达手法以及两者的关联。通过对《观察指标》的解读，教师理解了幼儿创造性艺术发展过程，明确了在技能技巧之外可以支持幼儿的内容。在教师有针对性的支持下，幼儿的创造性艺术水平得到逐步提升。

二、教师专业水平的提升

（一）教师对幼儿的创造性艺术表达有了新的理解

当谈到幼儿艺术表达时，教师的关注点更多地在于幼儿是否开心、快乐。在情绪情感指标下匹配的轶事记录全部都是幼儿带着积极的情绪情感在开展创造性艺术活动，这促使课题组思考：创造性艺术只能表达快乐的情感吗？整个创作的过程只能有积极体验吗？在创作的过程中遇到了困难和挑战，孩子的沮丧和解决问题的过程不值得观察吗？表达难过、生气等情绪不是孩子发展的体现吗？

教师们带着自己的思考再一次收集轶事记录和案例，捕捉到了孩子多维度的情绪情感。除了快乐和积极的体验，孩子在难过和悲伤时也会选择用创造性艺术的方式表达自己。

例如，D小朋友在开学3个月后还是有些分离焦虑，教师使用了很多策略帮助他缓解分离焦虑，如让妈妈和孩子正式告别后再去上班；在来幼儿园的路上，跟孩子聊今天也许会发生的孩子期待的事情；在接孩子回家的路上，跟孩子聊一聊在幼儿园里开心的事情……教师想了很多的办法希望帮助D小朋友，但是效果都不理想。受到《观察指标》的启发，教师尝试引入更多的情绪情感类词汇，引导幼儿说出自己的感受，然后给予相关的词汇描述和支持，如"伤心""难过""不开心""生气"等。除此之外，教师在教室里投放了和情绪情感有关的图画书，如《吃掉你的豌豆》《我的大喊大叫的一天》《把坏脾气收起来》等。每次给孩子阅读这些图画书时，教师都会有意识地引导幼儿观察图画书中人物的表情，如"嘴巴向上弯弯的""眉毛聚在一起"等。有了前期大量的经验积累，幼儿每次读图画书的时候都会关注人物的表情，推测是开心或者是不开心。

此外，教师开始尝试在晨间问候的环节引入用绘画表达情绪情感的方式。教师画了一个开心的表情和一个难过的表情，引导孩子们关注两者的区别，并建议孩子们可以把自己难过的事情用纸和笔画出来，于是有了如下的轶事记录：

小D眼里含着泪水对教师说："我要爸爸妈妈。"教师建议她心情不好的时候可以去画一幅画。听了教师的建议，她去艺术区拿了一张大的画纸，拿了一支绿色的水彩笔，开始画起来。她先画了一个大的椭圆当作头，又画了一个扁的长方形代表身体，在身体下面画了两条竖长的线代表腿。画完后，她又在旁边按照同样的方式画了一个更小的人。画完了画，也跟教师讲了自己的画，小D的情绪明显好转，她开始投入到游戏中，跟小朋友一起玩起了钓鱼的游戏。

　　小 D 对于用艺术表达自己的情绪情感很有兴趣，于是，当小 D 再次出现分离焦虑情况的时候，教师引导小 D 用画画的方式来表达，于是有了如下的轶事记录：

　　小 D 用紫色的彩笔在纸上画了一个椭圆形代表妈妈的头，两个点代表眼睛，中间一个点代表鼻子，下面画了一条水平的直线代表嘴巴，头下面画了两条竖线代表腿，她说："妈妈生气了，她对宝宝说一句话就去上班了。"她的话引起了我对她早上在家跟妈妈分离场景的想象。

　　画完了妈妈，小 D 又在纸的背面继续画画，这次她画了一个类似三角形的头，眼睛、鼻子还是用点表示，嘴巴的形状发生了变化，变成了弯弯的线。我问她画的是谁，她说："这是爸爸，爸爸没有生气。"

　　小 D 的绘画热情仍在，画完第二张后，她说："我还要画一张，可是没纸了。"教师建议她重新去拿一张纸，她拿好纸后又画了一个人。我问她这次画的是谁，她说："还是爸爸。爸爸现在是不好的心情，因为他剥的橘子宝宝不肯吃。"

 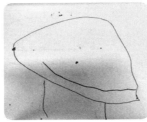 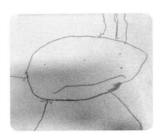

生气的妈妈　　　　　　没生气的爸爸　　　　　　生气的爸爸

　　从以上案例中我们注意到，首先，教师对于"用艺术形式抒发情绪情感"有了更深刻的体验。正如世界上伟大的艺术家一样，孩子们也在用艺术表达自己对世界的体验，可能是积极的体验，抑或是消极的体验。教师们开始理解创造性艺术并不一定是表达幼儿开心和兴奋的媒介，也可以是幼儿表达难过、悲伤、沮丧和挫败的媒介。艺术作品无好坏之分，都是孩子们最本真且宝贵的表达方式。随着对创造性艺术理解的深入，教师更愿意鼓励幼儿用艺术方式表达自己多元的思考和想法。

（二）教师对幼儿的创造性艺术表达有了更立体和全面的解释

上海市黄浦区荷花池幼儿园课题组教师余洁和谢雨卉在幼儿成长案例中写道："L 是各方面发展水平比较高的一个小朋友了，但是在探索新材料、解决问题的态度上，L 的主动性较弱，需要教师给予更适切的'鹰架'，才能帮助他建立自信心，去大胆地制作表现。"通过使用《观察指标》，教师不再一味地用"发展水平比较高""优秀""很棒""最厉害"等词汇来描述某一位幼儿，而是更加关注每一位幼儿个体的长处与需要教师更多支持的部分。以幼儿在某方面的突出而给孩子贴上"优秀"的标签，会阻碍教师看到一个更为全面的幼儿。通过将观察记录与《观察指标》匹配，教师看到了一个更加立体的个体，并针对不同发展水平的幼儿给予其不同的支持策略。

在课题推进的过程中，我们注意到，教师开始针对每个幼儿的不同特点给予相关的支持，如针对需要更多自信心的幼儿，教师给予其舒适的物理环境，鼓励幼儿更自信地进行自我表达。总之，教师已经脱离了"一刀切"的模式，能够根据自己对《观察指标》的理解和对幼儿的观察，为每个幼儿提供有针对性的支持。例如：在过去的创造性艺术活动中，教师倾向于走在孩子前面，为幼儿设置表演的角色、服装和道具，即便幼儿可以自行选择，仍是在教师设计的范围中选择。通过参与该课题，教师们开始站在幼儿身后去欣赏和支持幼儿，所提供的材料也大多为开放式的材料，如双响筒、小铃、鼓等，幼儿可以拿着这些材料探索其属性，也可以使用不同的乐器表达不同的思考。在整个过程中，教师只有尊重幼儿的选择，倾听幼儿的想法，了解幼儿的已有经验，才能够更好地给予"鹰架"。

（三）教师对幼儿的创造性艺术活动更善于观察

《观察指标》给予了教师观察幼儿创造性艺术的角度和方法，帮助教师从更客观、全面的角度理解幼儿的创造性艺术。观察幼儿是教育的起点，而非终点，观察幼儿是为了更好地支持和延伸幼儿的发展。这意味着教师需要根据观察结果为幼儿提供相应的材料、适宜的师幼互动，来搭建"鹰架"，支持幼儿的发展。

第二篇
实践案例篇

第一章　幼儿园创造性艺术课程活动案例

关于"创造性艺术教育"，我们的脑海里不断涌现毕加索的那句名言："当我是一个孩子的时候，我可以像拉斐尔那样作画，后来我花费了很多年来学习如何像一个孩子那样画画。我毕生努力追求的，就是把我的作品画成儿童画般的纯真。"

大师的话让我们警醒，我们需要深度思考什么才是真正的"创造性艺术"，我们在幼儿园课程实践中该不该、能不能助推教师去真正认同"儿童是天生的艺术家"。为此，我们尝试让教师不再紧盯"教师怎么教"，而是聚焦"幼儿怎么学"上；我们鼓励教师关注各种艺术活动中幼儿学习与发展的过程，记录并研究幼儿在整个活动中的行为表现，接纳并识别幼儿呈现的艺术作品……本章中的十余个案例呈现了如何利用《幼儿创造性艺术发展观察指标（试验版）》来观察儿童、读懂儿童的过程，更期望未来有越来越多的教师能重新认识创造性艺术教育中的儿童。

关于"创造性艺术教育"，我们努力推进幼儿园实现"无处不在的创造性艺术教育"，期望突破多年来落实创造性艺术教育时要么大搞"正式"的集体教学活动，要么只能在区角活动中"非正式"地给予幼儿一点支持。本章呈现的近二十个案例，看似涉及"教师发起的创造性艺术活动"和"幼儿发起的创造性艺术活动"两大类活动，实质上指向了幼儿园一日生活的各个环节。细读案例，可以清晰地感受到创造性艺术活动可以存在于生活、游戏、区角活动、专用室活动、集体教学活动、户外自由活动、散步中，甚至是外出参观活动中。

关于"创造性艺术教育"，很多教师希望知道如何创设有效支持幼儿创造性艺术课程的环境与机会，如何为幼儿的学习选择最佳的策略等。本章能帮助广大教师通过阅读案例中"材料、环境、幼儿、教师"之间的故事，感受"主动学习"这一教育理念在各个活动中的贯彻落实，加深对儿童学习与发展的理解，积累创造性艺术课程有效运行的经验。

本书中的案例包括教师发起的活动和幼儿发起的活动，呈现了我们如何进行理论和实践研究，如何提供支持幼儿学习与发展的课程环境与策略，对促进幼儿主动学习有哪些行动与思考。我们期望这场学前教育的"自我突破"能影响更多的幼儿教育工作者在专业成长的道路上走得更快更稳。

第一节 教师发起的活动案例

《上海市学前教育课程指南（试行稿）》指出，预设与生成是幼儿园课程形成的方式。所谓"预设"，是教师根据课程目标和幼儿的兴趣以及已有的经验，对环境布置、材料提供、活动内容和方式等进行有计划的设计和安排。

其实，教育机构里"教师发起的活动"本无可厚非，但在创造性艺术教育中，我们遭遇了教师越努力提供"很艺术"的示范，越容易把幼儿教成"统一格式"的尴尬……如何让创造性艺术真正回归幼儿，成为近年来大家关注的重点。

本节提供了9个典型案例，清晰地呈现了在"教师发起的活动"中既坚守儿童立场，又探寻教师专业发展的导向。案例反映教师"向儿童学习"，而不是"让幼儿按照教师的要求行动"；揭示了教师在活动中提供足够的环境与机会，支持幼儿的创造性艺术活动；探讨了在过程中提升艺术教育的视角和敏锐性，为幼儿学习与发展提供"鹰架"，成为"有准备的教师"，确保幼儿"千人千态"的多样表达。

本节案例中既有类似"我是魔法师""影子变身""秋天演奏会""是谁在歌唱""音乐喷泉"这样目标明确、直接设计并组织幼儿参加的活动，又有"由乌龟蛋引发的……""畅想'未来城市'""白鹭一家"这样把目标和内容渗透在环境中，激发幼儿投入的目的性活动；更有像"参观东方乐器博物馆"这样注重支持幼儿发现、欣赏、感受、体验的活动，为广大教师深入理解"教师发起的活动"的丰富性提供示例。

值得一提的是，本节提供的"目标明确、直接设计并组织幼儿参加的活动"相较传统意义上的集体教学活动有质的飞跃，不仅在物理空间上从教室拓展到更大的空间（如马路边、公园里），而且展现了在"教师发起的活动"中，教师将"预设""生成"作为连续过程中相辅相成的两个方面，恰当处理"预设"与"生成"的关系，使活动真正成为师幼积极互动、交流和共同建构的过程。

我是魔法师

幼儿年龄：5—6岁（大班）

一、活动背景

（一）活动缘起

《3—6岁儿童学习与发展指南》指出：幼儿艺术领域学习的关键在于充分创造条件和机会，在大自然和社会文化生活中萌发幼儿对美的感受和体验，丰富其想象力和创造力。

秋天的大自然很美，孩子漫步校园，看到满地落叶，会拾起几片，驻足观赏，或是集体造一场"落叶雨"。可见每个孩子都有创造美的愿望、感受美的能力。

教师发现了幼儿对秋叶和自然景色的关注，在美工专用室以艺术作品展示和图册投放的方式，投入三组学习资源：第一组是描绘秋天自然景色的油画和摄影作品，第二组是用秋叶等自然物排列而成的作品，第三组是将树叶结合编制、缝纫等表现方法创作的艺术品。

对于新的学习资源，幼儿有翻阅、欣赏的行为，但自然状态下的欣赏和交流不外乎颜色真美、造型真特别，对美的感受较为浅显、零星。对照大班发展目标"感受画面的均衡与美感"，教师设计了"我是魔法师"活动，让孩子在"用取景框取景"和"用树叶作画"的活动中，对自然物、景色和艺术作品之美有更细致的观察、体验，并能分享和运用关于美的经验。

（二）幼儿已有经验

（1）在捡落叶、踩落叶、抛洒落叶等游戏中，注意到树叶形状多样，颜色丰富，有自发的观察和交流。

（2）翻阅过教师提供的图片、图册，有感受和交流的经历。

（三）本活动指向的儿童发展领域及发展价值

1. 艺术领域

本活动通过学习资源的投放，借助艺术美，凸显自然美，把幼儿对自然景物的关注，从观察引向审美。通过取景框的投放，激发幼儿发现美的主动性，在比较中感受画面的均衡和美感。通过学习资源和材料（树叶等自然物）的投放，鼓励幼儿交流、体验、运用美的经验。

2. 科学领域

艺术活动对幼儿的情感和能力发展具有重要价值，幼儿不仅在欣赏自然之美和创作的过程中获得内在满足感，还在发现、寻觅的过程中自然而然地认知了秋天的季节特征。活动提供了更多观察和探索落叶的机会，能促使幼儿对不同落叶的外部特征和特点进行更多观察。

3. 其他领域

活动前，幼儿向家长介绍活动内容，共同制作取景框，鼓励幼儿有目的地投入活动并获得家长的支持。

在活动中，引导幼儿共同收集材料，商量作画主题，根据自己和同伴的想法进行协商、合作，这个过程促进了学习品质（主动性、专注性、合作性）、语言（分享感受、评价）和社会性（讨论与合作）等方面的发展。

二、活动目标

（1）借助艺术家的作品发现自然之美，对观察、欣赏活动有期待。

（2）乐意亲近大自然，观察、感受季节转换带来的变化和美感。

（3）在尝试用自然物作画的过程中，更主动、细致地观察和认识花、草、树、木等。

三、活动准备

（一）活动场景

活动地点是幼儿园附近的襄阳公园。公园里有林荫大道，有丛林小径，有假山喷泉，有花卉草地。幼儿活动处地面平整，视野开阔，无高于幼儿视线的遮挡物，风景秀丽；有足够的空间容纳一个班级的孩子分组进行活动；周围树木品种较为丰富，能捡到形状、颜色、大小不同的树叶。

（二）活动材料

1. 欣赏材料

提供描绘秋季自然风光的油画作品、摄影作品，作品画面有纵深感，有仰视、俯视等不同视角；德国艺术家苏珊娜·鲍尔（Susanna Bauer）的作品《秋叶》；用树叶排列、摆放成的树叶创意画等。

2. 操作材料

幼儿自备一个取景框（A4 纸大小），边框宽度 3 厘米左右。老师为每个小组提供 1—2 根 3 米左右长的麻绳，用于划分活动区域或造型。就地取材，幼儿选取喜欢或需要的树叶、树枝等自然物，用于创作。

（三）教师角色

1. 欣赏环节

出发前，组织幼儿交流，围绕前期投入的艺术作品，引发幼儿对作品中审美元素的关注，激发幼儿对取景和作画活动的兴趣。

2. 远足活动

（1）到公园后，6—8 名幼儿一组，每组由一位教师负责。教师鼓励幼儿大胆尝试，移动取景框寻找自己眼中最美的景色；鼓励幼儿体验同伴的视角，获得更丰富的审美体验。教师用照片和视频记录幼儿的学习和发现，回园后编辑成册，供幼儿欣赏。

（2）在捡树叶和给树叶排排队的活动中，引导幼儿关注树叶的颜色、形状、大小的细微差异。幼儿尝试用树叶做画，创造美的形象和图案。

四、活动过程

（一）活动结构图

前期欣赏：绘画、摄影作品 手工创意作品 树叶创意画的作品 → 远足活动：找美景——发现与比较 拾落叶——收集与观察 树叶画——创造与表现 → 活动延伸：美工室 午休活动

（二）活动过程

活动一：前期欣赏

欣赏与秋天有关的艺术作品、德国艺术家苏珊娜·鲍尔的作品《秋叶》和树叶画，知道秋天不仅是一个丰收的季节，也是一个美丽的季节。

远足前，集体分享平时欣赏学习资源时的发现和感想。艺术家作品的色彩和内容给幼儿带来强烈的视觉冲击，幼儿对其中涉及仰视和俯视视角的作品开展了深入讨论，幼儿觉得艺术家从不同角度去观察自然，用独特的视角发现有趣的事，是一件有趣和美好的事情，对"取景"活动跃跃欲试。

秋冬季节，树叶枯萎，凋零了，但枯叶仍富有独特的美感。有一位艺术家十分欣赏叶子从生长到枯萎过程中不同时期的美，所以用了许多办法留住其美好的身影。作品用剪贴、编织、缝纫等不同表现方法，创意奇趣，风格简洁。对这一类作品，幼儿看得多、说得少，也鲜有模仿的愿望。但艺术家多变的创作材料、方法和排列的方式，能引起幼儿的关注。

大自然是魔法师，季节变一变，景色就变一变。艺术家是魔法师，材料变一变，作品就变一变。小朋友也可以做魔法师，用树叶变出很多美丽的作品。

交流这部分内容时，幼儿情绪较激动。与色彩、形状相比，他们更关注树

幼儿在美工室学习资源角欣赏图册

叶排列产生的效果。他们说："螺旋状的曲线像摩天轮，像龙卷风，像蜗牛壳。""一圈一圈排出来，像太阳的光一样，树叶排得很好看。"幼儿表现出强烈的"我也要做魔法师"的愿望。

活动二：远足活动

1. 发现与比较

通过取景框看景，尝试不同的视角，反复比较后让教师帮忙拍摄，留下"我眼中最美的风景"。

重点指导：

• 尝试移动取景框找美丽的风景，在观察、比较、选择中，充分感受自然之美、"画"面之美。

• 与同伴交流、分享不同的视角下，不同的"画"面和感受。

• 用相机记录幼儿选取的画面，返园后制成相册，组织幼儿观赏，分享不同视角下的自然景象。

过程实录一：

幼儿拿着取景框，从平移到变换角度、调节远近，不时被闯进取景框里的景色所激励，激动地呼朋唤友来分享。

仰起头："看，像画里面一样，上面有风景。"

一位孩子眼中最美的风景

低下头："哎！石头和泥土在一起也很好看！"

近处："阳光照着，树皮也很美。"

远处："两排高大的树木，一个小小的亭子，伴着满地落叶，构成一道独特的风景线。"

过程实录二：

一群孩子在花海中寻觅良久，不断调整取景框，找到很多美丽的画面。临走时，一个男孩高呼："这里实在太美了，我们在这里合个影吧。"第一张合照按下快门后，孩子们蜂拥而上，审查老师的"作品"，看完照片后，一个孩子提议："不错，我们换个角度再试试。"他一边说，一边跑向另一个方向，用手比画，示意老师换一个角度。老师拍了第二张，孩子们拥过来看，与第一张作品作比较，多数孩子选择了第二张，再次提出了想法和要求："人都站着，把身后的花海挡住了，可以一部分人蹲下来。"孩子们互相商量着重新摆出拍照姿势。

摆拍

在本次活动前，孩子们从未要求"审查"老师拍的照片。拍集体照、小组照，设计"画面"的任务一直是老师承担的，一贯如此。但是，从今天开始，"一贯如此"被改变了。

2. 收集与观察

开展"找树叶"活动前，鼓励幼儿说说自己喜欢和树叶玩什么游戏，可以来一场"树叶雨"，可以找朋友玩"树叶对对碰"游戏，还可以玩"树叶排排队"……活动中，每位幼儿根据要求找树叶：第一次，找5片颜色不同的树叶；第二次，找5片形状不同的树叶，从中充分感知材料，发现树叶的秘密。

指导要点：

给幼儿充分的空间和时间，满足其玩的愿望。通过寻找、比较和排列，提高观察的有意性、细致性，关注材料的色彩、形状等审美元素。

过程实录三：

幼儿边寻找树叶，边与同伴、老师交流自己的发现："这片落叶有个小缺口，像被毛毛虫啃过了。""这片颜色很特别，像穿了点点的衣服。"找到 5 片树叶后，幼儿会按颜色、大小给树叶排排队，一开始大多数幼儿从深到浅、从大到小排列。而后，排列往"好看"的方向发展，出现了对称、围合、四散、重叠等摆放形式。

作品完成啦

3. 创造与表现

从已有的摆放、排列出发，小组合作，用落叶作画。教师提供麻绳，帮助幼儿圈定小组的活动区域，协调场地，并用照片、视频记录幼儿的创作和解读。

过程实录四：

这组幼儿合作之初，想法各异，有的想拼搭动物，有的想按序排列。

一个女孩用几片颜色接近的落叶围成了一朵五瓣花，她的一句"这样挺好看的"把大家吸引了过来。几个孩子开始过来帮忙，想围绕这个图案做添加。先动手的孩子围着花朵做"花蕊"，后动手的孩子抓了一把树枝围花环。

有想法的孩子开始提建议："我刚刚找到的绿叶子很好看，可以围一圈。""黄叶子和绿叶子排在一起很好看的，再要一圈黄的。"……幼儿开始分工合作，有的去寻找、收集落叶，有的安排画面，摆放装饰物。

作品

发现幼儿有了共同目标后，教师退到一边，用简短的语言"播报"幼儿的努力，引导幼儿关心同伴的行为。

"大家看，他拿着一把树枝在做什么？"（新材料的出现）

"有人从里往外摆，有人从外往里摆，图案变大了！"（形的变化）

"有人捡树叶，有人摆树叶，安排得很周到。"（肯定合作行为）

"男孩主张随意放，女孩觉得有规律的摆放更好看。有不同意见了，要不都试一试，比一比，怎么做更好？"（指导面对分歧）

"小果子放在黄色的叶子上真好看！"（装饰性行为的出现）

五、跟进想法

（一）活动分析

首先，本活动来源于幼儿园常见的"找秋天"活动，立足大班幼儿的年龄特点，以生活经验为基础，借艺术作品做提升。

第一步，以美激情，反复欣赏艺术作品，透过艺术家的眼睛看景看物，感受"发现美、发现不一样的美"是一个了不起的本领，激发幼儿主动寻找美、发现美的愿望。

第二步，以物促学，利用小小一个取景框，让孩子有了摄影师的感觉，上下左右前后进行比较，"耐心挪、专心找、用心比较"。幼儿从不会用取景框到自信、自如取景，变得热爱美、对美有追求了。由此，我们发现"内在动力"和"适宜的方法支持"是影响幼儿自主、自信的重要因素。

其次，幼儿园不同年龄段的幼儿都有远足活动，且都会设计"树叶拼贴画"，在类似的诸多活动中，大班幼儿究竟能获得怎样的发展？针对大班幼儿的培养目标"有目的地安排画面"，教师从提供学习资源开始，有意识地支持幼儿向新目标努力：欣赏中感受不同视角带来的美感，发现材料排列、混用带来的变化；"取景"活动中，获得有目的地选择画面的体验；"作画"尝试中，通过排列、叠放、材料混用来创造图像，获得画面布局的意识和经验，获得与纸上作画不一样的美感和满足感，借助已有经验展开探索和创造。

（二）跟进策略

回园后，幼儿兴趣不减，要求教师"再让我们玩一次"。教师利用午休、个别化学习区角活动以及美工专用室活动时间满足幼儿的愿望，并根据以往经验和当下的观察，确立三大支持策略，保证充分的活动时间和活动空间，支持幼儿的持续探索。

1. 相比纸上作画，在地上作画更具游戏性

幼儿说说、玩玩、做做、变变，从确定玩什么到挑选材料、实现创意，也许还会中途调整计划，活动时间最少需要 45 分钟。同时，因为是结伴创作，以一个小组三人计算，连作品带行走空间，需要两米见方的活动区域。所以，考虑到时间、空间两方面的要求，开展树叶创意画活动的最佳时间是美工专用室活动时间和每周半天的班级自主时间，地点可在操场、教室等。

2. 储备丰富的材料，支持已有经验的创造使用

从以往的实践中发现，自然物创意画的材料投入需经过挑选。因为画面构成包含点、线、面、块，因此，材料投入时要顾及形状、色彩、质地的丰富多样，还要注意材料大小的多样性，小型材料可变性更强，可随意连点成线、连线成面，在数量上要更多些。

为此，我们将"树叶创意画"的材料区和活动区安置在美工室的综合材料区域内，丰富的材料以及相关的使用经验，都会给予幼儿支持。之后，从幼儿的探索与成果看，这个决定是正确的。

以下是以树枝、树叶、麻绳为主要创作材料的一组作品。

雪人　　　　　　　　鸟窝　　　　　　　　花朵

3. 组织形式多样的分享活动，促进幼儿的探索和思考

关注幼儿在创作过程中表现出来的学习行为和新奇想法，关注幼儿在合作游戏中遇到问题和成长，从不同方向推进幼儿的发展……这些都

是幼儿活动中经历的分享内容，也是教师支持幼儿表现美、欣赏美的重要路径。

另外，提供点读相册，展示幼儿的作品，结合语音点读功能，录制播放幼儿对作品的介绍和交流；充分鼓励幼儿展示、评价和交流自己的创意，促进生生互动，同时尝试将个别幼儿的作品变成集体的学习资源……这些都有助于幼儿的充分学习与发展。

六、课程资源

（1）描绘秋季自然风光的油画作品、摄影作品，画面有纵深感，有仰视、俯视等不同视角。

（2）德国艺术家苏珊娜·鲍尔的作品《秋叶》。

（3）树叶创意画。

（上海市静安区华山美术幼儿园　周侃迪）

由乌龟蛋引发的……

幼儿年龄：4—5 岁（中班）

一、活动背景

（一）活动缘起

六月底的一次生日会令人难忘，"小寿星"琦琦带来了一份特别的生日礼物——乌龟蛋。放学时，琦琦的爷爷走进教室，为大家讲解了小乌龟的孵化时间、孵化环境等要素，琦琦则给班级里每个小伙伴分发乌龟蛋，并且关照大家："要照顾好它们哦！"孩子们收到这份礼物，如获至宝。

暑假期间，正值小乌龟的孵化期，班级家长的微信朋友圈中可以看到千姿百态地"晒"孩子与乌龟蛋的互动：有乌龟从蛋壳中破壳而出的温情画面，有孩子面对毫无动静的乌龟蛋满脸期待的表情，当然也有"嫌弃"乌龟蛋所发出的阵阵臭味……小小的乌龟蛋，牵动着孩子与家长的目光。

（二）幼儿已有经验

（1）自然生态角中一直饲养着小乌龟，孩子们对这一动物比较熟悉。

（2）每位孩子都拥有乌龟蛋这份生日礼物，并且在两个月的假期中进行了持续观察，积累了一定的相关经验。

（3）"家长进课堂"活动有过乌龟生存知识的铺垫。

（三）本活动指向的幼儿发展领域及发展价值

1. 艺术领域

本活动以创造性艺术为切入点，引发幼儿关注生活中共同经历的事件，并通过事件感受美、发现美，用自己喜欢的方式表现美、创造美。中班年龄段的孩子热爱生活，喜欢接触大自然，但是很难自发地去记录那些美好的时刻，教师需要做的是引导孩子在欣赏自然界和生活环境中美的事物的同时，关注色彩、形态等方面的艺术元素，并且能够进行个性化地表达表现。

2. 健康领域

本活动的情感主线十分清晰，在创作的同时旨在让孩子更好地表达自己内心的所思所想，表达对乌龟蛋和乌龟的关心与照料之情，体现积极情感所带来的正能量。

3. 语言领域

我们鼓励孩子们大胆地"说"出自己对作品的创作与解读：可以介绍自己的计划，也可以介绍自己的作品；可以是语言表述，也可以用符号标记来表达。

二、活动目标

1. 尝试用喜欢的艺术材料创作由乌龟蛋引发的生活情境。
2. 能够大胆地介绍计划或者作品，表达自己的创作思想和情感。

三、活动准备

（一）活动场景

室内进行，班级中创设创造性艺术活动的环境。

（二）活动材料

可分开或组合使用的工具，点、线、面等艺术材料，各类废旧纸盒、瓶子等，美工材料架，自然材料。

四、活动过程

活动一：经验回顾

（1）交流分享——幼儿各自介绍乌龟蛋不同的孵化经历：有的一直没有动静，有的可能出壳了，还有的为出壳的乌龟打造了新家。

（2）引入主题——探讨可以使用哪些材料进行该情境的艺术创作。

（3）欣赏拓展——观察乌龟和蛋壳的花纹，扩充有关线条、纹理的知识。

活动二：创作时刻

（1）幼儿拿取自选筐，选择自己喜欢的、需要的工具材料。

（2）幼儿可借鉴、参考收集的花纹样式，根据创作需求适时补充。

（3）幼儿自由创作，教师关注幼儿对物（龟蛋、乌龟、场景）的形态的把控能力、审美能力以及对内心真实情感的表达方式，根据"鹰架"图表尝试实施互动。对于有操作困难的孩子可以提供适时、适宜的帮助。

活动三：画语共享

（1）愿意分享自己作品的孩子可以在集体面前进行交流展示。

（2）完成作品的孩子可以将画面的内容、运用的方法以及想要表达的思想告诉老师，老师用文字或者录音的方法帮助他们记录下来。

（3）未完成作品的孩子可以将半成品放在专门区域中，以便下一次继续。

（4）在教室中展示孩子的作品，让孩子参观、欣赏、感受"乌龟蛋事件"的多种表达。

故事一：

开学没多久，班级老师收到了一封信，内容大致是这样：彤彤奶奶发现孩子带回去一张"图画纸"，内容完全看不懂，估计与老师"教授"的内容完全不符，希望日后经常互动，建议老师能将所教的"范画"发给她,以便回家后让孩子练习、巩固。

追溯到前一日的下午,很多小朋友都在自由活动时说起家中小乌龟出壳的经历,欣喜之情不言而喻。既然大家对这件事有这么丰富的情感体验,那我们是不是可以尝试将这一段有趣的"经历"用画笔描述一下呢?我们看到每个孩子在画纸上有不同的表现:有的给小乌龟铺上石子路,晒晒太阳;有的将乌龟蛋赋予五彩缤纷的色彩;有的在龟壳上描出细致的花纹;有的画面表现的正是那位奶奶口中的"四不像"……每个孩子拿起手中的画笔,认真地描绘心中独特的画面。

孩子们的"画"其实是他们的一种语言。同样一件事情,由于经历的过程不一样,结果不一样,产生的情感体验也会完全不同。有趣的是,每个孩子在表现他们对这件事的看法时都那么投入与用心。这就如同"创造性艺术课程"精准的定位——不需要华丽的技巧与修饰,让每个孩子充分回归生活,表达自我,这才是最原汁原味的艺术创作。为此,我们决定做好以下工作。

(1)创设班级的"高瞻艺术环境",让艺术的材料随处可取,让艺术的鉴赏无处不在,对孩子艺术创作中的"主动学习"给予一定的支持。

(2)以"乌龟蛋"为主要载体,鼓励孩子共同收集相关的信息和材料,为之后的创造性艺术活动做好热身与准备。

(3)在家长会上,我们对研究重点"创造性艺术"进行解读,引发家长的思考与共鸣,尊重孩子的发现与表达。

故事二:

甜甜专注地在画纸上描绘乌龟蛋的花纹。她用密密麻麻的小短线来装饰蛋壳,接着她环视四周,拿了一把花边剪刀,二话不说就朝乌龟蛋剪下去,看着她左一刀右一刀,我的心也随之"咯噔"一下:"她是要干什么?"我走到她身边问:"你觉得用了花边剪刀后,会发生什么事?"甜甜偷笑着回应我:"你看,蛋壳裂开了,小乌龟正准备出壳呢!"

辰辰在废旧材料堆里找到一个纸盒,纸盒有盖子,可以打开和合上。辰辰开始了他的创作:他想用吸管穿过盒子壁,但是使用了剪刀之后发现依然无法做到。他寻求老师的帮助，表示自己想为乌龟的房子通一个管道，这是老师在整个过程中为他提供的唯一支持。接下来，"乌龟小屋"全部由辰辰自己完成：有暗藏玄机的门的开关，有逗乌龟玩的小玩具，还有用棉花制成的软软靠垫，连家中的闹钟都考虑周到，安装在了墙壁上。

受辰辰的启发，旁边的女孩用盒子做起了"3D"小屋，小屋充满了浓浓的公主气息。

很显然，孩子的作品呈现出与我们日常理解有所不同的"美"。对孩子来说，美学表现根植于对物体、人和事件的实际体验，他们更在乎的是表达自己对生活的观察、思考和想象。

从上述实录中不难发现，孩子运用多种艺术元素进行表征，也进行了创造：甜甜用画笔表现了乌龟蛋的形状与轮廓，用花边剪刀创造了独特的线条艺术；辰辰在立体空间中构建了"家"的画面，具有丰富的层次感；两个女孩更加注重的是多种材料的组合与叠加、色彩的搭配，向我们传达造型艺术的美。孩子们各自沉浸在自己的创作之中，作为教师，我们进行了以下两方面的思考。

（1）教师的"鹰架"支持应该体现在哪里？仔细研读了创造性艺术领域"鹰架"图表后，我发现教师与孩子的互动语言很有意思，并不是简单地问："这是什么？""为什么？"而是会更多地涉及工具、艺术手法以及细节。所以，我更多地以平和的口吻与幼儿进行互动："你觉得用了花边剪刀后会发生什么事？""几种橡皮泥揉在一起，色调可能会产生变化"等等，让孩子在实际操作中感知他开展的是艺术创作，他在我们眼中是一个艺术家。

（2）是否可以在环境创设上继续跟进？如果从艺术元素出发，反思当前的环境创设，似乎缺少一些相关提示，例如：蛋壳的花纹、乌龟的龟壳以及小乌龟的生存环境，甚至可以提供真实的乌龟蛋，利用自然生态角，让孩子有直观的欣赏与感受，增加创作灵感。

故事三：
"老师，我的作品还没有完成！"看着其他小朋友的作品展示在教室的各个区域中，恒恒有点焦虑起来。

"不着急，你可以放在'未完成'的区域，下次再来做。"恒恒松了口气，下次他还想为乌龟穿上冬衣，让它好好冬眠。

"奶奶，这是我的作品，你来看看！"放学后，彤彤将奶奶拖进了教室。

"你画的是什么东西，我没戴老花眼镜，看都看不清。"

"没关系，我用点读笔放给你听！"彤彤将点读笔按在小贴纸上，录音开始播放，传来了彤彤清脆的介绍声。

"哎哟，你还会自己介绍！不错不错，今天看起来用心了。"

从上述故事不难看出，孩子们最在乎自己作品的那份"存在感"。对于自己的创作，他们娓娓道来，更希望得到的是尊重。

教师面临着"做完的作品该怎么办"的问题，是直接"展示"出来，还是利用回顾时间让幼儿自己来介绍。我们一直思考：如何才能将幼儿的发现与感受进行展示，对小小艺术家的创作有一个"交代"？

（1）延续"画语解读"的方式，让幼儿用语言对作品进行解释，可以幼儿说，老师记录，也可以选择用语音点读笔进行录制和播放，与全班幼儿共享。

（2）对家长有个"交代"。我们引导家长关注孩子创作的内容，认识到那是独一无二、不可替代的。邀请家长（包括孩子的祖辈）在接孩子离园时走进教室，参观孩子们的作品，引导他们认同与尊重孩子。

五、跟进想法

（一）艺术融于生活

创造性艺术活动来源于生活，必须回归生活，润泽生活。将艺术与儿童特有的、热爱生活的方式相结合，势必能将艺术教育的价值最大化。

（二）艺术美于心田

让我最为感动的是，整个创作过程其乐融融，没有一个孩子说"我不会做"。因为他们发自内心地从容表达自己对生活中真善美的感受。在这其中，每一名幼儿都是一个独特的生命体，同样的事物或事件，激活了不同幼儿独有的鲜活体验，传达多种情感。所以，艺术的核心是审美，我们应该重视创造性艺术活动，从小为幼儿播下"发现美""爱上美"的种子。

（三）艺术赋予发展

艺术活动可以引发探索，在创作过程中提升观察、合作、语言等多方面的能力。经常参与这样的活动，有助于幼儿在智力、审美、情感等方面获得发展，在艺术这片天地中得以滋养。

（上海市实验幼儿园　戴静芳）

影子变身

幼儿年龄：5—6岁（大班）

一、活动背景

（一）活动缘起

夏日的午后，阳光火辣辣的，孩子们在校园里散步时喜欢躲在大树下、屋檐下等有阴影的地方。几个男生却在阳光下奔跑着，边跑边兴奋地喊："倪老师，我踩到你了！"说完又去追同伴的影子。我问："你们的影子还能变成什么呢？"他们尝试摆出了跳跃的动作、搞怪的动作。旁边的女生也一起加入，摆出了爱心、跳舞的动作。有些孩子观察自己影子的变化。

由于孩子们对影子非常感兴趣，喜欢玩追影子的游戏，喜欢观察身边影子的变化，我们开始思考如何支持幼儿探索影子，鼓励幼儿用身体、自然材料表现影子各种有趣的造型。

（二）幼儿已有经验

（1）幼儿能初步感知自然光、物体与影子的关系。

（2）幼儿对人物雕塑有初步的感知，喜欢用肢体表现各种动作。

（3）幼儿对树叶、树枝等自然材料的艺术表现方法较熟悉，曾参与过树叶画、综合材料装饰画等活动。

（三）本活动指向的幼儿发展领域及发展价值

1.艺术领域

自然界中的阳光、影子、落叶、樱花，甚至是花的香味，都会吸引幼儿渴望触摸，渴望了解大自然的魅力。本活动基于幼儿对影子的兴趣以及初步的表现表达，借助人体与自然光的关系，利用合作中肢体的表现，与自然界材料相结合，呈现幼儿对影子造型的创意表达，感受影子造型的有趣和美。

2.科学领域

本活动引导幼儿观察和探索自然光与物体因位置变化而导致的影子变化，积累直观体验，感受光线、物体和影子之间的关系。

3.其他领域

本活动引导幼儿与同伴一起讨论、设计、表现影子造型，这个过程体现了幼儿的主动性、计划性和解决问题等方面的能力。

二、活动目标

（1）大胆想象，与同伴讨论、设计影子造型，并能将自己的计划用绘画的形式表现出来。

（2）根据计划，尝试与同伴一起用身体表现各种影子造型，感受影子造型的独特与有趣。

（3）初步感受物体重叠、遮挡的位置变化与影子之间的关系。

三、活动准备

（一）活动场景

活动的主要环境是幼儿园操场，操场旁边有果树、樱花树、落叶、鹅卵石、树枝，能为幼儿的影子造型艺术提供自然物材料。宽阔的操场能为幼儿提供较大的空间，幼儿能在属于他们的艺术空间里尽情表现艺术，谈论艺术，感受艺术。

（二）活动材料

（1）幼儿收集需要的自然物材料，如树叶、树枝、花瓣等，粉笔。

（2）教师使用的材料：手影游戏和影子舞的视频，照相机。

（三）教师角色

（1）参与者：幼儿需要时，加入他们的影子艺术团队。

（2）观察者：观察孩子实施计划、解决问题、专注力等的情况。

四、活动过程

（一）活动结构图

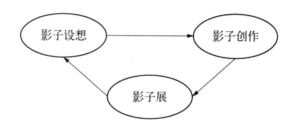

活动一：影子设想

通过晨间信息板，教师预告了今天的活动将围绕影子游戏展开。教师还和孩子们一起欣赏了手影游戏、影子舞的表演，体验了夸张、有趣的影子造型。孩子们来到操场，围绕"如何表现有趣的影子造型""需要几个人一起表演"展开了讨论，提出可以合作变成动物、桥、大树、字母、数字等。教师参与了孩子们的讨论，鼓励孩子们把他们的具体造型画出来。

接着，孩子们以团队合作的形式开始了他们的设想，并把计划画在了地上。有的三人团队画了房子的造型，有的团队参考影子舞里的造型，画出了大树。

活动二：影子创作

果果和欣欣没有制订计划，他们观察着自己的影子在地上的变化。果果发现了欣欣在阳光下的人影："欣欣，看你的影子，没有手。"欣欣伸出了双手在身体两边，果果说："欣欣，你站好了，我来给你画上眼睛和嘴巴！"

果果拿起粉笔在地上画上了笑脸表情，并对自己的作品表示满意。

一些孩子根据计划开始尝试影子"艺术表现"，源源惊喜地喊："老师，你看我的金字塔！"只见源源双脚打开，弯腰双手接触地面，这样的肢体动作在地上形成了一个"金字塔"造型。得到我的赞赏后，旁边的小城也想做金字塔的影子造型，他们开始两人合作，一人做金字塔的底部，另一人的双手在底部上方形成了金字塔的塔尖。又一位同伴来加入他们，源源提出三人合作摆出一个立体的金字塔，并指导其中一位同伴打开双腿、举起双手。

一人表现"金字塔"造型

依依、辰辰、小溪商量要用身体"造"一幢影子房子，辰辰、小溪两人面对面站着，头与头碰在一起，手平举在两人之间，一边改变身体的造型，一边观察地上的影子，辰辰说："依依，你弯下腰来，做一扇门。""不对，这样不太像，不像房子。""我们还是来做字母造型吧！"这时，老师没有阻止孩子改变计划。

依依与同伴们一起讨论如何表现字母"o""k"的造型，尝试弯腰手脚相连变成"o"，尝试两人一起手拉手、脚碰脚变成"o"，尝试在地上团成一个"o"。辰辰建议小溪伸出一只手和一只脚来摆出"k"的造型。

接着，辰辰提议三人一起变成大树的影子，于是两人站在第三人的后面，一起变

三位孩子表现大树

成大树树干，伸出自己的手变成了树枝，并要求教师把他们的影子造型记录下来。

轩轩与桐桐一会站立，一会蹲下："看，我的影子变高了。"轩轩蹲了下来并慢慢移动自己的身体："我是小矮人，哈哈哈！"他还用旁边的树叶装饰了头发。教师表示赞赏："哇！这是影子巨人，影子小矮人，影子公主。"教师用了"巨人、小矮人、公主"替代"影子变高、影子变矮"等词，利于孩子感受艺术表征的特质。

活动三：影子展

孩子们迫不及待想要展示自己的影子造型作品。他们一边展示影子造型，一边介绍："这是我们设计的字母，你们猜得出是什么吗？"另一组孩子接着说："我们的大树影子是会动的哦！""你们见过金字塔吗？是立体的金字塔哦！"孩子们如同欣赏大自然的艺术一样欣赏自己创作的影子造型。

孩子们想要看教师拍下的影子造型。于是，一回到教室，孩子们就开始欣赏自己摆出的影子造型，并纷纷对自己的作品提出了改进意见，比如大树好像还缺一些树叶。其他幼儿提出了建议："摆上树叶就可以啦！"有些幼儿表示也要尝试大树的造型，需要更多的小朋友一起来造一棵更大的树。还有幼儿对"金字塔"提出了建议："金字塔要更高一点，上面的顶要更尖一些。"

五、跟进想法

（一）活动分析

1. 发现艺术——捕捉孩子的学习兴趣

作为教师，我们需要思考如何处理孩子在看似随性的活动中发生艺术创造的可能性。例如在"影子变身"活动中，影子随处可在，孩子也许在运动时、自由活动时、散步时会对影子发出一声惊叹，做出一个动作，产生一个疑问，教师接收到这些信息，分析信息（影子元素）的特质，鼓励幼儿以造型艺术为载体，表现影子造型并感受影子的有趣和美。

事实上，幼儿对于影子的兴趣和探索可以发生在不同的情景中，在户外活动中、在自然环境中的观察、发现、表现表达，能引发了孩子对物体影子的深度探索，感知其中的艺术美，激发创作美的兴趣。

2. 个性艺术——关注幼儿艺术个体

本案例中，孩子们的兴趣与表现欲望各不相同，有的孩子提出了关于影子长短的问题："为什么中午的阳光下几乎没有影子？为什么上午的影子和下午的影子位置会改变？"有的孩子在影子活动后对"金字塔"感兴趣，在后续活动中开始尝试用其他艺术形式（如绘画、彩泥）表现"金字塔"造型。

3. 艺术材料——支持幼儿的艺术表现

孩子在艺术活动中往往需要选择材料进行组合、变形、摆造型等，教师要从艺术的角度给予最大的支持。除了美术区常见的丰富多样的艺术工具和材料之外，有时肢体也能作为材料之一，激发幼儿的探索行为。在本次活动中，幼儿的肢体犹如平时绘画时流动的线条，合理运用手、脚、身体其他部位的不同组合和变化来表现身边的各种事物。

4. "影子计划"——引发教师对幼儿认知特点的进一步思考

本次活动中大部分团队都没能按照他们之前制订的计划进行影子造型。他们中有的计划设想不完善，有的中途改变计划，有的增加新内容……为此，围绕计划，我们进行了思考。

大班幼儿有了初步的逻辑推理能力，多鼓励幼儿事先设定目标、计划，对培养做事的"计划性"具有积极意义。本次活动中的肢体动作与影子之间存在着"动作与结果"的内在逻辑，而且光线作为一个重要因素影响着影子造型的变化，这样复杂的因果逻辑会导致幼儿无法事先预设计划，或引发计划的改变。

因此，我们认为本次艺术活动之前需要制订计划，但计划是可以随着活动过程变化的；我们支持幼儿修改计划、增加计划，教师可以在过程中给予支持。

当幼儿没有具体计划时，老师可以询问幼儿初步的目标，启发幼儿想想"要做一个什么造型"，一步一步完善计划。

例如，在"金字塔"造型活动中，从 1 人金字塔→2 人金字塔→3

人立体金字塔，伴随同伴不断参与活动而增加难度，计划也随之改变。教师在观察过程中不仅要肯定"计划合理改变"，还可以支持幼儿思考"哪里是金字塔的底部""哪里是金字塔的塔顶"等问题，帮助幼儿感受物体的细节特征，甚至可以提出"怎样让金字塔的塔尖变得细一些"，促进幼儿进一步思考。

又如，辰辰从计划"表现房子"到实际操作时改为"表现字母（ok）"再到"大树影子"，教师重点引导幼儿说说其中失败的原因，以及为什么会想到要表现字母等，鼓励幼儿描述活动中的思维过程。

对照高瞻课程中的计划，我们发现根据活动特质，幼儿可以在活动前预设目标，可以在过程中调整目标，可以增加、减少、细化目标内容。

（二）跟进策略

1.给予幼儿更多讨论、分享、创作影子造型的机会

提供机会，鼓励幼儿反思影子造型过程中的想法、困难和解决困难的方法。讨论身体的不同组合会出现哪些影子造型，如：手臂的组合能表现什么样的影子造型？怎样把不需要的身体部分隐藏起来？自然材料、辅助材料与身体组合会出现哪些影子造型？如何运用自然材料表现物体的细节部分？

2.在一日生活中鼓励幼儿观察光影的变化

在户外活动中继续关注光影现象，同时运用自然材料，借助材料让影子造型更具有细节特征。利用光影活动室，继续探索光、物体和影子之间的关系。

六、课程资源

手影游戏和影子舞的表演视频。

（上海市闵行区莘庄幼儿园　倪建勋）

秋 天 演 奏 会

幼儿年龄： 5—6 岁（大班）

一、活动背景

（一）活动缘起

秋天是远足的好季节。在带领幼儿外出远足或园内散步时，我们发现孩子十分喜欢捡落叶、看落叶、玩落叶。当踩在落叶上听到"窸窸窣窣"的声音时，孩子们都十分欣喜，有的孩子还会有节奏地去踩。我们顺势追问："树叶还能怎样发出声音？"幼儿尝试了摩擦、吹、揉、拍、扇等许多方法让树叶发出声音。发现孩子们对用树叶制造声音表现出很大的兴趣，我们开始思考如何继续鼓励幼儿进行探索。

由于孩子们十分喜爱跟随音乐演奏各种小乐器，所以我们决定鼓励他们用树叶辅以其他自然物，制作会发声音的小乐器。等他们做好小乐器后，开一个秋天演奏会，一起演奏秋天的音乐。

（二）幼儿已有经验

（1）幼儿初步探索过让树叶发出声音的方式：从一开始聆听风中树叶的声音、无意识地摩擦捡到的树叶、踩在落叶堆上听树叶发出声响，到有节奏地甩动或踩踏树叶，或是抖动装满树叶的篮筐，并用"窸窸窣窣""脆脆的""闷闷的"等词汇来描述声音。由此可见，幼儿不仅对"让树叶发声"有探索，而且还对"听树叶发声"有思考。

（2）幼儿有较多的演奏各种简易打击乐器的经验。

（3）开展本活动前，我们组织过"写生秋天的树叶"及"树叶拼贴画"的活动。活动中幼儿关注到了树叶的形状多样、颜色丰富，对细节的观察使幼儿对树叶的外部特征有了更好地感知。

（三）本活动指向的幼儿发展领域及发展价值

1. 艺术领域

本活动旨在支持幼儿在"使用音乐进行表现表达"方面有所发展。高瞻课程提示我们，幼儿艺术发展从探索开始，幼儿参与音乐活动时应该注重探索和发现，教师需要寻找与幼儿一起倾听、辨别和创造声音的机会。学前儿童喜欢聆听不同的声音，乐于探索和辨别发出这些声音的事物。踩在落叶上发出的声音是来自大自然的独特的声音，捕捉到幼儿的兴趣点后，教师发起话题"树叶还能怎么发出声音"，鼓励幼儿描述听到的声音，引导幼儿进一步探索秋天里的自然物发出的独特声音，为幼儿提供创造性表达及聆听的机会。

2. 科学领域

本活动为幼儿提供更多观察和探索落叶的机会，能促使幼儿对落叶外部特征以外的其他特征产生丰富的经验。本活动也能促使幼儿对声音如何产生有更直观的体验。

3. 其他领域

活动中幼儿可以根据自己的想法进行计划及制作自然物乐器，这一过程融合了学习品质（主动性、计划性、专注性）、精细动作（使用工具制作乐器）、语言（介绍或评价乐器）和社会性发展（讨论和合作制作乐器）等方面的发展。

二、活动目标

（1）大胆想象，设计和讨论自己打算制作的自然物乐器，并能将自己的计划用绘画的形式表征出来。

（2）尝试根据计划，用远足活动中收集的自然物制作"乐器"，用多种方式探索和制造声音，体会探索与创造的乐趣。

3. 在用落叶结合其他自然物进行探索和创造的过程中，对落叶的特点积累更加丰富的感知和体验。

三、活动准备

（一）活动场景

活动的主要环境是长宁路景观步道。这是班级幼儿经常去的远足地点，路边有落叶、果子、树枝、小石子等，能为幼儿制作自然物乐器提供自然材料；步道景色优美，能激发幼儿主动跟随与秋天相关的音乐演奏自制乐器的兴趣，体验乐趣。在孩子们捡拾所需的材料后，教师带领幼儿呆在街心花园，制作自然物乐器并尝试演奏。

（二）活动材料

（1）开放的材料：长宁路景观步道上的落叶、果子、树枝、小石子等自然物；线、绳、橡皮筋、胶带、剪刀、纸盒等。

（2）教师使用的材料：用于播放音乐的播放器。

（3）幼儿使用的材料：

① 幼儿根据自己的计划捡拾的落叶、果子、树枝、小石子等自然物。

② 教师根据幼儿的计划提供线、绳、皮筋、胶带、剪刀、纸盒等。

③ 记录板，纸，笔。

④ 小软垫。

（三）教师角色

（1）当幼儿围坐在一起集体讨论和集体演奏时，一名教师为主要的活动组织者，另一名教师坐在幼儿中间，参与和协调活动。

（2）两位教师共同带领幼儿远足，保障幼儿的安全。

（3）在幼儿制订计划、自由捡拾自然物和制作自然物乐器时，两位教师分别负责观察不同组别的幼儿，并在必要的时候与幼儿进行互动。

四、活动过程

（一）活动结构图

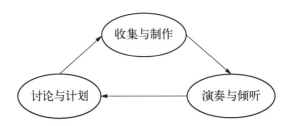

（二）活动过程

活动一：讨论与计划

远足前，教师借助晨间信息板预告了今天要用树叶和其他自然物制作乐器的事项。孩子们围绕"树叶如何演奏"以及"大自然里还有什么能用来演奏"开展了讨论，幼儿尝试了敲、拍、踩、摇、吹等许多方法让树叶发出声音，同时提出除了树叶，树枝、花朵、果实也能发出声音，这些可以组合起来做成乐器来演奏。教师参与幼儿的讨论，并鼓励幼儿将想法画下来。

接着，幼儿以个人或小组合作的方式画出"自然物乐器"设计图。有的幼儿设计时参考了教室中已有的乐器，如三角铁、铃鼓、响板和沙球；一位想模拟铃鼓的幼儿请教师协助用手工纸剪了一个"鼓面"；有的幼儿想把树叶串在一起；有的幼儿选择用树枝搭支架，橡皮筋作弦，用树枝拨动。幼儿一边画，一边把要用的材料、工具记录下来，如绳子、胶带、皮筋、剪刀等。

此阶段教师支持幼儿创造性艺术表现的做法有：给予幼儿自主的选择权（如分组、选材料）；保证充足的计划时间；为幼儿有目的地表征提供机会；与幼儿交谈，了解、支持幼儿的想法。

活动二：收集与制作

教师根据幼儿的计划提前准备要带的工具和材料，幼儿带着自己的计划图一起去远足。幼儿一边走一边捡路旁的自然物，他们也会和同伴、教师谈论自己的发现，例如"我捡了一片大叶子""我找到了树枝，需要4根""我们这组要许多树叶"……一路上，幼儿捡了许多掉落的树叶与树枝，掉落的果子、花朵比较少。出于爱护环境，教师不允许幼儿去采摘花朵或果子。

走到街心花园后，自制乐器的行动开始了。幼儿表现出极高的自主性："我需要许多树叶和双面胶。""我要4根树枝。""我需要树叶和绳子。"……幼儿对自己的计划胸有成竹，能迅速拿取自己需要的材料进行创造，在合作的过程中互相交流想法。自制乐器时，有的幼儿用剪刀在树叶上打洞，并串上线；有的幼儿将果子放进瓶子里；有的幼儿折断树枝做成乐器框架；有的幼儿将树叶包裹在铃铛外，并粘在树枝上做成"沙球"……幼儿在捆绑树枝、树叶时会有困难，需要教师协助。

不少幼儿制作完乐器后，欣喜地与教师分享自制乐器的演奏方法和声音："老师你听，是沙沙沙的声音。""这个摇一摇有声音。"

此阶段教师支持幼儿创造性艺术表现的做法有：发现幼儿需要的自然物，或与幼儿一起收集自然物，为幼儿提供足够的活动空间。

幼儿完成的自制乐器

活动三：演奏与倾听

制作完成后，大家围坐在一起。教师播放音乐《秋天多么美》，幼儿跟随音乐开始了"秋天演奏会"。音乐响起后，孩子们合着音乐和节奏，有的甩动树枝和铃铛组合的"沙球"，有的用树枝敲着纸盒和树叶做成的"小鼓"，有的摇起树叶串成的"串铃"，有的用刮的办法让自然物小乐器发出声音……在秋风、落叶和音乐中，孩子们使用亲手制作的自然物小

幼儿进行小组合奏

乐器，聆听自然物小乐器发出的独特的声音。集体合奏结束，我们请幼儿按照小乐器的不同制作方法来分组，进行小组合奏。由于场地靠近马路，自然物制成的小乐器发出的声响较小，幼儿并不能很好地感受与欣赏乐器发出的声音。

当天下午的角色游戏时间，教师鼓励幼儿可以拿上午自制的乐器在舞台上表演，然而大部分幼儿还是选择了现成的乐器，只有一名幼儿拿出了自己的"树叶串铃"参加表演。

此阶段教师支持幼儿创造性艺术表现的做法有：展示幼儿制作的乐器，并从听觉和视觉的角度，鼓励幼儿互相观赏乐器，谈论对乐器的想法；在讨论自然物制作乐器的造型及声音时，使用描述性语言进行表述。

五、跟进想法

（一）活动分析

1.给予孩子自主探索声音的机会，激发幼儿对音乐的兴趣和创造性

以往在音乐活动中，我们较多关注让幼儿使用现成的打击乐器演奏乐曲，较少思考让幼儿自己尝试探索声音，自制乐器。高瞻课程提示我们，声音就像图像一样，是一种表现物体和事件的方法，例如"沙沙沙"可以代表风吹过树叶的声音，警报器的声音意味着周围有应急车辆。学前儿童乐于倾听并识别不同的声音代表了什么，我们应支持幼儿的这种兴趣，包括支持幼儿使用或组合材料并自己制造声音，为后续的音乐表达表现奠定基础。

本次活动是一次很好的尝试，让我们看到了孩子们从中获得的愉悦和对音乐活动的喜爱，也看到了孩子们极强的创造力，后续应继续支持他们对声音的探索。

2. 整合艺术与其他领域的活动，促进幼儿在其他领域的主动学习

本次活动虽然是艺术活动，但实际上有助于幼儿对落叶等自然物、对如何发出声音等科学现象进行观察与思考，有助于幼儿精细动作等方面的发展，由此，我们发现"艺术不是孤立存在的"，教师应捕捉艺术活动中多领域发展的契机，同时重视在一日生活中艺术活动与其他领域活动的结合。

3. 幼儿的创造性艺术探索和表现以前期生活经验为基础

幼儿的创造性艺术表现来源于生活经验，不少自制乐器的设计和制作都是对某种乐器的模仿和迁移。同一根树枝，既可以是三角铁的框架，也可以是打击乐器的棒槌。当然，从幼儿自制乐器的过程可以发现，他们并不是简单地模仿已有乐器，而是加入了一些新的元素，进行大胆的探索，如点与线的结合、几何图形的分割等；幼儿在使用树叶时不再局限于平面，他们会修剪树叶的形状，会在树叶上缠绕线条，甚至将树叶卷起来做成球形……不过，教师发现幼儿自制的乐器多为打击乐器，其他种类的乐器较少。

到底是幼儿缺乏其他乐器的经验，还是幼儿内心已经确定自然物只能自制打击乐器，这值得观察与分析。为此，教师思考如何进一步促进幼儿对声音和音乐的探索，为幼儿提供更多的简单乐器（如吉他、长笛），让幼儿去探索，以此了解幼儿对自然物特性的认知以及乐器的相关经验。

4. 幼儿不喜欢使用自制乐器，引发对教师"鹰架"支持策略的反思。

我们注意到，在户外演奏时，孩子们兴趣很高，主动使用自己或是与同伴合作自制的乐器，合着音乐进行演奏；但回到教室，相比自制的乐器，幼儿更喜欢使用现成的乐器。我们觉得可能有以下两个方面的原因。

首先，现成乐器的音色比自制乐器更响亮。户外嘈杂的环境无法让幼儿清晰地倾听自制乐器发出的声音，导致幼儿对使用自制乐器的兴趣度降低。

其次，幼儿可能将"自然环境"与"自然物乐器"联系在一起，将"现成乐器"与"教室"联系在一起。换言之，自然环境激发了幼儿用自然物演奏的想法。进一步分析高瞻课程的材料后，我们感觉之前教师比

较多地关注了制造乐器和声音本身，关注跟随音乐演奏乐器，忽略了声音是一种表现物体和事件的方法，乐器是用来制造音乐、表现所思所想所感的工具。我们组织幼儿在秋天的场景下用落叶及其他自然物制作乐器，之后又用这些乐器演奏与秋天相关的歌曲，幼儿可能会认为他们自制乐器是在表现秋天；教室内的活动是"民族大舞台"的背景，幼儿可能会认为用落叶制作的自制乐器发出的声音较轻，无法表达他们对"民族大舞台"音乐和表演的理解。

对照高瞻课程的"鹰架卡"，我们意识到在整个活动中，教师注意了与幼儿分享创造和演奏的快乐，比较注重让幼儿在演奏的过程中尝试跟随音乐的节奏，但创设的环境其实并不利于幼儿去仔细倾听自制乐器发出的声音，而且教师忽略了对幼儿制造的声音进行评论，如"你用拨动树叶的方式发出了沙沙沙的声音"；幼儿没有机会去感知、体验和描述自制乐器的声音特征，如"用拨动树叶的方式发出的声音，听起来轻轻的，柔柔的"，也没有机会用这些乐器去表达他们的所思所想所感。

（二）跟进策略

基于以上分析，我们拟使用如下策略进行跟进。

1. 提供机会，鼓励幼儿展示和交流自制的自然物乐器及其声音

鼓励幼儿展示自己的作品、观看同伴的作品，鼓励幼儿介绍及反思创作的过程，讨论工具和材料的使用和发出声音的方式，在适当的时机支持幼儿描述自然物乐器发出的声音，讨论所发出的声音的特征，其中包含从比喻、联想的角度描述声音特征，以及接下去还能如何继续对这些自制乐器进行探索和完善。

2. 为幼儿使用自然物乐器提供更多机会和更利于倾听乐器声音的环境

可在户外远足及园中散步时继续为幼儿提供使用自然物乐器的机会，鼓励幼儿在使用过程中发现问题、共同讨论，进一步开展探索活动。

不管是在室内还是在室外，都应为幼儿提供静谧的环境，以便幼儿能倾听、辨析自制乐器所发出的声音。教师不急于要求幼儿跟随音乐去演奏自制乐器，以免音乐掩盖了乐器本身的声音。教师可以考虑提供纯音乐，以免歌词使幼儿无法专注于对乐器声音的探索。

3.投放更多类型的简易乐器，丰富幼儿的相关经验

既鼓励幼儿探索乐器的声音，又为幼儿自制乐器及声音提供经验。另外，在一日生活中支持幼儿自由地使用自然物乐器和简易乐器进行活动，如可以自己边弹奏乐器边歌唱，也可以用乐器发出的不同音高的声音去尝试表达一些场景或故事等。

六、课程资源

（1）中文歌曲《秋天多么美》。

（2）纯音乐《秋》。

（3）纯音乐《森林狂想曲》。

（4）维瓦尔第《四季·秋》第三乐章。

（5）图画书《14只老鼠的秋天进行曲》。

（6）视频片段《Stuff that Sounds like Autumn》。

（上海市长宁区新实验幼儿园　刑乃雯）

是 谁 在 歌 唱

幼儿年龄： 5—6岁（大班）

一、活动背景

（一）活动缘起

在孩子的世界里，歌唱很简单。

一个词、一句话、一个音符，甚至一个声响，简简单单即可成就一首欢乐的歌。我们走出教室、走进花园，在大自然中一起用歌声来诉说它的美好，感受歌唱的朴素的欢乐。

歌唱，对于孩子来说是一种表达，也是一种游戏。欢乐的旋律是他们快乐的翅膀，当歌声响起，他们都会不由自主地一起哼唱，和同伴分享快乐。

我们在美丽的花园里席地围坐，说说、唱唱、玩玩。以轻松的心情唤醒多通道感官体验，享受歌唱的欢乐和彼此陪伴的温馨。

（二）幼儿已有经验

（1）幼儿熟悉歌曲《是谁在歌唱》的旋律。
（2）活动前组织幼儿寻找、聆听过自然界的各种声音。

（三）本活动指向的儿童发展领域及发展价值

1. 艺术领域

本次活动旨在支持幼儿获得"以歌唱的方式进行表达表现"的能力。

幼儿歌唱活动应该从感受开始，教师需要寻找与幼儿一同体验与创造的机会。

学前儿童喜欢跟着乐曲哼唱，他们听到熟悉的旋律和有趣的歌词就会马上哼唱起来。有时，他们还会把自己喜爱的事物添加到熟悉的旋律中反复说唱。捕捉到幼儿的兴趣点后，教师发起了"是谁在歌唱"的话题，鼓励幼儿描述自己的发现，并为幼儿提供聆听与创造性表达的机会。

2. 科学领域

本次活动为幼儿提供了探索自然界中各种声音的机会，促使他们对大自然中各种声音的特性有了更加丰富的经验。

3. 其他领域

活动中，幼儿需要专注聆听，并用简练的语言表达自己的发现；活动中，幼儿可以与同伴一起分享自己的感受，这一过程融合了学习品质、语言倾听与表达、社会性发展等多方面的发展。

二、活动目标

（1）尝试把自己在大自然中聆听到的声音用歌声表达出来。

（2）体验和同伴一起歌唱的快乐。

三、活动准备

（一）活动场景

幼儿园的花园，或者其他拥有鸟语花香的环境。

（二）活动材料

蓝牙音乐播放器、尤克里里。

（三）教师角色

（1）当幼儿围坐在一起集体讨论时，一位教师为主要的活动组织者；另一位教师坐在幼儿中间，参与和协调活动。

（2）两位教师共同带领幼儿在花园中感受与发现。

（3）在幼儿创造与表达时，两位教师分别观察不同小组的幼儿，并且在必要时与幼儿进行互动。

四、活动过程

（一）活动结构图

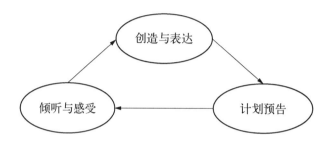

（二）活动过程

活动一：计划预告

活动前，"信息预告板"上预告今天即将组织的活动"花园里寻找声音"的注意事项。孩子们围着"信息预告板"阅读相关信息。

幼儿1："今天我们要去花园了。"

幼儿2："这个耳朵是什么意思呢？"

幼儿3："耳朵就是听的意思呀！"

幼儿4："为什么有个问号呢？"

幼儿5："问号就是不知道会听到什么声音。"

听着幼儿间的互动，教师给予肯定："你们都看懂了，今天的预告是'我们在花园里会听到什么声音'。"

活动二：倾听与感受

幼儿读懂信息内容后，进入花园开始寻找声音。

幼儿1："我听到了小鸟的声音，叽叽喳喳。"

幼儿2："我听到了汽车喇叭的声音，滴滴嘟嘟。"

幼儿3："我听到了风的声音，呼——呼。"

幼儿4：“我好像听到了中班教室里的电视机的声音。”

幼儿5：“我听到树叶被风吹动的声音，沙沙沙。”

幼儿6：“我听到了走路的脚步声，踢嗒踢嗒。”

幼儿7：“我听到了垃圾车的声音。”

幼儿8：“我听到了滑滑梯的声音，咻咻咻。”

幼儿10：“我听到了铃铛的声音，叮叮当当。”

幼儿11：“我听到了知了的声音，吱吱吱。”

幼儿12：“我听到了小猫的叫声，喵——喵。”

幼儿十分专注地倾听周围的声音，每当幼儿有所发现时，教师便同他们一起静静地聆听。

活动三：创造与表达

教师循环弹奏幼儿熟悉的歌曲《是谁在说话》的旋律，边走边把孩子们的发现唱进歌里：“叽叽喳，叽叽喳，小鸟在说话；呼呼呼，呼呼呼，风儿在说话；滴滴嘟，滴滴嘟，汽车在说话；淅淅沙，淅淅沙，树叶在说话……”

陆续有幼儿跟随教师一起哼唱。于是，教师与这些幼儿自然地围坐在一起，你一句我一句地一同哼唱起来：“咯咯哒，咯咯哒，小母鸡在生蛋；啦啦啦，啦啦啦，小草在长大；吱吱吱，吱吱吱，小老鼠在打呼……”

不断有幼儿参与进来，也有幼儿重新回到花园里去寻找新的声音。

幼儿更愿意用自己的语言，配合旋律歌唱。

五、跟进想法

（一）活动分析

1.给予幼儿自发决定歌唱内容的机会，能极大引发表达和创造的兴趣

以往的歌唱活动，大多注重幼儿对歌曲内容的理解与掌握，较少关注歌唱本身的娱乐作用。高瞻课程提示我们，歌唱不是一种技艺，它是表达所见、所想、所感的一种艺术语言。学前儿童乐意说说、唱唱自己的所见、所闻、所想，教师应当支持幼儿的这种兴趣，包括支持幼儿的感受与发现，

并用自己的语言配合熟悉的旋律哼唱，为之后的创作奠定基础。

2.幼儿创造性的歌唱是以前期的生活经验为基础

幼儿的歌唱来源于生活，熟悉的旋律、周围熟悉的声音，都是他们创造的经验基础。在幼儿创造的过程中，可以看出他们并不是单纯模仿成人的演唱，他们会逐渐融入自己的语言，例如，"咯咯哒，咯咯哒，小母鸡在生蛋；啦啦啦，啦啦啦，小草在长大；吱吱吱，吱吱吱，小老鼠在打呼⋯⋯"

3.幼儿更喜欢用自己的语言配合旋律歌唱

在活动中，幼儿更喜欢用自己的语言唱出自己的发现，或许比起成人给予的固定句式，他们自己的语句让歌唱更像是一种语言，能充分自然地表达他们的感受与体验。

（二）跟进策略

1.给予幼儿更多歌唱自然的机会

教师提供亲近自然的机会，利用户外活动和出游的机会，鼓励幼儿去感受与发现，并把自己的发现记录下来；日常生活中提供歌唱的机会，鼓励幼儿歌唱自己的发现；创设录音室，录下幼儿自己的歌声。

2.支持幼儿描述和分享

教师根据对幼儿发展水平的观察，在适当的时机支持幼儿描述自然界里的声音，与同伴分享自己的发现。

3.一日生活中融入更多歌声

一日生活中，教师可以在各环节中融入适合的歌曲，例如来园时的《早安歌》《我有一双勤劳的手》，运动时的《健康歌》，午睡时的《摇篮曲》，离园时的《再见歌》等，潜移默化地唤醒幼儿自主歌唱的愿望。

六、课程资源

中文歌曲《是谁在说话》。

（上海市虹口区体育幼儿园　池轶君）

参观东方乐器博物馆

幼儿年龄：5—6岁（大班）

一、活动背景

（一）活动缘起

随着"我是中国人"主题活动的展开，孩子们通过故事、律动、歌唱等一系列活动了解了很多少数民族的音乐，特别是对各种造型独特的乐器很感兴趣，比如蒙古的马头琴。于是，孩子们和家长一起收集了很多乐器的信息，如乐器的图片、乐器演奏的曲子，有的小朋友还带来了家里的小乐器来表演，如口琴，但大部分孩子还是停留在欣赏图片或视频的层面。

为了解决这一问题，教师动员家委会开始搜索是否有合适的社区艺术资源，可以带孩子们身临其境体验各种不同的乐器。通过多次实地考察，最终选择了位于徐汇区的上海东方乐器博物馆作为活动场地，还有幸邀请了上海音乐学院的老师来做讲解。

（二）幼儿已有经验

（1）幼儿对常见乐器的外观特征和演奏方式有一定的了解。

（2）幼儿有较多的演奏各种简易打击小乐器的经验。

（3）在参观活动前，孩子自主收集有关东方乐器博物馆展品的信息。

（4）在大班主题活动"我是中国人"中，对少数民族有相关了解。

（三）本活动指向的幼儿发展领域及发展价值

1. 艺术领域

艺术欣赏能更好地激发孩子的音乐兴趣与音乐理解力。我们利用博物馆，为孩子提供机会，欣赏不同民族、不同国家、不同时期的乐器，还邀请了音乐学院的老师来给孩子们介绍各种不同的乐器，在场馆允许的情况下，带领孩子们体验敲击曾侯乙编钟、甘美兰乐器，让孩子们带着敬畏之心感受来自古代中国和甘美兰的宫廷乐音，满足幼儿欣赏乐器和探索乐器的需求。活动延伸到生活中的小乐器——杯子，让孩子们从艺术欣赏回归生活，发现自己周围也有丰富多彩的"乐器"。

2. 社会领域

幼儿是逐渐认识他们身处的环境的。年龄较大的幼儿能够识别艺术作品所代表的时间、地点以及文化的相似和不同之处。在东方乐器博物馆里，古今中外的乐器引发幼儿思考并感受文化的多元性，比如在甘美兰乐队中，乐师"不跨越乐器进入座位"是对音乐的尊重。孩子们听完后，在之后的音乐活动也遵守"不跨越乐器"的规则。

3. 其他领域

参观活动中幼儿会根据自己的想法制订简单的计划，有目的地参观乐器博物馆，这个过程融合了学习品质（主动性、计划性、专注性）的培养，还提升了表现与表达的能力，即把自己的所思所想用绘画的形式表现出来，再通过语言来表达。

二、活动目标

（1）在看看、找找、听听、玩玩的过程中，激发了解和探索乐器的兴趣，体验各种乐器的乐音之美。

（2）尝试制订简单的计划，在探索乐器博物馆的过程中独立完成任务，体会探索与创造的乐趣。

（3）家长和幼儿共同加深对乐器的了解，增进亲子之间的情感。

三、活动准备

（一）活动场景

为了更好地体现高瞻课题的理念，优化活动的设计，活动参加人数为 32 人（16 个孩子、16 位家长）。

活动场所东方乐器博物馆是上海音乐学院创办的小型博物馆。馆内收藏乐器约 500 多件（套），分"中国古代乐器区""中国现代乐器区""外国民族乐器区""少数民族乐器"四个展区。幼儿能在馆中自主参观，近距离"接触"乐器。馆内配有语音解说器，能让幼儿根据自己的喜好，对相关乐器进行深入了解。同时特邀上海音乐学院教师针对"曾侯乙编钟"与"甘美兰乐队"进行专业的讲解，进一步丰富幼儿对乐器的认知。

（二）活动材料

1. 开放的材料

上海东方乐器博物馆的馆藏品编钟和甘美兰乐器，允许幼儿在教师的指导下使用，其他展品仅供参观。

2. 教师使用的材料

用于播放音乐的播放器，马头琴演奏的乐曲，用于发出乐音的杯子。

3. 幼儿的材料

根据幼儿共同聚焦的关注点制订任务书，并预留空白页，让幼儿记录个性化的参观计划；纸、笔，软垫，杯子。

（三）教师角色

（1）教师事先参观博物馆，了解博物馆的大致布局以及馆内主要展品的分类。与讲解老师沟通将要开展的活动，确定符合大班幼儿年龄特点和认知水平的互动内容。

（2）根据幼儿的关注点，制作"寻找音乐之声"任务书。

（3）准备活动所需的各种材料。

（4）一名教师为活动组织者，多名教师观察幼儿，并在必要时进行互动。

（5）教师陪同幼儿参观，保障幼儿的安全。

四、活动过程

（一）活动结构图

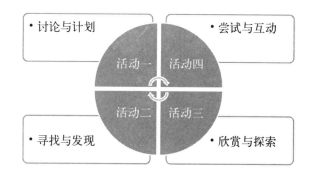

- 讨论与计划　　活动一　　尝试与互动　　活动四
- 寻找与发现　　活动二　　欣赏与探索　　活动三

（二）活动过程

活动一：讨论与计划

引发讨论：小组活动提出一些关于参观博物馆的问题：东方乐器博物馆里有什么？你最想去乐器博物馆里看什么？你想尝试演奏什么乐器？在参观博物馆的过程中需要注意什么？一个幼儿说：博物馆里会不会有日本的乐器。另一个幼儿说：我想看看其他国家的乐器。

制订计划：计划包括两个方面，一是教师预设的任务，包括"寻宝""探索声音""玩转杯子"三个部分；二是幼儿生成的计划，幼儿根据自己的兴趣制订计划内容。比如：有幼儿在计划书上画了马、音符、小人等符号，表示"想要听听马头琴的声音"；有幼儿画了一个爱心，表示要去找一件自己喜欢的乐器。

幼儿自主制订参观计划

活动二：寻找与发现

正式参观前，教师对家长和幼儿提出要求：家长要放手让孩子自己去完成任务，不要替代，不要轻易打断孩子；幼儿需要想一想"你的任务是什么"，鼓励幼儿邀请好朋友共同完成任务，遵守博物馆参观的规则。

妈妈给孩子介绍"虎座鸟架鼓"

分散活动中，有幼儿倾向于跟着家长共同完成任务；有幼儿喜欢和同伴共同参观、寻找乐器，也有个别幼儿看着看着就忘记了任务，被各种独特的乐器吸引。

"中国古代乐器展区"巨大的编钟引起幼儿的关注。

"哇！这么大的铃铛啊！怎么敲呢？"

胆大的孩子去摸了摸说："好像是铁做的，对吗？"

有个孩子的爸爸在旁边说："我来查一查。"他查了百度，并告诉孩子，编钟是乌铜做的，乌铜是一种金属。孩子用手轻轻地敲了敲，编钟发出了一些震动，但声音很细微。他又用力敲了敲，编钟发出了低沉的金属声。还有一个颜色鲜艳的"虎座鸟架鼓"引起了大家的关注。家长们是这样向孩子们介绍：

"你看，这是一面鼓，看看底部是什么动物？"

"老虎的身上站着谁？"

"我们找到了虎座鸟架鼓哦！"

在"少数民族乐器展区"，站在马头琴旁，教师播放了用马头琴演奏的音乐，鼓励幼儿仔细倾听，大胆表达。

活动三：欣赏与探索

第一部分：敲击大小不同的编钟，聆听来自古代中国的宫廷乐音。

来自音乐学院的专家教师用编钟演奏的音乐引起了大家的关注。

专家教师介绍了眼前这套乐器的名称，请孩子们来猜一猜乐器的材质。"铜做的。""是金属做的。""是乌铜做的。"回答各不相同，那位经过爸爸百度查询得知答案的小朋友给出了正确的答案。专家教师用富有童趣的语言和提问的方式介绍了编钟的历史。

大家最感兴趣的是演奏并倾听这个古代乐器的声音。孩子们发现每

个编钟都有不同的声音，而且敲的地方不一样，发出的声音也不同。一阵探索后，专家教师提出问题："有一个地方的声音最好听，你们知道是哪里吗？"等专家教师娓娓道出编钟演奏的方法后，孩子和家长一起欣赏了她用编钟演奏的《玛丽有只小羊羔》。

第二部分：演绎甘美兰乐队，感受来自古甘美兰的乐器礼仪。

专家教师请幼儿倾听编钟的低音

大家跟着专家教师探索印度尼西亚甘美兰乐器。这是一个很大规模的乐队，有鼓，有类似钢片琴的乐器，有钵，有锣，有木琴，还有像锅子一样的乐器，看着被分到演奏这个乐器的孩子，旁边的孩子对他开玩笑说："你好像在烧饭。"

每个乐器都是用不同的锤子演奏的，教师给每位孩子发了相应的音锤，大家进入自主探索的模式，孩子们对乐器的每个部位都很好奇，一处一处敲击，仔细分辨乐器发出的声音，然后把这些声音按音高一遍一遍地敲击，或是反复击打着自己喜欢的那个音高。

幼儿尝试敲大编钟

幼儿尝试敲高处的编钟

专家教师介绍甘美兰乐器

幼儿说"好像在烧饭"

　　之后的环节中，教师让大家用甘美兰乐器尝试演奏《小星星》。听了甘美兰演奏的《小星星》后，孩子们对乐器演奏的乐曲充满疑惑："好像《小星星》的音乐哪里不太对？""为什么感觉有点走调？"通过教师的解说，大家才明白，原来不同国家的音乐风格是不一样的，每个国家的乐器最适合演奏自己国家的歌曲，不然就会变得怪怪的。最后，教师用甘美兰乐器中的钢片琴演奏了一段具有印度尼西亚风味的歌谣，让整个活动画上了圆满的句号。

活动四：尝试与互动

　　幼儿和音乐是天生的合作者，像其他领域的艺术一样，音乐领域既强调探索和发现（不是成果或表现），又强调音乐欣赏。

　　其实，生活中诸多日常物品也能当乐器。参观结束后，大家席地而坐，开展了一场特别的演奏会，和杯子一起做游戏。

　　活动中，孩子教爸爸妈妈用杯子、手和地板拍打组合节奏；在和自己的父母一起游戏、体验亲子情感时，还通过尝试交换杯子、传递杯子等方式，参与到集体游戏中，充分感受"生活中音乐无处不在"。

幼儿探索甘美兰乐器

五、跟进想法

（一）活动分析

1.事先计划，提高任务意识

幼儿的艺术探索表现源于已有的相关经验，幼儿自主设计的计划书是在对东方艺术博物馆已有了解的基础上进行的。当幼儿看到许多和常见乐器不同形态的乐器后，会想去了解它是如何演奏的，音色是什么样的。另外，当幼儿看到用瓷碗、锯子、海螺这类日常用品做乐器时，由衷感叹："哦！这也是乐器吗？"

我们把幼儿提出的疑惑整合起来，做成一本任务书。希望幼儿在参观时有目的、有计划地进行探索活动，在参观后获得更多的收获。

把任务书提前发给幼儿，是为了能让他们熟悉活动的主要内容与流程。这样可以很好地支持幼儿在活动中自主寻找、自主发现，不至于为了急于完成任务，忽略了参观的本质。

2.多元互动，深入感知乐器

在以往的音乐活动中，幼儿较多使用简单现成的小乐器，或是用废旧物品替代物进行打击乐演奏，很少接触如"曾侯乙编钟""甘美兰"这类专业、历史悠久的乐器，就算自己去博物馆也是只能看看，并没有机会真正去演奏，更缺乏专业教师进行相关历史文化知识的讲解。

在准备此次活动时，我们和音乐学院教师多次沟通，让专业教师尽可能多地给予孩子现场互动和探索乐器的机会。因为，对孩子们来说，现场参与表演能支持幼儿在观察、接触、欣赏、探索的过程中，通过多种感官感受乐器发出的不同声音。

3.参观欣赏，回归发现生活乐器

与按成人要求开展的活动相比，孩子们普遍对自己发起的活动更感兴趣。他们在乐器博物馆里参观收集了大量的信息，在互动环节中有了多种感官体验之后，孩子们意犹未尽，萌发了和家长一起用生活中的物品玩音乐的意愿。

在本次参观的过程中，幼儿惊奇地发现不少用生活中常见物品做成的乐器，如：瓷瓯，这是一套从小到大，用不同尺寸的碗串联起来的打击乐器，幼儿可以在家中进行相关尝试，利用家中大大小小的碗进行打击乐活动。

因为学前儿童喜欢聆听不同的声音并辨别发出这些声音的事物，有了表征事物的新能力，和生活元素相结合，鼓励幼儿继续探索生活中的声音和自然界的声音，能促进幼儿主动学习，激发幼儿探索生活中的乐器的愿望。

4. 家园共育，提升家庭音乐素养

借助本次活动，教师向家长展示宣传幼儿园尊重幼儿年龄特点、支持幼儿学习与发展的方式，鼓励幼儿"积极探索、自主发现、乐于表达、敢于创造"，不包办，不代替幼儿进行活动。活动始终把幼儿放在主体位置，给予幼儿更多探索与讨论乐器、感受声音的机会。同时，根据现场情况鼓励幼儿展示自己的参观体验，并通过玩转生活中的素材——杯子，拓宽幼儿的眼界，丰富幼儿对乐器的理解，提升幼儿的相关经验，为幼儿园的后续活动奠定基础。

为此，教师鼓励家长回家后要多支持幼儿参与创造活动，引导幼儿充分交流自己制作的乐器以及发出的声音，鼓励幼儿用语言描述听到的声音，并运用语言、绘画、动作等形式，记录自己在参观东方乐器博物馆后的感想，尝试用生活中的材料制作小乐器。

5. 思考如何进一步提升幼儿在艺术欣赏中的专注力

本次参观活动得到幼儿的喜爱，活动过程中他们积极互动，情绪高涨，但有时过于激动，使得仔细聆听、欣赏音乐显得有点薄弱。我们思考除了提供各种声音、丰富幼儿的体验之外，教师还需要有目的地为幼儿的聆听和欣赏活动创造机会。

6. 思考如何进一步推进幼儿在参观探索中的兴趣

幼儿好学好问，有极强的探索欲，动手能力较强，喜欢直观的感官体验。由于博物馆的场地和规则限制，大多数展品都封存在玻璃橱窗中，孩子们只能隔着玻璃观赏，不可能近距离触摸每一件感兴趣的乐器，更不可能对每件乐器进行自主探索，所以对于孩子感兴趣的乐器，对于孩子现场提出的需求，我们能给予的支持有限，多数采用口头讲解和上网查询的方式解决。尽管如此，孩子们在活动中依旧情绪高涨，对于观看网上的文字解说以及视频、音频很感兴趣。

我们思考如何把孩子们感兴趣的乐器"请回"幼儿园，弥补现场参观时的遗憾，满足幼儿的探索需求。

（二）跟进策略

基于以上分析，拟使用如下策略进行跟进。

1. 在博物馆参观过程中提供更多的音乐欣赏

（1）在任务书中增加聆听的任务，让幼儿更有目的地探索音乐。教师在任务书上预设相关任务要求，如："请你找一找乐器，并仔细听听它的声音。"这类提示语可以让幼儿带着任务开展活动，避免出现参观漫无目的，使得欣赏乐曲只是一种形式。

（2）现场提供多种乐器的声音。虽然在事先的准备活动中，教师了解过幼儿感兴趣的乐器，收集音乐，制作音频，供幼儿现场欣赏，但在活动现场，幼儿对乐器的兴趣超过了教师的预料，他们想了解的乐器有很多。如果教师能提供更多乐器声音的信息，能给予幼儿更丰富的感官体验，就可以让活动价值最大化，使活动更充实，更完善。

（3）可以让幼儿现场仔细聆听，欣赏音乐，并表达自己对声音的感受。在幼儿欣赏音乐时，教师提醒他们仔细聆听，并在适当的时候进行提问、讨论与记录。同时，教师收集同一乐器演奏的不同风格的乐曲，如悲伤、喜悦、紧张、舒缓等，让幼儿通过感受不同乐曲的意境，表达自己对声音的感受。

2. 在幼儿园一日活动中丰富探索乐器的机会

（1）带来自制乐器，开个博物馆，边演奏边展示。一日活动皆课程。在参观活动结束后，教师在幼儿园的一角开设了一个小型的乐器博物馆，让幼儿把自己制作的乐器放进去。在这一角落，幼儿既可以自主地观察乐器的材质和外形，又能亲自探索乐器的演奏方式，听听自制乐器发出的声音，弥补幼儿在东方乐器博物馆无法一一探索的遗憾。

同时，教师在这个区域里投放废旧物品，如纸盒、罐子、管子、瓶子、铁皮盒等，以及各种工具如剪刀、橡皮筋、夹子、胶水、绳和线、打洞机、订书机、双面胶等，鼓励幼儿发挥想象，自己动手制作喜爱的小乐器，继续探索声音的奥秘。

（2）邀请会演奏乐器的家长来园活动。众所周知，早期教育中，园所与家长的合作关系将有益于幼儿、家长、教师的共同发展，家长的积极参与对于幼儿的学习与发展有着至关重要的作用。教师可以邀请有音乐才艺的家长参与和协助各种活动，邀请家长志愿者组成小乐队，带着乐器协助、支持幼儿的活动，如唱唱跳跳、金曲点唱、自编自唱等等，和乐器来一次亲密接触。

3. 在游戏中提供多种民族乐器、服装、图片，表现对音乐的创造

游戏是幼儿最主要的学习方式。在活动中，通过照片等材料创设少数民族生活环境，丰富幼儿关于少数民族生活环境的经验，并提供民族服饰供幼儿自主穿戴，在身临其境的感受中，探索少数民族的乐器，感受少数民族乐器独有的韵味。

（上海市黄浦区学前幼儿园　李　媛）

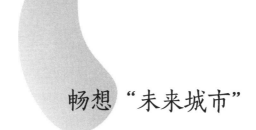

畅想 "未来城市"

幼儿年龄：5—6岁（大班）

一、活动背景

（一）活动缘起

开学初，幼儿园组织大班幼儿参观嘉定安亭汽车博物馆。在汽车博物馆中，孩子们观看了小电影《未来汽车》，电影中"炫酷十足"的未来汽车设计引发了孩子们的讨论。

"以后的汽车都是无人驾驶的！"

"汽车可以直接开到十几楼的高层去，不需要停车场了！"

"盲人也可以自己驾驶汽车去医院了。"

……

这样的讨论一直持续到班级中，我问孩子们："未来的汽车可以这么厉害，未来的城市会发生怎样巨大的改变呢？除了汽车会变得如此智能，城市里其他地方会发生变化吗？"

孩子们开始畅想：未来餐厅里没有服务员，全部都是机器人；未来城市里会有猎豹飞车，再也不用担心堵车的问题；未来乘飞机每个人背上自动翅膀，不会再有空难……

孩子们的想法越来越多、越来越新奇，想要用图画的方式表现他们对"未来城市"的设计与想法，于是我们决定开展关于"未来城市"的主题式探索活动，孩子们可以通过小组自主设计并制作的方式来构建属于他们的"未来城市"，讲述在"未来城市"中发生的精彩故事。

（二）幼儿已有经验

（1）在个别化学习区角活动中，幼儿有使用纸盒创意制作汽车的经历，对于纸盒的粘贴、挖孔等有一定的方法与经验。

（2）在参观汽车博物馆之后，与幼儿开展过集体教学活动"小小汽车设计师"，通过绘画的艺术表现形式展现幼儿对未来汽车的创想。

（3）开展过主题活动"我是中国人"，对中国各地著名建筑的外形特征、房屋功能有一定的观察与了解。

（三）本活动指向的幼儿发展领域及发展价值

1. 艺术领域

本活动旨在通过运用多种工具、材料和不同的表现手法表达自己对"未来城市"的感受和想象，教师需要提供师幼共建艺术表现区的机会。大班幼儿愿意和别人分享、交流自己喜欢的艺术品和体验，教师要尊重和理解幼儿在"未来城市"中的创意想法，当幼儿主动介绍自己制作的作品或与同伴设计的图纸时，要耐心倾听并给予积极回应和鼓励。

2. 科学领域

本活动提供了对"未来城市"区域的整体观察与空间布局、设计等。在制作开始之前，教师提供了图纸设计的机会，幼儿可以与同伴合作、交流，用图画的方式将想法进行记录。

3. 其他领域

在活动中，幼儿对"未来城市"的整体区域进行观察和规划，发展自主规划的能力；幼儿发现问题后进行调整，发展自我调整和完善能力；幼儿与同伴展开讨论，一起设计，协商解决问题，发展合作能力和解决问题的能力。

二、活动目标

（1）大胆想象、设计和讨论对"未来城市"的想法与创意，尝试将自己的计划用绘画的方式进行表征。

（2）尝试根据计划，自主收集材料并创意制作"未来城市"，体验"未来城市"的新奇与美好。

（3）在制作"未来城市"的过程中，体验同伴之间的小组式合作学习，与同伴共享学习方法与经验。

三、活动准备

（一）活动场景

活动的主要环境是嘉定城区，这是孩子们对城市最熟悉和了解的地方。

开展活动前，我问孩子们："你们最想了解城市的什么地方？如果请你去收集城市的资料，你会收集关于城市哪方面的资料呢？"经过讨论，教师梳理出孩子们对城市感兴趣的三个地方，分别是：小区住宅（高层建筑），公共设施（图书馆、公园、商场等）和游乐设施。

结合幼儿的兴趣点，将幼儿分成四个小队，利用周末的时间，以小队活动或个体活动的方式，由家长带领幼儿去相关的地方进行拍摄、记录，收集资料。

（二）活动材料

1. 幼儿使用的材料

用于拍摄照片的手机、iPad，用于记录的记录本、笔，用于调查的记录表。

2. 家长负责的材料

（1）四个小队分别有四位家长志愿者，如果是小队式收集资料，由家长志愿者确定小队活动时间；如果是个体式收集资料，则将收集来的资料汇总到小队家长志愿者处。

（2）将四个小队中幼儿收集到的照片资料进行打印、归类。

（三）教师角色

（1）将幼儿收集到的城市资料（照片、记录表）进行汇总，并按照小组来分类、整理。

（2）与幼儿讨论：小队收集的是城市什么地方的资料？每个小组轮流来介绍自己小队收集到的资料，通过以幼儿为主的形式来介绍、分享城市的相关信息，积累城市的相关经验。

四、活动过程

活动一：讨论与计划

幼儿自由结伴形成小组，以小组的方式讨论话题。

围绕"你们想在'未来城市'中设计什么？"，孩子们开展讨论，有的孩子说："我们的未来城市里面应该有可以住人、又可以休闲玩乐的地方。"教师肯定了幼儿的想法，孩子们对于区域的划分已经有了充分的思考。讨论之后，孩子们最终决定在"未来城市"中设计"机器人餐厅""茶杯屋""多功能足球场""音乐喷泉"等。教师参与了幼儿的讨论，鼓励幼儿将想法以图纸的方式进行记录。

当讨论"你们需要哪些材料来进行制作"时，教师鼓励幼儿先去观察班级里的"材料超市"中现有的材料有什么，再根据小组设计的建筑图纸，找一找哪些材料可以满足设计要求，哪些材料是目前"材料超市"中缺失的。教师记录缺失的材料，这些材料后续将由幼儿在家庭中自主收集。有一个小组是设计"茶杯屋"的，他们发现"材料超市"中现有

将每个小组幼儿的设计图与所需材料呈现在环境中

的杯子都是一次性纸杯，对于他们的设计来说，这样的纸杯太大了，有没有比普通纸杯还小一点的杯子呢？其他小组的一名男孩说："在卖猪肉脯的商店里，有试吃的杯子，特别小。"在同伴的推荐下，该小组决定收集一些试吃杯，放到"材料超市"中。

活动二：收集与制作

教师根据幼儿的需求调整"材料超市"，并将"材料超市"的摆放位置进行调整，便于"未来城市"区域中的幼儿拿取材料。个别化学习区角活动开始时，孩子们会带着自己的设计图，与同伴一起协商、制作。

故事一：成功制作"机器人餐厅"的轨道

最初来到"未来城市"区域的孩子们对制作机器人餐厅表现出极大的兴趣，第一组幼儿先尝试用双面胶将火柴棍粘贴在雪糕棒上的方法来制作机器人餐厅的送餐轨道，虽然这样的方式花费的时间比较长，但是孩子们非常热衷于这样的制作，他们将制作好的轨道小心翼翼地与保利绒球连接，保利绒球变成了送餐轨道的支柱。可是到了第二天，整理材料的幼儿发现前一天粘贴上去的火柴棍都掉了下来，孩子们想：也许是牢固性不够吧？他们更加用力地按压火柴棍和雪糕棒，试图让它们不要再掉下来，可惜结果不尽如人意，没过多久，送餐轨道又"散架"了。在分享时，孩子们提出了困惑：应该如何制作轨道？我问孩子们："是不

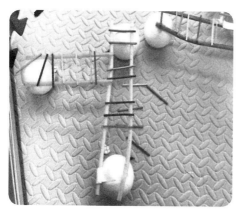
幼儿使用火柴棍和吸管做的轨道

幼儿使用纸板、雪糕棒制作更牢固的轨道

是只有火柴棍和雪糕棒可以制作轨道？"有孩子说："火柴棍太细了，一点都不方便粘！"一听这孩子说的话，我就知道她曾经花费了很大力气来粘贴火柴棍，"不如我们换个材料试试？"第二天的"未来城市"区域中，我看到两个孩子"生产"了大量的轨道，他们是怎么做到的？原来他们找到了更好的材料：纸板，一个孩子负责将纸板剪成条状，另一个孩子负责将条状的纸板进行粘贴，在一次个别化学习的时间里，他们制作了5条轨道，长短各不相同，获得了同伴们的一致认可。在后来的"未来城市"中，我们看到了吸管做的轨道，纸盘做的轨道……

故事二：为什么要设计"茶杯屋"

一组幼儿在"未来城市"中设计了"多功能足球场"，这是一个底下可以住人、楼顶可以踢球的足球场。设计师考虑得非常周到，如果遇到下雨天，两侧的羽毛会延伸变成屋顶，让运动员们可以及时避雨，但孩子们显然没有满足。第二天的个别化学习活动时，这一组幼儿又来到了"未来城市"中，故作神秘地告诉我，他们还需要在"多功能足球场"旁边添一样东西，并且已经利用自由活动的时间完成了设计图。

左侧为多功能足球场，右侧为"茶杯屋"

分享时间到了，所有孩子终于见到了"茶杯屋"的庐山真面目。大家都说这个"茶杯屋"太漂亮了。有孩子问："茶杯都放在屋顶上，为什么？"设计师回答："这是自动的茶杯，如果底下的茶杯用完了，上面的茶杯会从传送带上自动送下来。"有孩子说："这些茶杯的杯柄真好看，我知道是用两根扭扭棒扭起来做成的。"一位设计师自豪地说："是我去拿扭扭棒，把它们扭到一起，然后月月把它们粘到杯子上。"我问："为什么你们要把'茶杯屋'特地放在多功能足球场旁边呢？"设计师们解释这是专门给比赛结束的运动员们喝水用的，他们比赛结束，一定是又累又渴，当然，住在"未来城市"的居民如果家里停水了，也可以到这里来取水。我不禁夸赞孩子们真是周到的设计师，已经能够考虑身边人的真实需求了。

故事三：户外场地中的"未来城市"

孩子们除了在室内用手工制作的方式来表现"未来城市"之外，我们在户外也提供了足够的大型建构积木，幼儿可以在场地充足的户外，用建构的方式体验当"设计师"的成就感。

在户外的"未来城市"中，首先，孩子们以小组商议的方式，通过设计图，在黑板上呈现他们的想法与准备。接着，孩子们使用户外的大型积木建构了机器人餐厅、时光列车、迪士尼等。当这些大型积木无法满足幼儿建构需求时，孩子们想到了可以利用户外运动器材，如竹梯、半月摇、轮胎等，这些运动器材与孩子们的建构作品之间竟然碰撞出了精彩的火花——半月摇变成了机器人餐厅的拱门、海盗船的座椅、过山车的轨道；竹梯变成了机器人餐厅中的送餐轨道、小矮人过山车的滑坡；轮胎变成了山洞、雷鸣山漂流的小船、机器人餐厅的桌子……

机器人餐厅

活动三：分享与倾听

孩子们制作的"未来城市"越来越丰满，我们开始思考：如何较好地保留每个孩子在"未来城市"中的学习痕迹？我们提供了四块地垫，将孩子们的作品展示在地垫上，这样可以更加清楚地观察到目前的"未来城市"中已经出现了哪些功能的房子。在边呈现边设计制作的过程中，孩子们的目的性更加明确，同时也让班级里的"小小设计师"们感到自豪，能够见证他们设计的"未来城市"在慢慢发展、变化。在每个建筑旁边，我们通过点读笔的方式记录下设计师们想要表达的内容，孩子们可以随时来听同伴对建筑的介绍，了解同伴的想法。

五、跟进想法

（一）活动分析

1. 活动内容来源于幼儿的兴趣点，促进幼儿参与活动的积极性和创造性

以往的个别化学习区角活动开始时，设置哪些区域和内容、提供什么材料，多数是从教师的视角出发，孩子们根据教师安排的区域进行学习。高瞻课程告诉我们：教育哲学的核心在于主动参与学习，在这种学习过程中，教师和幼儿是合作伙伴。于是，我们尝试从幼儿视角出发，将内容选择、材料提供的决定权都交给孩子们，例如孩子们与同伴讨论需要哪些材料时，他们也会讨论这些材料由谁来收集，谁的家里有材料可以带来等等。

我们发现幼儿在这样的活动中参与的积极性和作品的创造性都有极大的提高，发现问题时能够自主与同伴商议解决，或是主动寻求成人的帮助，后续我们将继续支持幼儿在"未来城市"中的探索活动。

2. 教师的预设与幼儿的自主生成相结合，展现生动的"未来城市"

整个主题进行的过程中，幼儿经常会拍下他们认为美丽的城市照片，拿到班级和同伴分享。有一天，一个孩子带来一张雷锋叔叔雕像的照片，孩子们听过雷锋叔叔的相关事迹，但是雷锋叔叔的雕像还是第一次看到。我问孩子们："为什么要在广场上建雷锋叔叔的雕像，而不是建别人的雕像呢？"孩子们猜测："可能他是个名人，后来的人为了纪念他，所以才

雕塑展览会

做了一个他的雕像吧。"我建议孩子们回家和爸爸妈妈讨论一个问题：人物雕塑是什么含义，是不是只有人物雕塑？

第二天，孩子们收集来了许多雕塑的照片，有的是花卉雕塑，有的是动物雕塑，还有的是不规则图形的雕塑；有的雕塑是为了纪念名人，有的雕塑代表了城市面貌，还有的雕塑是设计师一瞬间的灵感，原来雕塑竟然这么有趣！我们把幼儿喜欢的雕塑展示在环境中。果果养的小兔子生病死了，她说："别人纪念雷锋叔叔，我来纪念我的小兔子吧。"我问："你会用什么材料来做小兔子雕塑呢？"果果回答："我先用超轻土试试吧。"在尝试的过程中，孩子们慢慢发现，只用超轻土来制作雕塑是比较困难的，雕塑没办法稳固地站立在底座上。于是，我投放了一些保利绒球，在保利绒球的基础上来塑形立刻方便了许多，各式各样的雕塑出现在"未来城市"中，形成了一道漂亮的风景线。

后续：我们将孩子们制作的各类雕塑展示在"未来城市"的马路边，提供了不同大小的亚克力盒子，举办了雕塑展览会，每个雕塑前面摆放了一块小小的介绍牌，上面是孩子们记录的雕塑设计师的名字以及给自己的雕塑起的名字。

3. 同伴之间的互动共享式学习，促进幼儿主动学习、解决问题

我们发现，幼儿在与同伴共同制作"未来城市"的过程中，他们逐渐养成了遇到困难主动与同伴讨论的好习惯。例如，幼儿在使用纸盘和火柴棍制作轨道时，发现火柴棍与纸盘粘贴非常不便，于是他们开始讨论：用双面胶固定这么细的火柴棍是非常不容易的，而且很不牢固，是不是可以用别的粘贴方法呢？孩子们自发去"材料超市"找来细的透明胶进行固定，主动解决了困难。

4. 使用纸箱制作雕塑太费时，思考材料投放的适宜性

孩子们在收集雕塑照片时发现，不同的雕塑有不同的质感，有的

是金属材质；有的是石雕、木雕……教师提供了锡纸，通过揉捏、粘贴锡纸，可以制作出有金属质感的雕塑。但是孩子们慢慢发现，粘贴锡纸有一定的难度，并且锡纸做出来的雕塑很小，如何能够像真实的雕塑一样，给人以震撼的感受呢？在讨论中，孩子们想到了可以从家里收集纸盒，制作雕塑。

孩子们用纸盒粘贴成自己所需要的形状后，想到要给自己的雕塑穿上漂亮的"衣服"，我们尝试了用报纸和白胶糊上纸盒的方式，观察中发现这样的方式需要花费大量的时间，有时一次个别化的时间内，两名幼儿合作糊报纸都不能完成任务。

孩子们的雕塑作品

（二）跟进策略

1. 提供更多的材料供幼儿选择

当孩子们想要在纸箱制作成的雕塑上刷上漂亮的色彩、增添美丽的花纹时，是不是只有糊报纸这一种方法？教师可以提供原木色的纸箱，纸箱的大小、规格不同，幼儿需要根据自己的设计图纸选择最合适的纸箱，粘贴之后可以直接在纸箱上进行绘画，加快雕塑作品完成的速度，也有利于提升幼儿的自信心，满足幼儿的学习兴趣。

2. 提供幼儿更多机会讲述自己在未来城市发生的故事

虽然教师在分享环节尽可能邀请"未来城市"区域的幼儿来讲述他们的创意想法和背后的故事，但是机会依旧是屈指可数的。有时想要分享的内容没有得到满足时，幼儿不免流露出遗憾的表情。除了分享环节让幼儿讲述自己在"未来城市"的作品，教师应该提供更多的机会来满足幼儿表达的需求，例如：拍摄幼儿作品制作相册，每个来到"未来城市"的孩子都可以翻阅相册来欣赏同伴的作品；上传幼儿的作品到班级家长微信群中，让家长了解幼儿的个别化主题活动。

3. 丰富户外建构的材料，让幼儿对"未来城市"有不同的表现方法

无论是室内还是户外的"未来城市"，我们发现幼儿对自己收集的材料的使用率非常高，使用效果非常显著，而目前在户外的"未来城市"中，还是以教师提供的材料为主，为了真正满足幼儿的建构需求，后续我们将材料收集的主动权交还给幼儿。

"未来城市"的故事未完待续，让我们共同期待孩子们的创意无限……

（上海市嘉定区红石路幼儿园　陈依燕）

白 鹭 一 家

幼儿年龄：5—6岁（大班）

一、活动背景

（一）活动缘起

春天是万物生长的季节，孩子们通过不同的感官，在大自然、在校园里、在生活中发现季节带来的变化。现在上海的绿化越来越好，吸引了各种鸟类前来栖息生活。孩子们发现身边能听到的鸟叫声不只是在树上，还能在河边发现鸟儿的身影。每年还有"爱鸟日"，孩子们对鸟儿的兴趣越来越浓厚，他们会带来鸟儿的书，会在休息时间制作鸟儿，表现对鸟儿的喜爱之情。

发现孩子们对鸟儿的兴趣后，我们从鸟的相关线索和上海候鸟两个维度引导他们关注白鹭。我们利用家长资源，带孩子们去上海新江湾湿地公园，让幼儿在真实的生活情境中发现白鹭的美，感受城市环境变化与动物的生活关系，关注周围的生活，和同伴收集、分享资源，萌发关爱动物、保护动物的环保意识。

孩子们近距离对白鹭的生活状态进行观察，用照片的方式进行记录，照片成了孩子们学习的资源，孩子们会选择喜爱的白鹭照片，用材料进行制作。白鹭有的展翅高飞，有的在湖上觅食，有的在树上休息……有了真实的体验和照片的图像支持，孩子们边看边做，白鹭的造型各异，栩栩如生，同伴间相互欣赏作品，发现白鹭的美，感受作品的美。目前孩子们只是热衷于制作白鹭，如何"跳出"单一制作，发掘更大的教育价值，成为教师思考的重点。于是，教师尝试借助图画书《白鹭一家》，引发孩子对白鹭一家故事创编的兴趣，让孩子根据自己创编的白鹭故事内容，制作故事场景，做做、说说、看看、听听，白鹭一家的故事越来越丰富。

（二）幼儿已有经验

（1）了解白鹭的生活习性，能以整体塑形的方式，创造表现各种形态的白鹭，感受白鹭的美。

（2）自主收集白鹭的相关信息，乐于翻阅白鹭的图书，能和同伴交流自己的想法。

（3）前期有开展关于鸟巢和喜鹊的活动经验。

（三）本活动指向的幼儿发展领域及发展价值

1. 艺术领域

本活动通过学习资源的投放，让幼儿能以整体塑形的方式表现白鹭，促进幼儿对细节的观察。在细节处理上，鼓励幼儿自主选择合适的小工具进行表现，感受不同造型的白鹭的美；鼓励幼儿相互观察、交流，个性化地表现白鹭。

2. 科学领域

艺术的表现表达，除了感受欣赏外，还需要对观察物的了解。只有充分了解白鹭的外形特征、生活习性，才能让幼儿主动地借助艺术活动宣泄自己的情感。大班幼儿自主收集白鹭信息，幼儿能发现信息的不同收集方式。成人提供视频支持，视频成为同伴交流的媒介，让幼儿对白鹭的兴趣不减，使其能充分投入到艺术创造表现的活动中。

3. 其他领域

活动中，利用家长资源，带孩子去新江湾湿地公园近距离观察白鹭，激发对白鹭的喜爱之情。近距离观赏白鹭时，孩子们发现白鹭各种不同的动态，不再从图片、视频中积累经验，而是亲眼看见白鹭的嬉戏、觅食、飞行等，在自然中发现白鹭的美。孩子们知道在上海，不仅有喜鹊、燕子、麻雀等常见的小型鸟类，而且居住着中型鸟类。规划看白鹭的路线这一过程，让幼儿知道根据导航地图，可以乘坐不同的交通工具前往。亲身经历会成为孩子记忆中深刻的印象。有了对白鹭情感和认知经验的积累，在自编白鹭故事时，孩子将喜爱白鹭的情感借助艺术的形式进行表现，语言能力（完整讲述白鹭的故事）、交往能力（欣赏同伴的故事、和同伴互动）等都得到发展。

二、活动目标

（1）乐意亲近大自然，观察、感受环境中动植物与人们生活的关系。

（2）主动观察白鹭及其生活环境，能用纸泥和多种材料组合的方式，表现白鹭一家的情景，感受作品的丰富及美感。

（3）大胆想象、创编白鹭一家的故事，乐于了解同伴的白鹭故事，发现故事的有趣。

三、活动准备

（一）活动场景

活动的主要场景是鸟儿主题墙：有立体树林、鸟巢的环境，延伸出白鹭的情景；提供白鹭一家的图画书；录音区提供白鹭生活习性介绍及叫声；提供幼儿去江湾公园收集的白鹭照片、小视频、记录等；崇明东滩的真实情景照片及用芦苇创设的白鹭栖息地场景。立体和平面环境的错落创设，富有美感，能让幼儿在欣赏中主动表达表现。

鸟儿主题墙

（二）活动材料

（1）欣赏材料：崇明东滩湿地的芦苇丛照片，图画书《白鹭一家》。

（2）操作材料：高低不同的纸箱，大小是 63 厘米 ×60 厘米，50 厘米 ×42 厘米。纸泥、废旧材料（棉线、冷饮棒、羽毛、纸杯托、小木棍等）、剪刀、胶带、盒子。

（三）教师角色

（1）整理幼儿收集的信息并进行梳理，丰富幼儿的经验。

（2）观察幼儿在表达表现中的行为及需要，及时调整幼儿需要的材料。

四、活动过程

（一）活动结构图

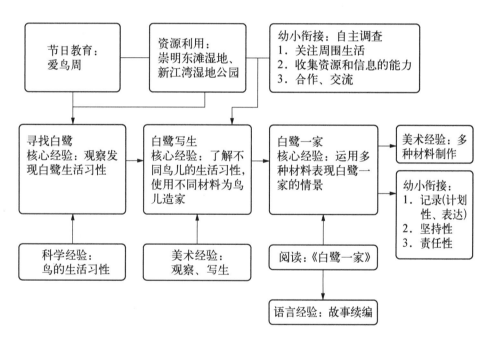

（二）活动过程

活动一：寻找白鹭

提供新江湾湿地公园信息，利用家长资源，亲身近距离观察白鹭。有的孩子结伴而行；有的孩子去了一次、两次……孩子们在白鹭前留影，还和同伴分享自己看到的白鹭的故事。

"我看到白鹭妈妈和白鹭宝宝一起飞到树枝上休息。"

"我看到白鹭一下子从天上飞下来，从水里抓小鱼吃。"

"我和朋友一起数了，有五只白鹭呢！"

……

孩子发现白鹭各种姿态的美，戏水的白鹭、展翅的白鹭、捕食的白鹭……亲身体验的过程让孩子和白鹭之间建立了情感纽带，几乎每个孩子都去寻找白鹭，每个人都有不同的发现，沉浸在发现白鹭的喜悦中。"寻找白鹭"活动潜移默化地引导孩子感受周围的环境变好了，能留住更多的动物朋友，孩子们对周围事物观察的敏锐度有所提升。出于对白鹭的喜爱，他们需要更多的方式来表达对白鹭的情感。

活动二：白鹭写生

孩子之前有过写生经验，所以提供画纸后，他们迫不及待地表现白鹭的各种姿态：单腿站的白鹭，在河上低飞的白鹭……孩子们乐衷于画白鹭，画好的白鹭可以做什么呢？这个问题引发了大家的思考。

"做游戏吧。""做什么游戏呢？"

大家陷入了沉思。于是，教师建议大家休息的时间去看看白鹭的环境，或许会有灵感。

自由活动时，三三两两的女孩结伴去白鹭区域，看看收集的白鹭照片和白鹭的画。

孩子们边看边议论，突然有人提出玩"找朋友"的游戏。

"玩法就是先把这些白鹭图片放好，然后找到两个一样的朋友。"介绍的幼儿把自己的想法告诉大家。大多数同伴们点头同意这个玩法。

有人问："大家画的白鹭都不一样，怎么找到两个相同的白鹭？""可以都是翅膀打开的，也可以都是一条腿站立的。""哦，就

白鹭写生作品

是找到一个相同的地方，对吗？""对！"

看似简单的介绍，说明孩子们想到了白鹭写生作品的新玩法，这样越来越多的写生作品成了孩子们游戏的材料，让孩子们乐此不疲地持续投入其中。孩子们自主设计游戏内容，同伴之间相互欣赏作品，发现同伴作品的特别之处。

活动三：白鹭一家

前期对于白鹭生活习性的各种探索、记录、亲身感受，使幼儿对白鹭的兴趣空前高涨，教师适时提供图画书，让孩子们对"白鹭一家"更有亲近感。孩子们想自己编"白鹭一家"的故事，他们喜欢用各种材料来表现。因此，教师提供了各种废旧材料和生活材料，让幼儿通过不同材料的组合使用，创编白鹭的故事。但通过观察，教师发现幼儿主要关注制作过程，语言常常是一句话带过。

大班幼儿有能力围绕简单的情景进行故事创编。因此，当幼儿制作完成"白鹭一家"后，教师让幼儿根据画面内容不断丰富故事情节。而没有参与制作的幼儿，教师发现他们其实对同伴作品很感兴趣，也乐于倾听同伴的故事内容，认识字的幼儿自己认读，不认识字的幼儿会求助老师或同伴。另外，教师还鼓励未参与制作的幼儿，可以根据同伴作品的画面内容，自己来编故事，让幼儿都能参与进来，创编的故事内容从一两句话开始，到逐步丰富情节内容，将自己的生活内容迁移进故事，表达保护环境、保护白鹭的情感，促使幼儿不断提高语言表达能力。

白鹭一家的旅行日记

两只白鹭跳探戈

五、跟进想法

（一）活动分析

1. 以点带面，整合资源，拓展幼儿各方面能力的发展

本活动以美术为载体，整合各领域内容，让幼儿通过不同的学习方式，如自主阅读、自主调查、同伴交流、集体活动、小组合作、个人探索计划等，提高幼儿在"白鹭一家"活动中的合作交往、解决问题、动手操作等能力。看似活动主要以美术的方式呈现结果，其中的过程蕴含了大班幼儿的目的性、计划性和专注力的培养。

2. 尊重差异，注重体验，让幼儿真正成为学习的主人

幼儿的性格、能力有差异，需要教师理解并发现幼儿自身的特点，并努力使活动内容的设计、材料投放真正适合不同幼儿的发展。

"白鹭一家"活动的最终目的不是让所有孩子自编故事内容，而是以美术制作的方法，让幼儿可以根据自己的兴趣或能力，自主选择活动内容。可以看到，有的幼儿喜欢编编、讲讲白鹭一家的故事；有的幼儿喜欢白鹭写生，玩玩找朋友的游戏；有的幼儿乐于把故事内容自己做出来……无论幼儿选择哪种方式，都体现了幼儿充分的自主性。幼儿自主地选择适宜的内容和材料，这一过程也是幼儿对自我的评价过程。

（二）跟进策略

在制作故事《白鹭一家》的过程中，因为提供了立体大箱子，幼儿有了充分探索和制作的空间，所以幼儿非常投入和专注，但一次两次活动根本完成不了制作，于是需要教师给予幼儿以下支持。

1. 活动时间的充分保证

个别化学习区角活动受空间人数的限制，所以教师和幼儿共同约定，可以利用休息时间，继续完成自己的"白鹭一家"的作品。这样幼儿更专注于创作过程，并能不断丰富自己的故事内容。

2. 丰富材料的多样提供

大班幼儿对日常生活材料或美术材料有充分的认知，所以在材料提供上需要考虑材料的多样性，让幼儿可以根据材料的特性或制作的需要，自主选择最适宜表现内容的材料。除了教师提供材料外，还可以让幼儿自己收集材料，有目的地思考材料和故事内容的联系。

3.分享形式的多种选择

当幼儿创编完故事后，教师为幼儿提供了录音区，让大家可以相互听听同伴有趣的故事；教师将一些简单的故事内容打印下来，便于有兴趣的幼儿自己翻看。

另外，在分享幼儿制作过程中遇到的问题时，教师通过提供一些电子产品，帮助幼儿录下他在过程中的问题，或是能自己解决的问题，投放在"白鹭一家"的环境中，便于其他幼儿借鉴，幼儿动手、动脑的积极性不断提高。

一些语音设备的提供也成为幼儿相互学习的资源。活动过程中，教师关注幼儿的学习行为和过程体验，或加快速度，或放慢脚步，在观察解读中适时推进，促进幼儿深入学习，成为学习的主人。

六、课程资源

图书《不一样的动物大百科》。

（上海市静安区华山美术幼儿园　李　晶）

音 乐 喷 泉

幼儿年龄：5—6岁（大班）

一、活动背景

（一）活动缘起

美丽的广富林公园开放后，唯美的水上建筑，艺术光影的灯光秀与神奇美妙的音乐喷泉吸引了很多游人参观。松江的孩子更是对家乡的这一文化景点期待已久。在假期游玩绘画日记记录中，孩子们对于广富林的喷泉印象深刻，喜欢喷泉的原因是因为喷泉能跟随音乐而变化。

自由活动时，孩子们用肢体表现喷泉的样子，用自带玩具中放出的音乐来表现喷泉随着音乐而变化。孩子们想跟小伙伴一起用自己喜欢的方式，寻找自己喜欢的材料来表现音乐喷泉。

（二）幼儿已有经验

（1）幼儿对于喷泉有过实地参观的经验。

（2）幼儿在以往的艺术活动中，有较丰富的肢体表现经验。

（3）在本次活动之前，教师组织过"设计自己最喜欢的喷泉"美术活动，幼儿自主创造设计过不同造型的喷泉。

（三）本活动指向的幼儿发展领域及发展价值

1.艺术领域

本活动支持幼儿在轻松愉悦的环境中，通过倾听音乐、欣赏音乐，跟随音乐进行表达表现。在高瞻创造性艺术课程学习中,我们重新审视音乐欣赏活动的价值,鼓励基于儿童视角的创造和表现,支持幼儿自主欣赏、感受与表达。教师捕捉幼儿在生活中感兴趣的艺术元素,以及幼儿生活中熟悉的音乐旋律,提供充分的空间与时间,呵护幼儿的艺术天性,支持幼儿大胆地感受和表现。

2. 社会领域

本次活动素材的选择来源于幼儿在生活环境中捕捉的艺术元素,来自幼儿喜欢并欣赏的角度。活动激发幼儿欣赏家乡标志性风景的兴趣,用自己的方式表现家乡的美,对家乡的文化更感兴趣,更加热爱自己的家乡,体验做松江人的自豪与幸福。

3. 其他领域

活动对培养幼儿的学习品质有积极的作用,比如:在表现喷泉的过程中,幼儿能够很好地倾听音乐,自主地选择辅助材料做道具,用自己喜欢的方式创造性表达音乐,用积极的态度与同伴协商、合作,创造性的表达表现能促进幼儿专注力、想象力、创造力、表现力以及自主选择音乐能力的发展。

二、活动目标

(1)喜欢音乐,愿意倾听,能够感受音乐旋律和节奏的变化。

(2)自由结伴,选择材料,用自己的喜欢方式表现音乐喷泉。

(3)在表现音乐喷泉的过程中,感受生活的美,感受与同伴一起表现的快乐。

三、活动准备

(一)活动场景

以幼儿园户外区域的草坪、休闲区场地为主,幼儿自主选择场地。

(二)活动材料

(1)开放的材料:户外的落叶,建构区的积木,纸盒等。

（2）教师提供的材料：便于幼儿操作的小音箱若干，日常音乐区的小乐器等。

（3）幼儿材料：自己收集的生活材料若干，比如纱巾、花瓣、塑料袋等。

（三）教师角色

（1）活动中幼儿自由结伴分组，两位老师共同参与活动。

（2）幼儿自由选择材料，跟随音乐表现音乐喷泉的时候，两位老师分别根据现场分组情况，做好观察和视频记录。

四、活动过程

（一）活动流程图

（二）活动过程

1. 讨论计划

（1）信息交流

在信息交流环节，孩子们用语言表达了自己对喷泉的认识和了解，比如喷泉有不同的造型，有"一"字形，有圆形，有的像星星，地上有很多喷水的小洞洞……当说到广富林的音乐喷泉时，孩子们这样表述：

"音乐喷泉与普通喷泉的区别在于有音乐，而且会跟随音乐的变化跳舞。"

"音乐停止时，喷泉会停止；音乐声音变响时，喷泉会喷射得很高；音乐很轻时，喷泉会轻轻地跳舞。"

自由活动时，幼儿自由结伴，用动作表现喷泉跟随音乐跳舞。

（2）投票选择音乐

活动前，教师组织召开了一次"儿童会议"，讨论选择怎样的音乐作为本次设计音乐喷泉的音乐。幼儿纷纷表达自己的想法。

"可以抽签，抽到几号音乐，就确定几号。"

"可以按照顺序，今天选择 1 号音乐，下次再选择别的。"

"可以请今天表现最棒的小朋友来选择音乐。"

"可以请老师为我们选择音乐。"

"我们可以举手呀，选择得票数最多的音乐。"

最后大家决定通过投票来决定选什么音乐，幼儿根据现有班级音乐区的音乐进行投票，32 名幼儿中有 19 名选择了《Let It Go》。本次活动唱票人、计票人均为幼儿，他们参与活动的积极性很高，享受过程中的互动，能很快达成共识。

（3）材料收集

活动准备中，教师组织幼儿自主收集材料，范围涉及本班教室、各个专用活动室、器材室及户外场地。有幼儿去美工室寻找美工区的材料，如各色皱纸、彩色丝带、装饰花瓣等；有幼儿选择了小舞台的现成乐器和服装，如铃鼓、串铃、摇铃、帽子、披风等；有幼儿去了体育器材仓库，选择了器械操的彩旗、自制沙球、彩虹伞、垫子、呼啦圈等。

在收集材料的过程中，教师发现幼儿有了自发的小组行动，能与同伴商量。

"我们可以用呼啦圈代表一个个出水口，每个人站在一个圈里，跟着音乐轮流喷射水花。"

"我们可以拿一些垫子，围成我们想要的形状，在垫子上表演。"

"我们可以在听到音乐最响的时候，撒花瓣，表示喷泉喷得最美丽。"

"我们可以按彩旗的颜色分组，音乐轻轻的时候，黄色旗组的小朋友先跳舞；音乐有一点响的时候，蓝色旗组的小朋友跳舞；音乐最响的时候，红色旗组的小朋友跳舞。"

有幼儿本来是单独行动的，在选择材料的过程中改变了想法，选择了结伴。

"我们都选了丝巾，我们一起表演吧。"

"我们的彩虹伞还需要三个小朋友，我们再去找人。"

当然也有幼儿选择材料时，不停地更换手里的材料，观望并试图加入其他小组。

2. 自主表现

活动中，幼儿情绪愉悦，积极投入。教师以观察为主，并做好照片和视频的记录。有幼儿在尝试片刻之后，讨论更换材料，将乐器等送回，选择了不同颜色的彩旗；有幼儿选择先倾听，再一起讨论、设计队形，确定人员分动。有幼儿虽然结伴分组，但是在活动中未有任何交流，以个体感受表现为主，更换了三次不同的材料进行尝试。

教师发现有幼儿选择材料进行个体装扮；大多数幼儿满足自身肢体表现的需要，跟随音乐的旋律和节奏变换动作，沉浸在自我表现喷泉的过程中；也有一些幼儿通过摆弄和操作材料，表达听到音乐的感受；部分幼儿将音乐的变化分成几个部分，用轮流表演的方式表现喷泉在音乐中的不同状态，或静止，或缓慢，或持续，或高昂……

少数幼儿坐着或者站着安静地倾听音乐，并未有太多的肢体动作。

3. 分享交流

"音乐喷泉"开放时间到，教师问："是否有小组愿意开放自己的音乐喷泉让大家欣赏？"有六组幼儿表示愿意。教师以轮流的方式，请大大小小的"音乐喷泉"进行了展示。

第一组幼儿选择了彩虹伞，他们手拿彩虹伞围成圈，跟随音乐转动；有节奏地抖动伞面，并且跟随音乐，在音低时蹲下，在音高时抬起伞面。在活动过程中，该组有幼儿提出：可以四个人拿伞，另外几个人躲藏在伞下，等音乐高潮部分到来时再忽然出现。他们表示有时间再尝试一下刚刚随机想到的办法。

第二组幼儿选择了小舞台红绸舞的丝带，能够看出在整个过程中，一位女孩负责指挥喷泉的动态，另外三位女孩配合默契，四位女孩对自己的表现非常满意。

第三组幼儿选择了三种颜色的彩旗，并且根据颜色分成了三组，基本上能跟随音乐的变化，用不同颜色的彩旗轮流表演。

第四组幼儿选择了乐器、花瓣和撕碎捏制成的彩色皱纸球，三位女孩用肢体动作表现喷泉，四位男孩选择乐器跟随音乐节奏来表现，并在音乐高潮部分，用抛撒花瓣、纸球来表现喷泉的姿态。

第五组幼儿选择了绸带，基本以两人面对面的动作以及一前一后的动作进行表现，配合默契，情绪愉快。

第六组幼儿选择了泡沫垫、沙球等材料，但是在最后的集体展示环节，幼儿临时换了材料，选择了呼啦圈，以个体表现为主，并未有太多同伴之间的互动。

在每组"音乐喷泉"开放后，教师和其他幼儿一起用掌声表达对表演组的肯定与喜爱。教师鼓励想要表达观点的幼儿自主表达。除此以外，教师还将过程中拍摄的幼儿精彩照片打印整理，贴在班级环境中，供幼儿欣赏与回忆，支持幼儿协商与改进动作。

五、跟进想法

（一）活动分析

1. 生活中艺术元素的感知能够极大地激发幼儿的创作表现热情

生活中音形的结合无处不在：可以是洒水车经过时，幼儿听到的音乐、看到的水花；可以是父母带他们去景点游玩时，亲眼看到音乐喷泉带来的直观感受；可以是在迪士尼玩耍时感受到的花车巡演视听盛宴；可以是上学途中听到爸爸车上循环播放的流行音乐；可以是陪奶奶去广场跳舞，用有规律的动作感受节奏和快乐……在高瞻课程理念的引领下，我们打破原先固有的实施音乐欣赏活动的模式，避免以成人视角为主的情境导入和素材寻求。

2. 基于幼儿视角，让我们更愿意赋权给幼儿，学会尊重和放手

以往音乐欣赏活动的内容和素材，教师很少在活动前去询问幼儿，让他们选择想听的音乐。在高瞻创造性艺术课程的实施过程中，对于基于幼儿视角下的音乐欣赏活动，我们愿意赋权给幼儿："你们来讨论解决方法。""你们来投票决定选择什么素材。"……在此过程中，师幼关系平等，教师不再纠结"这段音乐像喷泉吗？""孩子可以表现吗？""这些材料适合表现吗？""能表现出喷泉的姿态吗？"，幼儿更加坚信，"这段音乐很好听""我想用它来表现音乐喷泉""这些材料很有趣""我们可以自己商量""这就是最特别的音乐喷泉"。

3. 尝试低结构音乐欣赏活动，让幼儿拥有探索音乐的空间和自主权

在以往高结构的音乐欣赏活动中，目标制定及环节设计是由教师再三推敲，精心策划，几乎全班幼儿都在规定的集体活动时间内，遵循教师统一设计的流程，去感受音乐和表达创作。高瞻课程强调即便在集体活动时间，个体表达也尤为重要。活动"音乐喷泉"源自生活内容，是一次很好的以低结构形式开展的音乐欣赏感受活动，我们看到幼儿的主动、自然、创意，更看到在活动过程中，他们愿意倾听音乐，用自己的方式来理解音乐、表现音乐。孩子们自然协商，自然合作来表达表现，这是高瞻教育理念下释放孩子艺术天性最纯真的表现。

4. 活动过程中个别"安静"倾听的幼儿引发我们思考

个体对于音乐感受有不同的方式，音乐欣赏可以是创意的表现，热烈的表达，也可以是安静的倾听，静静的表达。当活动中个别幼儿对于肢体表现并没有特别的兴趣时，教师是否可以提供不一样的材料，给予这些个体合适的支持呢？比如，可以支持他们寻找或者建构一个舒适的环境，安静地倾听；可以为他们提供画笔颜料，允许他们用绘画、涂鸦的方式尽情表达；可以允许他们讲述故事，描述心里不一样的音乐喷泉……

（二）跟进策略

1. 关于本次活动的优化思考

分享交流环节，以小组为单位展示后，教师鼓励其他幼儿用语言来表达观赏的感受。班级里，总有幼儿很会表达与总结，教师用"你看得真仔细，是个有本领的小观众"加以肯定。事实上，很多幼儿也在认真看，过程中还面露微笑，可能他们并不能在短时间内快速组织语言来表达内心的感受，我们是否应该让幼儿用他们喜欢的方式来表达感受，比如：给演员一个拥抱，用掌声表达喜欢……

另外，尽管教师努力尝试低结构活动，但还是制订了以肢体表现为主的目标，可以思考材料环境创设更加多元，可以有热烈、动感的肢体表达，也可以有安静倾听和表达的空间，比如绘画故事、涂鸦心情、音乐故事等等。

2. 课程环境创设的优化

活动后，教师将过程中捕捉的照片打印并张贴出来，美化了版面，打印了活动标题。面对零散张贴的图片，幼儿只是关注了"我在哪里"，并不会去思考："我在做什么？""这张照片上的我，跟另外一张照片上的我，有什么不同？"

为此，教师可以思考将过程中记录的照片，以信息交流——儿童会议——儿童投票——材料收集——自主表现——分享交流的版面进行设计和呈现，这样更能够让幼儿看到"我跟同伴在一起""在这个过程中，我们做了什么"，也让课程环境不仅仅只是活动的宣传板、展示板，更是高瞻教育理念下幼儿主动学习的体现。

3. 基于儿童视角的音乐欣赏活动要努力赋权儿童

给予儿童表达权。儿童可以表达自己真正喜欢的音乐是什么，敢于真实地表达自己听到了什么，自己的感觉是怎样的，以及自己喜欢怎样去倾听。

给予儿童选择权。儿童可以选择自己想要听的音乐，喜欢唱的歌，想要自然表现的肢体动作。

给予儿童决策权。当遇到问题的时候，儿童可以提出自己的方法，可以通过儿童会议、投票表决等方式，达成共识。

给予儿童分享权。分享是一种愉悦的情绪表达，可以是语言的表述，也可以是热烈的掌声、目光的交流、肢体的拥抱，我们可以让幼儿用自己的方式去分享欣赏音乐的感受。

（上海市松江区岳阳幼儿园　张　准）

第二节 幼儿发起的活动案例

《上海市学前教育课程指南（试行稿）》指出，在一日生活中要关注幼儿生成的活动。所谓"生成"，是指幼儿依据自己的兴趣、经验和需要，在与环境和他人的交互作用中自主产生的活动。

以往讲到"幼儿发起的活动"，成人往往习惯立足于幼儿的兴趣热点，权衡其可能获得哪些认知经验，提升哪些能力与方法，却不习惯思考过程中幼儿的情绪情感以及艺术表现。本节的 10 个案例既有源于幼儿日常生活的偶发事件，比如，"某天遭遇妈妈发脾气了""操场的山坡上居然长出了葱兰""散步时有孩子发现了一条虫子""玩沙时不经意间发现沙池里可以变出'画布'，还可以画很多喜欢的图像"……也有很多是由材料引发的有兴趣的活动，比如，"用秋天的落叶拼出喜欢的树叶鱼""用彩泥造一个小动物的快乐家园""听着音乐画小仙女的故事"……

在实践工作中，很多幼儿教育工作者常常困惑："为什么我的班级看不到如此精彩的现场？"阅读本节，可以清晰地看到教师对幼儿关注的各种热点具有敏锐的捕捉能力，哪怕是一些偶发事件，教师也能从中发现幼儿的艺术表达以及教育契机。另外，教师拥有独特的艺术视角，通过结合《幼儿创造性艺术发展观察指标（试验版）》来分析幼儿在艺术兴趣、艺术能力等方面的发展。

10 个案例能让读者充分感受教师关注"幼儿发起的活动"，其本质是教师全身心地为幼儿创设良好的心理和物质环境，并时常在幼儿游戏与其他活动中发现一些有意义的活动，及时给予幼儿回应，或者进一步充实活动，在关注、支持、引发幼儿主动探索，满足幼儿自主学习需要的同时，真正实施个性化教育。

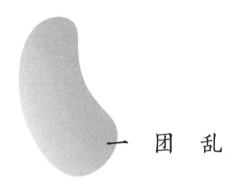

一 团 乱

幼儿年龄: 5—6 岁(大班)

一、活动背景

从踏上教师岗位起,我感受着孩子内心的真、善、美,也充分了解孩子对事物的真实发现和表达大多来自生活中的不同情境。

现实生活中,每天都在发生不一样的事情。有些事情平淡,并不引起心中的涟漪;有些事情则会带来情感的波澜。但情感又是那样的不可捉摸,藏在内心深处,我不禁好奇:"孩子们怎么发现生活情境中的'情'?""孩子们会怎样去表达?""孩子们的情绪情感中有艺术元素吗?"

我一直留心并寻找,观察并倾听,也一直等待着那么一个小小的契机……直到这一天,我发现了发生在我身边的故事。

二、幼儿活动轶事

(一)"一团乱"的故事

这个涂鸦出现在面面的记录本上,这天的她带着一脸的"情绪"。

对于一个爱笑的孩子来说,这可不太常见。

1.幼儿行为的解读与判断

看这张"涂鸦",我感受到孩子画画时的"用

力",也能清晰地看到线条的"杂乱"。但仅凭一张记录,我一时还无法判断幼儿的涂鸦作品是否属于"创造性艺术"的范畴。不过,结合幼儿入园时的情绪反应以及我对面面个性的了解,我觉得这或许是一个非常好的了解幼儿的契机,能够让我进一步倾听幼儿的想法,分析幼儿想要表达的意思。我猜测在面面的表达背后可能隐藏着"故事"。

考虑到情绪是内敛的,成人要尊重幼儿表达的意愿,所以我尝试了以下的做法。

(1)寻找自然的、单独的对话机会,注意保护幼儿的隐私。

(2)微笑、平和地询问幼儿:"你愿意和我说说这是什么吗?"尊重幼儿表达的意愿。

(3)肯定幼儿所表达的内容,通过"这个线条是表示什么"的讨论,弄清幼儿作品背后的意图。

(4)专注地倾听幼儿的表述,用"是这样啊……""后来呢?"对她的表述进行正面的、正向的回应。

2.对师幼活动的反思

(1)选择自由活动时间,选择一个相对安静、不被打扰、隐蔽的角落,开展个别交流,容易让幼儿放松紧张的情绪。

(2)与面面的第一次交谈时,教师始终面带微笑,尽可能轻声说话,并随着她的话语点头、应和,表达成人的关爱、接纳,给予孩子安全感。

(3)与面面聊天时,我用温柔的语气、试探的口吻征求她表达的意愿,然后用肯定的语言重复她的表述,并提出开放性问题,引发她积极思考。

(二)一部"连续剧"

这天的自由活动时间,我悄悄地向面面眨眨眼,然后走到一个小角落。面面好奇地跟过来。"面面,你愿意和我说说话吗?"我微笑着,轻声问她。面面轻轻回答我:"欢欢老师,我心里有点乱乱的。""哦,心里觉得乱乱的?"我点头,"我也会有这种感觉。"面面说:"是啊,就是很乱的。"我说:"这个线条是表示什么呢?"面面说:"就是乱啊,乱糟糟的一团。"我说:"你是用线条的乱来表示你心里的乱,是吗?"面面点点

图一　　　　　图二　　　　　图三　　　　　图四

头。我说："你愿意和我说说为什么心里有点乱吗？"面面不好意思了。
我说："没关系，你愿意告诉我，我就听，不愿意说也没关系哦！"面面
说："那我还是告诉你吧。"她太可爱了，我忍不住笑了，并及时给予鼓
励："谢谢你愿意相信我。你可以试着画给我看，让我猜猜到底发生什么
事情，这会很有趣哦。"面面说："那我现在就去画！"

面面在我的鼓励下，用自己的笔记录下完整的故事。图一，画面中
的小人"面面"因为弄坏了妈妈的花，让妈妈的头顶上冒出了黑色的团
团（可能是用烟表达生气）。图二，面面很伤心（破裂的心），低下头。
图三，面面心里非常乱，不清楚是什么心情了。图四，妈妈变成了火，
她生气得不得了。

1. 幼儿行为的解读与判断

（1）从面面的绘画中我们看到了线条和情绪的结合，这给了教师很
大启发。幼儿的情绪感受存在着不确定性、随机性，有时教师很难捕捉
这样的瞬间，但孩子能用线条的"乱"来表达看到妈妈生气后自己内心
的"不愉快"，虽然只有线条的粗浅描绘，但非常直观地呈现出她的内心
情感。

（2）结合"高瞻创造性艺术"关键发展性指标，我分析幼儿在该活
动中的艺术行为处于较为高级的水平。

• 从四幅画的记录可以看到，幼儿用连环画的形式完整地记录了事
件的起因、经过和结果，呈现了内心情感的经历。

• 从画面看，面面既有非常具象的表达，例如人物、事件等的刻画
（妈妈、面面、小花、花坏了等），又有非常抽象的表达，例如妈妈的火
焰、心碎的裂痕符号以及一开始的"一团乱"。

● 面面对于艺术材料（笔、纸）的探索操作较为得心应手，对于情绪情感与线条之间的关系也表述得清晰明确，说明面面的发展已经处于"幼儿能够注意到艺术特征（线条）是如何与人的感觉和想法联系的"与"幼儿使用了线条并解释了她是如何达到特定的视觉效果，表达特定的想法或者感情的"水平之间。

2. 对师幼互动的反思

（1）引导幼儿明白有情绪是"正常"且"自然"的事，这样幼儿才更愿意去表达情绪，并用画画来"宣泄"情感。作为教师，我认为情绪的感受和表达本身就是生活"情"境中最"生活"的部分。

（2）活动中，面面运用线条表达情绪。作为教师，不仅给予充分支持，鼓励面面运用"艺术元素"表达情绪，而且在艺术元素与"情感"的链接中，看到线条的很多变化，还有可以进一步延展的空间，值得一起来探索和发现。

（3）思考如何为幼儿后续大胆地表现表达提供熟悉的环境与丰富的材料。

● 提供"共情"的素材以增强情感共鸣。教师提供了很多关于情绪的图画书，如《我的情绪小怪兽》《我很生气》《生气汤》《妈妈发火了》等，让幼儿了解有情绪是正常的事；教室里还提供各种不同的关于情绪的艺术作品，鼓励幼儿共同欣赏与评析作品，感受多样的表达。

● 提供可以"拓展"的材料以丰富艺术元素。教师提供各种与"线条"有关的艺术材料，丰富幼儿关于线条艺术的创作，例如小棒、面条、毛线、麻绳等。

● 继续在教室里提供丰富的材料，让幼儿能够自由取用；另外提供一些其他的艺术材料，支持幼儿进行其他活动，比如：提供镜子，帮助幼儿去观察同伴、观察自己；鼓励幼儿将事件中的相关物品带来，加入到创作中。

（4）找机会与幼儿一同欣赏画作，一起谈论画作中最"吸引人"的部分，用问题"可能是什么"来激发幼儿的想象力，并引导幼儿一起关注画面的细节。

（5）给予幼儿充分的时间进行探索，不催促幼儿一定要表达什么以及一定要在什么时间段表达，并通过观察来了解幼儿表达的意愿、创作的时间以及创作时的情感态度、行为表现。

（三）乱了以后

教师提供各种关于情绪的艺术作品，和幼儿一起欣赏作品，感受作品中的情绪表达，聊聊欣赏作品的感受。

我鼓励说："面面，其实很多人都会用不同的方式来表达自己的心情，你可以看看这些作品，可能表达的是什么意思呢？"

面面看了一会，说出了自己的感受。

我说："你看，原来情绪的表达方式也是非常多的，既表达了自己的感受，又能传递给别人。"

这天的个别化区角活动时间，面面选择了纸、不同颜色的蜡笔，创作了后续的作品《乱了以后》，小手是面面自己的手，红色线条表示愤怒的火焰，黑色是感受到要爆炸了，还有蓝色的小团团，表示她的眼泪。

1.幼儿行为的解读与判断

（1）从《一团乱》到《乱了以后》，结合关键发展性指标，我们发现：面面对于艺术材料（笔、纸）的探索操作已经非常得心应手，能够用印轮廓的方法来解决她表达"冲突"的内心情境。对于情绪情感与线条之间的关系已经达到了水平7。她使用了不同颜色的线条，解释了她是如何达到"冲突"的视觉效果，表达她内心"生气"的想法，并说出了"快要爆炸"这样的内心感受。从画面看，她的表达在原有的水平上呈现出了更多的细节，例如蓝色和眼泪、红色和生气之间颜色与情感的匹配，又如黑色的团团从"乱"变成"爆炸"，显然对色彩的理解也有了一些不同的想法。总体来看，面面的表征水平还是很高的。

（2）反思这一阶段中教师与面面的互动，重在"延展"，通过引入名画来延展她的兴趣，引入材料来丰富她的表征，引入对话来激发她用画画来表达内心的情感，表达更自然了，艺术元素与"情感"的链接也更加紧密。

2.对师幼互动的反思

（1）回顾和面面的整个互动过程，有一个问题始终围绕在我们的脑海里："这样的经验可能复制吗？"我们甚至有一些好奇："班级里的其他孩子有意愿表达吗？""孩子们的情绪感受和表达会一样吗？""孩子们的情绪情感中还会有哪些'艺术元素'呢？"

（2）在征得面面的同意后，我们在教室"小画廊"中展示面面的连环画以及《乱》系列作品。我们想利用一次"小画展"，看看类似"妈妈生气了……"这个日常生活情境，是否会引发很多孩子产生共鸣。

（3）"小画展"展出期间，教师时常关注面面的情感态度，并允许其有一段足够的时间来思考；当她许可后，教师继续与她探讨她的想法；在她兴趣高昂时，邀请她向同伴介绍并解释她的画作。

（4）"小画展"展出期间，教师确立了"观察其他幼儿行为表现"的目标，并明确观察要点：第一，观察哪些孩子去看了，哪些孩子没去看，哪些孩子经常去看，旨在了解幼儿对画作（艺术元素、生活情境）的兴趣，为下一步的互动对象做好准备。第二，观察幼儿看了什么，他们看了多久，他们对什么感兴趣，旨在了解幼儿对艺术元素、生活情境内容的关注，为下一步的互动内容做好准备。

（四）一场"讨论会"

"小画展"开始后，我看到有的孩子大声说，有的在说悄悄话。我听到孩子们这样说："我妈妈也生气啊！""我妈妈还打我呢！""上次我没弹钢琴，结果我妈妈就生气了！""我的心也碎了……"

孩子们讨论"妈妈生气了"，分享妈妈生气的各种原因，对于面面的遭遇感同身受。

1. 幼儿行为的解读与判断

（1）结合关键发展性指标，可以发现：对于活动中其他幼儿的艺术行为，教师暂时还无法进行判断，因为个体的经验、能力、兴趣不同，还需要教师进一步观察与倾听。

（2）教师发现"小画展"带

领幼儿关注面面的作品，而面面的"艺术表征"引发孩子们的思维碰撞。通过学习高瞻课程，教师了解到：艺术表征产生于儿童在生活中的真实体验。对幼儿来说，美学表现根植于与物体、人和事件的实际体验中。生活中，几乎每个孩子都有"妈妈生气了"的实际体验，他们想要表达各自的所思所想。也就是说，虽然每个孩子可能有不同的"故事"，但情绪感受是可以"相互传递"的，孩子们展开互动和讨论，从中理解他人的情绪故事，解读他人的艺术表达。

（3）当孩子们发现同伴画作中的情感和艺术表征后，我们更希望鼓励幼儿基于对生活的观察、思考和想象，自由表达自己对人、物、事件和感受的表征。教师可以帮助幼儿建立真实生活和艺术之间的联系，鼓励幼儿在生活中细致观察，多角度地欣赏世界，为艺术活动积累经验与素材。

（4）在此阶段的观察与了解中，我们认为两方面的工作较有成效：首先，帮助有兴趣的幼儿建立真实生活和艺术之间的联系，找到他们感兴趣的"艺术元素"，并鼓励幼儿自由地表达和创造。其次，关注没有兴趣的幼儿，耐心等待，倾听并尊重他们的意愿。

2.对师幼活动的反思

（1）继续开展"小画展"活动，将提供给面面的材料提供给其他幼儿，支持有兴趣、有意愿的幼儿大胆地表现与表达。

（2）教师尝试用"谁愿意来说说看到面面的画的感受？"激发班级其他幼儿大胆表达对"艺术作品"的感受，从而开启幼儿对于生活情境的讨论。教师仅仅作为话题的"开启者"，并不参与讨论；教师将幼儿们的话语完整记录下来，借此了解幼儿各不相同的想法。

（3）教师跟进观察每个幼儿的创作，为有创作欲望的幼儿提供充分的创作时间，同时，教师接纳、理解那些暂时还没有兴趣的幼儿，愿意继续观察与等待。

（五）一次"大讨论"，一群"艺术家"

我们将之前讨论"妈妈生气了"时较激动的孩子聚在一起，鼓励他们说出自己的感受。

康康说："我上次就是这种乱乱的感觉，就像脑袋里有很多线，不知道该怎么办。我看到面面用线来画脸，我就用彩色的线来表示。"

这是缪缪运用符号表征方法创作的作品，"××"表示爸爸的话。

安琪说："妈妈就像一个喷火龙，我要快点坐着车逃跑。"

杜杜说："一团火正在向我扑来，还有妈妈血血红的眼睛，太可怕了。"

好好说："我弹不好琴，不肯练就哭。"

我说："你们愿意来说说看到面面的画的感受吗？"

孩子们说："我感觉很热，好像有火一样。""我觉得妈妈生气的时候很恐怖，就好像恐龙一样。""我感到害怕，因为那时候的妈妈太凶了。""太响的声音，会让我想要逃跑。""我喜欢面面的画，我也有故事可以画。"在放手让孩子们自由表达后，我们收获了这些作品。

孩子们的作品都有非常精彩的地方，他们都是非常艺术的生活家，也都是非常爱生活的艺术家！"小画廊"的作品不断丰富，我们对高瞻课程的摸索还在继续，孩子们的故事也在继续……

三、分析与反思

（一）材料：从茫然到发现——关注生活中的艺术细节

刚接触高瞻创造性艺术教育时，我有茫然的感觉。因为在一日生活中有太多的情感内容，幼儿年龄尚小，他们的表征常充满个体主观性、创造性和想象力，有时稍纵即逝。教师要不断学习，才能发现并捕捉契机。教师需独具慧眼，接纳幼儿的各种表达，不应以是否符合成人认定的客观事实来评判幼儿的艺术表达，而应更多关注幼儿那些来源于生活、来源于体验的真实感受：甜、酸、苦、辣、咸，悲、欢……，每一个生活细节背后的艺术细节都可能成为幼儿艺术创作的原点。

（二）操作和选择：从发现到思考——深入有故事的生活话题

情绪不是一种盲目的情感外现，而是按照"某种具体的方式去行动的冲动"状态，它更多源于幼儿的生活经历。当教师捕捉到幼儿的各种生活经历，就要鼓励幼儿多说故事，在故事中逐渐深入话题，并运用生活中的艺术元素来充分表达情绪情感。事实上，只有当话题越来越深入时，幼儿才能充分去感知，运用艺术表达才会更真实、更鲜活。

（三）幼儿的语言和思维：从思考到行动——支持主动学习中的多元互动

当成人不再是幼儿艺术创作中的主角，只是作为观察者和支持者时，教师要思考如何让幼儿更愿意表达，如何让幼儿的艺术发现更多元、表达更丰富。除了提供相应的支持材料，不断跟进幼儿的生活事件进程外，幼儿的主动学习更是我们需要花心思，也是高瞻课程的精髓所在，如何让艺术自然而然地发生，曾经让我非常困惑。我发现，虽然有时每个幼儿的情绪体验都不同，但也会有"感同身受""有感而发"的事件。除了关注个体外，我们可以创设幼儿与同伴互动、互通、互助的物质环境和精神环境，支持他们主动学习，相互学习、共同学习。

（四）成人"鹰架"：从行动到内化——尊重每个幼儿的内心表达

在本次"创造性艺术研究"中，我们努力通过观察，尽可能客观地对幼儿的表现行为进行分析，但评价中如何融合对幼儿表达的情感理解也挑战着我们。情感，能够成为幼儿艺术创作的催化剂，它让幼儿的发现与表达更直观、更生动。也正因为有这样的情感，让教师的心因为幼儿的发现和表达而变得更加柔软，让艺术变得更加有温度，有故事，有创意。

（五）后续进一步支持的创想与展望

情绪的产生存在一日生活中的方方面面，较难开展"预设性"的环境支持和材料支持，只能跟随幼儿"生成"的情绪不断调整。利用艺术元素，支持幼儿表达各自的情绪情感，对教师的实践更是提出挑战。

在环境方面，除了提供基础的常态化的材料和环境，还需要提供涉及面较广的图画书、名画等鉴赏材料以及常用的艺术材料。当孩子们遇到某个情绪感知的关键点，我们可以在此基础上尝试投放相关情绪的书籍、材料，丰富幼儿的经验，激发幼儿表达的愿望。

在一日常规方面，我们要善于捕捉幼儿的情绪表达，观察幼儿的面部表情，跟踪幼儿的日常记录，一日生活中的所有时间都可以进行与情绪相关的活动。

在师幼互动方面，处理好幼儿表达的"一团乱"和"教师鹰架不能乱"之间的关系尤为重要。其中，接纳幼儿的"一团乱"，是不给幼儿设"框"，是成人探寻幼儿的意图，支持幼儿表达已经理解的经验。而关注幼儿的情绪感受，支持幼儿通过感官、通过对材料的积极探索，表达自己的感受和经验，其本身就是自主学习的过程。这里，所谓的"教师鹰架不能乱"，是指教师在支持幼儿发现和表达情绪时，要基于个体的不同生活情境、不同的意愿、不同的气质类型予以支持，基于不同的情况予以温和地延展，而不是"一刀切"地统一部署、统一评价。

（上海市实验幼儿园　王　欢）

葱兰漂流记

幼儿年龄： 5—6岁（大班）

一、幼儿活动轶事

片段一：

童童在"晨间板"上画了两朵花，介绍说："我在山坡上发现了两朵葱兰，很奇怪。"

教师带领班级孩子走向山坡，孩子们惊呼："哇！有小白花！"原来几株葱兰开在山坡上的一众青草间，孩子们对葱兰不陌生，舞蹈房旁有一大片，离我们教室不远，时常能瞧见。

有孩子好奇，问："不是都开在舞蹈房旁边吗？怎么会在山坡上呢？"

于是，我听到有孩子猜测："园丁叔叔撒了把种子在山坡上。""猫吃了花，在山坡上把花拉了出来。""风吹啊吹，把种子吹到了山坡上。"

孩子们和葱兰

孩子们喜欢山坡上的葱兰，我建议："这么喜欢葱兰，取个名字吧。"

童童说："叫风闪电。"梓晗说："摸起来那么软，叫软绵绵。"综合一下意见，其他孩子说："就叫风软软吧！"

隔了几步，又有两株葱兰同根生长。孩子们兴奋地嚷嚷："看，双胞胎花！"大家看了看一旁的佐佐和佑佑（双胞胎兄弟），用手指点着葱兰，认真地说："你是风佐佐，你是风佑佑。"

在世间千千万万的花中，取了名字的葱兰便成了大二班孩子心中的独一无二。

片段二：

悠悠在"晨间板"上画了感叹号，介绍时说："今天要在山坡运动，风软软、风佐佐和风佑佑会很危险！"

运动时，我们班带着小二班弟弟妹妹在山坡上玩。风软软、风佐佐和风佑佑长在山坡正中，孩子们一不留神就会踩到，踩踏事件不幸发生。

孩子们那个着急啊，悠悠采取了各种保护措施，在一旁蹲点，以身护花，用玩具蝴蝶翅膀罩住花……可惜，三朵小花还是被踩断了。

孩子们手捧断落的小花，一脸心疼，带回教室。

片段三：

菜包在"晨间板"上画了哭脸，提议："我们把它们埋在教室门口吧。"

异寻拿来植物角的小铲子，和鹏鹏一起挖了一个小坑，其他孩子有

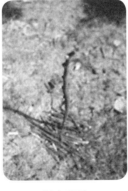

纪念葱兰

的捡树枝，有的捡落叶和野花，铺在小坑旁边，媛媛和悠悠小心翼翼地把三朵葱兰放进小坑，异寻轻轻地把土掩上。

到了下午，我发现小小的"坟墓"上插了一根树枝，树枝上挂了个风筝，风筝上画了三朵小花。孩子们的感情简单、纯粹，透露的是对生命的重视和用心。

片段四：

两周后，悠悠在"晨间板"上再一次画上一朵小花，大声宣布：山坡上又有了一朵葱兰花！

孩子们央求我带他们出去看，行至山坡，孩子们兴奋地尖叫起来，原来长着风软软的泥土里又钻出一株小小的葱兰，孩子们温柔地叫它"小风软软"。孩子们围在一起，看着这株小花，佐佐说："沈老师，这是不是你说过的循环啊？"

二、幼儿行为的解读与判断

本案例中的幼儿在大自然中与葱兰进行了系列互动，完成了一系列假装游戏，他们为两朵相似的葱兰取双胞胎的名字，达成了高瞻课程级别 2 中的象征行为；用语言、歌声和动作来保护葱兰，守卫葱兰，纪念葱兰，达成了级别 3 中"扮演"和"模仿"的行为。

孩子们善于观察，对葱兰的欣赏、喜爱与表达则充满了诗情画意。

欣赏花朵区别于草丛的柔美，表现了幼儿对自然之美的艺术敏感。

"取名""保护"的行为若置于文学作品之中，让人联想起经典童话《小王子》中小王子对于玫瑰花之"独一无二"的喜爱及狐狸对于王子之"驯服"含义，细细咀嚼，幼儿对文学艺术领域中的粗浅领会颇有趣味。

用绘画作品致以哀思，则充分表现了幼儿对音乐及绘画艺术的运用、借鉴和表现力。

最后，将植物生长与生命循环联系，不仅体现了幼儿对生命的粗浅思考及感悟，同时成全了幼儿日常生活中艺术小品的小小构建，成就了一个具有浪漫气息的艺术作品的完整达成。

三、对师幼互动的反思

操场山坡上的几枝小花在很多成人的眼中或许不值得一提，却成为孩子们热切关注的内容。接纳孩子的好奇，敏锐地捕捉其中的教育契机，支持孩子的各种艺术表达，需要教师的智慧支持和感性参与。

教师支持幼儿在认识葱兰的过程中为其"取名"，营造浪漫感性的艺术氛围，引发幼儿观察，激发幼儿猜测、参与活动和表达表现的欲望。

当葱兰"危在旦夕"，教师尊重幼儿的选择，鼓励幼儿动脑思考"保护"葱兰的方法，调动幼儿的同理心和积极性，引发幼儿运用艺术方式表达情感。

当葱兰"香消玉殒"，教师支持幼儿的纪念活动，以制作纪念品等方式来表达对逝去生命的珍惜、留恋及进一步的思考。

活动还在继续，并没有因为三株葱兰的凋落而结束。教师继续开展散步活动和户外游戏活动，继续鼓励幼儿再发现，再联想，再抒发，再创造。

分析活动的过程，可以看到学习无处不在，可以看到幼儿在过程中积极主动，他们随着兴趣萌发探索、扮演和创作的欲望，跟着兴趣及情感的步伐扩大艺术表现的形式和广度，不知不觉地体验着艺术教育中最难能可贵的好奇、沉浸、感染和充分表达。而这样一种生命最初孕育的艺术素养很有可能会影响幼儿今后乃至一生的艺术兴趣和表达习惯。

四、分析与反思

（一）幼儿艺术教育内容重自然，不刻意

生命是什么？这对于学龄前儿童无疑是个太过深奥的问题，成人很难通过书本或课堂教学为幼儿进行解答。偶尔在山坡上的发现却构成了幼儿对于生命的一场感性认知。我惊讶于孩子们的聪慧敏感、融会贯通，也深深感受到自然的无比魅力，几株小小的葱兰让他们识得什么是生命，什么是珍惜，什么是怀念，从而引发对生命粗浅的思考。而我做的，不

过是站在他们身后，关心他们的发现，保护他们的情感，尊重他们的选择，而后由衷地赞美他们充分感受后的体悟。

（二）幼儿艺术教育过程重体验，不空谈

户外游戏中，孩子们真正成为一个个"野"孩子，比起原来的室内游戏，大大增加了与自然接触的机会。他们能够看到、听到、闻到、触摸到四季的交替，万物的更新，也能切切实实感知到微小生命的绽放和衰败。自然界是幼儿最好的"艺术创作园"，更是最好的"情感补给站"，孩子们在看似随意、实则完整而聚焦的活动中获得了最直观的感受和认知。是的，孩子用双眼发现世界，而我追随着孩子的视野，发现他们的发现。

（三）幼儿艺术教育形式重整合，不单一

孩子们说玩吹泡泡的时候，要先转个圈，看看哪里有风，追着风，泡泡就会吹得远。孩子们说种南瓜时，叶子满地长，在地里插一根棍子，藤就往上爬。我想教育或许是同一回事，需要追随孩子的本真。让我们一起慢慢等待，等风来，等花开，等待孩子成长。这是我和孩子们在自然界里学到的本领，感受到的最纯净的艺术感染力。

（上海市虹口区体育幼儿园　沈逸珺）

泥土里的朋友

幼儿年龄：3—4 岁（小班）

一、活动背景

春天悄悄来临，大自然的变化吸引着孩子们去观察、去发现，每天散步时他们最感兴趣的事就是到小菜园里看看蔬菜的发芽与生长情况。

二、幼儿活动轶事

小朋友们在给蔬菜松土和浇水时，轩轩突然大叫："哎呀，这里有一条虫子，好多脚！"叫声引来很多孩子围观，都想看看虫子长什么样。可是小菜园的小路很窄，没办法站很多人，排在后面的小朋友根本看不到。

涵涵说："我看不到，到底长什么样啊？"轩轩说："那条虫子钻进土里去了，要不我画下来给你们看吧。"于是，她来问我要纸和笔。"现在可没有，等会儿回教室后你再画吧。"我说。轩轩有点着急："等会我可能就忘了虫子长什么样了。"

这时，轩轩突然蹲在地上，用手指蘸着水桶里的水画了起来，一边画一边说："这样也可

在地上画虫子

以画啊，我在家里阳台上就这么画过。"只见她在地上用水画出了虫子的轮廓。

她的画吸引很多小朋友来围观。不过，轩轩很快发现地上的画并不明显，而刚刚洒在墙上的水滴痕迹反而更能看清楚，于是，她提着小水桶来到围墙边，蘸着水在浅色的墙上作画，这样可以让更多的小朋友看到。她的行动吸引了很多小朋友，不少伙伴都说刚刚在土里看到了小虫子，也愿意画下来。

于是，小朋友都纷纷在墙上、地上画刚刚在土里看到的小动物，一边画一边向小伙伴们介绍："这是我刚刚看到的一条长着好多只脚的虫子！""你看，我的虫子是有翅膀的。"

很快，墙上、地上就画满了小朋友的作品，从他们的介绍中，大家知道了有的是西瓜虫，有的是蝴蝶，有的是青蛙，还有一条胖胖的蚯蚓。

在墙上作画

平日里大大咧咧的茗茗把水撒上去，墙上顿时出现很多小点，他先是开心地大笑，然后惊奇地说："像很多小蚂蚁。"而向来仔细的形形画的蚂蚁则是好几个挨着的小圆圈，还有一对触角。

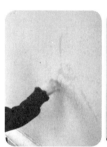

画蚂蚁

迪迪发现他刚刚在地上画的蜘蛛不见了，很沮丧："天气这么热，水一会儿就没了，我的蜘蛛不见了。"

"什么痕迹不会消失呢？"我问。

他看了看周围，找来树叶做蜘蛛的身体，小草做蜘蛛细细的腿，他高兴地说这样蜘蛛就不会消失了。

特别的蜘蛛

三、幼儿行为的解读与判断

结合关键发展性指标，幼儿在该活动中的艺术行为处于发展初期阶段。

户外种植实践活动中，幼儿发现土里有很多小动物，激发了他们进一步了解动物的兴趣。幼儿仔细观察小动物的外形特点，并尝试用手指蘸水在地上、墙上画画，这样的过程是幼儿写实的艺术创作，即"发现小动物的外形特点，用线条再现出来。"这与艺术表现中"幼儿有意地表现某物，并创造出一个复杂的有多个细节的成品"的指标相符。

绘画过程中的主要材料是水，幼儿平时接触较多，每天洗手的时候水会溅射到镜子上，有时散射形成点状，有时会顺着镜面滴落下来形成线状。他们会顺势在镜面上涂抹，所以他们对水的特性是有一定生活经验的，有的幼儿甚至已经有了蘸水作画的生活经验，这在指标中体现幼儿主动性中表现为幼儿使用熟悉的材料。

通过探索，幼儿发现用不同的材料可以表现出不同的绘画方式和技巧，比如表现小动物身体大小的时候可以分别用手指或者树枝进行绘画。同时，在经过一番尝试后，孩子们还发现有的材质蘸水画后很清楚。以上两点分别对应主动性指标中"与幼儿在观察其他幼儿使用的基础上做一些改变或调整"，和艺术表现指标中"在创造性艺术活动中，幼儿与一名或多名幼儿持久地进行合作，即：幼儿与其他幼儿一起做某事，从每个人那里获得想法"。

几位幼儿虽然画的是同一种动物，但他们抓住的外形特点却不一样，比如蚂蚁的画法不一，可以看出他们已经能抓住小动物的某一特点去表现了，与艺术表现指标中"幼儿使用或摆弄材料和工具""幼儿关注到材料或工具营造出的效果""幼儿创造出简单的有一些细节的成品"相符。

一位幼儿画了一条胖胖的蚯蚓，别的幼儿笑话他，可他却坚定地说他的蚯蚓吃饱了，所以肚子鼓鼓的，这位幼儿在绘画的同时加入了自己的想象。这里是情绪情感指标中"幼儿注意到艺术特征与情绪情感相联系"。

活动的最后，有幼儿发现水渍画保留的时间太短，想到了用树叶、小草去替代，体现了主动性中幼儿能有目的地组合一些材料。

四、对师幼互动的反思

在户外实践活动中，幼儿真实地表现出他们的关注热点，教师及时发现和捕捉幼儿生成的兴趣点，鼓励幼儿用自己的方式去再现泥土里的小动物。

（一）环境支持

春天的小菜园孕育了各种生命，幼儿在宽松的氛围中有了很多发现，愿意跟同伴们分享自己的发现，教师借此契机对幼儿进行大自然的生命教育，激发幼儿探索大自然奥秘的兴趣。

（二）宽松的氛围

户外实践活动摆脱了固有的课堂教学模式，鼓励幼儿自主照顾蔬菜，给蔬菜浇水、施肥、翻土等，在过程中发现自然界的秘密，充分利用周围的环境作为自己创作的源泉和材料。

（三）物品材料支持

本案例中，教师提供了很多小铲子，以便幼儿挖泥土时发现土里的动物朋友们，还有盛水的工具，把水作为绘画的颜料。过程中，幼儿还自发选择了周围很多自然物材料（比如树叶，花瓣、树枝）。

（四）语言支持

教师鼓励幼儿动脑筋去解决问题。

1. 发现幼儿生成了新的兴趣点

当幼儿在小菜园护理蔬菜的时候，发现土里有很多小动物，这成了他们新的兴趣点。教师运用支持性语言"怎样让更多的人知道你刚刚看到的小动物长什么样"，推动幼儿进行进一步的探索和分享。

2. 幼儿创作中发生问题

幼儿发现用水作画，作品不能长时间保留，教师及时提问："有什么方法能让你的画保留的时间长一些？"帮助幼儿明确问题所在，启发幼儿自主解决问题。

3.幼儿之间产生质疑

幼儿在互相交流自己的作品时，其他幼儿对作品产生了质疑："你这个蚂蚁触角太粗了，一点都不像！"教师马上跟进："有好办法让它变细一点吗？"教师还对幼儿正在做的事情引发的效果进行评论，帮助幼儿关注效果的细节："在这个地面上（深颜色的地面）作画好像不太能看清哦，怎么办呢？"

教师关注绘画技巧的细节，询问与其密切相关的开放式问题，促进幼儿进行思考，比如针对幼儿正在做的事情提问："你们两个画的都是蚂蚁，画得不一样，你们怎么知道都是蚂蚁呢？""能不能再多用点材料，让你的小动物看起来更像蚂蚁？"幼儿在与教师的语言互动中受到启发，纷纷表达自己不同的意见，并在后面的作品中展现出了他们的创意表现。

（五）非语言支持

整个活动中，教师给予幼儿充分的时间进行观察、探索、创作、分享，并通过观察了解幼儿想要表现的作品，用拍照留念的方式肯定幼儿的创作。

五、分析与反思

（一）案例带来的启示

1.材料

活动中的材料有水池，铲子，围墙，底板，树枝；材料本身非常常见，同时也是开放式材料，允许幼儿以多种方式进行操作。因为幼儿对蘸水在墙上画出痕迹感兴趣，因此可以思考添加更多能够进行拓印的材料，帮助幼儿探索。尤其在活动后期，孩子们发现了水渍痕迹不好保留，可以鼓励他们用其他物品替代作画。

2.操作和选择

幼儿有的选择在地上画，有的则画到了墙上；有的用手指画画，有的则尝试用树枝作画，不同的方式出现的痕迹也是有所不同的。到了活动后期，有幼儿选择了树叶、花瓣这些自然物来替代水表现小动物。

3. 幼儿的语言和思维

活动初期，幼儿更关注动物的身体特征，他们一边画一边介绍："这是触角……这是腿……这是身体……"后来，幼儿的介绍逐渐丰富："我的青蛙在做游戏。""我的一群蚂蚁出来找吃的了。""你的蚂蚁大，肯定是妈妈。""我的蚯蚓吃饱了。"……

4. 成人"鹰架"

成人通过提供环境、工具的支持和提出开放式问题的方式，延伸幼儿的创作灵感和想法。

（二）后续进一步支持的设想与展望

1. 材料

幼儿目前处于发展水平前期，且对水在不同材料上留下痕迹的不同产生了兴趣，同时也发现水渍不宜保留的特点，产生了用其他替代物创作的想法，因此，教师决定首先从材料上为幼儿提供后续支持，主要提供以下材料：

（1）替代手指头的工具：大小不同的毛笔、刷子、海绵、玩具等。

（2）自然物材料：贝壳、树叶、树枝、石子、花瓣、豆类等。

（3）更多的环境：不同的地面和墙面。

2. 一日常规

可以将幼儿在此次活动的探索和兴趣延伸至一日常规其他环节。

（1）回顾时间：拍摄幼儿在活动中的图片，回顾时间进行分享。

（2）小组时间：开展有关拓印的小组活动，例如蘸颜料在纸上作画。

（3）户外活动：开展户外实践活动，寻找更多的自然物材料并进行创意拼画。

3. 师幼互动

尝试描述幼儿做出的拓印痕迹，帮助幼儿注意细节，关注不同材料表现出的不同艺术效果。

（上海市闵行区莘庄幼儿园　李　雨）

有趣的树叶鱼

幼儿年龄：3—4岁（小班）

一、幼儿活动轶事

2018年11月12日，户外散步时间，许多小朋友边晒太阳边捡操场上的落叶玩。

多多和西西专捡大大的梧桐叶，双手握住梧桐叶的柄，拿了许多。教师询问："为什么要捡梧桐叶？"西西说："这是小鱼，我们在捉小鱼"。

教师继续询问："你要把'小鱼'捉到哪里去？"

多多停顿了一会，说："要捉回去"。

旁边小朋友听了，和多多、西西一起捡落叶。散步时间结束后，小朋友和教师将许多落叶带回了教室。

2018年11月13日，自主游戏时间，多多走进了艺术创作区。她在一篮落叶中翻找，从篮筐中拿出梧桐叶。

坐在一边的花花问："你看，我这颗爱心漂亮吗？"

多多点点头，又在篮筐中继续翻找，看了看花花的爱心（两片榉树叶拼成），拿出一片榉树叶。

多多左手拿着一片榉树叶，右手拿着一片梧桐叶，把它们连在一起，对花花说："我这个是小金鱼。"

她看了看花花贴在白纸上的爱心，询问老师能否帮她把小金鱼贴在白纸上。

小金鱼

贴完小金鱼后，多多又从篮筐中拿出一片榉树叶和一片梧桐叶，可是这次当她想把榉树叶压平的时候，榉树叶裂成了两半。

多多在篮筐里继续翻找，没能找到一片完好的榉树叶。

她看了看缺了一角的"小金鱼"，拿起一支尖尖细细的画笔，为这条小金鱼画上尖尖的牙齿。多多说："这条小金鱼很凶的。"她一共为这条凶猛的小金鱼画了五颗尖尖的牙齿。

多多在榉树叶的两个尖角处各画了一个空心圆，里面点上一个点。

多多又给鱼添上气泡，点了很多黑黑的"鱼籽"，边画边说："有很多小宝贝。"

教师对金鱼上尖尖的牙齿和圆圆的花纹表示赞美，花花看了看多多的"花朵鱼"，也开始粘贴"树叶鱼"……

2018 年 11 月 14 日—2018 年 11 月 21 日，角色游戏时间，很多小朋友走进艺术创作区，参与了"树叶小鱼"的制作。西西找了一片空地搭建围栏，建造鱼塘……

2018 年 11 月 22 日，教师开展了集体教学活动"有趣的树叶鱼"。

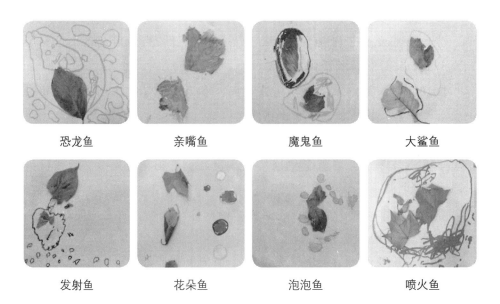

| 恐龙鱼 | 亲嘴鱼 | 魔鬼鱼 | 大鲨鱼 |
| 发射鱼 | 花朵鱼 | 泡泡鱼 | 喷火鱼 |

二、幼儿行为的解读与判断

结合关键性发展指标，多多在该活动中呈现出的艺术行为处于发展中期阶段。

活动中，多多通过观察、比较、拼接、想象、试错等方式，探索了树叶这种材料的不同特征，使用树叶做出意想不到的物品并说像金鱼。接着，她对呈现在画纸上不经意被弄破的榉树叶进行了艺术加工，将金鱼的尾巴想象成美丽的"花朵"，把残缺的榉树叶想象成张大的嘴巴，画上了五颗锋利的牙齿，并在花朵尾巴上添画了许多小圆圈泡泡，体现了丰富的细节表征。

多多自发捡拾落叶（落叶是小鱼）→教师发起创作"落叶小鱼"（两片落叶连接起来，添画泡泡变成泡泡鱼）→多多自发创作好凶好凶的花朵鱼（梧桐叶是好看的花朵尾巴，破裂的榉树叶是很凶的大嘴巴），呈现出主动创作的路径。

三、对师幼互动的反思

在活动中，教师对多多发起的捡拾落叶的行为进行了关键提问，幼儿发起了对树叶探索的持续兴趣；教师帮助多多将想象中的金鱼落在画纸上，为幼儿进一步的细节表征提供了机会。

1. 语言支持

针对幼儿发起的捡拾落叶的行为，教师观察到多多只捡梧桐叶的"有意识行为"，用提问支持幼儿计划下一步的行为："你要把小鱼捉到哪里去？"在集体教学活动中，教师注重引发幼儿思考，通过提问"我的小鱼有什么不一样"支持幼儿运用简单的画笔为落叶进行借形想象与添画。创作完成后，教师鼓励幼儿为自己的作品命名，激发幼儿美好情感的同时，对促进幼儿的思维能力有积极作用。

2. 环境支持

教师提供了宽松自由的环境，让幼儿有充分探究艺术材料（树叶）的时间和空间，因此，幼儿可以将梧桐叶当作小鱼，玩捉小鱼的游戏。

另外，教师支持幼儿将树叶带回教室的艺术区，并提供多种操作材料，如树叶、画笔、双面胶等；同时，在游戏中为幼儿提供大量的材料，如：树枝、积木、纸芯筒、夹子等，引发了幼儿对小鱼形象的拓展。

3.非环境支持

整个活动过程中，教师支持幼儿充分探索，并对幼儿的想象给予支持和肯定，鼓励与延伸"鹰架"，激发幼儿对树叶这一材料的创造性艺术表现。在集体教学活动中，教师通过幼儿创作树叶鱼，引导幼儿间互相欣赏作品，感受树叶鱼的多种呈现方式。

四、分析与反思

（一）案例带来的启示

关于材料：幼儿自主选择了落叶作为艺术创作的主题材料，并通过借形想象完成了自己的艺术创作，体现了幼儿对新材料的自主探索与尝试。活动中，还有大量的美术材料（如白纸、尖细的画笔、颜料、蜡笔与多种低结构材料等），从本次活动中幼儿"选择画笔时直接选用了离自己手边最近的画笔"这一现状反思，以后在材料的摆放上可以将多种不同类型的画笔并排放置，为幼儿选择、探索不同材料创造可能。

关于选择：幼儿选择就前一天"捉小鱼"游戏中的落叶进行创造性艺术活动，有目的地选择不同种类的落叶进行拼接、想象、添画，这一过程展现了"儿童是有能力的学习者"的形象。

关于操作：幼儿摆弄不同树叶并尝试拼接，对画纸上的金鱼进行简单的细节表征。

关于幼儿的语言与思维：这片梧桐叶真好看（语言），这是一条鱼（思维），这个像张大嘴巴的金鱼（思维），这个尾巴好像花朵（思维），我要给尾巴画上更好看的花纹（思维）等，展现了幼儿的语言与思维水平。

关于成人"鹰架"：通过提问、询问、帮助、鼓励、肯定等方式延伸幼儿的想法。

（二）后续进一步支持的设想与展望

教师可调整艺术材料的摆放位置，引发幼儿对不同种类画笔的关注，注意选择多样化，激发操作兴趣；可以进一步充实榉树叶和梧桐叶等幼儿喜欢的落叶数量，支持幼儿对落叶的创作。

另外，可以尝试将幼儿的艺术创作展示在艺术墙上，引发其他幼儿的兴趣与探究愿望；可以将幼儿的创作过程与其家长分享。

今后可进一步观察幼儿对画笔、勺子等的使用方式，并给予提醒。值得一提的是，丰富幼儿对落叶的想象与艺术创作，结合幼儿感兴趣的小鱼拓展相关经验，比如带实物金鱼来园共同饲养、共游水族馆等，也是值得探索的内容。

在一日课程中，面对幼儿发起的创造性艺术活动，我们思考的不是"我可以教什么"，而是在活动中如何发现和捕捉幼儿的兴趣，促进幼儿和幼儿、幼儿和材料、幼儿和教师的动态交互过程，最大限度地让艺术随心所欲，让创作无所不在。

（上海市闵行区莘庄幼儿园　许晨琳）

小动物的快乐家园

幼儿年龄： 5 — 6 岁（大班）

一、幼儿活动轶事

逗逗班的孩子爱玩彩泥。升入大班后，每次进美工室都有幼儿要求在泥工区加座。可一段时间后，有孩子皱着眉，向老师求助："我想不出可以做什么了。"他们想不出可以做什么，又不愿意放弃玩彩泥的机会。教师注意到依诺从未有这样的烦恼，无论在家还是在园，她总是创意不断，积累的作品已放了满满一盒子，很是吸引孩子们的眼球。

12 月 14 日

利用分享交流的时段，教师和孩子们一起欣赏依诺的作品。"这里有哪些动物？它们住在哪里？有玩的地方吗？"孩子们七嘴八舌地议论开了，有的说要给小动物造房子，有的说要带小兔子坐火车去旅行……一时间，创意纷呈。

教师给孩子们一叠小本子："大家的想法都很有意思，愿意的话，可以先把自己的计划画下来，下次进美

触发幼儿联想的一盒作品

工室时完成。"孩子们高兴地揣着计划书回教室了。

朕硕在计划书上画了一座房子，兴奋地说："我要做一个树屋。"雅萌画了一只小兔子说："我要做一个小花园。"孩子们利用点点滴滴的时间，在计划书上记录不期而至的灵感，并付诸行动。

小花园　　　　　　　　　　　　树屋

12月14日—17日（火车和火车站）

皓天是一个特别爱车的孩子，他的计划是做一辆火车，让小动物们坐火车去看美丽的风景。他用挖洞的方法做了六节空车厢，还编了号码。美工专用室的活动时间不够用，他就利用个别化学习时间、自由活动时间完成自己的设想。教师理解他的急切，只要是非集体活动时段，都会支持他达成心愿。结果，他用了两天时间，就让小动物们坐上了"小火车"。

瀚琛要造房子，可他造的房子总是倒下来，而且同伴说一点不像房子。皓天对他说："这个像火车站，正好我的火车缺一个火车站。"瀚琛欣然答应，两个人凑在一起，将两件原本独立的作品变出了一个场景。

12月14日—17日（树屋、梯子和马路）

朕硕用彩泥捏出长条，像铺木板一样，一条条紧密地铺在一起，做出屋顶；然后，在四个角上做了四根粗粗的柱子，将屋顶撑了起来；再用类似的方法，做了两层楼，盖上了屋顶；之后，又在屋子前后，用彩泥搭出了围栏，他解释说："不然的话，小动物住在里面会掉出来的，要做一个围栏保护它。"他高兴地把树屋放到展示架上，因为展示架高度不够，他只能象征性地做了一个短小的梯子。树屋混迹于其他作品中，并没有引起同伴过多的关注。

班主任和美工室的专管员协商后都觉得应该给朕硕这个专注的孩子一个鼓励，同时延续孩子们的兴趣和探索。教师动手做了一个森林的场景，在桌面上立了两棵树，把树屋悬在高处。考虑到最近孩子们有见缝插针玩彩泥的需要，这个场景被先安排在教室的美工角里。

这个场景引发了同伴对树屋的关注，锡麟看了一会儿，主动帮忙加长了梯子，让梯子从树上一直通到地面。振硕高兴地说："小动物住在树屋里，可以沿着梯子爬下来去坐火车。"于是，两人合作，在梯子的底部筑起一条马路，通往皓天的火车站。场景和场景之间有了关联。

幼儿合作完成的作品

12 月 14 日—12 月 20 日（不一样的树屋）

天凯也要做一个树屋，他说他的树屋和朕硕的不同，他的树屋一定要先有一棵大树，有树洞（洞就是屋），旁边还有一艘小船。树屋筑在海边，这样小动物可以在海边散步。

12 月 20 日—12 月 21 日（造桥）

看到朕硕的树屋前通了一条路，小动物可以走着去坐火车。天凯说想要架一座桥，这样树屋的小动物也可以去坐火车了。他用彩泥做了一座桥，刚做好时稳稳的，可彩泥干了以后就有点摇摇晃晃了。他想了一下，在桥的两端加彩泥，桥稳住了。但是第二天早上，他把桥放入场景时，桥又倒下了。朕硕为他出主意："你这样不行的，要中间再加一根柱子。"起初，天凯坚持自己的想法，觉得不需要，后来他试着接受了朕硕的建议。

12月21日—12月26日（填海、铺路等）

天凯每天都会来到他的树屋旁，一有空就用蓝色彩泥填海，渐渐地，大海的范围越来越大，他对老师说："我们可以铺一条路，一直通往另一边的城市。"他指着隔断另一边的空间说："可以用纸板连接。"面对如此精彩的想法，老师立刻为他裁切了一块长纸板条，搭建通往城市的路。在填海的时候，他又把连接的路变成了大海。由于纸板条要托住，一个人无法填海，思源见了主动去帮忙。

另一个区域，一清用纸盒制作的消防车、俊贤用彩泥和吸管做的东方明珠正静静地等待着，和朋友们会师。

12月25日—26日

俊贤想做东方明珠，做了两个球，中间用彩泥搓条连接，尝试让它站起来，感觉要倒，自我安慰说："等彩泥干了就不会倒了。"第二天东方明珠倒了，他用剪刀把球剪下来，说："要做做好，调整一下！"他用同样的方法做完之后，东方明珠还是倒了。他向老师提出要牙签，老师去美工室找来了火柴棒，东方明珠终于站起来了，他特别高兴。接着，他开始做周围的场景。

东方明珠

天凯的兴趣似乎转移到场景的设计上了，对老师说："森林这一边，上面可以吊一点雪花，因为冬天到了。"一清在旁边补充："要挂得有高有低才好看。"

小动物的快乐家园还在不断扩展。

二、幼儿行为的解读与判断

（一）引发幼儿自主探索的因素有许多

日常工作中，我们不难发现对材料的好奇、对活动的兴趣、一个急着实现的创意都能引发幼儿的自主探索。从本案例幼儿见缝插针玩彩泥的行为可以发现：是急于实现、有着明确目标的创意调动着幼儿的主观能动性，让幼儿的兴趣、情绪状态始终处于适度挑战状态。

（二）很多经验可以被激发

活动中，幼儿会出现"没想法"的情况，但这并不一定是真的缺乏生活经验，如果有一个"刺激物"能推动幼儿的联想和思考，他们的相关经验就会被激活，产生新的创意和动机。就像本案例在分享活动中所表现的那样，基于现有作品的交流和联想使得幼儿由求助转向主动思考，"计划书"帮助幼儿留住了一闪而过的灵感，使之后的活动有了明确的目标和内在的动机。

（三）单个作品与有场景的作品都能引发幼儿的联想

教师需要先让幼儿切实看到这些会触发他们思考的对象，教师组织的分享交流活动起到了"发现—共享"的作用，之后教师创设的一个能凸显原有作品特点和美感的场景，一个预留了想象和创作空间的场景，对幼儿来说是个盛情的邀请，幼儿永远不会拒绝美好又有趣的事物，他们会迫不及待地加入进来。他们用心看，动手做，还主动与同伴交流创意、经验、作品、场景，彼此推动，幼儿由各自为政到合作学习。

（四）分析幼儿的作品

单个的小件作品较为精细，体量较大的作品看上去较为粗糙，但更能反映幼儿的探索和创造。活动总体上处于经验探索阶段，其中新的探索包括："怎么让房子和桥梁站起来？"幼儿尝试用重力平衡物体、用支撑物撑起物体。"怎么让场景连接起来？"幼儿尝试用合理的情节（马路）展示空间的不断拓展。

另外，整个作品可以看到幼儿美术经验综合运用的迹象：在铺路时用纸板做支架；彩泥制作中出现吸管、牙签等综合材料区的材料；彩泥制作出现不同技法，以平涂的方法表现海域，以不同深浅的蓝色表现海洋的深浅。

三、对师幼互动的反思

美工专用室中，幼儿的学习更多地体现自发、自主的特性，支持幼儿坚持和深入的关键因素是内在动机。教师通过作品赏析、分享交流和环境的变化调整，帮助幼儿锁定探索目标，在自主探索和自我满足中获得发展。

（一）环境支持

教师创设一个与幼儿创意有联系的场景，使幼儿的作品更具美感、更容易被同伴关注，继而带动创意、作品、场景之间的互动，不断引发和支持幼儿的创造和表现。教师理解幼儿的"急切"，将设计好的场景转移到教室里，支持幼儿见缝插针地达成心愿。

（二）语言支持

在幼儿学习状态不佳、方向不明时，教师组织幼儿欣赏现有作品，在谈话中运用提问来拓展幼儿思路，本案例中有"小动物住哪里""小花园里还有什么植物"等讨论，可以引发幼儿的思考和联想。

（三）非语言支持

教师及时投放计划书，帮助幼儿锁定探索目标；提供充分的材料、时间，支持幼儿专注于自己感兴趣的学习；自始至终关注幼儿的学习状态，乐于倾听幼儿的设想并给予支持。

四、分析与反思

（一）案例带来的启示

1.材料

彩泥色彩艳丽，可塑性与延展性强，其活动开放度高，所以即便出现"不知道做什么"的情况，幼儿仍然不愿放弃游戏机会。另外，泥工活动有塑形、配色、处理形状和空间等问题，因而能引发幼儿参与的积极性，有充分的探索机会与空间。随着生活经验的丰富和思维的发展，幼儿表现的内容会逐步从单个对象的造型走向场景的设计和表现。教师跟随幼儿的需要，逐步投放综合材料，对于推进和支持幼儿的探索和表现至关重要。

2. 操作

在幼儿尝试"大身量"作品时，他们的探索从团圆、搓长等基本技能转向如何使作品站立、平衡、连接、堆叠等，引发不同区域的材料混用、经验整合。在幼儿操作体验的基础上，教师要善于通过分享交流等环节，和幼儿一起回顾，一起思考问题、解决问题，获得有益的经验。

3. 选择

教师鼓励幼儿自主选择，制订自己的计划。但让幼儿自主选择不等于教师放任不管，相反，教师更要注意观察幼儿的学习情况和情绪状态，及时给予经验、方法等支持。另外，幼儿的选择易受环境、同伴、材料、经验的影响，教师要注意学习环境的创设、生生互动的影响和合作学习的开展。

4. 幼儿的语言与思维

幼儿在创作单个作品后，乐意主动向同伴或老师表达自己的创作想法和意图。他们会用语言描述自己创作的情境。在创作过程中，当他们遇到计划与实施过程有问题时，想法会跟随自己的做法发生变化。

5. 成人的支持（"鹰架"）

支持性的物理环境：提供创作与想象的空间，跟着幼儿的作品逐步调整环境，让审美更触动幼儿创作的热情。

支持性的心理环境：根据幼儿的泥塑水平，在其创作时重视过程性，为幼儿提供心理支持，激发幼儿积极参与活动。当幼儿有主动学习的心理需求时，成人要借助各种形式与方法，让幼儿的创作成长有阶梯。

（二）后续进一步支持的设想与展望

1. 关于环境

当幼儿对于打造"小动物的快乐家园"的兴趣趋于稳定，而不满足现有的美工角空间时，教师计划在美工专用室设立一个更大、更美的快乐家园，为幼儿提供自我调整和再探索的机会。

2. 关于材料

发挥美工专用室的优势，逐步投放罐子、盒子、架子等结构性材料和装饰性材料，给予幼儿更多选择材料的便利，支持不同区域经验的探索和整合。

3. 发起活动

举办儿童个展"小动物的快乐家园"，在回顾前一阶段发展的基础上，再次为幼儿提供尝试的机会。尝试投入语音设备，用音频加照片的方式记录幼儿在活动中的想法、解决问题的过程，与师生、家长分享。

4. 投放学习资源

在美工室学习资源角投入与"快乐家园"相关的摄影作品、绘画作品等内容，观察幼儿翻阅、使用的情况。

（上海市静安区华山美术幼儿园　朱幽花）

恐 龙 家 园

幼儿年龄：5—6岁（大班）

一、幼儿活动轶事

2019年3月12日，美工室活动。

冉冉用滴管在白色布上滴颜色，等到滴了三种颜色后，冉冉说："看，这块是粉色的泥土。"婷婷听后，凑过来看，说道："我觉得还得加点颜色，不然太白了。"

婷婷选了红色和绿色的颜料，双手同时重重地按下滴管再松开，吸足颜料后，选择了最顶端的白色处，用力挤压出很多绿色的颜料，看到颜料慢慢化开所产生的痕迹，婷婷兴奋地说："看，这块地方变绿了！"冉冉认同："没错，我看过《恐龙大百科》，恐龙生活的地方就是这样的，恐龙后来是因为火山爆发而灭绝的。"

婷婷说："对了，还有恐龙蛋呢！"于是她来到综合材料区，拿了两个泡沫塑料球，放置于地面；又拿起滴管，在小球上方滴了三滴颜料；再拿起小球，在底板上来回蹭了蹭，说："这是恐龙蛋在地上留下的痕迹。"

活动中的幼儿

婷婷又拿来一个泡沫小球，用刮刀切开一半，用颜料瓶在"恐龙蛋"上挤颜料。对冉冉说："你看，这是小恐龙要出生了。"

舟舟："好像还少了点什么！"

婷婷："我知道了，灭亡时是有火山爆发的岩石和废墟的。"孩子们又到综合材料区进行挑选，拿了许多零散的小碎纸，铺在地面上，围成高高凸起的火山。

恐龙蛋和火山

二、幼儿行为的解读与判断

结合关键发展性指标，幼儿在该活动中的艺术行为处于发展中期阶段。

活动中，幼儿通过滴管滴画、颜料裱花、材料装饰等多种方式，探索颜料在纸巾上留下的痕迹，感受颜色融合的变化。这样的过程体现幼儿的探索——"我能通过什么表现方式，运用哪些材料表现恐龙家园？"

另外，幼儿在美工室中找到自认为适合的材料，逐步丰富恐龙生活的环境，这些是后期幼儿进行设计或者表征的基础。其中一名幼儿（婷婷）有目的地选择颜色来表现土地，体现出幼儿了解恐龙生活的环境；她还从综合材料区拿来泡沫塑料作为恐龙蛋，体现出幼儿对恐龙的生活习性和环境有一定的认知经验，对美工室的材料十分熟悉，能够精准地找到适合的替代性材料。幼儿的创意来源于认知经验，对恐龙生存和灭亡的了解和想象。

三、对师幼互动的反思

在幼儿的活动中，教师通过材料、语言和非语言的支持，鼓励幼儿在各区域活动，综合运用经验，使幼儿创设恐龙家园的想法得以实现。

（一）环境支持

（1）提供宽敞、开放的美工室，支持幼儿的探索；活动室区域与区域间不设置围栏，便于幼儿走动，幼儿有综合运用各区域材料的经验。

（2）活动室提供了基本材料、工具材料、装饰辅料，确保多样性和可操作性，例如：滴管、裱花瓶、泡沫塑料球、碎纸条等，以推进幼儿表现和创造为目的，让其按需要、有节奏地进行创作活动。

（二）语言支持

活动初期，教师对新材料的观察和设问引发了幼儿的关注，有了探索的动机。活动过程中对发现的客观描述，使幼儿关注到不同的材料和表现手法对画面产生的不同效果。"你用咖啡色和红色相融合，很特别。""这里有一只裂开的恐龙蛋！""可能综合材料区有东西能表现火山爆发的景象！"这些语言能引发幼儿有目的地选择材料来表现脑中的想法。

在幼儿停顿、迟疑时，询问与其表现内容相关的开放式问题，促进幼儿进行思考："在这片土地上，不知会吸引怎样的恐龙呢？""恐龙能在这里找到食物吗？""火山爆发以后，恐龙生活的环境会有什么变化？"

（三）非语言支持

整个活动中，教师给予幼儿充分的时间进行探索，并在观察中了解幼儿的创作意图。

根据幼儿的表现和当前兴趣热点，预测可能需要的支持，提供介绍恐龙的图书、恐龙及其生活环境的照片等学习资源。

四、分析与反思

（一）案例带来的启示

1. 材料

材料投放与一定的美术经验关联，有助于玩色、泥塑、多种材料创意制作等经验的获得。用高矮不一的瓶子将宣纸撑起，高低起伏的形态就像山脉的自然地势，营造了一种自然的场景感，红、黄、蓝、绿、咖啡等丰富颜色的提供，有助于幼儿表现恐龙生活的环境。

2. 操作和选择

幼儿选择了不同的材料来表现地貌，起先用的是滴管，但由于出水量少，费时费劲，幼儿改用颜料瓶挤压颜色；过程中幼儿注意更换方式，在大块空白之处，幼儿选择裱花的方式用颜料填满，而细小的地方则用滴管进行补色和混色。幼儿能够灵活使用美工室的材料，每当幼儿有新的想法而玩色区无法满足时，幼儿都会到综合材料区找到替代物，并通过再创造（击破、涂色等），使场景更真实。

3. 幼儿的语言和思维

两名幼儿艺术创作时有商有量，对恐龙的生活环境有一定的共识，能通过着色和场景的细化大胆表现脑海中的恐龙家园。

4. 成人"鹰架"

为幼儿热衷做的事情增加新元素，通过评论和开放式问题鼓励幼儿去描述、扩展，延伸想法。

（二）后续进一步支持的设想与展望

1. 材料

活动中，幼儿本想表现恐龙活动后留下的痕迹，但因没有适合的材料而放弃。因此，教师可以思考提供一些敲印的材料以及能够创造出肌理的美术用品，用于表现各种恐龙的脚印。另外，教师可以收集一些自然物，如树枝、叶子等，帮助幼儿构建自己想象的恐龙家园。反思本次创作中，幼儿产生了制作恐龙的愿望和需求，后阶段需教师提供各色彩泥和泥塑工具，满足幼儿通过彩泥塑形表现恐龙的愿望。

2. 一日常规

可以将幼儿在此次活动的探索和兴趣延伸至一日活动其他环节。比如：图书室活动中提供有关恐龙主题的图书，支持幼儿的资料检索，了解恐龙的外形特征、生活习性和生存环境之间的关系，进一步丰富认知、带动创意；可以在个别化学习区角活动中鼓励幼儿延续未完成的制作。

3. 师幼互动

把握时机，向幼儿讲述有关恐龙诞生和灭亡的故事，与幼儿共同探讨、想象恐龙世界的奥秘，激发幼儿持续探索和表现的兴趣。

（上海市静安区华山美术幼儿园　周侃迪）

沙池里的长卷画

幼儿年龄：5—6 岁（大班）

一、幼儿活动轶事

芸芸拿来了一个黄色大筐，在里面装满了沙子，然后在沙池里拖动，无意中留下了一道宽宽的痕迹。老师看到说："哇，这个痕迹好特别！"

芸芸继续将装满沙子的黄色大筐一路向前拖去。在一旁挖沙的宸宸看到了，跑来和芸芸一起拖。沙池里留下了更长的痕迹。

老师问："沙池出现了这么长的痕迹，你们打算做点什么呀？"

"我们要画长卷画！"芸芸兴奋地提议。

芸芸在沙池里找到一根树枝，在"画布"上画了许多小人。豪豪拿来一个圆形的黄色模具，先将模具放置在"画布"上，再用手一拍，拿开模具后，"画布"上便留下了圆圆的有风扇形状的印记。宸宸拿来了一块大大的蓝色剖面板，将剖面板横放在"画布"围成的中央空白处，用脚踩一踩剖面板，沙池里便留下了边缘的印迹，他变换了放置剖面板的方向，重复了几次，于是中央空白处出现了好多条纵横交错的线条。宸宸指着这些线条告诉老

沙池里的痕迹

师："老师，这是高架桥！"

老师说："真的很像呀！"

画好了高架桥，宸宸又去材料区选了一个方块模具，对豪豪说："我们一起印吧！""好啊！"豪豪接纳了宸宸的建议。

很快，"画布"上出现了"三个方、一个圆"重复排列的印记。

"画布"上的印记

在沙池里画画的好主意很快吸引了更多的孩子，他们纷纷在沙池里画起了长卷画，有的用手指，有的用拓印工具，有的用树枝……

二、幼儿行为的解读与判断

结合关键发展性指标，幼儿在该活动中的艺术行为处于发展中期阶段。

活动中，幼儿通过踩、拖、拍、画等多种方式探索材料在沙池里留下的痕迹，这样的过程是幼儿在进行艺术的探索，即"我能用这些材料做什么？"

通过探索，幼儿观察到不同的操作方式作用在材料上的效果不同，能够探索出线条、形状，而这些是后期幼儿进行设计或者表征的基础。

一名幼儿（宸宸）在制作了纵横交错的线条后，表明这是"高架桥"，体现出幼儿首先具备对高架桥的经验，能够将无意识创作的痕迹与高架桥建立联系。另一名幼儿用树枝在沙池里画画，作品具有圆形和线条的简单细节的表征。

三、对师幼互动的反思

在幼儿的活动中，教师通过材料、语言和非语言的支持，帮助幼儿从无意识观察到材料在沙池里的痕迹，到有意识地通过多种方式探索不同材料在沙池里的痕迹效果。

（一）环境支持

足够大的沙池空间为幼儿的探索提供了可能性，幼儿能在探索中观察到长长的、弯弯曲曲的痕迹。另外，装满沙的筐、蓝色剖面板、立方体模具、圆形且中间有类似扇形的模具以及树枝等多种可操作的开放式材料能充分支持幼儿的探索。

（二）语言支持

活动初始，教师用语言"这个痕迹很特别""沙池里拖出这么长一条痕迹"，对幼儿正在做的事情引发的效果进行评论，帮助幼儿有意识地关注"作品"的效果及细节。另外，针对幼儿正在做的事情，教师通过询问与其密切相关的开放式问题，促进幼儿进行思考"你们打算做点什么呀？"尽管幼儿没有直接用语言回应教师的问题，实际上幼儿通过使用操作材料，在沙池里做出不同的痕迹，已经做出了回应。

（三）非语言支持

整个活动过程，教师给予幼儿充分的时间进行探索，并通过观察了解幼儿的游戏意图。

四、分析与反思

（一）案例带来的启示

（1）材料：活动中使用到的材料非常常见，沙池、筐、小推车、圆形和方形模具、树枝等，且都是开放式材料，允许幼儿以多种方式进行操作。本案例中的幼儿对材料印在沙池里的痕迹感兴趣，因此，可以考虑在沙池里添加更多能够进行拓印的自然材料和真实材料，帮助幼儿探索不同的痕迹。

（2）操作和选择：幼儿有的选择用拖筐的方式在沙池留下痕迹，有的选择用脚踩一踩剖面板，或者用手拍一拍，并且在活动过程中，幼儿会选择与小伙伴一起操作材料，做出有一定规律的图形排列。这个过程体现了幼儿自主探索，打破了材料常规的玩法。

（3）幼儿的语言和思维：幼儿观察到痕迹后，继续拖出更长的、弯弯曲曲的痕迹，同时幼儿通过观察沙池里纵横交错的线条，说："这是高架桥。"

（4）成人"鹰架"：成人通过评论和开放式提问的方式延伸幼儿的想法。

（二）后续进一步支持的设想与展望

（1）材料：幼儿目前处于发展水平前期，且通过探索，对不同材料在沙池留下的痕迹感兴趣。因此，教师决定首先从材料上为幼儿提供后续支持，添加更多的材料，例如能发出不同声音的材料，有着不同气味的材料，以及其他来自生活中的材料等，增加幼儿的艺术感受性，支持幼儿在沙池中开展视觉艺术活动。

（2）一日常规：可以将幼儿在此次活动的探索和兴趣延伸至一日常规其他环节。比如，拍摄幼儿活动中的照片，进行回顾和分享；开展有关拓印的小组活动，用不同的材料在橡皮泥上印出痕迹，尝试汉字拓印等；开展律动活动，用自己的身体表现出拓印痕迹，寻找户外丰富的拓印材料等。

（3）师幼互动：尝试描述幼儿做出的拓印痕迹，帮助幼儿注意细节，关注不同材料表现出的不同艺术效果。

（上海市长宁区新实验幼儿园　金丽婕、石凤梅、李莎莎）

音乐画，画中音

幼儿年龄：5—6岁（大班）

一、活动背景

本案例发生在幼儿园"小社团"的户外涂鸦活动中，孩子们在涂鸦时常常会被不远处"快乐音乐吧"传来的美妙音乐所吸引。有的时候，孩子一边画一边自言自语地说："这音乐真好听，好像我们去旅游了……"；有的时候，孩子会边涂鸦边快乐地扭动着；有的时候，孩子会和同伴一起讨论："这音乐好像我们在水族馆呢……"

基于幼儿的兴趣点，我想：何不满足幼儿艺术表现中的多种愿望，尝试在涂鸦活动中放一点音乐？作为老师，我想尝试改变以往纯低结构幼儿音乐欣赏或者纯自主幼儿涂鸦表现活动，让孩子们在感受乐曲的同时，运用涂鸦的方式创作自己的作品。

于是，我尝试投放不同的音乐，结果发现不同音乐给予孩子的创造表现是不同的，同一音乐给予孩子的创造表现也是不同的，这或许就是常说的"孩子的艺术表现不是唯一的"。为此，我们要接纳每个孩子不同的艺术表现，尊重他们的创造和想象。

下面是基于音乐《水族馆》（来自圣桑创作的管弦乐组曲《动物狂欢节》中的第七首），通过对个别幼儿的观察、倾听、理解、支持来分析幼儿如何主动进行创造性艺术活动。

《水族馆》是 ABABAB 回旋曲式风格。它是一首主题性音乐，两架钢琴弹奏出节拍交错的反向琶音，成人的理解是展现了微波荡漾的水面，阳光在清澈的水中直射水底，千姿百态的鱼群在闲游，在这一成不变的节奏上，长笛和小提琴演奏着同样纯净的旋律，钢片琴以晚半拍的方式复奏主题旋律以及近结束时出现的多次滑奏，则有如鱼鳞在阳光下闪烁的光点似的。乐曲美得令人陶醉，犹如身临其境。而我们的孩子聆听这首乐曲后将会如何表现？下面是幼儿涂鸦活动中一些有趣的故事。

二、幼儿活动轶事

孩子们聚集在一起，欣赏着这首乐曲：有的闭着眼睛，有的凑到音响旁仔细聆听，有的跟着音乐旋律变化自己的表情……

乐曲反复播放，孩子们开始你一言我一语的讨论了：

"好像是晚上，小仙女们在一起玩。"菲菲说。

"她们在变魔法。"凡凡说。

"我觉得是爬山遇到危险，好像遇到雪崩了，有点怕怕的。"云新说。

"我感觉是走进了黑黑的山洞，有点害怕。"正好说。

"好像家里来了一只长鼻子怪物，我用玩具打败它啦！"思乐一边说着一边做起动作来。"我觉得里面有恐龙，要吃小孩啦！"小羽说。

"是巫婆把小公主关起来了，王子要来救她啦！"小玼说。

菲菲和凡凡选择了两个人合作完成这幅音乐画。

"我们画小仙女吧。"菲菲说道。

"好的呀！"凡凡应道。

"你们觉得音乐里有小仙女？"我好奇地追问。

"是的，因为小仙女跟这个音乐比较配，很神秘，有魔法。"

凡凡显然很接受菲菲的观点，她连连点头。

"你们从哪些地方听出音乐里有小仙女呢？"我接着问。

孩子们在讨论

合作画画

"就是刚开始蹬蹬蹬快快的脚步声，有点神秘，小仙女来了"（原来孩子们说的是第一段B部分。）菲菲快速地答道。凡凡再次点头表示同意。

"原来你们听到了音乐里节奏快快的脚步声！你们的耳朵真灵！"我由衷地赞扬。

"菲菲在外面学过的。"凡凡听到我的赞扬后，如此解释他们的本领。

"是的，我们学过的。"菲菲自信地答道。

"紫罗兰颜色！"

"老师，我们调出紫罗兰颜色啦！"菲菲高兴地说。

"嗯，我看到了，你们能告诉我如何调出来的吗？"

"红加白就是粉色，红加蓝就变成紫色，因为蓝色加得多了，所以变成紫罗兰颜色啦，我很喜欢这个颜色。"菲菲欣喜地回答。

"我也喜欢！"凡凡说。

"原来蓝色多些，红色少些，就变成紫罗兰颜色啦！"我进行了总结。

"是的。"两个人同时回应。

"这是你们刚刚发现的秘密，看来学到新本领确实很开心。"

菲菲开心地笑了起来。

"为什么要调出粉色和紫色？"我问道。

"妈妈说粉红色适合女孩子，我有粉色的裙子和裤子，我还觉得粉色和紫色比较搭，小仙女穿上很漂亮。"菲菲答道。

"嗯，太棒啦，这个你们都知道。"我不由地给她们竖起了大拇指。

菲菲和凡凡商量画草地，她们说小仙女们来到了草地上。

"我们画了好多小仙女。"菲菲说道。

"是的，我们已经画了这么多小仙女了。"凡凡应道。

"小仙女们穿的衣服好鲜艳呀！"当我再次回到涂鸦区时，我发出了赞美。

"因为她们是小仙女，音乐里有魔法，穿得鲜艳就能施展彩色的魔法啦！"菲菲回答道。

凡凡在一边轻轻地嗯嗯两声。

菲菲和凡凡在小仙女们的手中画出一条长长的线。她们讨论得出音乐中小仙女们施了魔法，变出长长的绳子，正开心地玩荡绳子的游戏。

画小仙女

"你们怎么知道音乐里的小仙女在施魔法？"我好奇地问。

"音乐中间又发出蹬蹬蹬的声音，她们是施展魔法变出了绳子，准备玩了。"（原来是第二段B部分）菲菲答道。

"蹬蹬蹬的声音会是什么乐器发出的呢？"我问。

"我听是铃铛的声音。"凡凡说道。

"不对，是钢琴的声音。"菲菲说。

菲菲和凡凡走到音响边又仔细听了音乐，接着用灰色和蓝色画一片天空。

"咦，你们用灰色、蓝色画了长长粗粗的线？"

"不是，这是晚上的天空，有点蓝蓝的，灰灰的。"菲菲说。

"你们为什么认为故事发生在晚上？"

"因为前面那段音乐静悄悄的，平平的，是晚上小仙女要来了，所以用灰蓝色表示晚上。"菲菲回答。

"听起来很舒缓。"凡凡接着说道。（原来孩子们说的是第一段A部分）

"静悄悄的声音会是什么乐器发出的呢？"我问。

"我听听，是小提琴的声音，里面还有叮叮叮的钢琴声音。"菲菲答道，凡凡在一边应和。

"你是怎么知道的？"我问。

"我学过小提琴。"菲菲答道。

后来，菲菲和凡凡在画的后面加了一个爱心。菲菲说这个爱心是支撑这个长长的绳子的，朋友就像抱抱心一样，永远在一起。

看到女孩的作品初具规模，我忍不住问："听了这首乐曲，你们的感受怎么样？"

"刚开始她们在施展魔法，前面的音乐（指前两段）听起来有点惊奇，

完成的作品

后面的音乐（指第三段）听起来很开心！"菲菲回答。

"小仙女们很开心，是吗？"我问。

"是呀，和朋友在一起施魔法，做游戏，很开心的。"菲菲答道。凡凡也点头同意。

"就像你们两个一样吗？"我问。

"对呀，因为我们是好朋友。"热情的菲菲轻轻地搂住了她的朋友凡凡。

孩子们说音乐里的故事是这样的：静悄悄的夜晚（第一段 A 部分），许多小仙女来到草地上（第一段 B 部分），开始施展魔法了（第二段 A 部分），变出长长的绳子（第二段 B 部分），于是小仙女们一起开心地玩荡绳的游戏，和朋友在一起非常开心，朋友就像抱抱心一样，永远永远在一起（第三段）。

三、幼儿行为的解读与判断

综合关键发展性指标，幼儿在该活动中的艺术行为处于高级阶段。

活动中，幼儿通过倾听音乐，通过绘画表现（即视听通感结合的方式）表达了自己对音乐的解读。

从幼儿对音乐的鉴赏角度来看，幼儿能感知每一段乐曲中的 A 部分和 B 部分旋律的不同，节奏有快慢变化，幼儿还能听到钢琴和小提琴的不同声音，以及第三段音乐和前面两段音乐的情感变化（第一二段是惊奇，第三段是开心），这样的过程是幼儿对这首音乐进行欣赏和探索的过程。

从幼儿创作的艺术作品来看，幼儿画出"静悄悄的夜晚，许多小仙女来到草地上，施了神奇的魔法，变出长长的绳子，一起开心地玩荡绳的游戏"，表明幼儿已经能对这首音乐进行完整的故事性的解读。

从艺术元素来看，幼儿用鲜艳的色彩来表现音乐中会魔法的小仙女，用灰蓝的颜色表现出音乐中静悄悄的夜晚，表明幼儿已经能够使用不同色彩来表达不同的艺术效果。从画小仙女的线条动态：扬起的头发、手舞足蹈的四肢，以及身上的装饰看得出孩子们在音乐中感受到的快乐，表达出了对这首音乐的喜欢。

从艺术材料探索的角度来看，幼儿为了表现自己心中小仙女的色彩，通过颜色的混合探索出粉色、紫罗兰颜色。从幼儿的回答来看，幼儿之前有过粉色和紫色的调色经验，在本次探索中，她们从无意识的行为中总结出经验，发现混合颜色中比例不一样，可以调出不一样的颜色。

四、对师幼互动的反思

在幼儿的活动过程中，教师通过素材的支持、开放的环境、语言和非语言的支持，推动幼儿在绘画表现中关注音乐里的各个元素，将视听通感更好地进行融合、表现和创作。

（一）素材支持

音乐素材的选择贴近幼儿的生活，为幼儿所理解。案例中的孩子们从教师预设的曲目中选择了圣桑的《水族馆》，旋律优美，结构简单，适合幼儿。

（二）环境支持

（1）提供了充足的空间，幼儿可以在自由宽广的空间里进行创作，以自己的视角，用绘画的形式去表达对音乐的解读。

（2）提供了丰富的颜料，幼儿可以根据自己的经验和对音乐的理解使用各种颜料，在过程中根据自己的需要进行调色，对色彩进行探究。

（三）语言支持

（1）注重对幼儿的思考过程进行追问。如："你们从哪些地方听出音乐里有小仙女呢？""你们怎么知道音乐里小仙女在施展魔法？""你们为什么认为故事发生在晚上？""你们能告诉我如何调出来的吗？"通过这样的提问，鼓励幼儿描述他们的思维过程。

（2）激发幼儿关注一些新的音乐元素，扩展幼儿对音乐的感知。如："听了这首音乐，你们的感受怎么样？""蹬蹬蹬的声音会是什么乐器发出的呢？""静悄悄的声音会是什么乐器发出的呢？"引导幼儿思考音乐里的情感元素，学习辨别乐器的不同声音。

（3）大量肯定性评论能鼓励幼儿在活动过程中主动探索和发现。如：当幼儿说"听到了蹬蹬蹬快快的脚步声是小仙女来了"时，教师重复幼儿的话语，肯定了他们对于音乐节奏的感知；当幼儿用创作小仙女的开心画面来表达对音乐的理解时，教师肯定了他们的情感解读；当幼儿调出紫罗兰颜色，发现是因为蓝色加多了的时候，教师给予肯定的评论，支持了幼儿的发现。

（四）非语言支持

在整个活动中，幼儿在完全放松的环境下，不受时间的限制，多次充分地感知音乐，按照自己的步调捕捉音乐里的各个元素。

五、分析与反思

（一）案例带来的启示

1. 材料

活动材料有纯音乐、绘画工具和开阔的环境。纯音乐本身是一种纯粹的抽象艺术，有想象的空间，能够刺激幼儿建立视听和感知觉间的联结，以自己的视角去理解音乐。绘画是幼儿解读音乐的一种方式，丰富的颜料、充分的空间和时间保证了幼儿主动想象，将视听通感进行结合并进行表达表现。因为幼儿对音乐和绘画结合的这种形式很感兴趣，因此可以考虑投放多种不同性质的纯音乐，鼓励幼儿感知音乐，表达不同的情感。

2. 操作和选择

活动中，幼儿在自由听赏、大胆想象中形成自己对于音乐的解读。

同时，幼儿选择和小伙伴一起，在交流合作中大胆绘画，形成对音乐元素的共识，整个过程体现幼儿的自主探索。

3. 儿童语言和思维

幼儿在倾听过程中能感知第三段音乐和前两段音乐的不同（第一二段音乐惊奇，第三段音乐开心）以及 A 部分和 B 部分的节奏的不同（A 部分为平静的节奏，B 部分像快快的脚步声），了解音乐中一些常见乐器的名称，并能够用语言清晰地表达自己的思维过程，用绘画和语言再现了她们对于这些音乐元素的理解。

在绘画过程中，幼儿之间能够通过语言交流表达自己的想法，合作完成这幅音乐画，并在过程中总结出颜色混合的新发现。

教师通过对幼儿思考过程的提问以及肯定性评论，鼓励幼儿在绘画作品中大胆表达自己对音乐的理解。

（二）后续进一步支持的设想与展望

艺术是情感的一种表达方式，后续可以为幼儿提供不同音乐家、不同性质的音乐，感受不同的音乐风格，鼓励幼儿鉴赏。

另外，由"音乐画"引发幼儿的主动学习，其诸多促进幼儿发展的因素可以延伸至一日活动中的其他环节中，比如"回顾时间"里可组织社团活动分享交流，鼓励幼儿回顾自己音乐画的创作过程，讨论作品表达的感情；"大组时间"可以开展音乐欣赏活动，鼓励幼儿们共同鉴赏音乐作品；"区角时间"可开设音乐画活动区角和相关音乐的律动区角。

本案例引发对"师幼互动"的反思，教师可以鼓励幼儿尝试描述创作的过程，帮助幼儿梳理感知到的音乐元素，讨论绘画作品如何表达这些音乐元素，进一步开展相关探索与实践。

（上海市松江区岳阳幼儿园 左本琴）

由乐器博物馆引发的趣事

幼儿年龄： 5—6 岁（大班）

一、幼儿活动轶事

片段一： 社区中的观察——好奇乐器之声
日期： 2018 年 12 月 7 日
环节： 亲子外出活动
地点： 东方乐器博物馆

古代乐器展区，卡卡看到一把没有放在封闭展柜里的古筝，手伸进去想拉弦听声音。被妈妈制止后，她点了点旁边的耳机符号问："怎么没声音？"于是，妈妈在网上找了一段古筝弹奏给她听，卡卡边听边说："有时候长长的，有时候细细的。"

现代乐器展区，卡卡看到乐器瓷瓯，对妈妈说："这是碗做的乐器"。她忍不住用笔去敲，但敲不到。"我要把它画到任务书上"，她一边抬头看看，一边用铅笔在任务书上画了一排碗。

少数民族乐器展区，卡卡跑到藏族乐器铜钦那里，头对着管道往里面吹气，但没有发出声音。

片段二：家庭中的观察——敲敲餐桌碗盘

日期： 2018 年 12 月 7 日

环节： 晚餐

地点： 卡卡家中餐厅

吃晚饭时，餐桌上放了大小、深浅不一的碗和盘子，卡卡拿起一根筷子开始敲击瓷碗边缘，瓷碗发出了叮叮咚咚的声音。她敲敲大碗，又敲敲小碗。她把餐桌上的碗一字排开，用筷子敲了第一个碗说"这是 Do"，敲了第二个碗说"Re"，敲了第三个碗说"Mi"，反复敲击三个碗，还边敲边唱："3212｜33 3｜22 2｜33 3｜。"

片段三：教室里的观察——制作生活乐器

日期： 2018 年 12 月 11 日

环节： 自主游戏

地点： 大二班教室

小舞台里，卡卡想从小暖手里拿鼓，小暖不同意。她到材料区拿了一个大罐子，在罐子里放了两支水彩笔、一块橡皮、一个小球，还有两颗珠子，盖上盖子。

她先用两支水彩笔在盖子上敲了敲，然后不断上下摇晃，一会儿晃得快，一会儿晃得慢，还用"×× × | × × ×"的节奏进行摇晃。

她去材料区看了看，拿了一根橡皮筋套在罐子上，反复把橡皮筋拉高、拉低听声音，她说："好像在弹琴。"

过一会儿，她去材料区拿了纸和笔，说"我会画五线谱的"，然后就在纸上画了五线谱和音符，写了"十、大、人"等字。

然后，她用剪刀把手工纸剪成一块一块，分别写上数字"1、2、3、4、5、6"，一边看看自己画的五线谱，一边在罐子上贴数字，1贴在盖子上，2贴在罐子底部，5贴在底部边缘，3、4、6分别贴在侧面。

她看着自己画的谱子，一会儿用水彩笔敲敲罐子的上面、侧面和下面，一会儿摇摇罐子里的豆子，一会儿拉拉橡皮筋。

二、幼儿行为解读与判断

（一）结合高瞻课程艺术指标，卡卡在艺术方面的行为表现处于后期阶段

在探索自制乐器的过程中，卡卡因为自己想要的现成乐器"鼓"被同伴拿走，就找来罐子和水彩笔分别代替鼓和鼓棒，这是有意识的创作行为。然后，她找来一些填充物放到罐子里，让罐子变成了沙球，但她说自己制作的乐器是鼓。她把橡皮筋套在罐子上，拉动橡皮筋后听到了声音，把拉橡皮筋和弹琴弦联系在一起，认为这好像是在弹琴，这是基于博物馆参观的经验。卡卡一直在学习钢琴，她的谱子画面中有线和各种音符，在音符之间有圆圈表示空拍，还有曲子的名字，通过这几个细节表征她脑中的钢琴曲谱。

（二）结合高瞻课程音乐指标，卡卡在音乐方面的行为表现处于后期阶段

在家中探索碗、盘子和筷子的过程中，卡卡尝试用筷子敲击不同的碗，这是试验声音属性的过程，发现不同的碗能够产生不同的音高后，用"Do、Re、Mi"进行音高命名。在此基础上，她尝试将自己学过的钢琴曲子用筷子敲打出来，这是对艺术作品的一种模仿迁移，也是再创作的开始。

在探索往罐子中加入填充物的过程中，她朝不同方向、用不同力度摇晃罐子，以感受声音的差异和节奏的快慢，对罐子和橡皮筋的探索过程也是如此，并且在摇晃罐子的过程中能够保持稳定的节拍。而后，卡卡在探索的基础上，尝试将"敲击""摇晃""拉弹"这几个动作组合在一起，在不同的地方贴上数字，尝试根据自己画的谱子进行乐器演奏，如谱子上的"Do"（1）贴在盖子上，"Do"（1）就是敲罐子的盖子，"Fa"（4）是拉橡皮筋，"So"（5）是敲底部，但在活动过程中她发现来不及顺利地变换演奏。由此可见，她并没有明确关注数字所表示的音调高低，只是用数字表示演奏使用的方法。

三、对师幼互动的反思

（一）环境支持

（1）空间设置：创造性艺术区域之间相互流通，相互关联，教师尝试不限定制作内容，给予幼儿宽松、开放的创作空间。这样，幼儿能把在美工区制作的乐器用于剧场的表演游戏，在游戏过程中互动性更强。

（2）材料提供：参观乐器博物馆进一步提高了幼儿对乐器和声音的探索欲望，提升了幼儿对于乐器材料的认知，比如：碗可以发出那么多声音，贝壳能变成乐器。由此，教师结合幼儿的发现和兴趣，在材料区提供了一些生活中常见的材料，如瓶瓶罐罐、餐具、橡皮筋、贝壳、石头等，进一步引发幼儿探索、发现"生活乐器"的兴趣。

（二）语言支持

（1）对于创造出的声音给予评论，如听完卡卡摇晃罐子后，教师说"你的乐器发出了'咚咚 咚 | 咚咚 咚'的声音，很有节奏感"。

（2）鼓励探索其他声音，如当卡卡用罐子和水彩笔组合成乐器鼓时，教师问："我想知道你的乐器还能发出什么声音？"

（3）询问幼儿如何使用自己制作的艺术品，如教师看到五线谱后说："这个谱子用来做什么？"

（三）非语言支持

教师观察卡卡利用材料区的材料正在做什么，给她探索和练习的时间。接受幼儿制作的东西，教师并没有强调"琴除了一根弦还有什么"等细节，而是和幼儿一起去倾听、分辨、制造声音。

四、分析与反思

（一）案例带来的启示

（1）材料：不仅仅是卡卡，其他幼儿在参观乐器博物馆的过程中也表现出对乐器声音和材料感兴趣。教师从社区和家庭活动的观察中捕捉到了幼儿的兴趣点，在材料区提供了一些瓶瓶罐罐、餐具、橡皮筋、贝壳、石头等比较开放的材料，以及各种乐器的图片。因为这些材料能够相互组合，产生不同的声音效果，幼儿的兴趣度较高，学习的主动性更强。我们思考，虽然各种各样的乐器在幼儿生活中并非特别常见，但对于音乐的探索似乎是幼儿与生俱来的。我们可以提供各种易于幼儿使用的乐器，让他们感受声音的美妙，也可以提供各种生活中的材料，让幼儿摆弄、组合、转化，制作自己的小乐器。

（2）操作和选择：卡卡用水彩笔敲敲罐子发出声音，迁移了敲鼓的经验，还通过敲罐子的不同位置感受声音的差别。她把各种小物品装进罐子，通过摇晃制造出声音，变成乐器"沙球"，还能有节奏地晃动罐子。她把橡皮筋套在罐子上反复拉出、弹回，在摆弄中发现自己制作出了会发声的琴弦。在已有经验的基础上，她用纸和笔绘制了自己的五线谱，尝试将"摇晃罐子""拉橡皮筋""用笔敲击"这几个动作进行组合，演奏了自己的"乱打秀"。我们思考可以将幼儿自发制作的乐器陈列在小舞台中，用于表演游戏。

（3）幼儿的语言和思维：卡卡使用罐子和水彩笔表征脑中的鼓，通过在罐子中添加各种填充物，感受声音的差异。在拉橡皮筋发出声音后，她将橡皮筋和琴弦联系在一起，把自己拉橡皮筋的动作称之为"弹琴"。她一边画一边说自己认识五线谱，想要将自己画的曲谱和罐子上贴的数字联系起来，但似乎不是很顺利。

（4）成人"鹰架"：和幼儿一起倾听、分辨和制造声音，在观察幼儿行为的基础上，通过语言支持幼儿的发展。

（二）后续进一步支持的设想与展望

1.材料

（1）乐器种类的丰富性：提供一些易于幼儿操作的少数民族乐器、国外的乐器（如非洲鼓）；提供一些自制乐器的材料（如不同质地的筷子，各种各样的豆子）。

（2）服装道具的丰富性：提供一些少数民族的服装、饰品；提供一些幼儿可以自己搭配的丝巾、地毯、垫子等。

（3）音乐的丰富性：提供一些适合幼儿进行打击乐表演的不同类型的曲目，幼儿可以自由选择；提供一些方便操作的录音道具，幼儿可以将自己创作的音乐录下来；提供一些音乐欣赏材料，如各种乐器演奏的音乐等。

2. 一日常规

（1）回顾时间：请卡卡在回顾时间分享自己制作乐器的材料，邀请其他幼儿演奏卡卡制作的乐器。教师唱歌，请幼儿用自制乐器打节奏。

（2）小组时间：探索、发现生活中会发出声音的材料，进行组合，制作自己的乐器等。利用各种乐器、服装、道具、音乐，在小舞台开展表演游戏。

（3）大组时间：开展律动、打击乐和欣赏活动，探索各种音乐元素。

（4）户外活动：在运动活动中融入音乐元素（音调、节奏、力度等），如将打击乐节奏的快慢和听信号走、跑、跳此类游戏相结合。在户外创设一些比较大型的音乐探索材料，感受声音在不同空间里的变化。

（5）亲子活动、社区活动：邀请会乐器的家长来园和幼儿互动表演，带幼儿走进社区剧场，观看适合儿童的音乐会。

3. 师幼互动

（1）等：给幼儿空间和时间，让他们去深入探索各种不同的艺术材料和工具。

（2）看：观察幼儿如何操作材料，例如：如何摆弄乐器？用乐器做了哪些事？

（3）问：询问幼儿的意图，鼓励他们思考。

（4）做：与幼儿一起，以相同的方式使用材料、开展活动，如：模仿幼儿的节奏，跟着他们一起表演。

（上海市黄浦区学前幼儿园　金　佩）

"中国功夫"小达人

幼儿年龄段：5—6岁（大班）

一、活动背景

最近班级正在开展主题活动"我是中国人"。结合主题内容，我们在区域中开设了"中国功夫"这一艺术活动。

一说起"中国功夫"，孩子们纷纷聊起来，有的说"我在电视上看到很厉害的功夫"；有的说"我在小区里看到爷爷奶奶在打拳——太极拳"；有的说"我的哥哥会功夫"……孩子们边说边模仿各种动作，于是"中国功夫"成了孩子们议论和关注的一个热点。

为了让孩子们更好地感受、了解"中国功夫"，教师以展板的形式，将"中国功夫"的一些照片展示出来，供幼儿观赏、了解；将中国功夫的一些基本手型和基本步法，以图文并茂的形式呈现在展板上，供幼儿模仿、探究。

活动启动以后，每当游戏时间，就会有一些幼儿选择这一项目，常常能看到幼儿手舞足蹈，摆弄着各种"武术招式"，特别逼真。孩子们对武术充满好奇，对"中国功夫"表现出浓厚兴趣。

二、幼儿活动轶事

（一）你嘿我哈，认识武术

当"中国功夫"展板出现在教室时，许多孩子围在展板前观赏、交

一起练习武术

流，时不时地摆出各种功夫动作。瞧！希希、涵涵、青青、忞忞围在一起，手舞足蹈地在展板前大显身手。

"看！我的手碰到脚了。"涵涵见青青提膝的动作很酷，试着模仿起来。

"我的动作很漂亮！"忞忞举起手跟同伴说，嘴里还不时地发出"嘿、哈、嗨嗨嗨"等声音，沉浸在快乐功夫之中。

忞忞单腿跪在地上，两手握拳在体侧，眼睛专注地看着展板上的动作。一旁的希希、涵涵摆出各种动作，一会儿弓步，一会儿马步，他们边看边模仿，时不时地交流着、说笑着。

忞忞一边手拿播放器准备放音乐，一边招呼同伴："我们一起听音乐练功夫吧！"音乐响起，忞忞快速跑到展板前准备动作，希希和涵涵见状也跟着音乐边唱边做动作：冲拳——架掌——勾手，冲拳时嘴里还发出响亮的"嘿哈、嘿哈"的声音。

5分钟后，播放器里响起雄壮的音乐《中国功夫》："卧似一张弓，站似一棵松……"小伙伴们跟着音乐唱起了歌。1分钟后，涵涵高兴地跑过来对我说："周老师，我听到歌里有打鼓的声音，咚——咚，很响的。"边说边用手指模仿打鼓的动作，希希和涵涵随着音乐节奏的快慢做动作，时而慢，时而快。

1. 幼儿行为解读与判断

（1）幼儿具有爱模仿和爱探究的特征

"中国功夫"对孩子来说不陌生，在日常生活中经常可以看到，孩子们有一定的生活经验。当教室里出现功夫展板时，幼儿显得特别激动，小伙伴们围在一起欣赏着、交流着，时不时还模仿一下，表现出浓厚的兴趣。

（2）音乐的烘托让幼儿更喜欢武术

孩子们非常喜欢武术中的各种动作。在忞忞的影响下，大家喜欢音乐伴奏，喜欢听着《中国功夫》边唱边做动作。在感受音乐时，涵涵还发现音乐中有乐器“鼓”的声音，在音乐的渲染下，孩子们的动作更有气势，动作更漂亮、更有力。

2. 对师幼互动的反思

（1）提供环境支持

游戏时，当孩子们发现做动作时发出的声音影响其他孩子后，大家讨论后决定下次活动时将“中国功夫”展板放在教室外的走廊里，减少对其他孩子游戏的干扰。

（2）支持推进

为了更好地激发孩子对中华武术的兴趣，我提供“快乐武术”的音乐，如音乐《嘿嘿哈哈》《中国功夫》等，让孩子们在音乐的伴奏下快乐地练习动作。

在个别化学习区角活动中，我特意提供一些小乐器，如：鼓、铃鼓、响棒、锣等，满足不同孩子的表现需求。

（二）你练我练，开功夫学校

这天，希希、涵涵、忞忞、杰杰、军军一起玩。

涵涵说：“我们今天开个功夫学校吧，希希做教练！”他的提议得到大家的赞同。随后，大家一起搬来“中国功夫”展板，布置场景。

3 分钟后，只见希希在前面教大家做“礼”的动作，他发现杰杰做的“礼”动作不对，就上前帮其纠正动作，说：“手不对，换一下，左手做掌，右手做拳。”

1 分钟后，希希又让大家跟着他的口令做动作。“希希教练”巡视着大家的动作：“军军，你的掌弯了，手指并拢要伸直。”只见希希帮助军军伸直手指，还自己做了“掌”的动作给军军看。

认真教和学

就这样，大家在展板前模仿各种功夫动作，他们时不时

合作画武术动作

地变换着各种动作，嘴里还发出"嘿—哈"的声音，非常投入。

忞忞跑进教室，拿来两面平时做操用的旗子，笑着对同伴说："看，这是我的双节棍"。他边说边挥动着旗子，嘴里还发出"嘿嘿"的声音。希希和涵涵见状，也急忙从教室里取来旗子，涵涵举着旗子说："哈哈，这是我的剑。"希希晃动着手里的旗子说："看，这是我的武器——刀。"他们三人各自拿着武器比画着、挥舞着，不亦乐乎。

10分钟后，希希跑来向我要了些白纸。他们搬来一张桌子，放在展板前开始画画，刚刚热闹的场景一下子变得安静了。5分钟后，希希手指着画面上的人物对涵涵说："看，这些人拿着矛，还有盾。"涵涵见了，也给画纸上的小人添上武器——双节棍。游戏结束时，他们将自己的作品插在展板上，和同伴们一起交流分享。

1. 幼儿行为解读与判断

（1）游戏中的角色分工增强了"玩武术"的互动性

涵涵提议希希扮演武术学校的教练，他和杰杰、军军扮演学员，可见涵涵的角色意识很强。游戏中，"教练"希希表现出较强的领导能力，他带领学员一起学动作，一边喊口令，还检查同伴的动作，耐心帮助同伴纠正动作，同伴间的互动更积极了，使得"功夫学校"更具情趣性。

（2）各种材料替代增强了武术的趣味性

展板上的各种功夫动作，一直都是幼儿做动作的依据。忞忞在做模仿动作时想到了用小旗子来做双节棍，希希和涵涵也尝试用旗子替代功夫器械，游戏中出现了剑、刀等，让武术更有趣、更精彩。

（3）各种图示为幼儿的创新奠定了基础，丰富了幼儿的武术表现力

游戏中，孩子们不仅看着展板模仿、创编动作，而且跟着"教练"做动作。接着，幼儿将自己喜欢的动作以绘画的形式表现出来，展板上添加了很多他们喜爱的兵器，整个活动动静交替，形式多样，富有创意。

2.对师幼互动的反思

（1）教师支持推进

游戏中，孩子们想到用小旗子来替代器械，作为教师，我引导幼儿思考："除了用小旗子，我们还可以用什么材料来替代武术器械呢？"同时，我进一步丰富百宝箱的材料，引导幼儿收集一些牙膏盒、薯片盒等材料，以备幼儿游戏中的各种需要。

（2）及时发起交流与讨论

当幼儿游戏中出现双节棍、刀等兵器时，教师通过提问"中国功夫中除了刀、剑、双节棍，还有哪些兵器"，引发幼儿对兵器的关注，期望幼儿之间有更多的经验分享。

（3）后续支持

为了更好地满足孩子们模仿各种武术动作的需要，教师在"中国功夫"展板上增加了"功夫影子的各种照片"，并在照片的一旁留有空白，供幼儿创编动作。

（三）你教我教，实现快乐武术

个别化学习区角活动中，安安、恩恩、依依跟着希希、涵涵一起玩起了"中国功夫"，大家一致推荐希希和涵涵当教练。

大家布置好了活动场景，"教练"希希带着大家练起了功夫，只见希希一边喊口令，一边带着大家做"并弓步冲拳——马步架掌"。接着，希希说："我们分成两个队吧，一个教练教两个队员。"在希希的提议下，

跟着"教练"练功夫

练得真快乐

大家分成两队，分散在走廊里练习。只见希希对着安安说："做这个动作时，后腿要伸直。"希希边说边纠正安安的动作，一会儿"弓步"，一会儿"架掌"，一招一式特别到位，孩子们跟着"教练"边唱边做动作，特别带劲。活动结束，小伙伴们高兴地围着"教练"抱在了一起，非常快乐。

1. 幼儿行为解读与判断

（1）多样化的活动形式让幼儿体验同伴合作的快乐

活动中，孩子们始终沉浸在快乐功夫中，他们主动结伴，推荐动作做得好一点的希希、涵涵当教练。孩子们从一开始的分组练习、"教练"的个别指导到之后的集体动作，体现了同伴间的分工与合作。

（2）大胆尝试使武术动作生动、有趣

随着活动的推进，展板上的武术动作已经不能满足幼儿的需求，幼儿们更乐意用自身的肢体动作自由地表达表现。期间，希希、涵涵表现出较强的身体动作能力，他们乐于进行尝试与探索，也有自己的想法和见解，将原本简单枯燥的功夫变得生动、有趣，富有韵律。他们不仅带领小伙伴做各种武术动作，而且创编新的武术动作，带领大家一起学习，体现了孩子们对"功夫"的专注和探索。

2. 对师幼互动的反思

（1）环境支持

孩子们练习武术需要较大的场地，从一开始在教室的一角，到搬至教室门口，再扩展到整个教室走廊，以此满足孩子们练习中国功夫的需要。

（2）行动支持

活动中，教师关注幼儿的游戏进程，对幼儿的表现经常给予支持，一个手势，一个肯定的眼神，或是一句鼓励的话语，如"你再试一试""你的动作真漂亮""真棒""加油宝贝"等，都给幼儿带来莫大的鼓励。有时，教师参与到幼儿的游戏中，和他们一起练武术、做动作，鼓励幼儿自信地去表达表现，沉浸在快乐武术中。幼儿还经常主动要求将自己的武术新动作表演给同伴、老师看，此时的教师及时拿起相机，拍下孩子们的精彩瞬间，和他们一起体验分享交流的快乐，及时肯定他们的创意。

（3）活动中的支持推进

• 每次活动后，教师及时进行形式多样的交流分享，组织孩子们一起分享经验、照片、视频等，对游戏中出现的问题及时进行讨论，想办法解决。我们先后讨论过以下问题："活动场地很拥挤，怎么办？""游戏中产生的嘈杂声音对其他小伙伴有干扰，怎么办？""武术中产生了打闹现象，怎么办？"每次，教师总是把问题抛给孩子，如"我们练习武术的目的是什么？""武术对我们有什么好处？"等等，鼓励他们自己想办法解决，并在此过程中不断提升幼儿的认知经验，引导幼儿了解武术是中华优秀传统文化的一部分。

• 探索多途径地表现表达空间。比如，将武术表演延伸到班级的小舞台、一日活动中"艺术一刻"环节以及美工区等。又如，让幼儿以泥工、绘画等形式，将中国功夫展现在大家面前。结合大班组"月月演"活动，全班幼儿排练"功夫宝贝"，在大班组的舞台上自信地展现才艺，赢得其他班级的热烈掌声。

上台演出

三、分析和思考

（一）案例带来的启示

1. 提供各种材料，满足幼儿的不同愿望

整个活动中，除了提供展板、武术图片、功夫影子等，在个别化学习区角中，教师提供了《功夫宝贝》《中国功夫》等幼儿喜欢的音乐。为了支持幼儿更好地表现中国功夫，教师鼓励幼儿探索如何运用废旧材料替代武术中的刀、剑等各种兵器，同时提供各种超轻黏土、画纸、笔，满足幼儿以不同方式展现中国功夫的需要。在"月月演"活动中，教师为孩子们准备了武术服装，满足他们登台表演的愿望。

2. 支持幼儿尝试与探究，提高动作的表现能力

幼儿从一开始的动作模仿、单个基本动作练习开始，逐步能做连贯动作，并能大胆尝试利用各种材料替代武术中的兵器，结合自身经验尝试创编动作。幼儿以自己喜欢的方式来展现中国功夫这一活动内容，如形态逼真的功夫小泥人、绘画作品、功夫节目等等，这些都是在一定时间段里，幼儿自主尝试和探索的成果，对其创新表达能力的提升有积极作用。

3. 在相互模仿、互动交流中传递经验，丰富动作

孩子们喜欢和同伴一起活动，相互影响、相互模仿，常常在喊出声声"嘿嘿哈哈"时传递中国功夫的"精气神"。另外，每次交流分享环节是孩子们跃跃欲试、展现自我的时刻，他们将自己最漂亮的武术动作表演给大家看，还用各自的语言将对动作的理解清晰地表达出来。记得有几次分享交流时，孩子们比画"握拳"时会自发地比作"榔头"，这样拳头自然握得紧紧的；而做动作"推掌""亮掌"时，他们总结"五个手指要并拢"，还特别形象地和同伴交流："看，我的手掌就像两把刀，特别厉害。"练习勾手动作时，他们想到了天空中的老鹰……长时间与同伴共同游戏，幼儿不仅提高了合作能力，而且能在互动中习得武术动作要领，激发更多幼儿去尝试和练习。

4. 在观察与参与中丰富幼儿的探索

教师是活动的支持者、引导者和参与者。在本次活动中，教师在一旁静静地关注幼儿的活动，或是拿起手机记录幼儿的精彩时刻，或是给予幼儿一个赞许的眼光。有时，教师也会被幼儿的精彩动作、浓浓的武术氛围所感染，主动参与到孩子们的武术活动中；在关注幼儿的同时，针对活动中出现的问题，及时组织幼儿展开讨论和交流；对幼儿的需要给予支持，为幼儿的发展不断提供支持。

（二）后续进一步支持的设想与展望

1. 材料

除了提供幼儿喜欢的功夫图书，收集一些有关中国功夫的影像视频

以及欢快雄壮的音乐外，教师还可以继续丰富各种废旧材料，提供透明胶、双面胶、固体胶等，鼓励幼儿自制一些简单的兵器。

2. 艺术一刻

利用园内每天的"艺术一刻"时间，给幼儿展现中国功夫的机会，还可以串班，为小班和中班的弟弟妹妹表演。

在幼儿已积累了一定武术经验的基础上，继续丰富展板内容，如适合幼儿练习的"五步拳""童子功""象形拳"等，在操节中增加"幼儿武术操"，从而满足幼儿喜欢武术、表现武术、大胆创编武术动作的愿望。

3. 亲子互动

邀请会中国功夫的家长来园和幼儿互动，让幼儿真切地感受中华武术的魅力，体验武术在强身健体的同时带来的快乐，增进亲子之间的情感交流与互动。

（上海市金山区艺术幼儿园　周向阳）

第二章 幼儿园创造性艺术课程活动故事

本章呈现高瞻创造性艺术活动本土化实施过程中的课程故事。教师在开展项目实践研究的过程中，由问题导入，通过反思性实践，将自己的心路历程展现在我们面前。一个个故事向我们传递这样的信息：只有当教师为幼儿提供可以充分感受、主动发现、自由表达的安全环境，幼儿对艺术的感受和体验才可能被激发，并用他们喜欢的方式去表现和创造，这是幼儿主动学习的过程。

美工室里的学习资源是材料吗？幼儿会如何使用学习资源？如何运用学习资源来推进幼儿的创造表现？幼儿的技能和想象力是实现创造性艺术表达表现最重要的因素吗？设置富有美感的空间环境，艺术地呈现作品就是提供了有效的学习资源吗？故事《越自主，越美丽》《玩色游戏中学习资源的四次变身》《"来福之家"的三次升级》，揭示了教师对学习资源的理解和使用方法。

教师从提供图片、画册等静态的学习资源，到电子画屏、iPad、点读笔等动态的学习资源，幼儿自主探索的愿望和创作灵感得以激活，教师由衷地感受到"越自主，越美丽"。

经历了"学习资源的四次变身"，教师将欣赏对象由"我的"变为"别人的"，欣赏内容由"结果的"变为"过程的"，欣赏视角由"整体的"变为"细节的"，让学习资源从"可看的"变为"可玩的"。

教师在和孩子们一起为流浪猫来福三次升级造房子的过程中发现，用学习资源帮助幼儿细致观察、丰富技能方法、丰富审美体验固然重要，但更为关键的是通过学习资源激发幼儿强烈的情感动机，保持幼儿持续的创作热情。

在进行创造性艺术活动时，当幼儿只热衷于玩沙，教师该叫停并加以引导，还是让幼儿继续充分玩耍？做和艺术有关的活动就是创造性艺术吗？给予更多的时空和选择就能激发幼儿的创造性艺术表现吗？在个别化音乐欣赏活动中，教师如何搭建"鹰架"才能真正引发幼儿的主动学习？故事《从"结果"走向"过程"的且行且思》《从"我"设想的形式，到属于幼儿自己的舞台形式》反映了教师如何营造支持性心理氛围，激发幼儿进行创造性艺术的表现表达。

在《从"结果"走向"过程"的且行且思》一文中，教师通过项目式艺术学习的实践探索感悟到，放慢脚步，注重过程，给予充足的时间和空间，每个幼儿都能通过自由地探索，创造出独一无二的作品。

《从"我"设想的形式，到属于幼儿自己的舞台形式》讲述了教师在个别化音乐欣赏活动的实践中，通过提供开放性材料，联通室内外区域，允许幼儿根据需要调整欣赏素材，提供机会让幼儿参与制订计划、实施计划、展示作品的全过程，为幼儿创设了一个自由开放的表达表现空间。

在创造性艺术活动中，幼儿需要怎样的材料？怎样的材料能够支持幼儿的创造性艺术表达？教师的介入会阻碍幼儿的创造性艺术表达吗？只有让幼儿自己寻找材料，自己产生表演的内容，才被视为创造性艺术吗？故事《向左走，向右走》《沙池里的创造性艺术》《提供视频供幼儿模仿，就是限制了艺术创造吗》介绍了教师在创造性艺术活动中基于儿童视角提供材料的具体方法。

故事《向左走，向右走》提示我们，材料也需本土化，避免照搬照抄高瞻课程中提及的材料；既要考虑材料的选择来源于日常生活，还要考虑幼儿使用方便，更要考虑通过拓展时空和材料使用方法，为幼儿提供从单一到有关联性的制作、从简单到复杂的艺术创作机会。

故事《沙池里的创造性艺术》中三次建造城堡的过程让教师发现，数量充足的低结构材料最能够支持幼儿的创造性艺术表达。教师认为，当幼儿遇到困难，屡次尝试都无法解决时，需要教师的介入，协助幼儿一步步实现他们的想法。由此，幼儿的思路会被进一步打开，对材料的运用也会更具创造性。

故事《提供视频供幼儿模仿，就是限制了艺术创造吗》中，教师认为材料投放不应以幼儿模仿表演为目的，但应接纳幼儿的自发模仿；不应以材料的开放性为唯一标准，但应关注材料是否支持幼儿的主动学习。

怎样才能让幼儿自发爱上唱歌？相近的年龄，相同的话题，为什么一组幼儿"不想继续",而另一组幼儿却"停不下来"? 在幼儿艺术创作的不同阶段,教师如何提供"鹰架"支持? 故事《好怪! 好听! 好妙啊! 》《"不想继续"和"停不下来"》《创作之路,幼儿在前,我伴左右》记录了教师为激发和支持幼儿创造性艺术表现表达所展开的师幼互动。

在故事《好怪! 好听! 好妙啊! 》中,教师将歌唱视为一种情感活动,比起唱得好听,教师更关注幼儿在演唱过程中的情绪体验,让幼儿快乐地唱,幸福地唱。

有准备的教师应该怎样做才能让"不想继续"变得"停不下来",让"停不下来"变得"更加精彩"? 教师提出了若干"当"时刻,为每位想适时支持幼儿创造性艺术表达表现的教师提供了妙招。

故事《创作之路,幼儿在前,我伴左右》中指出:在兴趣产生阶段,需捕捉灵感,构思创作内容;在持续探索阶段,可适度评价,丰富表现形式;在丰富表现阶段,应及时推动,获得成功体验。

艺术欣赏区只增加低结构材料,不预设表现形式可行吗? 怎样的目标能体现指向创造性艺术的集体教学活动价值? 如何利用家庭资源提高创造性艺术课程实施的有效性呢? 故事《"年来啦"的预设之路》《关于目标的三思》以及《画得越"像"越好吗》从内容的选择、目标的制订、家园合作的角度介绍了成人发起的创造性艺术活动的具体方法。

故事《"年来啦"的预设之路》揭示了主题中的幼儿艺术欣赏活动是需要预设的,不预设欣赏点,而是帮助幼儿积累相关的经验。相信不断地感受、体验和积累经验,终将激发幼儿的艺术创作。

在故事《关于目标的三思》中,教师提出了集体教学活动目标设定应关注情感连接、体现主动计划、重视过程体验,强调在集体教学活动中和幼儿共享创造的过程。

故事《画得越"像"越好吗》讲述了教师和热心家长共同开展彩绘社活动的过程,反映了教师、孩子、家长在创造性艺术的实践研究中共同成长的历程。

让我们一起看看,这些课程活动故事能让我们读到什么……

越自主，越美丽

作为美工室专管员，围绕"美工室学习资源的提供以及空间设置的美感促进"，我思考的是这两个问题：幼儿会怎样使用学习资源？怎样的环境能促进幼儿的发展？

带着这些问题和想法，我深入美工室，深入幼儿的美术游戏。除了创设环境与提供学习资源，我开始观察幼儿的自主探索，以及探索之后其美术作品的变化，尝试进一步激发和推进幼儿表现表达的愿望。

一、学习资源的提供——从静态呈现到动态呈现

针对幼儿在学习、创造过程中萌生的"再观察"需求，提供动物、植物、建筑等实物照片，便于幼儿细致观察事物。

中班幼儿 A 在美工室中的泥塑区坐下，他想用彩泥捏一头大象。他先将蓝色彩泥团成圆球，自言自语道："大象长长的鼻子。"接着他拿着剩下的彩泥，看了许久却没有继续下去。他起身走向学习资源区，翻了翻资源区里的相册，打开动物小册子，找到大象的图片。他先是观察了一会儿，然后用手指点着大象身上的不同部位，来回滑动；最后把小册子带到了

大象

泥塑区自己的座位前，边看小册子中大象的图片，边开始继续用彩泥制作大象的鼻子、耳朵、身体和四肢，最终完成了自己的大象。

针对幼儿在学习、创造过程中遇到的挑战，我将一些幼儿使用材料、解决问题、创造表现的方法、过程、成果，编辑成册，成为学习资源，促进生生互动，让幼儿相互启发，相互学习。

幼儿 B 完成了当天的第一个作品后，在美工室中走了一圈，没有去任何一个区域。她来到学习资源区，选了一本班级自制图册《创意从哪里来》，看看图片中的朋友们在美工室中做了些什么，听听小伙伴们在创作时的想法。册子中收录的都是幼儿自己介绍的好方法和经验，通过这样的自主学习，幼儿能从中受到启发。

我的思考：册子放在学习资源区，进入活动室的幼儿中只有一两个会去查阅，有时甚至无人问津。能主动翻阅册子、自主学习的幼儿其实并不多。那么，是否可以让学习资源动态化，与环境相融合，让幼儿在不经意间就能感受到呢？

我的调整：让学习资源动态呈现。美工室投放了电子画屏，将学习资源小册子中的内容以滚动播放的形式呈现出来。画屏中会存放幼儿有独特想法的作品，也会呈现幼儿制作过程的好方法，画屏如同一幅幅呈现在环境中的作品，让幼儿在美工室中感受美、欣赏美，将看到的好方法迁移到自己的创作中去表现美、创造美。有些游戏区，由于材料和玩法多样，使用材料、解决问题的过程无法通过照片一一传递。因此，我们通过视频录像的方式将幼儿创作的过程投放在 iPad 中，便于幼儿（尤其是能力较弱、经验缺乏的幼儿）更直观地学习。

我的发现：幼儿在思考的时候会去看学习资源，或独自欣赏，或小组讨论，学学别人的好方法，观察别人的作品是怎么做的。"老师，请你帮帮我""老师，这个我不会做"的声音越来越少了，有了更多"我也想试试""把我的作品放到画屏上去"的想法，因为有了内在动机的驱动，他们在创作过程中更主动，萌生了更多的想法和灵感。

学习资源不应该仅仅是摆在一边的一本本册子，可以让它们变得可玩，哪怕幼儿坐在那儿看着资源库里的图片，也能学到不少东西。通过点读笔，幼儿可以听听别人的好办法，听听别人的小故事，在别人的作品里借形想象。

二、空间设置的美感——审美情境促进艺术欣赏和表现表达

空间设置有美感，会进一步激发幼儿表现美的动机，从而提升幼儿对作品美感的自我要求。

我的思考： 怎样满足幼儿"求认可"的心理，把作品展示出来？怎样把幼儿的思考、作品的亮点作为学习资源分享给更多的幼儿？幼儿喜欢玩彩泥，创作热情不断，在堆满了自家教室后，开始占领美工室的展示空间。单独看幼儿的作品，每一个都有故

空间设置要有美感

事、有亮点，可是这么多作品堆在一起，"美"变成了"杂"。连基本的有序都没有了，哪里还有美感可言？

我的调整： 我在留白区为幼儿搭建了一个多层展示平台，把孩子们的作品放在同一个情景里，孩子既看得见自己的作品，又看得见同伴的作品；彼此欣赏作品后，他们还会尝试将作品和作品链接起来，更多的合作发生了，更多的创造出现了，更多的材料和使用经验在这个情景中冒了出来，而且多而不乱。

彩泥王国

同事与我分享她的"小发现"：不论是教室还是走廊，一旦刷上了好看的涂料，难看的环境布置就贴不上墙了。我一听，突然来了灵感。最近，中大班的幼儿不约而同地迷上了做点心，已经做了一个多月了，"点心"的数量越来越多，幼儿兴趣浓厚。我紧随其后，申购了造型精美的西式茶具，打算创设

一个精致的下午茶场景，同时向一位做烘焙师的家长收集了一些西点照片，做了本"点心"相册，供幼儿欣赏。我自己用木片做底坯，用彩泥作材质，制作了一个揭秘版的蛋糕放在场景中。

我的发现：幼儿被诱人的蛋糕吸引过去，跃跃欲试。蛋糕做起来并不简单，但幼儿还是很努力地把花纹捏得尽可能精致，有的幼儿邀请教师合作，有的捧着揭秘版蛋糕细心研究起来。没过几天，西式茶具到了，中式茶具也到了，幼儿急切地把自己的作品放到场景中。有时候，他们会将作品放上去又拿下来，再进行加工。幼儿说："我觉得还可以做得更好看些！"

餐具和幼儿自制"点心"

如今，这些用心制作的茶点放在矮柜上，赏心悦目，还带着生活的小情趣。更有意思的是，幼儿的创作有了情景，也有了系列感，作品比过去更精致、更丰富、更有关联了。空间设置引发了幼儿对表现美的更高的自我要求。

三、师幼平等互动——推动幼儿表现表达

我的思考：在幼儿以自己的方式探索和使用材料的基础上，教师以伙伴的身份参与其中，回顾或呈现不同的玩法，但不要求幼儿跟随或模仿。在幼儿创作时，作为参与者的教师可以这样做：教师跟随幼儿做，也就是幼儿做什么，教师做什么；教师做的与幼儿不一样，但不要求幼儿关注，幼儿根据自己的意愿，或继续自己的创作，或观察，或模仿教师的创作……幼儿在观察和模仿中逐步习得经验，之后会添加自己的想法。

我的推进：我用彩泥做了几株向日葵，呈现在美工室。有时候我会在环境中特意摆放教师的作品，和幼儿的作品放在一起。教师作品的技法和创意与幼儿近期兴趣契合，可以让幼儿通过观察和模仿，尝试动手制作。

我的发现：幼儿看到我的作品后，将作品移至操作桌上，仔细观察，随后他们模仿着做了三株向日葵，做完后，他们又加入了自己的想法，用彩泥制作了蜜蜂、树叶、松果等。在幼儿的创作过程中，教师没有用语言和幼儿互动，幼儿自发地边模仿边探索，比如：如何让枝干站得稳？如何让蜜蜂的翅膀不耷拉下来？这样的过程充满着幼儿的自主学习和主动探索。

四、教师需要进一步反思和改进

（一）学习资源来源于幼儿的兴趣和需求，需要不断调整和补充

学习资源是支持幼儿主动学习的隐形"鹰架"，通过调整和优化，学习资源受到越来越多幼儿的喜爱。

1. 静态呈现资源。以图片为载体，有助于幼儿细致观察，唤起已有经验，开始制作活动。

2. 动态呈现资源。幼儿在遇到问题时，需要的是解决方法，提供动图、视频，能让幼儿直接看到技巧和方法，满足幼儿探索的需要。在掌握新的技能和方法后，幼儿的能力获得了提升，兴趣又会被激发。

3. 学习资源不能一成不变，需要教师在幼儿的活动过程中寻找"亮点"，基于幼儿的兴趣，有针对性地进行调整和优化，助推幼儿从"老师帮帮我"到"学习资源里有"的逐步转换，通过自主探索，大胆创造和表现。

（二）环境的变化无须刻意提醒，相信幼儿关注并与之互动

美的环境自然会增加幼儿主动学习的愿望，激发他们欣赏、表现、创造的一系列艺术行为。受环境的影响，幼儿会自发追求美，而富有美感的作品能让幼儿体验满足、成功、自豪等积极情感。现在，我真的相信环境所提供的审美标准是幼儿审美心理发展的起点，将幼儿作品艺术性地加以呈现，会使他们真切感到自己的作品被重视。在我眼中，没有难以接受的创作，只有很特别的创作。

（上海市静安区华山美术幼儿园　陈　凤）

玩色游戏中学习资源的四次变身

开展"美工室学习资源的提供以及空间设置的美感促进"研究之初，我的第一个想法是：幼儿为什么要使用资源？中班幼儿刚进入美工室，就要使用学习资源吗？他们最感兴趣的应该是材料吧？带着这样的想法，我和幼儿一起进入美工室，并对玩色游戏中幼儿如何使用教师提供的学习资源进行观察，通过对学习资源的四次变身，来顺应和推进幼儿的创造表现。

一、第一次变身：欣赏对象由"我的"变为"别人的"

刚进美工室时，中班幼儿对所有内容和材料感到新鲜好奇，尤其是玩彩色糨糊的游戏。为了给幼儿充分探索的机会，我不提要求，不预设玩法，让幼儿按自己的意愿选择材料以及与材料互动的方式，同时墙上挂满大班幼儿的作品，供大家欣赏。

过程中我发现，对彩色糨糊这一新材料，幼儿主要有三种玩法。

玩法一是绘画，直接将裱花袋当画笔使用。

玩法二是揉捏，裱花袋里装满颜料，幼儿对于揉捏裱花袋这一动作尤其感兴趣。

玩法三是拓印，无意中用手按在堆叠的颜料上，玩手掌拓印游戏。

我的思考：从幼儿的行为中，我发现，他们并没有像大班幼儿那样，在玩的过程中关注和控制色彩、肌理的变化。中班幼儿关注的是材料，是游戏本身。他们以最熟悉的方法、最粗放的动作来感知材料的特性，且乐此不疲。墙上那些美丽的画，来参观的教师无不称赞，可在我们中班幼儿的眼里，抵不过手里"新玩具"的吸引力。两个多月后，幼儿依旧在以这三种方式操作，这样专注的重复有什么意义呢？

我的发现：幼儿一开始因缺乏控制裱花袋的经验和能力，画的线条断断续续。现在，逐渐流畅、连贯，也能控制线条的粗细。

揉捏，幼儿从纯粹的动作满足，走向有控制的使用，会用两掌挤压和手指揉捏的动作来控制颜料的用量。

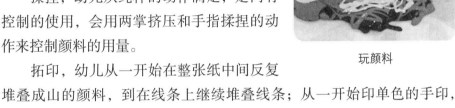

玩颜料

拓印，幼儿从一开始在整张纸中间反复堆叠成山的颜料，到在线条上继续堆叠线条；从一开始印单色的手印，到尝试印出彩色手印。

我的推进：在游戏中，幼儿有感知，有探索，有变化发展，所以专注。理解了重复玩的价值，我选择等待，继续观察幼儿的行为变化，并将我们班幼儿的作品和大班幼儿的作品张贴在一起，引导幼儿从介绍"我的作品、我的玩法"，到关注别人的作品、玩法。欣赏对象从"我的"变成"别人的"，以此来推进幼儿新的玩法。

二、第二次变身：欣赏内容由"结果的"变为"过程的"

幼儿满足了对彩色糨糊的感知后，玩的时候开始东张西望，兴趣开始下降，这是想要寻找新的兴奋点的信号。

我的推进：加入新的学习资源。

提供动态资源。我和美工室专管员商量，提供大班幼儿玩色的视频，让中班幼儿通过观看视频，发现新的玩法。在分享交流时段，我和幼儿一起欣赏大班的作品，对色彩和肌理纹路进行观察和想象。看着画面，幼儿会说"像火山""像彩虹""像旋涡""像龙卷风"，这些都是有形的观察和想象。我和幼儿讨论作品中的玩法，针对问题"这是怎么变出来的"，起初幼儿回答"印上去的""刷上去的""画上去的"，通过观看视频，幼儿说是用透明片印的，按下去后，颜色就会变了。

师幼共同体验，教师的行为是一种特殊的资源。有了幼儿对作品怎么变出来的猜测，我按照幼儿的推测，和他们一起尝试。在同样的环境，使用同样的材料，和教师一起做，这件事本身就激励了幼儿，更何况还在师幼共玩中发现了新的玩法和变化。

我的思考： 好看、好玩，新方法带来的"趣"和"美"，为幼儿的游戏带来了新的动力。我发现，之后的游戏中，幼儿的对话开始多了起来。"颜料和颜料离得太远，变不了。""我画了个樱桃人，也是樱桃眼镜，用透明片一压，眼镜没有了，变成了一只小猫。"他们开始意识到，画面的变化与自己的玩法、动作是有关联的，每一次玩出不同的画面时，幼儿都有强烈的交流愿望，无论是色彩还是肌理的变化都太丰富了，幼儿虽然说不清，但变化的过程不断吸引幼儿持续地玩，同时幼儿开始更注重欣赏"过程"了。

三、第三次变身：欣赏视角由"整体的"变为"细节的"

一个月后，幼儿依旧乐此不疲地感受彩色糨糊不断变化的画面效果，他们重复玩，将所有颜色挤在一起压印，反复几次之后就变成了一团团黑色，幼儿发现后，就止步于压印一次，可见他们对颜色开始敏感起来。

同样，材料过多也会影响中班幼儿玩的过程。

尝试"制造"颜色

我的推进： 减少颜料的提供。我再次和美工室专管员沟通，活动时玩色区只提供红、黄、蓝三种颜色，幼儿注意到了这个变化。在玩的过程中，他们惊奇地发现，虽然只用了三种颜色，但是最后在纸上，却变出了四种、五种、六种甚至更多的颜色。他们不但发现颜色起了变化，而且可以清楚地告诉同伴："我新变出来一个绿色，是黄色和蓝色混合的结果。""快看，我变出紫色了，是红色和蓝色混在一起的。"……进而幼儿有意识地去"制造"新的颜色。

调换播放器。美工室正好来了一批高清图片播放器，能清晰地呈现作品中的色彩之美和肌理效果之美，能更好地帮助幼儿欣赏别人的作品，进而破译、尝试别人的玩法，其乐无穷。果然，播放图片后，幼儿开始更主动地去欣赏作品，努力破译并尝试别人的玩法。

我的发现：没过多久，我发现有的幼儿通过转动透明片来制作旋风的效果；有的幼儿掀开塑料片时，用多次提拉的动作来丰富肌理效果；有的幼儿用玩出来的画面在涂鸦墙上反复拓印、组合、添画，创造出新的图像。

四、第四次变身：让学习资源从"可看的"变为"可玩的"

玩色游戏的魅力在于可控又很难控制，每次玩的结果都不一样。每次玩，既能享受绘画的乐趣，又能造就色彩和肌理的变化，还能继续拓印、添画。幼儿在游戏中越来越独立，越来越自信，除了借形想象，幼儿更愿意在与教师、同伴的对话中完成。注意到幼儿小小的依赖，我决定再次推进。

让学习资源变得可玩。一堵不起眼的学习资源墙，中班幼儿容易把其当成背景用。我带着幼儿用资源墙上的作品，玩借形想象的游戏：打开点读笔，听听别人是怎么变的；在透明片上书空；在别人的作品上找出自己眼里的孔雀、猴子……

让一个人的游戏变成一群人的游戏。分享交流时，给幼儿一点时间，把幼儿的画变成和同伴互动的资源，一起来猜一猜，变一变。过程中，师幼互动、生生互动更为主动，猜一猜的游戏形式让幼儿打开了思路，学习更主动，更能自信地创造和表现。

幼儿作品

五、教师对活动的反思

（一）适时投入低结构、开放度高的材料

低结构、开放度高的材料具有可重组、多变化的特点，能吸引幼儿。我们认为，凡是幼儿专注玩的游戏，一定有他的需要，也一定会获得他所要的发展。所以，教师要善于发现和认可幼儿的投入及其成果，不能急于投放"正确的玩法"，而应让幼儿有更充分的时间投入活动，以自己的方式去探索材料的使用。当幼儿积累了一定的经验，自主探索的兴趣下降，又没有新经验或动机的介入，同时材料本身还有很大的探索空间时，教师要适时地利用学习资源，引起幼儿对新的审美元素的关注，使得幼儿对材料有新的兴趣和新的探索点。

（二）灵活调整学习资源的使用形式和方法

大班幼儿和中班幼儿对学习资源的使用是截然不同的，因为大班幼儿对环境较为熟悉，使用资源比较主动，中班幼儿需要教师更多的推动来学习使用这些学习资源。

1. 找准挑战点和适宜的呈现方式

不同的发展阶段需要不一样的支持。材料感知阶段，应给予幼儿充分的时间和机会，资源静态呈现即可，少干扰；经验探索阶段，幼儿掌握新的玩法后有玩的兴趣和能力，更需要视频、动图等能动起来、玩起来的资源，动作和画面之间变化的呈现方式能为幼儿提供更多交流和发现的机会。

2. 找准资源和幼儿之间的联结点

将幼儿的作品上墙呈现，不仅能给予幼儿肯定，还能将他与同伴联系起来，促进生生互动。美工室中学习资源的使用，需要教师在了解幼儿的年龄特点和观察其行为的基础上，有针对性地逐步推进，让幼儿从熟悉学习资源，到使用学习资源，再到借助学习资源，最终能运用学习资源支持自己的创造表现。

（上海市静安区华山美术幼儿园　李　晶）

"来福之家"的三次升级

　　"美工专用室幼儿学习资源的提供以及空间设置中美感的促进"是个念起来、做起来都有点费劲儿的课题。学习资源仅仅是指美工室里幼儿常常去翻阅的图册吗？空间设置的美感促进是指富有艺术感地呈现幼儿的作品吗？揣着还没来得及熟读的高瞻课程丛书，带着困惑和许多不成熟的想法，我和幼儿开始了"为流浪猫造家"的创作之旅。

　　11月气温骤降之际，大家养了一年的小蜗牛被冻死了，痛哭后，幼儿深刻反省自己的疏忽。他们自发给自然角的多肉植物"搭暖棚"，为幼儿园的大树"织毛衣"……失去小蜗牛的痛苦激发了他们强烈的责任感，幼儿不愿意自己的"伙伴"再遭遇不幸。这时，长期出没在幼儿园的流浪猫来福闯入幼儿的视野。"为来福造个家吧！外面那么冷，它会被冻死的。"幼儿不断地恳求着，希望教师能给予支持和帮助。我被幼儿因爱和善念萌发的创造热情而感染，也为幼儿如何肩负起这项"大工程"而忧虑。童童班的幼儿思维活跃，经常会创意不断，但一般有三分之一的想法会石沉大海，原因分析下来，可能是找不到合适的材料，可能是被新的刺激转移了视线，或是缺乏完成其设想的经验和能力。我想，发自内心的善意是可贵的内在动力，也许，这一次，幼儿能克服困难，让愿望实现。我决定：力挺！

一、从"念头一闪"到"方案设计"

　　午休时，我告诉幼儿，家长和园长妈妈已同意他们利用空余时间为来福造家。但是，今天来不及准备材料，请大家先想一想，讲一讲：来福的家是什么样子的？家里会有什么？为来福造家是个大工程，要让想法落地，必须要将内容具体化，还要思考制作的步骤，我想通过口头交流，了解一下幼儿现有的水平。孩子们回答："要有睡觉的地方。""还要放一只盒子，来福需要喝水。"……我注意到幼儿的已有经验有很大差异，有的幼儿只关注自己感兴趣的细节，比如床、喝水的盒子，还未能将一个一个细节整合起来。有的幼儿心思缜密，已经画了图纸，迫不及待地要和教师分享自己的制作步骤。

美工室里，七个小家伙兴奋地又说又画。"我设计的小猫家有滑滑梯的。""我还给小猫装了热水器，这样它就能洗热水澡了。"在与同伴的交流中，他们彼此补充经验：有认知经验的反映，比如都设计了饮水用餐的器皿；有生活经验的投射，比如猜测小猫可能和自己一样喜欢玩滑滑梯。在画设计图的过程中，零星的细节被逐步整合到一个屋檐下，形成一个完整的形象。

然后，我建议幼儿轮流介绍自己的计划书。我想把他们的介绍拍摄下来，作为以后的学习资源，而拍摄对幼儿来说是一种极大的鼓励，反复播放有助于幼儿反思和自我调整。当当第一个冲上来，不但介绍了来福家里有什么，还罗列了材料，考虑了制作步骤和方法。其他幼儿感觉到了自己与别人的差异，边思考边修改了自己的计划。调整后，幼儿不约而同地运用了这样的表述方式：第一步，然后，再……表述的有序性反映了思维的条理性。从念头一闪到完成设计方案，计划书功不可没：计划书的设计，帮助幼儿完成细节的选择和整体的形成；计划书的交流，启发幼儿考虑制作步骤，让细节、想法变得具体、可操作；计划书的意义，不仅在于引导幼儿按部就班地落实计划，而且为幼儿提供了思考方式，这样的思维过程会对幼儿解决问题起到积极的作用。

二、从"纸上谈兵"到"心想事成"

接下来的时间里，幼儿专注于造"家"的工程。他们的努力从寻找材料开始。大且坚硬的纸盒最受青睐，七名幼儿中有六名能有预见性地选择材料，说明之前的设计介绍，同伴间的学习并不是只停留在句式的模仿上，而是真的推动了幼儿的思维，幼儿会调用已有经验，会比较、选择材料，甚至为了争取同一材料发生了争执，各自拿出自己的图纸，据理力争，最后决定合作。

我注意到所有幼儿都遵循"先大后小"原则，即用纸盒作为房子的主体，开门开窗后，再局部添加，用纸板做屋顶、做滑梯等，与他们介绍计划书时的步骤相吻合。我注意到幼儿在使用材料时，会考虑材料的形状、材质，利用其特有的属性实现家的功能，如一次性杯子和小勺用于盛放猫粮和水；多个纸杯的组合、拼接可增大面积，变成游泳池，也可叠放、垒高作为支撑物；使用材料时，幼儿边玩边想，个别幼儿甚至比原来的设想要丰富得多。我注意到在制作方法的探索上，幼儿能不断尝试，通过拼贴、接插、组合、粘连等办法搭建作品结构。有两名幼儿在连接材料时屡遭失败，材料粘不牢成了最大的问题。幼儿开始关注不同的黏合工具所产生的效果，一一尝试固体胶、封箱带、双面胶等，结果，六名幼儿选择了撕拉方便、黏力强劲的双面胶，而这部分工作在写计划书时是考虑得最少的。

幼儿在过程中不断调整，美术表现中三维创作能力和使用材料工具的经验得到提升。总的来说，幼儿更注重房子的功能性和完整度，对于美观性和牢固性，基本是忽视的。以往他们遇到问题会习惯性地找学习资源，资源角里有两本关于综合材料制作的小册子，其中有哥哥姐姐克服困难的好办法。但这一回，没有一个幼儿去翻阅小册子，不过我发现，当幼儿遇到瓶颈或没有灵感时，他们会在美工室来回踱步，观察各类材料，哪些可以为他所用。我突然想到，幼儿选择在美工室完成造家工程的理由是：材料多，容易有想法。我们以往比较关注共性问题，有针对性地提供教育性明显的学习资源，但在幼儿眼里，拥有很多材料和学习记忆的空间，本身就是一个至关重要的学习资源，关键不在于是不是教师组织的，而在于这个资源是否满足了幼儿当下的学习需要。在接下来的日子里，他们喜欢欣赏小猫的生活照，被来福各种生动的表情吸引并展开联想，也喜欢翻阅一套关于猫的旅行的图画书，拓展自己有关"猫世界"的经验，喜欢欣赏宠物设计师设计的猫窝，发现好的设计与猫的天性之间的契合，但仅止于"看"和"谈"。在实际创作中，幼儿基本按自己的计划书逐步落实，所以，学习资源利用的冷和热，关键在于距离经验的远和近。

幼儿想象力丰富，想法有个性，但在三维作品的表现中，对黏合方式的适宜性、制作步骤的有序性都显得经验不足。目前，幼儿是用自己能够胜任或自己觉得方便的黏合方式来表现造型和结构，简单、直接、粗暴，不关注作品的美观性和牢固性。这时，教师要不要进一步提出要求？还是基于幼儿这一最近发展区，在师幼互动中，为幼儿体验、重复与反思的三个过程提供充足的时间，让幼儿去探索材料的属性特征，掌握创造新事物的方法和技能呢？

三、从"温饱危楼"到"小康之家"

幼儿不知道我的纠结，兴奋地把自己造的"家"捧到花园里，等待来福的驾临，结果可以想象，身为野猫的来福并未进入这些"家"。来福的选择比教师的纠结对幼儿更有影响力，寒假过后，幼儿发现来福并未入住，开始反思："纸板粘得不牢固，很多东西掉下来了。""放在外面淋到雨就湿了。""不够好看。"……我欣喜，幼儿的自我评价客观而准确，然而，他们还有足够的动力去尝试新的探索吗？

新学期，来福生了一窝小猫，望着摇摇晃晃的危楼，幼儿理所当然地找到教师："来福的宝宝需要新家，我们需要材料和时间，迪迪老师，我们什么时候能给小猫造新家？"他们的理直气壮让我根本就没有选择，乖乖地整理了他们之前的计划书、相关的视频和照片，带着他们回顾之前做过的事，倾听幼儿的讨论，了解他们接下来要做什么，需要哪些帮助。

我注意到：幼儿很快就收集了材料，有更大更坚硬的纸盒、卷筒纸芯、纸杯等。他们自由结伴，分成两组，一组将纸盒组合加工，另一组要求教师提供猫窝的纸板模型。"因为来福和宝宝都要住进去，一定要牢固，安全！"

我注意到：幼儿第一次主动在创作中产生装饰行为，一类是直接在纸板上添画屋顶的瓦片，另一类是增加其他辅助材料，比如用纸条粘贴排列成条纹图案，在纸上画完小猫图案，剪贴下来进行装饰。这些行为反映出幼儿开始对作品的美观度有要求，这一动机可能来源于想要吸引小猫入住，把屋子打扮得美而精致，而表现方式也受到创作环境的影响，如材料区恰好有条状手工纸，方便幼儿随手取用。

因为亲眼见过弱小又可爱的新生小猫，幼儿不由自主地想："刚出生的小猫需要一个什么样的家？"带着这样的思考，在对照计划书搭建模型后，幼儿进一步探索，觉得小猫需要一个柔软的小床，就将毛线编织的作品组合起来，变成了一块大大的地毯，还用丝巾裹住棉花，绑了个小枕头。"小猫会不会怕黑？我们要不要在房子外面装一盏灯？"为了不妨碍小猫活动，幼儿甚至考虑起了

幼儿在行动

光线……幼儿的创意从哪儿来？我注意到：除了情感支持，提供模型、照片和图片，在创作区域呈现"宠物之家"相关主题的图画书、艺术家设计的相册等，都能鼓励幼儿谈论他们看到了什么，艺术家试图要传达什么，幼儿可通过翻阅学习资源获得灵感，孕育新想法。幼儿逐渐像设计师一样，在思考和设计时以猫为本，既在意功能性，又注重舒适度和心理上的安全感，并在这个过程中，改进原先的方法，不断调整，精益求精。幼儿的创造状态从一开始的兴奋、急切，用最迅速的方法进行表征，逐渐转向平静、耐心，享受作品不断精细化的过程。

四、教师对活动的反思

尽管给小猫造家有难度且耗时长，但在爱猫的情感驱动下，幼儿产生了强烈且持续的创作热情，并表现出克服困难的决心。幼儿在"来福之家"三次升级中的学习行为和发展变化，引发了我对学习资源的反思。

以往，我们提供学习资源，其内容包含以下三方面。

一是创造表现过程中可能涉及的对象，提供再观察的机会。

二是创造表现过程中可能遇到的问题，如与技能方法有关，展现同伴解决问题的方法和结果，提供可迁移的学习经验。

三是创造表现过程中产生的创意和灵感独特的作品，激发幼儿的审美体验和创意想象。

　　细细想来，这三种都是对应幼儿的创造表现，但回顾三次升级，起决定性因素的并不是幼儿表现表达的技能和创造力，而是强烈的情感动机。这份强烈的情感，来源于生活中发生的"蜗牛死亡"，以及教师提供的学习资源"来福生活照"，这个看似与制作无关，但让幼儿有机会近距离地观察来福的神态，揣测它的心理，预估它的需要，让更多的幼儿逐步积累情感体验，增加制作的动力。教师提供的与美术制作无关的资源，使幼儿在情感状态和经验不一致的情况下，也能大胆参与其中。

　　设计师的作品为什么会引起幼儿的关注？因为幼儿看到了其中的价值，因为他们觉得来福会喜欢这个家。在第一次设计中，幼儿更多的是从"我"的视角出发，认为来福需要什么，而设计师是从"服务对象"出发的，思考对方可能需要什么，我们在有关对话与交流中，传递给幼儿这样的信息。尽管在第二次的交流中，幼儿仍有一些"自说自话"的想法，但更多的注意点都转移到了猫的需要上。我们总说，爱他，要以他接受的方式去对待他。就像高瞻课程理念中提到的，高瞻课程要得更多，而不是艺术创造本身。幼儿在这样一个美术活动中，经历了一次爱的教育。

　　资源是在整个创造表现中非常重要的问题，幼儿在成长过程中的每个阶段所面临的挑战和需要是不同的，他们需要不同的资源支持，如：来福的生活照——激发关爱情感，转为创作动机；关于猫的旅行的图书——丰富认知经验，拓展创意想象；设计师的猫窝——视角的转变，从"我认为"到"它需要"；计划书——完善想法，选择材料，明确步骤；幼儿的作品——分享创意想法，聚焦高频问题，讨论解决方法；计划书视频——成功激励，借鉴学习。在一个想法刚刚萌发时，幼儿是无法兼顾所有内容的，教师以往提供的学习资源，仅仅针对幼儿制作后期才会碰到的问题，所以在创作之初，这些资源不构成支持。一个材料丰富又留有幼儿成长痕迹的空间，反而更容易为幼儿提供支持。我想，在提供资源时，教师从活动可能涉及的关键经验出发，更加全面地看待幼儿的学习，在过程中关注、分析、判断幼儿在不同阶段的最主要需求，这样才能为他们提供更具针对性的资源支持。

（上海市静安区华山美术幼儿园　周侃迪）

从"结果"走向"过程"的且行且思

初遇高瞻艺术课程，虽然经过了培训，但我们还是感觉有些迷茫。于是，我们先从个别化学习活动入手，边理解边实践。

一、创造性艺术就是刷颜料吗

怎样的活动既能符合小班幼儿的年龄特点，又能在个别化学习活动中体现创造性艺术呢？为此我们绞尽脑汁。

随着主题"苹果和橘子"的开展，我们投放了一些真实的橘子供幼儿观察，在个别化学习活动中，幼儿会主动去摸一摸、剥一剥、吃一吃橘子……我们还投放了一个大大的用餐巾纸做成的大橘子，给幼儿提供了橘黄色的颜料，以及几把大小不一样的刷子，幼儿对刷颜料十分感兴趣，每次活动，幼儿都热衷于给大橘子穿上好看的橘黄色衣服。看着幼儿专注的操作，我很自信地认为，个别化学习活动中的创造性艺术，就是将艺术区放大一些，让幼儿多做一些和艺术有关的活动。

当我们的活动开展得有声有色时，当活动进行园内展示后，教师们纷纷提出了自己的看法："让幼儿给大橘子刷颜料的目的是什么？""创造性艺术就是刷颜料吗？""只提供了橘色的颜料，让幼儿只是进行单一的刷颜料，后续的活动教师打算怎么做呢？"

教师们提出的看法就像一盆盆冷水，让我瞬间清醒。是啊，我只是换一种方式让幼儿在进行单一的操作，他们还是没有自己的想法，我陷入了沉思……

二、摒弃添画就达成创造性艺术表现了吗

当"小鸡"的项目式个别化学习活动开始时，我们通过对高瞻课程的进一步学习，发现之前我们给幼儿画好小鸡的简笔画，让幼儿进行涂色，或者让幼儿给小鸡进行添画嘴巴、小脚这类的活动缺少创意性，缺乏幼儿个性化的表现形式，也不符合《3—6岁儿童学习与发展指南》中艺术领域的发展目标——感受与欣赏。于是，我及时调整了材料，投放了小鸡的图示、视频，让幼儿充分感受；投放了画小鸡的颜料，有黄色、黑色、红色三种颜色；提供了可以直接印出小鸡身体的圆形海绵，还有用于画嘴巴和脚的棉签棒，甚至在旁边提供了画好的小鸡图片，供幼儿参考。

故事一：圆形变变变

乐乐在活动中用圆圆的海绵蘸上黄色颜料，印了一个圆圈在纸上，拿着纸兴奋地对我说："老师，你看，这是我画的小鸡。"我认真地看着乐乐的作品，问："为什么你觉得这是小鸡呢？"乐乐兴奋地说："因为它是圆圆的呀，小鸡也是圆圆的，小鸡是黄色的。""哦，原来黄色的圆圈是小鸡的身体呀，

乐乐画小鸡

那小鸡身上还有什么呢？"乐乐想了想，说："还有嘴巴和小脚，可是，我不知道怎么画。"我给乐乐看了小鸡的图片，乐乐发现小鸡的嘴巴是尖尖的，于是，她用毛笔在圆圈旁画了一条线表示小鸡的嘴巴，在另外一边画了两条线。乐乐指着一条线的地方说这是小鸡的嘴巴，又指着两条线的地方说这是小鸡的小脚。

故事二：小鸡变变变

幼儿对小鸡的兴趣越来越高，我将小鸡的图片呈现在教室内，在图

书角投放了关于小鸡的图书，幼儿发现小鸡的身体是圆圆的，头也是圆圆的。教师事先将自己画好的小鸡一起呈现在作品墙上，小林用圆圆的海绵在纸上印了一个圆圈后，看了看旁边的小鸡图片，想了一下，又在纸上印下了另一个圆圈，纸上出现了两个印在一起的圆圈。"老师，小鸡的嘴巴和小脚是小小的。""哇，你看得真仔细，怎样才能画出来呢？"小林又看了看小鸡的图片，选了一根棉签，蘸上红颜料，画上了一条线，又在下面画上了两条线。他高兴地对我说："老师，我画好了。这是小鸡的嘴巴，这是小脚。"我问："为什么小鸡有两个圆圈呢？"小林指着小鸡的图片说："这是小鸡的头啊。""你的眼睛真厉害，原来小鸡的头和身体是两个圆圈。"

幼儿在对小鸡进行充分观察后画出的小鸡，较之前有了突破，操作也和之前有所不同。当幼儿千篇一律的作品（黄色的小鸡，嘴巴红红的，小脚黑黑的）呈现在我们眼前的时候，教师们开始质疑，我也扪心自问，幼儿在这期间有创造性了吗？幼儿看似完美的作品是我们最终想要的吗？其中有多少创造性的表现呢？答案显然是否定的。我开始迷茫，到底应该给幼儿怎样的"鹰架"支持，才能激发幼儿进行创造性艺术活动呢？

三、给予更多的时间空间和选择就能萌发创造性艺术表现吗

在翻看了《创造性艺术》一书之后，我发现了自己的问题，觉得应该尝试：放慢脚步，给予幼儿深度探索艺术材料和工具的时间；仔细观察，注重幼儿在过程中的体验与创造；深入思考，给予幼儿更多展示作品的空间和方式。

于是，我再度调整材料，提供了更多颜色的颜料，各种画笔、刷子等，让幼儿自行去探索艺术区的各种材料，重点关注幼儿在操作各种材料时的表现和他们的收获。

故事三：颜色变变变

形形看到材料架上五颜六色的颜料后，选择了红色、黄色、橙色三

画橘子

种颜料。她先在颜料盆里挤了一些红色的颜料，又挤了一些黄色的颜料，最后用画笔进行搅拌。她用画笔在画纸中间画了一个圆圈，并在圆形的中间涂上了颜色。"老师，你看，红色和黄色在一起，变成了橘色，跟这个颜色一样。""哦，你的发现好神奇呀，颜色和颜色在一起可以变成其他颜色！"

形形又找来了绿色和蓝色的颜料，将这两种颜料都挤在了颜料盆里，用画笔不断地在盆里画圈圈，不一会儿，颜色又变成了蓝绿色，她满意地用画笔将蓝绿色涂在了画纸的旁边。"老师，你看，这是我画的橘子，旁边是橘子树。"

故事四：画笔变变变

宸宸将棕色的颜料挤在颜料盆里，用画笔将颜料调匀后，涂在了画纸中间，然后挤了一些蓝色的颜料，用画笔调匀后涂在了原先的棕色图案上。他将一只手放在图案上，然后拿起手，看到自己手心的颜料，他笑了。他又将手印在了画纸上方的空白处，画纸上出现了一个紫色的手印。

这次，宸宸取来了调色盘和棉签，他用棉签将绿色和蓝色颜料在调色盘上进行搅拌，然后在画纸的下方画了几根线条。接着，他去材料架上找来了方形的海绵刷，想将海绵刷放进颜料盆里。颜料盆太小，放不进，于是他用画笔将颜料涂在海绵刷上，再用海绵刷在画纸上涂色。

宸宸在一次一次从材料架上寻找材料的过程中，尝试了不同材料在纸上作画的乐趣，他发现画笔画出的颜料较厚，就用手指去感受一下颜料的黏稠性。他先是用了棉签，当发现棉签太小，画出的东西太细时，他又选了

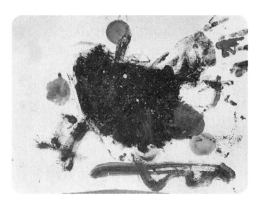

幼儿的作品

大大的海绵刷，发现海绵刷太大，不能直接放到颜料盆里，他转而用画笔将颜料涂在海绵刷上，再用海绵刷作画。宸宸在作画时，不仅选用了不同的作画工具，感受不同工具涂在画纸上的感觉，而且在遇到问题时，自己想办法解决问题。在这个过程中，他充分探索了艺术材料、艺术工具，并且在探索的过程中提高了自己解决问题的能力。

相信只要给予幼儿足够的时间去试验、重复和反思，通过自由地探索，他们能够创造出原创的、独一无二的作品。

如何呵护来自幼儿的独一无二的创造力？我想首先教师要转变自己的观念，注重幼儿的创造过程而不是结果；其次，放慢脚步，给幼儿足够的时间和空间，探索和体验不同的材料，并为幼儿提供力所能及的支持；最后，为幼儿创造与他人分享自己艺术作品的机会，将他们的艺术作品展示在墙上或教室架子上，让幼儿能自由地观看和谈论。

研究的这一路，幼儿和我们都收获了满满的成长……

（上海市金山区艺术幼儿园　金　悦）

从"我"设想的形式，
到属于幼儿自己的舞台形式

2018 年 9 月，以上海市级课题"美国高瞻课程创造性艺术活动本土化实践研究"为契机，我们承担了"儿童视角下音乐欣赏的内容与样式的设计与开发"实践研究。

一、第一次改变：改变音乐欣赏内容的选择权和区域划分

我们尝试对以往的音乐欣赏活动进行改变：改变音乐欣赏内容的选择权，通过儿童访谈、儿童绘画，记录幼儿喜欢的音乐，以此作为儿童视角下音乐欣赏的基本内容；改变音乐欣赏活动的组织形式，在班级低结构音乐区开展音乐欣赏活动。

根据初步的设想，我们开始了实践，先让幼儿通过讨论和绘画，记录自己喜欢的音乐，并布置了幼儿喜欢的音乐墙。在音乐墙上，幼儿可以自由添加新的音乐内容，这也方便教师了解儿童喜欢哪些音乐。内容确定后，我开始设计班级低结构音乐欣赏区的各种形式，初步划分为舞蹈表演区、厨房音乐秀和乐器演奏区。经过一个学期的实践，我对于当初设想的形式产生了怀疑。

各区域的音乐是否能满足每个幼儿的兴趣需要？虽然预设的音乐是通过之前儿童访谈获得的，但各区域中的音乐是教师预先提供的，幼儿无法根据自己的兴趣变化及时进行变更。

音乐的表现材料是否真正开放？根据表演的性质对低结构音乐区进行了划分，人为地把区域进行划分，是幼儿的需要吗？

常见幼儿独自欣赏，罕见幼儿合作表现怎么办？各区域中虽然融入了幼儿喜欢的音乐，但是并未看到幼儿在此过程中进一步的发展，很多幼儿的学习依旧维持在自我操作材料表现音乐，或者是模仿同伴的方法进行表现。到了中班下学期了，幼儿可以出现最初的简单协商合作了，为何班上幼儿没有出现呢？

为什么幼儿对分享交流不感兴趣？在一日活动音乐欣赏的一些环节中，我们会邀请幼儿进行分享交流，当幼儿介绍自己对于音乐的表现过程时，同伴似乎对于他的分享交流不感兴趣，没有办法引起共鸣。

我开始质疑之前的做法，内心产生了困惑：我所认为的形式是儿童视角下的音乐欣赏形式吗？是来源幼儿还是作为成人的我所规定的呢？高瞻艺术课程到底该怎么实施？怎样的形式才是真正属于幼儿，能引发幼儿主动学习？教师的"鹰架"是什么？

二、第二次改变：把计划、实施、展示的全过程都交给幼儿

正值我困惑时，一次偶然的机会，我看到了我园大班的一节音乐欣赏活动，教师选择的音乐是《森林狂想曲》。在活动过程中，教师先请幼儿绘画音乐的内容，然后自由分组，商量出小组中认同的音乐内容，由小组成员根据内容选择材料合作表演。在分组表演中，我们发现，有的小组出现了指挥，有的小组出现了队形的变化，有的小组在合作时出现了小摩擦，教师捕捉每个小组表现的不同特点进行分享交流。让我们惊喜的是，每个小组都按照他们选择的内容进行合作表演，这张组内认同的内容纸就成为幼儿表演的计划。我发现：先让幼儿用绘画的形式制定计划，然后鼓励幼儿主动选择材料实施计划，最后给予幼儿平台进行展示，这种思维路径很好，符合现在高瞻理念下的主动学习。于是，我对音乐欣赏的内容和形式做了调整。

改变了空间布局：将低结构音乐欣赏活动安排在一个完全开放的活动室，没有区域划分，幼儿完全自选材料。同时，室内外空间共享，天气好的话，幼儿可以自行在室外进行音乐欣赏活动。

改变了活动材料：保留原来的材料，如各种小乐器、厨房发声物品、

服饰、装饰品（翅膀、羽毛、头饰、丝巾、扇子等）、纸、笔，增加了新材料，如圈、球等运动材料。

幼儿生成材料：幼儿可以自发收集一些材料来表现音乐。

改变了组织方式：制作了一块板面，在每次活动结束后，请幼儿自由分组，每组提前预告下期要欣赏的音乐内容。活动开始，幼儿先借助绘画说说小组的计划，然后选择材料来欣赏、表现音乐，最后每组进行展示，并以绘画的方式记录过程中发生的有趣的事。

经过调整之后，音乐专用活动室没有任何区域的划分，带着很多不确定，我继续实践。

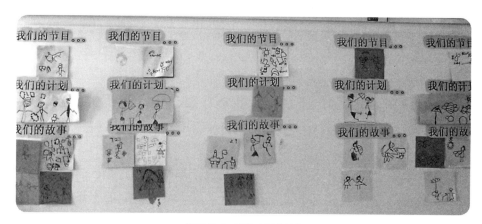

低结构音乐活动计划板

三、再陷困局后的决定：耐心等待幼儿的变化

活动室开放之后，幼儿兴致勃勃地来到了活动室，开放的空间，多种多样的材料很快吸引了幼儿的注意。起初，虽然幼儿是自由分组，也制订了初步计划（计划很简单，内容为需要什么材料，和谁一起玩），但是过程中总是会出现各种状况：材料的丰富刺激了幼儿不断去改变，对材料的兴趣已经远远超过了对音乐的兴趣，一次低结构音乐活动下来，很多幼儿都在忙于换材料，感受材料的玩法，偶尔结合音乐表现一下；有的幼儿会离开组员，自行去表演，想去哪里就去哪里，朋友之间没有什么互动；制订计划时，有的幼儿参与度很高，个别幼儿积极性不高，

只是在一边摆弄材料。

看到有些混乱的场面，我有些担心，难道又错了吗？为什么幼儿之间的合作性不高？为什么幼儿热衷于操作材料而不是欣赏音乐？我设想的简单"鹰架"，即希望幼儿对活动能够做简单的计划——实施计划——展示交流，似乎不行，问题出在哪里呢？有些动摇不定的"我"抑制了自己的冲动，决定继续观察下去！终于，在幼儿熟悉材料后，他们开始关注音乐了。经过多次自由分组，幼儿已经有了一定的合作意识，会和组内成员商量：在哪里表演，各自用什么形式进行表演，选择什么样的材料等，会在制订计划时主动表达自己的想法。有的幼儿不仅绘画了自己的故事，还画了同伴如何表现音乐。

当幼儿熟悉材料后，他们在每次欣赏音乐的过程中，总能出现很多意想不到的表现。在一次舞台展示活动中，一组成员商量着各自选用什么形式来表现音乐，有跳舞，有打鼓，有敲小乐器，商量后正式展示时，嘉宥和小好一起安排人员的站位，嘉宥还主动当起了指挥，提出建议：音乐前奏时大家背对着，音乐正式响起时转声开始跳。在表演过程中，嘉宥还会发出"蹲""转身""换位"等指令，大家称他为"肖领队""肖指挥"。其他组的成员也开始效仿，出现了指挥、简单的队形变化、多样的表演方式等。在没有成人干预的情况下，同伴之间发生了主动学习，他们是那么专注，那么投入。

幼儿还会为了配合音乐自带材料，"小海军"组的幼儿从家中带来玩具枪，在角色游戏区找到了军帽，因为他们觉得这样表演起来更神气。"最美的光"组的幼儿拿着闪光球说："我选这个材料是因为它会发光，亮亮的。""这个球很适合这个音乐。"幼儿还想出给自己的团队起称号：表演小海军的小组称自己的团队为"快乐军团"，表演一闪一闪亮晶晶的团队叫"闪星队"，表演最美的光的团队叫"欢乐舞团队"。

参与"美国高瞻课程创造性艺术活动本土化实践研究"课题，给我们团队带来很多思考。

（一）儿童视角下的音乐欣赏形式需要基于儿童而不是"我"

最初，我对于儿童视角下音乐欣赏形式的理解只停留在表面，观察时发现：我所认为的音乐欣赏形式的很多环节仍然没有脱离教师的高度控制，仍然来自教师的想当然，我自认为音乐的内容来源于幼儿，但是在真正实施时，幼儿仍然缺乏对音乐素材的选择权，不能根据自己的兴趣需要及时变更内容，低结构音乐区里又进行了明显的成人划分的区域，这又如何能够保证材料和空间的开放呢？幼儿在过程中的表现告诉我，需要进行调整，为幼儿提供真正属于他们的自由开放的表达表现空间。

（二）儿童视角下的音乐欣赏形式的产生需要开放的空间环境

我们开设低结构音乐欣赏专用活动室，从室内延伸到户外，同时为幼儿提供了开放的材料，虽然起初幼儿忙于摆弄材料，但随着对材料的逐渐熟悉，他们开始关注音乐。开放的物理环境有利于营造开放的心理空间，幼儿可以自选材料，也可以根据自己的需要增添材料，自选音乐内容并按照自己的意愿进行更新，不受区域限制的表现形式可以让幼儿按照自己的意愿选择表现形式。在艺术表达表现的过程中，幼儿可以自选同伴进行合作，表达自己的意愿和目的，展现自己对于音乐的理解。在过程中我们会发现，幼儿对于材料的玩法出现了多样性和创新性，当幼儿掌握材料的属性后，他们尝试探索不同的玩法来表达表现音乐。幼儿的每次表现都有新的亮点，可能出现在合作的过程中，可能出现在材料的创新玩法中，可能出现在幼儿的表达表现中。

（三）成人的"鹰架"在于观察、倾听基础上的支持

从起初教师认为合适的形式到真正属于幼儿的舞台形式，我对于高瞻课程理念有了更深的认识。教师的"鹰架"应建立在对幼儿兴趣和内心需求的认识上，这种认识需要建立在观察、倾听幼儿的基础之上。比如，在音乐活动室的创设中，我们为幼儿提供了材料收集箱，幼儿可以为了音乐欣赏的需要去收集喜欢的材料；我们提供了计划板，让幼儿预告下期欣赏的音乐内容，以便教师了解幼儿真正想了解和表现的音乐内容，让幼儿尝试制作计划，对自己的欣赏活动进行初步规划，并增加"我的故事"版面内容，说说今天音乐欣赏中的故事，记录自己开心的事情。作为教师，除了给予材料和空间环境的支持外，还要给予幼儿自主

学习的机会，让他们真正成为主动学习者，在操作中学习，在主动交往中学习。

（四）舞台让幼儿的学习变得更加主动

作为成人的我们需要舞台，作为幼儿的他们也需要展现的舞台。在低结构音乐活动中，我们会利用室内外环境进行小组展示，每一次的展示是集中学习的好机会，幼儿会发现每个小组的亮点，尝试将亮点加入到自己组内的表演中，每个小组的成员会去设想怎样表演得更好，幼儿学会了思考，学会了向同伴学习。舞台效应让幼儿更加自信，更有成就感，音乐让幼儿的生活变得更快乐、更美好。

（上海市松江区岳阳幼儿园　左本琴）

向左走，向右走

2018 年的 9 月，是信息量爆炸的一个月。我首次接触高瞻课程，开始了美国高瞻课程创造性艺术活动本土化实践研究。我园主要承担幼儿在生活情境中艺术元素的发现与表达的研究。

一、向左走：材料购物之旅

对照高瞻课程实施要求，我翻阅相关资料后发现，班级中除了剪刀、胶水、蜡笔、手工纸等，书中所说的材料基本上都没有，到底要买哪些材料呢？其实，答案就在书里，巧妙地把材料分为二维材料和三维材料，二维材料分为绘画、水彩画、纸张，其中绘画又分为水彩笔、毛毡笔、蜡笔、粉笔、黑板等；三维材料分为制模与雕塑、混合媒介和拼贴画等，其中制模与雕塑又分为黏土、橡皮泥、湿沙等。

看完这些密密麻麻的材料清单后，我判断高瞻课程是靠这些材料来支撑的，否则创造性艺术活动怎么进行？

"既然我们班要开展创造性艺术活动，这些基本材料怎么可以缺少呢？"我思考着，"买，书上写的材料和工具，我都买回来。"

不过，真的当我要下单购买的时候，我还是犹豫了。毕竟，书里列举了太多的材料和工具，对于没有美术基础的幼儿来说，我觉得还是太难了。我准备根据大班幼儿的年龄特点，筛选最适合的工具和材料。比如，清单提供了大约 30 种不同材质的纸张，对于大班幼儿来说，如果我直接拿出 30 种不同材质的纸，估计幼儿会无从下手，因此，我选择了幼儿在生活中较为常见的一些纸，比如瓦楞纸、报纸、杂志纸、金箔纸、硬板纸等。

二、向右走：材料使用之旅

果然不出我所料，当我向幼儿介绍材料和工具的时候，他们高兴得在座位上七嘴八舌地议论起来："这种是要挤压的颜料，我没用过呢！""我看我姐姐用过！"……和我预想的一样，幼儿看来很喜欢这些材料，我忍不住有点得意。可我得意了没几分钟，发现了一个问题：活动开展的时候，为什么幼儿还是选用那些原来的常规材料呢？

这到底是怎么回事呢？为什么他们不用这些新材料？我可是很认真地介绍了每种材料的使用方法呀！难道是我摆放的位置有问题？还是我介绍得不够清楚和详细？

"王老师，你为什么要放这么多铅笔呀？"

"这是因为它们的笔芯粗细不同，你们画画的时候可以有不同的选择。"我耐心地回答幼儿的问题。

"好吧，可是我还用不到不同笔芯的笔。"

一位幼儿直接对我说："王老师，你怎么在教室里放了一些没有用的美术材料啊？这不像你呀。"

问题出在哪里了呢？幼儿对从没见过的材料应该感兴趣，对操作便利的材料也应该感兴趣呀？幼儿到底需要怎样的材料呢？我开始调整提供的材料：换下了他们几乎从来没有用过的各种粗细笔芯的铅笔；增添了和滚筒相配套的大号调色盘；幼儿觉得边画颜料边开盖子有些麻烦，我增添了挤压式的颜料瓶，方便幼儿作画。就这样，他们使用材料的频率提高了，使用材料的能力增强了。

三、向右走：材料探索之旅

知道了问题所在，在新的活动中，我决定来个"出奇制胜"。

故事一：滚筒太大了怎么办

"孩子们，今天的活动，我们玩点不一样的吧！"

"王老师，玩什么不一样的啊？"

"王老师为你们准备了好多材料，今天我们来试试，选出你最想玩的材料，或者是你最喜欢的材料，看看有没有什么新玩法！"

我的话音刚落，幼儿迅速开始选择材料，有的拿起彩色铅笔，有的拿起 6B 铅笔……大家忙得是不亦乐乎！这时，我看见飞儿毫不犹豫地拿起滚筒，之后她就在材料架附近徘徊，一会拿起调色盘后摇摇头，一会拿起水桶比了比后又摇摇头。这时，她看见小天天拿起硬纸板，突然大叫一声："对哦！"她也拿起了硬纸板。

她到底要干什么呢？我决定按兵不动，看看她下一步的行动。只见她拿起了颜料，直接挤在硬板纸上，随后拿起滚筒蘸了蘸……原来她把硬板纸当作调色盘了，这创意不错！

"飞儿，你为什么在硬板纸上挤颜料啊？"

"因为调色盘太小了，滚筒根本放不进去。我看到小天天拿了硬板纸，觉得做调色盘不错，而且它厚，不会像手工纸那样翘起来。"

通过这样"放手"，我发现幼儿的积极性明显提高了，他们不再只拿那些熟悉的材料，开始尝试使用各种新材料……

故事二：哪种纸合适

亲子运动会上，夏夏拿着许多手工纸在捏着什么。

只见他先拿了一张手工纸折了起来，打开、揉捏，再打开，再揉捏。他摇了摇头，把纸压平放了回去；随后他取了一张铅画纸，同样操作后再次放了回去；第三次，他取了一张超市广告纸，反复了之前的动作，结果还是把广告纸放回了原处；第四次，他取了一张报纸，重复了之前的动作，这次没有把报纸放回去，而是开始拿报纸制作做操的小人。

我看了之后很好奇，难道其他纸都不行，只能用报纸吗？

"你为什么最后选择了用报纸做小人呢？"

"我准备做做操的小人，刚才捏了手工纸和铅画纸，感觉这些纸太硬

报纸制作的做操小人

交流操作方法

了，不能做小人。”

“广告纸不硬呀，你可以选择广告纸呀？”

“广告纸上的图案色彩太多了，不适合我做小人，报纸的颜色只有黑、白两种颜色，正好适合我做小人。”

“报纸有些软，小人站不起来怎么办？”

“嗯，我也发现了这个问题，正在想办法。”夏夏从材料架中取了一根扭扭棒，在报纸小人的中段绕了起来……

材料是高瞻课程活动实施过程中不可或缺的一个要素，直到现在，我们班对于材料的提供和使用还在不断探索中，我也在继续思考着。

（一）材料来源于日常生活用品

在开展创造性艺术活动的时候，幼儿使用的材料大多来源于日常生活用品，有些材料更是生活用品的再利用、再加工，比如幼儿使用的烧烤用的锡箔纸。幼儿探索这一材料后发现，锡箔纸有着易撕、易塑形的特点。他们觉得锡箔纸这个特点更适合制作运动小人。在制作的过程中，有的锡箔纸小人四肢打开，好像在奔跑；有的锡箔纸小人弯着腰，似乎在做准备动作；有的锡箔纸小人的脖子上绕了一张金色的糖纸，好像获得了金牌。

（二）重结果更要重过程

幼儿只有通过反复操作材料，才能熟悉材料的特点。因此，只有允许他们自由地探索，他们才能最终制作出具有原创性的独一无二的艺术。另外，教师可以向幼儿提出带有挑战性的问题，如"你们有什么好方法让这么多的卡通人物都能站着欢迎大家呢"，激发他们创造性地使用材料。

（三）教室里创设固定的艺术区域，使活动具有延续性

在班里应该建立一个较宽敞的、固定的艺术区域，陈列幼儿完成的和未完成的作品，允许幼儿将未完成的作品和材料摆放在这个区域，使幼儿有逐渐完善和丰富艺术作品的机会。例如，在运动会的艺术创作活动中，幼儿制作艺术场馆的这组作品还没有完成，可以放在未完成的区域中，让幼儿继续添加完成，有的幼儿可能从单一的制作发展成有关联性的制作，呈现从简单到复杂的创造性艺术。

对于材料的运用，我们还在探索着、实践着，思考着以下问题：如何将艺术活动融入幼儿的一日生活中？日常生活中还有哪些事物包含艺术元素？所有的事件都要有特殊的艺术元素吗？……我尝试在班级里推出指向个人生活的日记本的同时，推出指向共同生活的班历，看看是否能把幼儿的"个人经历"转化成"集体经历"。

（上海市实验幼儿园　王旻旻）

沙池里的创造性艺术

在开展上海市市级课题"美国高瞻课程创造性艺术活动本土化实践研究的过程中,我园结合自身特色,开展了亲近大自然的创造性艺术研究。

一、带着课程理念走入沙池

我园有一个得天独厚的优势条件,拥有一个大型的户外沙水池,平时孩子们对于玩沙有着近乎痴迷的喜欢,我们何不以沙水游戏为载体来研究孩子们的创造性艺术活动呢?接着,一个问题浮现在我们的脑海里:沙池里有哪些与孩子艺术表现与表达有关的游戏行为呢?平日里孩子们喜欢玩的游戏内容丰富,有扮家家、找宝藏、拓印蛋糕、造城堡、建造水管等等,其中有艺术吗?有些游戏可能和创造性艺术联系不那么密切,但是又或多或少地与艺术有着一定的关联,比如拓印蛋糕、建造城堡的活动,幼儿除了需要探索沙子的特性,还需要考虑结构、外观、造型等,或许这类活动更能反映出幼儿创造性艺术的发展情况和具体特点,我们决定从这类活动入手进行观察。

二、初步实践遇到问题

高瞻课程理念下主动学习的五要素包括材料、操作、选择、儿童的语言和思维、成人的"鹰架"支持。结合我们班幼儿的玩沙情况,我们最先想到的是为幼儿提供更加多样的材料。平时孩子们在沙池里做蛋糕的时候，偶尔会到沙池周围去寻找一些树叶、花瓣、树枝来装饰蛋糕；建造城堡的时候，会把一些树枝、吸管当作路灯、拱门等等。之前这些举动都是源于孩子们的自发行为，并没有教师的有意识引导和组织。现在，为了能进一步引发幼儿的创造性艺术行为，我们决定为幼儿提供更加丰富的材料。除了提供统一的玩沙工具之外，我们还请幼儿收集一些他们自己需要的材料作为辅助材料。

于是，幼儿开始收集自然物和生活废旧物品，带到沙池边。增加了材料之后，我们开始了高瞻创造性艺术理念指导下的沙水游戏。在将近一个学期的时间里，我们看到孩子们在沙池中发生的变化：因为教师的引导，游戏的内容比以往更加丰富，出现了有计划、有一定规模的在沙池里作画的现象。幼儿开始有计划地将辅助材料作为替代物，为自己的作品服务，或装饰作品，如把银杏树叶有规律地插在小桥上，表示桥上的路灯。

当我们带着这些照片和撰写的案例和同事分享时，他们提出了问题：幼儿有了创造性艺术的萌芽，教师该如何进一步支持幼儿的游戏呢？我们能想到的是两方面的措施：一是教师应该提供更加丰富的材料，为幼儿提供更多的选择机会；二是可以将幼儿的作品、沙池中游戏的场景照片和幼儿分享，帮助他们拓展思路。此外，在游戏中，教师可以找准时机，适时加入幼儿的游戏，帮助幼儿提高游戏水平，发挥教师的"鹰架"支持作用。

针对我们的第一个举措，大家表示赞同。对于第二个举措，有教师提出疑问：通过欣赏别人的艺术创作来启发幼儿的灵感，教师以合伙人的身份加入幼儿的游戏，对于幼儿的创造性艺术表达来讲，一定会起到推进作用吗？会不会因为成人意志过多而影响幼儿的自由表达呢？同事们的质疑引发我们进一步思考，由于长期以来的惯性思维和教育观的影响，我们常常不敢在幼儿游戏的时候过多地介入，生怕自己的想法会影响幼儿太多，尤其是这样一个强调幼儿创造性艺术表达的课题。

与此同时，专家评议我们的案例时，提出了指导建议：应该提供更加丰富的材料，现有的材料还是不够。那么，怎样才算材料丰富呢？我们觉得不能以具体多少种类和数量来评价材料是否丰富，评价的标准应该是能不能最大程度地支持幼儿的创造性艺术表达。

三、建造城堡的新尝试

（一）背景介绍

大班下学期的孩子已经具备较丰富的玩沙经验，对于常见的材料也很熟悉。最近有一组幼儿非常热衷于建造城堡，每次玩沙他们都聚在一起，用拓印的方式建造一座比较高的建筑。可是，他们的游戏遇到了一些问题。

问题一是材料和工具单一。幼儿在建造城堡的过程中，通常会选用一些固定的城堡模具，这些模具的特点是外形比较小，而且孩子们以拓印为主，重复地将沙子倒入模具中——加水——倒置——成形。模具单一的功能已经无法满足大班幼儿艺术创作的需求。

问题二是造型单一。有些孩子放弃使用模具，使用铲子来挖沙，将沙子堆成了一座小山的形状，然后想象成一座城堡。一场玩沙游戏下来，孩子们沉浸在用铲子挖沙的大动作所带来的快感中，实际上并没有出现城堡的外形，更没有与城堡相匹配的细节。

（二）我们的思考

在建造城堡的游戏过程中，孩子们出现了一些小问题，或许这是一个契机，可以打破孩子们原有的建造城堡的固定思维，鼓励孩子们在玩沙活动中进行创造性的表达。

我们决定尝试做孩子们的玩伴，和孩子们一起玩沙。

为了让孩子们有更多的辅助材料，我们在玩沙前和孩子们共同讨论哪些材料可以投放到玩沙游戏中，并准备了石子、树叶、竹片、瓶盖、纸箱、吸管等，用分隔框将材料分类摆放，方便幼儿在玩沙时选择和使用。

（三）第一次合作建造城堡

孩子们想要造一个大大的、高高的城堡，可是由于沙子的特性，以往造城堡无法造得高，如果想要做一些造型，城堡很容易坍塌，所以这一次我们决定和孩子们一起建造城堡。我们将一个黄色的筐倒置在沙池

第一次和孩子们一起建造城堡，为了增加高度，在底部埋了一个倒置的玩具筐

中，这是孩子们从来没有尝试过的做法，然后请他们用沙子将大筐埋起来，直到看不见这个筐为止，然后在这个筐上用大金字塔形模具继续往上，两边也造了对称的哨塔，孩子们用瓶子在城堡上拓印了拱门。

这一次的城堡建好以后，虽然在细节上还不够完美，但是孩子们第一次能够做出一个这么高、这么大的建筑，他们兴奋极了，其他孩子也被吸引了过来。参与建造的孩子主动告诉其他人："我们在沙子里埋了一个黄色的大筐，所以这次能造得高了！"

（四）第二次建造城堡，幼儿的思路被打开

有了第一次建造城堡的经历，孩子们知道可以用一些辅助材料让城堡变得更大更壮观。他们发现教室里有个大纸箱，决定带到沙池里。孩子们将纸箱埋在沙池里，试图让这个城堡能够变得更牢固。他们将箱子一半埋在沙里，一半露了出来，由于纸箱的颜色和沙子接近，看上去也很协调。为了造得更高，孩子们又在纸箱上面用模具拓印了一个长方形，将金字塔形的模具放置在长方形上面。

城堡的主体完成了，孩子们开始尝试建造走进城堡的门。这一次他们使用的材料是瓶子，先用瓶口在沙子上拓印出一个个小圆圈，再用铲子挖出一个门的形状，最后找来竹片和吸管，沿着门围成一圈。这一次他们使用吸管的方式很特别，不是将吸管直接插在沙子里，而是利用了吸管的伸缩处，将吸管的两端插在沙子里，形成一个拱形，而且吸管根

据颜色有规律地排列。

孩子们在通往城堡的两边造上了围墙，将瓶盖等距离地放置在沙地上，当我们询问这些瓶盖代表什么时，他们说是会亮的地灯。

显然，这一次孩子们的搭建取得了突破性的进展。堆出一座高高的"小山"是一件非常耗时耗力的事情，我们提议他们再多邀请两个人加入，和他们一起努力地挖沙，所以这次的建筑主体部分完成的速度快了许多。有了这样一个前所未有的"大型城堡"的视觉冲击，孩子们做起后面的事情来动力十足，对材料的运用更加多样，使用了吸管、瓶盖、竹片、玉兰花果实、树叶等。

幼儿尝试用更多的材料来装饰城堡的细节

（五）游戏进入高潮，呈现多样的创造性表现

经过第二次作品的分享交流，更多的幼儿对这个庞大的城堡感兴趣。第三次玩沙，队伍更加庞大，从原来的一组幼儿增加到了两组幼儿：一组幼儿负责造城堡主体，另一组幼儿负责造通往城堡的道路，此时作为教师的我们则退后一步，在旁边观察他们。

在这次玩沙的过程中，孩子们沿用了之前纸箱支撑城堡主体的做法。这次他们赋予城堡一个形象，在箱子的上方造了一个机器人的头，用金字塔形的塑料模具作为机器人的帽子，用瓶盖作为机器人的眼睛，用松果作为机器人的耳朵，用树枝作为机器人的手。

城堡的大门使用了吸管，有规律地装饰了一下。除此以外，我们看到通往大门的路别具一格，除了原先的地灯，他们还在两边的城墙上插了树叶，这条通往大门的路也有拱形装饰，黄色和绿色吸管交替组成了一条拱形路。

另一组幼儿造的通往城堡的路非常长，大约有 3 米左右，他们徒手造出了两边的围墙，并且用手做切的动作，让两边的围墙有条纹感，这条长长的通道被幼儿分成两部分，当中有一个站台作为过渡。

我们看到第三次建造的城堡非常壮观，并且这一次的城堡主体做了延伸，在城堡的背面还有三个区域，孩子们用吸管将这三个区域和城堡主体连接起来。

幼儿都有自己独特的想法

幼儿三次搭建城堡，作品有了非常明显的进步和提升：从造型上看，呈现了更多的细节；从材料的使用看，材料越来越丰富。

四、关于玩沙中创造性艺术的再思考

（一）怎样的材料能够支持幼儿的创造性艺术表达

通过参加高瞻课程的培训，我们了解到材料的丰富性、多样性和可选择性对于幼儿的游戏来讲是很重要的，开始认识到除了现成的玩具，很多生活中的废旧材料或者自然界的材料也是很好的玩具。我们为幼儿提供了一些自然物作为游戏材料，比如树叶、树枝等，还统一采购了鹅卵石放在沙池里，提供了一些长度在 15 厘米左右的竹条。没有这些辅助材料，玩沙游戏也能进行，但是有了这些材料的加入，幼儿的游戏变得更加丰富多彩。我们发现，并不是提供的材料越多、种类越丰富就效果越好，多样的材料并不一定会带来幼儿创造性艺术表达表现水平的提升。那么，怎样的材料最能够支持幼儿的创造性艺术表达呢？

第一，我们认为低结构的材料可以被幼儿用于各种情境，可以拥有无限的替代可能。第二，我们认为材料的数量充足比种类丰富更加重要，因为当某一种材料数量很充足的时候，就会刺激幼儿不断地思考它的利用价值，从而更多样性地对其加以利用。比如，在沙池里，竹条就有多种用途，可以当作蜡烛、筷子、汤勺、钥匙等等。除此之外，材料还应该结实、牢固，易于幼儿的使用，能够给幼儿带来成就感。

在孩子们建造城堡的过程中，小小的瓶盖既可以是地上的地灯，也可以是机器人的眼睛；各种颜色的吸管可以用来制作拱门……这些创造性的表征方式都与材料的这两个特性分不开。

（二）教师的介入会阻碍幼儿的创造性艺术表达吗

在我们参与到孩子们的大城堡建设之前，孩子们一直在建造城堡，可是他们建造的城堡很少有让人眼前一亮的作品。时间长了，我们有点坐不住了：难道就这样放任孩子们随意、自由地探索吗？难道教师真的不应该给予孩子们一些建议和引导吗？难道教师的介入就一定会破坏孩子们的艺术性表达吗？这些问题萦绕在我们的脑海中。

针对这些难题，我们展开了讨论。在此之前的游戏过程中，我们都觉得，在幼儿游戏的时候教师应该尽量地退后，尽量保证幼儿游戏中的自主性，减少教师对幼儿游戏行为的影响，最好是在幼儿主动提出需要帮助的时候再介入。因为我们都怕一旦教师做得多了，幼儿的游戏会变成"教师想要的样子"，而不是"游戏本来的样子"。

那么，我们为何又坐不住呢？我们是在什么时间点上坐不住呢？是因为玩沙课题中需要教师持续性地记录培养幼儿学习品质的案例，还是因为"高瞻创造性艺术课程本土化建设项目"的课题需要我们捕捉幼儿有创造性表现的瞬间？或许两者都有吧。因为有了外在的压力，因为在幼儿完全自发、自主的游戏中我们难以捕捉到这样闪光的瞬间，因此，我们开始设想：如果教师多一些介入和支持，孩子们是不是会展现出更多样化的游戏行为表现。

在这几次幼儿搭建大城堡的过程中，我们没有像往常那样克制自己，等待他们游戏行为的提升。在和他们一起游戏的过程中，我们真切地体会到幼儿在搭建时会遇到的种种困难，比如他们屡次尝试都没有解决的城堡高度问题，我们巧妙地借助沙水池旁边的玩具筐进行倒置解决了问题。在此之前，孩子们还从来没有想到过玩具筐可以这样使用。相信我们的这一做法对于幼儿后续创造性地使用沙池里的工具起到了一定的启发作用。第二次玩沙时，我们没有像第一次那样提出主要意见，而是跟随着孩子们的想法，协助他们一步步地实现他们的想法。第三次玩沙时，孩子们的思路进一步被打开，他们把城堡装饰成一个机器人的形象，有了这样一个创意以后，他们会更加有目的、有选择地去寻找、运用材料。所以第三次的作品更加壮观，细节更加丰富，对于材料的运用更有创造性。

看来，教师的介入并不一定会阻碍幼儿的创造性艺术表达，在这个故事中，幼儿一开始看似没有想法，教师的"鹰架"支持帮助幼儿解决了"城堡造不高"这样一个关键问题以后，幼儿有了更多的可能性去思考和创造，最后表现出了非常有创造性的一面。

（上海市长宁区新实验幼儿园　石凤梅）

提供视频供幼儿模仿
就是限制了艺术创造吗

参加"表演游戏①中教师的角色"研究后，我经常思考：高瞻创造性艺术课程下的表演游戏是要凸显艺术的创造性吗？如果是创造性艺术课程下的表演游戏，是否要体现表演的"艺术美"？

一、孩子们最初的表现——模仿视频表演很开心，有模有样

带着疑问，也带着朦朦胧胧的想法，我和中班孩子们开始了表演游戏之旅。我先引导孩子们欣赏大量的艺术表演视频片段，唤起幼儿的艺术敏感性和表达欲望；再让孩子们自己决定想表演什么内容；最终，孩子们决定表演民族舞、中国功夫和解放军队列表演。

接着，我根据孩子们的选择投放了相应的表演服装：民族服装、武术表演服装和解放军服装，希望能用这些漂亮的服装唤起幼儿的表现欲望。同时，我还投放了和三个表演内容匹配的音乐与视频，希望更好地满足和支持他们的表现需求。

果然，孩子们对这些服装很感兴趣。每次表演游戏开始后，他们迅速穿上喜爱的服装，自发地开始跟随音乐表演。起初他们并不清楚该做什么动作，于是主动观看视频，开始模仿视频中的表演。孩子们选择记住视频里的某些动作，当有些动作记不住时，还会用画画等方法记录下来，帮助

---

① 我们这里所指的表演游戏，是一般幼儿园里的"小舞台"表演游戏，不是有故事情节脚本的戏剧表演游戏。

孩子们尝试进行民族舞表演

自己模仿参照。在我看来，孩子们每天都兴致盎然，他们穿着漂亮的服装，跟着音乐尝试表演，还互相学习和指导。

孩子们在进行表演游戏的时候，我也没有闲着，我会观察、参与孩子们的表演游戏，并做一些引导。比如，中国功夫小组的孩子们起初不知道中国功夫有哪些动作，我就和他们一起观看视频，一起选出他们喜欢也容易完成的动作，并鼓励他们用"画拳谱"的方法把每个动作记录下来，贴在展板上参照着表演。

一段时间后，孩子们的表演变得有模有样，能够自主地进行一段较为完整的表演，看起来也挺符合艺术审美的。我自己感觉很有成就感，因为我为孩子们所做的工作似乎获得了不错的效果。

二、来自同事们的质疑——这是模仿，不是创造

在每周一次的案例交流时，我带着孩子们的视频和照片，充满信心地介绍起来。没想到，我讲述之后，同事们一个个用诧异的眼神望着我。显然，他们并不赞同我的做法。接着，他们纷纷质疑："这就是表演游戏吗？孩子们的自主性体现在哪里？我觉得这是看似自主的变相教。""你提供的材料，真的是孩子们需要的吗？""你如何去评判幼儿的艺术性，你看到了幼儿哪些创造性艺术行为？""孩子们的表演是视频的简易版本吗？一味的模仿是创造性艺术吗？"

得到这样的回应，我一下子愣住了，不过我有些不服气，开始据理力争："表演游戏是表演在前游戏在后，表演需要服装、材料和脚本。我是和幼儿一起协商才产生这些表演内容的，这不就是自主性的体现吗？而且在整个过程中，孩子们自主、愉快，有表达的满足感，这不就是满足幼儿的需求了吗？幼儿难道不可以模仿吗？孩子们自主模仿、学习、协商，

最终进行艺术化的表现，这不就是艺术活动吗？"我理直气壮地反驳。

不管我如何反驳，同事们还是一致认为："自主性、创造性的艺术活动应该是让幼儿自己寻找材料，自己产生表演内容，而不是一味地模仿。""你是用材料引领幼儿做你想让幼儿表演的艺术。"

三、调整提供开放性材料——表演装扮变了，动作内容没有变

虽然心里还是没有想明白，但我调整了投放的材料，把原来的服装、音乐和视频都收了起来，改成投放以下材料：

- 开放性的、玩法可变的材料（如：围巾、布条、羽毛等）。
- 多种风格的音乐（如：喜庆的、雄壮的、激烈的、柔美的音乐等）。

为了让孩子们能够更好地选择和利用材料，我向他们展示并逐一介绍了所有的新材料。材料改变后，我期待着孩子们的表演游戏具有更多的创造性与艺术性。没想到，孩子们的表现又出乎了我的意料。

面对琳琅满目的新材料，孩子们显得尤为兴奋。他们不断摆弄着每一个材料，在游戏的大部分时间里都以把玩材料为主。几个男孩索性放弃了原来的解放军队列表演，开始探索这些新材料。比如，某天他们拿着毛绒长条开始了游戏，相互之间甩、扯、拉着玩，乐此不疲。他们并没有把这个材料用于表演游戏，而只是当作玩具。

有一些幼儿偶尔用材料装扮自己，但仅限于装扮自己和进行角色游戏，并没有跟随音乐产生新的艺术表演行为。

两周后，原来进行解放军队列表演的男孩子们对于探索各种材料的热情依然不减；原先表演民族舞和中国功夫的孩子们开始回到了原来的表演，不过他们没有因为材料的改变生成新的内容，还是表演着以前的内容。由于没有了原来的服装，他们开始用现有的材料来进行简单的装扮，开始用布条和羽毛装扮自己，但表演内容没有因为新材料而发生改变。

可以说，孩子们的表演内容没有变，只是装扮变了，只是把原来现成的服装道具替换成了用开放性的材料来装扮。甚至在我看来，由于新

材料分散了他们的注意力，孩子们反而显得没有以前那么专注了，孩子们的表演还不如从前。

　　材料的改变并没有给孩子们的表演游戏带来太多的变化，也没有让他们产生更多的艺术表现。这又给我带来很大的冲击，这次我又错了吗？大家的意见也错了吗？难道我之前的做法是对的？我是不是不应该改变材料？中班幼儿在创造性艺术活动中就不可以模仿吗？这些问题又开始困扰我。

四、去幼儿那里寻找答案——有了新想法，有了小创意

　　两次的失利让我陷入了无尽的困惑，我向同事们寻求帮助，大家也各有各的说法。但再变动材料似乎又很唐突，最终我决定不再改变材料，而是选择走近幼儿，观察孩子们接下来的表现，耐心看看后面会发生什么。接下去的两周，孩子们的情况是这样的。

　　跳民族舞的女孩们因为前期学会了视频中的动作，所以不用依赖原来的视频。渐渐地，她们开始出现不同于视频的表演动作和队形了。当来了新成员，原来的舞台不够站了，几位女孩选择了长短不一的毛绒长条搭建新的舞台。

　　表演中国功夫的孩子们没有了服装，他们在新材料里选择了面具、方巾等材料穿戴在身上进行表演。借鉴了几次视频中的动作之后，他们也开始出现新的动作，并且在队长的带领下开始了互相模仿和表演。

　　原先进行解放军队列表演的那些男孩子们依旧把玩着那些开放性的材料，似乎还是没有什么艺术表现。当我还在纠结怎么办的时候，跳民族舞的女孩子们拿了一些毛绒长条，男孩们好奇地问："你们要干什么呀？"女孩子们回道："我们要去搭新舞台啊。"几个男孩也拿起毛绒长条一起制作舞台去了。

五、一波三折后的再思考——材料之外，更需要接纳的心态

　　又到了幼儿园内部的案例交流时间，我带着孩子们的表现，和同事

们再次讨论起来。这个一波三折的经历让我和同事们有了以下一些思考。

（一）在创造性艺术活动中，教师投放材料的最终目的不是让幼儿模仿，但要接纳幼儿的自发模仿

当我向同事们介绍孩子们最初的表现时，同事们看到孩子们简单模仿视频中的动作，看起来没有创造性，因此否定了我的做法。但是在后续改变材料后，我们不难发现，模仿是孩子们的天性，他们仍然在自发地模仿视频中的内容，有小组内部的模仿，还有小组之间的模仿，如原先的解放军队列表演组的男孩模仿女孩去装扮舞台。而随着时间的推移，孩子们不再满足于照搬模仿，开始逐渐有了自己的想法和创造。

可见，孩子们是极富创造性的，孩子们的艺术创造过程经常是通过自发模仿积累前期经验，然后在此基础上开始自己的创造性表达。他们不会满足于模仿，模仿并不是终点。作为教师，应该先接纳幼儿自发的模仿行为，顺应他们的兴趣需要，支持他们去探索和创造，哪怕是稚嫩的。

反思自己，我最初投放材料和指导的意图都过于在乎最终的表演效果，潜意识地想让孩子们能够有精彩的表演。虽然我误打误撞地迎合了孩子们自发模仿的意愿，没有妨碍他们的游戏和自发自主的活动，但是，我追求结果的意识还是需要调整的。

（二）不以材料本身的开放性为唯一标准，重要的是所投放的材料支持幼儿的主动学习

高瞻课程判断幼儿是否在主动学习的标准有五个缺一不可的要素：开放性材料、幼儿的选择、幼儿的操作、幼儿的语言和思维以及成人的"鹰架"。通常，开放性材料能为幼儿的创造性表达提供更多的可能性，但更重要的是教师为幼儿的主动学习提供的"鹰架"支持。孩子们的艺术活动是从探索开始的，只有当教师愿意走近幼儿，让孩子们感受到被尊重和被欣赏，才会在表演游戏中出现艺术创造，如跳民族舞的女孩们在最初把玩材料后，回到她们原先的表演主题上，开始使用那些开放性材料进行艺术创造。

在幼儿的表演游戏过程中，教师投放什么材料，怎样投放材料，材

料投放后做什么，需要深入思考。我们不能根据自己的经验去假设幼儿需要什么材料，而是要眼中有幼儿，在解读幼儿的需求后跟进材料的投放。我们要支持幼儿形成自己的表演目的和意愿，材料才能为幼儿的艺术表达所用；我们需要了解幼儿行为背后的原因，才能提供适合的"鹰架"，才能进一步引发幼儿使用材料进行创造性的表现和表达。同理，回到最初的问题，当幼儿有自主模仿的需求时，我们要为他们提供可模仿的材料，只要不高控，我们同样也是在支持他们进行创造性艺术表现。

（上海市宝山区陈伯吹实验幼儿园　侯建民）

好怪！好听！好妙啊！

　　在"高瞻创造性艺术课程本土化建设项目"的背景下，我园进行了"幸福的幼儿爱唱歌"的子课题研究。说到唱歌，出现在我们脑海中的词语一定是"优美、悦耳、动听"，所以要么不唱，要唱，就一定要好听，尤其是对于积累了一定歌唱经验的大班幼儿来说，唱得好听可是很重要的。

　　于是，一群爱运动的大班娃娃在一个追求"好听声音"的老师带领下，开始像模像样地玩起了歌唱艺术。教室里、舞蹈房、楼梯上，甚至山坡、操场上都能看到他们面带微笑、摇头晃脑、高声歌唱的身影。

一、我原先的设想：唱歌，当然要好听

　　可过了一段时间我发现，孩子们愿意跟着老师一起唱，也乐意在集体活动中与同伴一起唱，但在自由状态下自发、自主地唱歌却少之又少。对唱歌的感觉远远没有达到喜欢、爱唱的程度，更谈不上"幸福"地唱了。

　　一天午饭后，天下起了雨，不能去户外散步，于是我们一起在教室里看动画片《疯狂动物城》。当那只名字叫"闪电"，动作、说话却比乌龟还慢的树懒出现时，孩子们都被逗乐了。文文模仿着闪电的样子："我——也——会——这——样——慢——慢——说——话。"

　　下午自由活动时，孩子们意犹未尽地讨论着动画片中的情节，豪哥拿腔拿调地模仿着"闪电"的台词："为——什——么骆驼有两个鼓包？"

话音未落，教室后方传来了一阵慢悠悠的歌声："一闪一闪亮晶晶，满天都是小星星——"，大家的目光都转向了正在唱超慢版《小星星》的舒米。小家伙有些不好意思地说："我想，闪电应该就是这样，那么慢、那么慢地唱歌的吧！""是的，简直比乌龟还慢。"松松附和着也慢悠悠地唱了起来，"挂在天上放光明，好像许多小眼睛——"两人开始合唱超慢版《小星星》，看着他们唱得那么带劲，越来越多的幼儿加入了唱歌的行列。

我的内心一阵激动，虽然歌声不那么好听，拖着长音的《小星星》听着有些怪怪的，但这是孩子们在无组织的情况下第一次自发进行的合唱。他们脸上快乐的表情感染了我，用"怪声音"唱歌居然能唱得那么欢乐，这是我之前没有想到的。

细细回想，的确，在平时带班中我也发现，3—6岁的幼儿很容易被"怪"声音吸引。楼上教室跳律动时的踩脚声，卡通电影里的一句台词，或者大自然中的各种奇妙声响，都能引起孩子们的一阵骚动。

既然孩子们那么喜欢"怪"声音，那我们何不试试用这种不一样的形式去唱歌，进一步激发他们对唱歌的兴趣呢？

二、第一次尝试：虽然有趣，却不像音乐活动

"动物大世界"的主题学习让孩子们对动物的兴趣空前高涨，动画片《疯狂动物城》再次掀起了一股动物热。如果以动物为素材设计一节音乐活动，一定能引起幼儿的共鸣。

"假如动物会唱歌"这节音乐活动便在这样的背景下诞生了，教案初步定稿后，我迎来了第一次试教。

活动的重点在第二环节，当我把问题"假如动物会唱歌，它们会怎么唱你们熟悉的歌曲《小星星》？"抛给幼儿时，他们有的陷入了思考，有的和同伴小声讨论，还有的已经迫不及待地举起了小手。

我请了第一个举手的成成，只听到他用缓慢的声音唱着："一——闪——一——闪——亮——晶——晶。"刚唱完，下面有小朋友叫了起来："是闪电，他在学闪电。""有没有不同的意见？"我追问他们。奇奇

回答说："也有可能是乌龟，乌龟唱歌也是慢慢的。"成成点了点头说："没错，我学的就是乌龟。"我表扬成成学得真像。孩子们的积极性更高了，纷纷举手想要上来表演。

接下来我请可可来唱，和成成截然相反，她唱的速度特别快。云云说："一定是猎豹。""为什么？"我追问道。"因为猎豹是这个世界上跑得最快的动物。""动物大世界"的主题经验让孩子们对动物有了很深入的了解，一下子就想到了动物界中的短跑冠军。

又有不少幼儿上来唱歌，他们根据动物的不同特征进行表演：大象、牛、河马等大型动物，因为个头大，所以唱起歌来是粗声粗气的；小型动物则相反。幼儿们把狮子、老虎的吼叫，蚂蚁、蝴蝶的细语，兔子、蚱蜢的一蹦一跳体现在唱歌活动中。

我的感受：

孩子们在课堂上的反应给了我很大的惊喜。我没想到他们的兴趣居然那么浓厚，居然那么有表现力和创造力，能够联系动物的特征惟妙惟肖地演唱。但我脑中出现了困惑：幼儿在讲故事时，也会根据动物的形象变换声音，这节活动似乎不那么"有音乐的味道"？

同事们的想法：

"这个活动给我感觉像语言活动。为什么一定是动物唱歌？如果这个活动变成一个语言活动——假如动物会说话也完全可行。"

"个别幼儿上来表演后，是不是可以让全体幼儿一起试一试，这个活动感觉说得多，唱得少。"

"活动重点不应该是唱得像，因为动物本身是不会唱歌的，我们要让幼儿做的是联系动物的特征，感受声音的变化，重点应该落在变化上。"

"问题出在教师与幼儿之间的互动，在评价幼儿时，没有从歌唱的角度出发。"比较有音乐教学经验的池老师说，"我在上音乐课时不会有那么多追问，评价时经常会说你这个声音很美，你应该让孩子们多去唱，通过学动物唱歌来感受强与弱、快和慢、高和低、长和短等。"

组长鼓励我说："这个活动的理念是正确的，在唱歌的过程中我们能够感受到幼儿是快乐的。另外，在思考'假如动物会唱歌'的时候，幼儿也是动脑筋、有创造性的。你要做的是在教学的过程中，尝试改变你和幼儿的互动方式，改变以往'追问到点'的语言活动模式，从艺术教育的角度来思考你的回应，给予他们一些具有音乐元素的指导，让幼儿多唱而不是多说。"

我的反思：

大班幼儿能逐步认识到事物之间的一些简单联系，所以他们可以将动物的习性、特点、外形与歌声联系起来，并根据自己的经验和想象进行表达表现，活动符合大班幼儿的年龄特点。

问题出在我与幼儿的互动上，说得太多，唱得太少；互动时，没有把握住音乐活动的特点，没有从歌唱的角度去评价，以至于感觉整个活动缺乏音乐元素。

幼儿热衷于用"怪"声唱歌的主要原因是：他们喜欢声音变化带来的那种新鲜感，追求的是一种与众不同的感觉。所以，动物只是媒介，目的是让幼儿发挥想象力和创造力，感知唱歌时我们的声音是可以变化的。

三、调整互动方式，再尝试：好玩，但不好听

第一次试教之后，我觉得班级里幼儿唱歌的热情被"怪"声音点燃了，经常听到孩子们用变声的方式演唱我们熟悉的歌曲。在对上一次教研活动进行思考之后，我对教案进行了调整，不再让幼儿天马行空地唱，而是选择了几组有代表性的动物，让他们更有针对性地唱。

快慢的对比：乌龟、猎豹。

粗细的对比：大象、老鼠。

轻响的对比：狮子、蚂蚁。

跳跃的对比：袋鼠、兔子。

为了让幼儿更直观地感受歌唱时声音的变化，我利用"幼创空间"软件制作了一个可以变化的小球："小球可以变大变小，就像声音可以变粗变细；小球滚得快时，我们可以唱得快；小球滚得慢时，我们可以唱得慢；小球变成棉花球，我们可以唱得轻轻的；小球变成铁球了，我们的声音要响起来……"

小球还可以随着我的鼠标上下跳动，告诉幼儿唱歌时的声音可以变

得一跳一跳。

我查阅了大量关于歌唱的资料，发现唱歌时的姿势、呼吸、发声、咬字吐字、音准等都是幼儿在唱歌时需要积累和掌握的音乐元素。

于是在第二次开展活动时，我在互动上做了调整。

当孩子们用粗粗的声音学大象时，我不再说"学得真像"，而是说："你低沉的声音就像男低音在唱歌。"

当他们学乌龟唱得很慢时，我会提醒他们自然地吸气、均匀地用气，按照一定的规律进行换气。

当他们学猎豹唱得快得连歌词都听不清时，我会对他们说：唱歌和说话一样，需要吐字清楚，才能表情达意。

当他们学狮子唱得特别响，甚至叫喊时，我会告诉他们保护嗓子的重要性。

当他们为了"这到底是袋鼠在唱歌还是兔子在唱歌"争论不休时，我会请他们观察两种动物跳跃时的不同，然后适时地引入"大跳"和"小跳"两种不同的旋律变化。

我鼓励幼儿自由尝试、集体演唱，让他们有更多歌唱的机会。

我的感受：

教案的调整是有效的，因为互动方式的改变，这节活动的"音乐味"浓了。新增的多媒体课件能够吸引幼儿的眼球，让他们更直观地感受声音的变化。

同事们的建议：

"过程很有趣，但是小朋友这样无伴奏清唱，总是感觉不好听，会走音。有没有什么办法添加伴奏，让唱歌变得既好玩又好听。"

"这一批幼儿的表现感觉不够自信，是不是因为习惯了有伴奏的演唱，对于清唱没有信心呢？"

"小球教具很有趣，能不能用得更充分一些，让小球做指挥，幼儿跟着指挥来唱歌。"

我的反思：

对于幼儿来说，清唱是有难度的，在缺乏伴奏的情况下，幼儿对音准的确无法很好地把握。我们不要求幼儿能把歌唱得完美，幼儿在探索、创作过程中的表现是稚嫩的，但这是幼儿真实的表现。教师要在不断提高幼儿兴趣和积极性的基础上，培养他们感受美、表现美的能力。

这次活动中，幼儿每次唱的速度、力度、强弱都有变化，如何进行合适的伴奏，让幼儿能够唱得既好玩又好听，需要教师好好思考。

四、增加不同的伴奏，帮助幼儿调整音准

经过第二次试教，我又思考了很久，如果要让幼儿唱得好听，还是需要配伴奏。可是不同的动物，唱歌的速度、力度是不同的，用同一个伴奏肯定无法达到预期的效果。因此，我们制作了不同的版本，分别对应不同的动物。

正常版本：用于第一环节的练声和狮子唱歌。

慢版：用于乌龟唱歌。

快版：用于猎豹唱歌。

跳跃版：大跳版用于袋鼠唱歌；小跳版用于兔子唱歌。

轻声版：用于蚂蚁唱歌。

低音版：用于大象唱歌。

高音版：用于老鼠唱歌。

我将这些伴奏音乐加入课件中，每个动物头顶上的对话框对应着它

们的伴奏。我开始了第三次试教，与无伴奏的清唱相比，有了伴奏，孩子们的音准水平明显提高了，歌声的确比前两次活动更好听、更自信。

经过三次研讨，两次对教案、教具的调整，我收获了很多，对于音乐活动的研究，我们还在继续……

我的感受：

歌唱其实是一种情感活动，我们更应该重视幼儿在歌唱过程中的情绪体验：幼儿能不能身心愉悦地参与其中？是不是有足够的个性化表现空间？能不能通过歌唱活动获得成功感，从而提升自信心？

我们应该通过一些形象、生动、贴近幼儿，甚至是来自幼儿的教学手段，让幼儿们能够自发、自主地去歌唱、去体验，感受歌曲中包含的强与弱、快和慢、高和低、长和短……激发幼儿的想象力，发挥幼儿的创造力。在歌唱过程中，幼儿获得的点滴经验不是教师灌输的，而是幼儿通过自己探索得到的，而这恰恰是最重要的。

（上海市虹口区体育幼儿园　刘璨粲）

"不想继续"和"停不下来"

最近,"动物大世界"的主题活动正在班里如火如荼地进行,有幼儿带来了迪士尼动画片《狮子王》的碟片和书,宣称自己最崇拜的就是"狮子王",引得班里幼儿热烈讨论起"狮子"这个话题。之后的一段日子里,孩子们研究狮子的图片、模型、视频、舞狮道具等,开始了探索与创造,其中有两组幼儿的活动引起了我的关注,我趣称他们为"不想继续"组和"停不下来"组,两组幼儿明显不同的言行和活动效果带给我很多思考。

一、"不想继续"和"停不下来"的实录

(一)无奈的"不想继续"

兜兜带来一张旅行时在石狮子前的留影。兴趣活动时,他拿着照片对旁边的琪琪说:"你看,我的背后有一只石头狮子,嗷……"琪琪边躲边笑着说:"狮子很厉害,我们也做一个狮子,放在教室大门上。"两人一拍即合,走到材料库找了半天,决定用彩色纸和橡皮泥。两人拿了两罐黄色橡皮泥,坐在大门口开始做"看门狮"。谁知第二天,他们发现"看门狮"掉下来了。他们讨论后认为是自己没用力,黏得不够牢。于是,他们重新开始制作,"看门狮"再次粘上去后,他们用力地又拍又按,兜兜还用黑色橡皮泥搓成团,粘在狮子头上做成眼睛。他们俩一边做,一边得意地对同伴说:"你看,我们的狮子多厉害,眼睛那么大!"

第四天，糟糕的事情发生了。一大早，教室门前一片狼藉，狮子的眼睛、脑袋都掉下来了。孩子们见了连忙捡起来往上粘，可是这边刚用橡皮泥堆上去，那边就干了掉下来几块，琪琪和兜兜一上午都在补这边掉那边。到了中午，兜兜叹气道："这个狮子是做不成了。"琪琪说："太难了，不行的。"两人明显没了耐心。我问："你们的看门狮还没完成呢，再试试看啊。"兜兜两手一摊，说："我们实在没办法了。"琪琪耸耸肩说："没劲。"说完，两人毫不犹豫地跑了。"看门狮"变成了无人问津的"烂尾狮"，孩子们实在"不想继续"。

（二）好玩到"停不下来"

教室另一边，小核桃举着一个狮子头说："我外公会舞狮，这个狮子头是我带来的！"阳阳一脸羡慕地说："好厉害啊！我也要做一个自己的狮子头。""那我来帮你吧。"阳阳说："我想要做一个有鬃毛的狮子头，我最喜欢雄狮这圈鬃毛了，特别威风！"小核桃连忙附和："好的，我们一起做。做好我们可以一起舞狮子。"用什么材料做狮子头呢？两人讨论了起来，小核桃指着舞狮头套说："我们找个圆的框吧。"说完他奔向材料库，可是没找到需要的圆形框，阳阳跟过去说："头套很硬的，我们找个硬一点的东西都可以。"此时，我把材料库底部的纸盒悄悄地放到显眼处。阳阳转头一眼看见，把纸盒套在头上说："就用这个吧，挺好的。"小核桃也在自己头上比画了一下，表示同意后，转身去拿扭扭棒、即时贴、橡皮泥、剪刀、双面胶。

两人试着用咖啡色即时贴贴在纸盒周围做"鬃毛"，结果发现太软了，"鬃毛"都垂了下来，阳阳说："这不行，一点都不威风。"最后，他们把纸盒倒扣在桌上，找来硬纸板，撕成一条一条后用玻璃胶粘在纸箱的周围。

第二天，"狮子头"终于完成了，阳阳得意地说："展现我实力的时候到了！"他把纸盒套在头上，扭动起来。小核桃连忙说："不对啊，你这个狮子头套在头上什么都看不见，不能舞狮！"于是，他们又开始在"狮子头"上比画起来，用剪刀挖了两个"视窗"，两人轮流把纸盒套在头上，大笑："这下能看见了！""简直和真的一样啊！"小核桃将他们自己做的"狮子头"套在头上，耸肩、摇头，还真有那么点意思！阳阳看了一会儿说："给我给我。我要在鬃毛上添一点金色，看上去金光闪闪的，超级厉害。"小核桃说："我回家让爷爷教我动作。"

第三天，小核桃在材料库找出我提前放在那里的金色即时贴、小鼓和 iPad 里下载的一段舞狮的视频，他对阳阳说："你看，舞狮子要敲鼓的。"一旁的唯唯看着他们说："我会敲鼓，我给你们伴奏吧。"接下来，他们三个合作表演，舞狮越来越有模有样了。"黄老师，这个太好玩了，今天我们晚一点午睡可以吗？我们还想排练。""我们的舞狮表演很棒的，你们想看吗？""黄老师，看我们像不像狮子？"其他幼儿都被他们吸引了过去，一群小家伙乐在其中，根本停不下来！

二、"不想继续"和"停不下来"带来的思考

（一）都是狮子的探索和创作，为什么两组幼儿的反应截然不同

两组幼儿都是自由组合，自主选择展开活动的，最后的结果却大相径庭。从我记录的两组幼儿的语言中，似乎可以找到一些原因。

"不想继续"组的语言	"停不下来"组的语言
"这个狮子是做不成功的。" "太难了，不行的。" "我们实在没办法了。" "没劲！"	"好厉害啊！我也要做一个自己的狮子头。""我要做一个有鬃毛的狮子头。" "我要在鬃毛上添一点金色，看上去金光闪闪的，超级厉害。" "我去让爷爷教我动作。" "我会敲鼓，我给你们伴奏吧。" "黄老师，这个太好玩了。今天我们晚一点午睡可以吗？我们还想排练。" "我们的舞狮表演很棒的，你们想看吗？"

从以上两组幼儿的对话中，我们很明显感受到第一组幼儿的对话充满不确定和无奈，情绪持续低落。第二组幼儿始终充满自信，主动而积极地参与活动。两组幼儿的胜任感和满足感差异明显。

（二）造成孩子们胜任感和满足感差异的原因是什么

造成孩子们胜任感和满足感差异的原因到底是什么？我将目光聚焦到了以下几方面。

"不想继续"组	"停不下来"组	问题核心
<ul><li>开始——照片</li><li>过程——橡皮泥在空气中容易硬化，无法附着在直立平面上</li><li>结果——失败</li></ul>	<ul><li>开始——舞狮的狮子头</li><li>过程——纸板箱＋美工材料→金色即时贴→小鼓、舞狮视频、iPad等，可自由组合使用</li><li>结果——每天都有新花样</li></ul>	材料"鹰架"
<ul><li>对橡皮泥的特性了解较少</li><li>有关立体塑形的制作经验较少</li><li>对"看门狮"的了解较少</li></ul>	<ul><li>爷爷会舞狮，初步了解舞狮，喜欢舞狮</li><li>有喜欢狮子的独特理由（威风、森林之王）</li><li>了解狮子的外形特征（鬃毛、眼睛等）</li><li>有自制玩具、使用替代物的丰富经验</li><li>有明确的目的（制作狮子头，舞狮表演）</li></ul>	经验"鹰架"

第一组幼儿选择橡皮泥这个材料，因材料的属性特征导致反复失败，同时两名幼儿前期没有对"看门狮"有过了解，最终导致他们丧失兴趣，"不想继续"。第二组幼儿关于"狮子"和"舞狮"的经验储备充足，用于制作"狮子头"的纸盒、即时贴和与舞狮相关的视频、鼓等一系列材料随手可得，助推了幼儿和材料之间的互动、变换、调整，他们体验着新奇、成功和快乐，创造力和想象力不断得到发展。

（三）面对现状，有准备的教师应该做些什么

高瞻课程认为有准备的教师能为幼儿的学习提供最佳策略。我思考有没有可能在"材料"和"经验"上做文章，让这两组的活动都能再前进一步。

1. 让"不想继续"变得"停不下来"

"烂尾狮"还在教室的大门上贴着，无人问津。我鼓励兜兜和琪琪收集一些狮子立体造型的资料，比如形态各异的狮子模型、狮子饰品等，和大家一起讨论：狮子身上哪些地方显得特别威猛和神气？孩子们纷纷说：狮子的血盆大口、威武的鬃毛、锋利的爪子、尖利的牙齿……随后，

我和孩子们讲了故事《守护神——狮子》，让幼儿了解狮子作为中国传统的神兽，有着辟邪、喜庆、威严的作用。幼儿对狮子产生了更多的兴趣，经过大门时会有幼儿去摸摸、看看门上那只狮子并讨论："狮子的眼睛再大一点，坏人肯定就不敢进来了。""狮子威风凛凛的，真漂亮！"

同时，我在材料库中新增了超轻黏土、白胶、立体眼睛等新材料，并提问："上一次做'看门狮'为什么会失败呢？"孩子们回答："橡皮泥第二天就会干掉，掉下来。""橡皮泥太重了。"我问："有其他的材料可以替换橡皮泥吗？"孩子们最终从材料库中选择了超轻黏土。

这天的小组活动，无人问津的"看门狮"旁，兜兜和琪琪又出现了，兜兜用超轻黏土照着狮子模型的样子粘在门上，这次为了不重蹈覆辙，孩子们提出要用胶水，并反复尝试了材料库里的固体胶、白胶和双面胶，最后，他们决定用固体胶加白胶的"双保险"方法。到了下午，看情况不错，琪琪拿着金色的丙烯颜料，给狮子镀上了一层金色，并说："我想做成古代皇宫里的狮子，金光灿灿的。"唯唯听到了也围过来说："那我们给狮子做一个大嘴巴吧，狮子还有两个大大的凸出来的眼睛，眼珠瞪大，特别凶猛。"让我没有想到的是，其他幼儿也对这个狮子浮雕产生了兴趣，另一扇门上也出现了狮子，这只狮子的细节更丰富，除了有纹理，有丰富的颜色，还装饰了彩色的毛球。以后的几天，陆续有幼儿提出："狮子的爪子用黑色纸板插进超轻黏土。""我要在狮子脚下画个球，我妈妈说母狮子和公狮子是不一样的。"每天有变化和创造，他们也停不下来了！

2. 让"停不下来"变得"更加精彩"

"不想继续"组的变化让我备受鼓舞。看见阳阳和小核桃还在不断完善他们的"狮子头"时，我赶紧凑个热闹：提供了一个播放器，帮助他们把大家收集的《狮王进行曲》《男儿当自强》《龙腾虎跃》等音乐复制到播放器；搬来了一套中国大鼓；iPad 里下载了 3 个版本的舞狮视频。果然，小核桃兴奋地大叫："我外公舞狮就是这样的！"阳阳惊叹道："原来舞狮可以有两只狮子啊！""这是在地上打滚。""还有撸毛的动作，太好玩了！"我问："你们有没有想过进行一场真正的舞狮呢？"阳阳抢着说："当然想过，我们现在要开始准备了呢！"我说："我们好期待啊！这些材料有没有可能组合起来呢？""黄老师，你看我们的吧！"

他们打开播放器，选择了《男儿当自强》，邀请了班级里会打架子鼓的朋友帮他们打起了鼓。接着，他们又用桌椅搭成了"戏台"。阳阳说："我要开始表演啦，你们仔细听，这个节奏停一下的时候，我就会有一个很威风的动作。"他随着鼓声的节奏慢慢攀上了桌子，然后一跃而下，又在地上翻滚起来，滚了几圈之后，挥舞着手动了几下（模仿撸毛），小核桃翻出一条金色的披风，说："带上这个，我就可以做你的身体了！"周围的孩子不自觉地围拢过来，观看表演并为他们点赞，别提多开心了。

三、"不想继续"和"停不下来"带来的收获

我深深赞叹孩子们的学习能力，也体悟到"鹰架"支持的操作要点：提供"鹰架"（材料、经验）的时间节点必须是在随时关注幼儿、细心分析幼儿之后，赶在幼儿放弃之前。幼儿萌发兴趣是容易的，但维持主动学习却太不容易，需要教师将每个幼儿的活动看在眼里，把握每个幼儿的状态，随时关注、捕捉每一个变化；细心分析，解读幼儿的需要，让支持出现得恰到好处。以下是主题艺术活动中可能出现的转折点。

当幼儿在材料库寻寻觅觅时；

当幼儿使用材料踌躇犹豫时；

当幼儿的主动性言词减少时；

当幼儿反复征询教师意见时；

当幼儿总拿眼睛偷瞄老师时；

当幼儿唉声叹气、感到无能为力时；

当幼儿心不在焉，注意力分散时。

这些时刻的出现，就是支持的闹钟响起的时刻，提醒我们或跟进材料，或丰富经验，或给予鼓励和肯定，或发起挑战和讨论。这样，主动学习和创造表达才有可能得以延续。

孩子们对狮子的探究意犹未尽，他们的学习和创造仍然继续着。

（上海市浦东新区金囿幼儿园　黄　蓓）

创作之路，幼儿在前，我伴左右

《3—6岁幼儿学习与发展指南》中指出，艺术是人类感受美、表现美和创造美的重要形式，也是表达自己对周围世界的认识和情感态度的独特方式。教师应充分创造条件和机会，在大自然和社会文化生活中激发幼儿对美的感受和理解，丰富其想象力和创造性，引导幼儿学会用心灵去感受美和发现美，用自己独特的方式去表现美和创造美。围绕"幼儿生活情境中艺术元素的发现与表达"的学习研讨，我进一步认识到幼儿的艺术教育不应仅仅停留在集体教学活动、个别化学习活动、表演游戏和美工室活动上，而是应当尽量地将艺术教育渗透到生活中。于是，带着一双寻找幼儿生活情境中艺术元素的眼睛，我开始了高瞻课程的实践之路。

一、故事开启

（一）发现——当创作灵感遇上认知有限

最近，班级里的孩子迷上了前些年热播的"超级变变变"，这档创意作品真人秀节目因其充满创意的想象和夸张的艺术表现，深受孩子的喜欢。他们也热衷于把自己感兴趣的经验，在小剧场的游戏中，以超级变变变的形式加以表演。

健康生态角里饲养的蚕宝宝引起了涵涵的关注，她经常在自由活动时趴在蚕宝宝的盒子边上看。我问："涵涵，你在看什么呀？""我在看蚕宝宝呢！它们的身体一扭一扭，真好玩。我想在超级变变变里表演蚕宝宝。"听了涵涵的话，我马上意识到这是幼儿在生活情境中发现的艺术元素，和我想实践的内容不谋而合。我鼓励她在小剧场中大胆试一试："这个想法真不错，你可以试一试哦！"然而一连几天过去了，小剧场的游戏中始终没有涵涵的身影。会不会是涵涵忘了？我要不要去提醒她呢？如果我去提醒她了，会不会显得教师的主导性太强了？带着犹豫和矛盾，我继续观察，发现涵涵对蚕宝宝的兴趣依旧不减，自由活动时仍在观察蚕宝宝。或许是她对怎样表现蚕宝宝有困难？我试探性地问："涵涵，你不是说想在小剧场里表演蚕宝宝吗？怎么没看到你的节目啊？"她显得有些沮丧，说："我是想表演蚕宝宝的，可是它一直在吃桑叶，怎么表演啊！"我意识到这是幼儿试着把自己的生活经验加以内化、运用与表现的绝好机会，而且高瞻课程理论也指出，作为一名有准备的教师，即使在幼儿没有进行艺术创作的时候，也要鼓励幼儿观察事物的特征，使他的观察能力在艺术创作活动中得到提高。况且这是幼儿的创作灵感遭遇认知经验的有限而无法进行艺术创作，此时的教师应捕捉这一灵感，通过与幼儿的互动，来满足她进行艺术创作的需要。于是，我和涵涵一起观察蚕宝宝，利用图书区有关蚕宝宝的书籍，组织同伴间分享交流，帮助她丰富蚕宝宝的认知经验。很快，我们发现蚕宝宝身体扭来扭去很有趣，蚕宝宝吃桑叶发出的"嚓嚓"声很有趣，蚕宝宝结茧和最后变成飞蛾破茧而出很有趣。涵涵想把这几个"有趣"，通过艺术表演展示出来。我鼓励她在第二天的小剧场游戏中试一试。

（二）评价——当创作兴趣遇上经验不足

第二天，在小剧场的游戏中，涵涵向主持人要求表演"可爱的蚕宝宝"。当主持人报到她的节目时，她兴奋地走上台表演起来。只见她往地上一躺，身体扭来扭去，嘴巴里发出"嚓嚓"的声音，然后把头和双脚缩起来，身体蜷起来，最后挥动着双臂"飞走了"。虽然她表演得很卖力，可是小朋友却看不懂她在表演什么，还责怪她表演得乱七八糟，涵涵满脸的挫败感。坐在观众席上的我虽然能够从她的肢体动作中理解她的意图，但是也觉得这样的表演有点"简陋"了，以至于观众不知道演员在做什么。

眼看幼儿的创造性艺术表现，即将因为经验和能力的不足而被放弃，从前的我肯定会毫不犹豫地上前，从服装、道具、表演等方面指导一

第一次表演有点"简陋"

番。然而高瞻课程理论指出，艺术表现最好在信任、支持和没有竞争的环境中发生。教师应当为幼儿的深度探索提供时间，应尊重幼儿的自主性，重视过程胜于结果；应当鼓励幼儿去探索、创造，对自身的艺术体验进行反思。于是，按捺住"艺术指导"的心情，我利用评委的身份，先表现出对涵涵的表演很感兴趣，认同她的表演："涵涵的创意其实很棒，她找到了蚕宝宝有趣的地方。涵涵，你来给小朋友介绍一下吧。"涵涵听了我的评价，原本沮丧的小脸一扫阴霾，兴致勃勃地把自己想表演的蚕宝宝有趣的地方介绍给同伴。接着，我支持和鼓励幼儿之间进行互动和交流，对孩子们说："看来只用身体动作来表演，观众有点看不明白。有什么好方法可以让大家看懂你的表演呢？"涵涵若有所思地说："我下次表演的时候，穿一套白颜色的衣服，还要准备一片大大的桑叶，这样更像蚕宝宝的样子了。"其他孩子也你一言我一语地提出了改进的建议。乐乐说："可以用绿色的纸，画一片大大的桑叶，躺在上面扭来扭去，就像吃桑叶的动作了。"嘉艺说："蚕宝宝吐丝，可以用细细的毛线来表现吐出来的丝。"这时，小凯突然发现了问题，说："蚕宝宝最后变成飞蛾飞走了，可是茧还在的呀，这怎么表演呢？"这个问题似乎难倒了孩子们。我鼓励孩子们自己试着找出解决办法。轩轩说："涵涵可以继续扮演蚕宝宝结的茧，在原地不要动，把事先准备好的飞蛾交给好朋友，帮忙举着飞一飞，飞蛾就可以飞走了。"通过大家热烈的讨论，涵涵对自己的表演充满了信心和期待，不少幼儿要求加入她的表演。我鼓励孩子们说："你们的建议真不错，可以去材料架找一找表演需要的材料，期待下一次精彩的表演哦！"

（三）推动——当创作形式遇上能力欠缺

材料提供是支持幼儿用游戏、艺术、语言等多种方式大胆表达表现的保证。接下来的几天里，涵涵和同伴分工找来了绿色的纸张、浅色的毛线、吸管等，制作了飞蛾贴在吸管上。排练后，她决定和好朋友们用身体的屈伸来表现蚕宝宝动来动去的身体；画一张大大的桑叶，一边用手撕，一边发出"嚓嚓"声来表现蚕宝宝吃桑叶；用一团毛线把身体一圈一圈裹住，来表现蚕宝宝结茧；画一只飞蛾，用吸管顶起来表现蚕宝宝变成飞蛾飞走了。果然，这次涵涵和朋友们在小剧场里表演的"可爱的蚕宝宝"十分成功，观众们通过他们的表演动作和道具，一看就能猜出蚕宝宝在做什么。孩子们对自己的表演感到满意。

　　一连几天，小剧场里，"可爱的蚕宝宝"成为孩子们必演的节目，尽管每一天的演员不同，但是表演的形式基本上是相似的。渐渐地，孩子们对表演的兴趣趋于平淡了。此时，我思考：如何进一步挖掘艺术元素，引导孩子们在表演中添加更多的细节，丰富表达表现的形式，帮助他们进一步获得成功的体验？我再一次翻阅了高瞻课程理论书籍，在高瞻课程艺术领域的关键发展性指标和策略中，我找到了答案：成人可以提供模型、图片和照片，并鼓励幼儿把它们同自己表征的真实物体相比较。于是，我找来了"超级变变变"中有关动物表现的作品，播放给孩子们观看，引导他们讨论，怎样才能更好地表现可爱的蚕宝宝。孩子们通过观看视频中的创意作品真人秀，发现除了用身体动作和道具进行表现外，还可以加上旁白、音乐和舞台背景。于是，涵涵和她的团队又开始忙碌起来，有的开始为表演配旁白："我是可爱的蚕宝宝。""嗯，好饿啊，吃点桑叶吧！""吃得饱饱的，吐丝啦。"有的幼儿开始寻找适合的音乐：优美的音乐表示蚕宝宝吃桑叶；缓慢的音乐表示蚕宝宝吐丝结茧；轻快的音乐表示蚕宝宝变成飞蛾飞走了。幼儿还把表现蚕宝宝四个"有趣"的场景制作成舞台背景……在接下来小剧场的"超级变变变"节目中，涵涵和朋友们表演的可爱的蚕宝宝

合作制作表演道具和舞台背景

形象、生动、有趣，赢得了小观众们的阵阵掌声。还有一些小朋友，准备模仿涵涵的创意，把健康生态角的小蝌蚪也搬上小剧场里"超级变变变"的舞台。

二、故事尾声

幼儿用他们的"百种语言"进行创造性艺术表现，常常是集视听、语言、动作于一体。幼儿在生活情境中的艺术创作大致可以分为三个阶段：兴趣的产生阶段，持续的探索阶段和丰富的表现阶段。教师应在尊重幼儿表现意愿的基础上，把握好"鹰架"支持的时间和尺度，支持他们用自己的"语言"大胆进行创造性艺术表现。

（一）在兴趣的产生阶段，捕捉灵感，构思创作内容

在幼儿的一日生活情境中，艺术元素和艺术活动无处不在。在艺术活动兴趣产生阶段，幼儿往往心里怀着对艺术创作的浓厚兴趣，夹杂着许多零碎的经验，但对什么是典型的、主要的经验并不清楚。这时候，如果教师不关注幼儿的创造灵感，很可能会因为幼儿自身经验的不足，导致灵感被扼杀在摇篮中。因此，在这一阶段，需要教师善于观察，善于发现，及时捕捉幼儿的创作灵感，为他们的艺术实践活动提供充足的时间和空间，使他们有较充分的时间去构思和创作内容，实践审美经验，获得新的审美感觉，萌发审美想象和创造。我们为幼儿创造自由、开放的艺术表现环境，鼓励幼儿发展个人的审美感觉，实现自我的审美经验，萌发带有个性的审美创造。我们提出了两个"自由"：一是幼儿可以自由地选择艺术表现的内容；二是幼儿可以自由地运用自己的审美经验。这两个"自由"充分表现了对幼儿个人审美情趣的理解和尊重。

（二）在持续的探索阶段，适度评价，丰富表现形式

艺术是一个需要深思的过程，不能着急。在幼儿生活情景艺术元素的发现和表达过程中，幼儿需要时间来体验、计划、创造、回顾和评价自己的艺术创作。此时，要处理好教师和幼儿之间的关系：教师的作用

是比较隐性的，大多以观赏者、合作者的身份出现；教师要接受幼儿的艺术创作并表现出兴趣，给予他们适度的评价；提出问题和挑战，以鼓励幼儿对艺术创作的形象和创作过程加以改进。幼儿在创作表现中，一方面反复实践着他们在各类活动中获得的审美认知和经验；另一方面，通过同伴、教师的表现和评价获得新的认知，这是实践基础上新的认知，他们更容易理解和接受。

（三）在丰富的表现阶段，及时推动，获得成功体验

想象伴随着艺术而发展，艺术活动又为想象力的发展提供了现实化、形象化、具体可见的载体。在歌表演、舞蹈、打击乐、童话剧、木偶戏等艺术实践活动中，幼儿已经积累了一定的审美经验，艺术表现能力有了很大的提高，在动作表现中常会显现个人的审美痕迹和自我表现，这是艺术创作的萌芽。教师应及时发现幼儿在艺术表现中用动作、语言、表情所传达的创作萌芽，通过环境创设、材料提供、师幼互动、家园共育等途径，给予适宜、适度的推动，以丰富幼儿艺术创作的表现形式，帮助他们获得成功的体验。

在幼儿进行创造性艺术表现的道路上，幼儿在前，我伴左右。教师更多的应是悦纳孩子们的创作方式和作品：当他们在创作中遇到问题时，给予适时、适度的"鹰架"支持，给予适宜的帮助和建议；共同收集材料，制作道具；启发幼儿，引导欣赏，分享经验，保护幼儿的创作灵感，激发幼儿的创作兴趣，支持幼儿的创作行为，帮助幼儿体验创作成功的愉悦。

（上海市实验幼儿园　陈　奕）

"年来啦"的预设之路

艺术区活动时，教师们认真地观察着小班艺术欣赏活动"年来啦"的创作现场：有的拿着手机不停地拍着，有的和正在创作的孩子们投入地交流着，如获至宝的兴奋劲儿和两周前的颓废低落现场形成了鲜明的对比……

一、"火花四溅"的教研

两周前：

"刚才我们在苹果班观察了孩子们的创作过程，这些是他们的作品。从孩子们的作品中，大家能解读出什么？"教研组长开始发问。

青年教师捷捷说："孩子们创作的作品颜色鲜艳，有浓郁的中国年味儿。但是把这些作品放在一起就发现一个问题，内容基本都是鱼、荷叶、鞭炮……几乎都一样。"

格格的作品

苹果班文文老师不服气："小班幼儿对于中国年最感兴趣的是浓郁的色彩，所以，我们依据幼儿的兴趣把预设的重点放在了玩色上。考虑到小班幼儿由于年龄特点的原因，自主表达的能力很有限，我们还预设了小班幼儿可能感兴趣的中国年中富有寓意的内容形象，像鱼呀、荷花呀等等。因此，把这些有关年的内容材料提供给幼儿，我们是希望他们能自主地选择和表达。"

捷捷老师反驳道："高瞻课程提到每个儿童的表达都是独特的，作品中充满着幼儿的各种生活经验，但是在这些作品中，我似乎还没有感受到。"

文文老师毫不退让："高瞻课程的核心思想是释放儿童的天性，追随儿童的兴趣，鼓励创造和表达，这与我们开展的欣赏性学习活动在理念上是契合的。"

捷捷老师再次发问："对，理念确实是契合的，但今天的现场并没有出现百人百解的状态。问题出在哪儿？是材料？还是预设？"

越越老师插道："我觉得不是材料的问题。在高瞻活动中，老师会针对一个主题提供尽量多的材料，帮助幼儿积累经验，从而激发幼儿欣赏和创造的兴趣。我们的欣赏性学习活动是多通道欣赏，操作材料的提供也是多样的，这和高瞻课程的做法一致。"

一直没有说话的陶老师突然说："可能问题在于欣赏活动中大部分的表达表现形式是老师预设好的，可以供孩子们自己创作的材料较少，所以我认为预设可以不要。"

此话一出，大家一片哗然。

"这怎么做？主题活动中艺术欣赏的表现形式如果一点都不预设，心里完全没底啊，我都不知道下一步该做什么了。"

"主题活动本来就是预设的，不预设欣赏点，老师怎么把控？"

……

大家眉头紧皱，有的唉声叹气，有的叽叽喳喳，都表示难度太大。可是大家都明白，如果研究还是走老路，教研组将面临无路可走的现状。

二、摒弃预设试一试

此时，教研组长苏老师率先鼓起了掌，并且真诚地说："老师们勇于说出事实，直面真相，让我很感动。既然我们现在无路可走，那就大着胆子试一试。从现在开始，摒弃所有的预设，把欣赏和表达的主动权交给幼儿，让幼儿纯粹地走进欣赏区，在活动中增加各类低结构操作材料，看看孩子们的反应。"

一时间，大家又炸开了锅。

"这样的话，幼儿想怎么玩就怎么玩？要是把颜料弄得一塌糊涂，怎么办？"

"我能想象家长回家看到幼儿身上都是颜料，第二天找老师谈心的样子。"

"幼儿的表达表现手法毕竟有限，我们一点都不预设形式，孩子们会做什么？出来的作品不美怎么办？"

……

面对老师们的不淡定，教研组长苏老师振振有词地说道："其实我也不知道孩子们会出现什么样的反应，但是不试就没办法打破目前的困局，所以，我们需要勇敢地迈出这一步——摒弃预设试一试。"大家看着教研组长坚定的眼神，焦虑的心情开始慢慢平复，纷纷表示愿意一试。

就这样，教研组把所有的表达表现预设全部抛弃，在苹果班的欣赏区静静地观察着孩子们的创作。三天后，兴趣区内出现了以下三幅作品。

《石头一家》
——石头爸爸、石头妈妈和石头宝宝们正在吃好吃的面包。

《长大的毛毛虫》
——小毛毛虫慢慢长大，变成了一条美人鱼，美人鱼爸爸戴了一个领结，和戴着蝴蝶结的美人鱼妈妈、美人鱼宝宝相亲相爱地在一起。

《红色》
——过年就是这样红红的。

当老师们看到这些作品时，也看到了希望，大家兴奋不已，立刻解读起来！

捷捷老师高兴地说："你看，孩子们对年画最初的敏感点确实是色彩，并且用这些颜色创作出了属于自己的年画故事。"

陶老师紧跟着说："在这些作品中，他们选择了颜料和太空泥，创作的作品画面好独特，作品中还有孩子们娓娓道来的故事……"

大家都觉得孩子们对"年"好像能"三人三解""十人十解"，但是在这些作品中似乎缺了"年"的味道。大家细细琢磨：中国年除了色彩浓郁的特点外，其风俗内容也能体现了浓浓的年味儿。在以上作品中，孩子们对过年风俗的表达几乎没有，所以作品就缺了"年"的味道。幼儿对"年"的内容不敏感，老师能预设吗？

三、看到希望的出现

就在教研组被这个问题难住、一筹莫展的时候，一幅作品进入大家的视野。

文文老师拿着这幅作品，激动地找到教研组长："苏老师，你看这幅作品。"苏老师问："黑色的是小鸟吗？"文文老师："不是，是年兽。""年兽？""对，逸逸说这是黑黑的年兽下山了，看到红色的小乌龟非常害怕，逃走了。大家很高兴，所以彩虹就出现了。"

听到文文老师的阐述，苏老师既惊讶又兴奋。在这幅画里，幼儿把自己熟悉的小乌龟形象赋予了年兽害怕的红色，

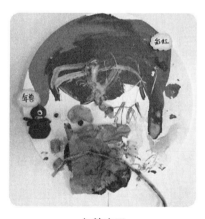

年兽来了

将生活经验和过年风俗结合在自己的作品里。可是幼儿的作品里怎么突然有了过年的风俗呢？细问之下才知道，原来班级里正在进行"过年啦"主题活动，前两天班级老师讲过神话故事《年》。

看来主题经验的积累能激发幼儿的创作，因为，每个艺术作品表面的色彩、线条、布局都是用于表达其内隐的情感、生活和认知体悟的。主题经验恰巧引导幼儿感受到了中国年的风俗。教研组的老师们兴奋极了，主题中的幼儿艺术欣赏活动是需要预设的，但预设的不是表达形式，

而是宽泛的主题经验。

有了这样的发现，千头万绪似乎一时间被理得整整齐齐。教研组开始着手"年来啦"的主题经验预设。

接着班级开展了以下活动。

集体教学活动	语言：小孩小孩你别馋、糖和盘 艺术：卷爆竹、大爆竹小爆竹、看花灯、漂亮的烟花
角色游戏	娃娃家（为过年做准备） 服装店（新年的服饰）
个别化活动	装扮新年树、分糖果、做花灯
家园合作	参观城隍庙彩灯及年货区（亲子活动） 家长老师来课堂：剪窗花

随着主题经验的积累，孩子们的作品开始百花齐放，有了浓浓的年味儿。

红灯笼

烟花

笑脸夹心糖

于是，出现了开篇时老师们在活动现场热闹的抓拍场景。这一次，教研组长苏老师问大家："主题中的幼儿艺术欣赏活动预设到底要不要？"

教师们异口同声道："要！"那么，到底要什么样的预设呢？

● 不期待结果——预设可以让创作尽兴

主题中的幼儿艺术欣赏活动是需要预设的，只是和原先的预设要求不同。

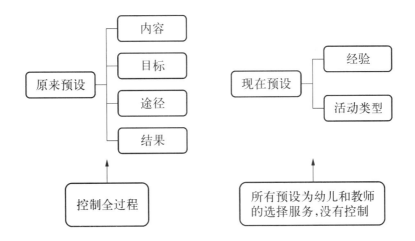

　　过年时吃的、玩的、看的内容等等，构成了幼儿对中国年的感觉，幼儿在获得经验的同时认识了中国年所蕴含的情感和风俗，依据主题宽泛的经验和活动来积累幼儿主题"年来啦"的艺术欣赏经验。这些预设可以让老师们投石问路，让孩子们有选择、有尝试。孩子们不必齐步走，不必统一做，可以在主题宽泛的时间段里自由甚至是任性地感受和表达。

　　此时，主题中的幼儿艺术欣赏预设是支持而非控制，预设的主题经验像扔进池塘的石子，孩子们的反应就像池塘中的涟漪，教师负责观察石子在哪里泛起涟漪，观察涟漪的大小、形状，以此来判断继续往哪个方向扔石子，支持与发展在动态中交替作用。

　　•"鹰架"丰富——技能不是问题

　　教师往往担心幼儿在创作时会受到年龄和技能的限制，其实当幼儿的主题经验积累得足够丰富时，他们能找到适合自己创作的技能进行表达。在开展"过年啦"活动时，幼儿的主题经验来自各个渠道，有来自爸爸妈妈的家园共育，有来自社会实践，当然更多的经验来自丰富的主题活动。孩子们不断积累经验，不断地感受和体验，有一天会萌发自己创作的想法。例如：《红灯笼》和《躺着吃东西的人》两幅作品中，幼儿用了三种方法来表现灯笼（红色手工纸剪开后围成圆形，白色毛球染成红色，餐巾纸染成红色揉成团状），从形的把握到材质的选择，幼儿的能力远远超过了我们的想象。以经验为底，灵感爆发时，孩子们自有技能。

新年已过，有关"年来啦"的艺术创造也告一段落，但是从教研历程里所得到的感悟却一直存在，那就是我们坚信幼儿是天生的艺术家，经验是成就儿童艺术欣赏和创作的平台，支持儿童艺术欣赏和创作的预设需要我们更多的学习和体悟。

（上海市浦东新区金囡幼儿园　苏　峰）

关于目标的三思

2018 年夏天，我们接触到了高瞻创造性艺术的课程理念，它以帮助幼儿学会主动学习为基本价值取向，旨在让幼儿对自然与社会具有高度的热情和广泛的兴趣，培养幼儿艺术表达表现的创造能力。而我们的教研团队就此开始了一路的学习、内化、思考、实践之路……

在实践创造性艺术的集体教学活动过程中，我们对于创造性艺术活动目标这一问题有着疑惑，比如："创造性艺术集体教学活动要不要目标？""目标应该怎么制定，更能体现创造性艺术活动的价值取向？""目标制定可以有哪些依据可循？"带着这些疑问，我们开启了指向创造性艺术的集体教学活动目标的研究。

一、一次冲击带来的最初思考：成人发起的创造性艺术活动要不要目标

冲击：高瞻创造性艺术课程理念下的集体教学活动没有目标

高瞻课程培训教师这样说：我们的创造性艺术活动没有目标，只有幼儿关键发展性经验（KDI）。创造性艺术活动更关注幼儿主动尝试、探索、学习的过程对其长远的影响，而不是一次活动产生了怎样的即时结果。当我们初步了解高瞻理念下的集体教学活动是什么样之后，对于教师应该如何实施创造性艺术集体教学活动，我们形成三大阵营，进行了激烈的讨论。

• 坚守派认为：没有目标，怎么设计教案，怎么递进环节，怎么评

价幼儿,怎么体现成效? 没有目标,如何凸显集体教学活动的价值和有效性?

• 开放派认为:没有目标的集体教学活动很好,教师轻松,幼儿自由,创造性艺术不就是在这样宽松的氛围下产生火花的吗?

• 中立派认为:我们要把幼儿关键性发展的经验溶于目标的理解中,创造性艺术集体教学活动既要有效,又要凸显对创造性艺术能力的支持,这才是最好的状态。

似乎坚守派擅长思考要什么,怎么要。知识与技能、情感与态度这两条目标对我们而言更为得心应手。而开放派试图探寻怎样允许幼儿用不一样的学习方式去探索、表现、创造。对于创造性艺术课程而言,幼儿自主选择、做决定,意味着更多创造的可能性……

因为僵持不下,坚守派和开放派找来了各自的活动实施方案进行比对。

开放派	坚守派
高瞻创造性艺术活动"雕像音乐" ——《高瞻课程起步30天课程计划》 (P107—P108)	偏音乐领域活动"母鸭带小鸭" ——小班主题教学活动"学本领"
雕像音乐 KDIs42 动作:幼儿用肢体动作来表达和表现他们的观察、思维、想象和情感。 活动材料: • 关于某个雕像的照片、绘画或图片(如果条件允许,可选择附近公园里的雕像,这样幼儿会更熟悉,并可以亲自去看看)。 • 没有歌词的音乐。	活动名称:母鸭带小鸭 活动目标: 1. 乐意用"鸭子走路""鸭子叫""鸭子游水"等模仿动作来表现歌曲《母鸭带小鸭》的内容。 2. 感受歌曲欢快的情绪,体验参与音乐游戏的快乐。 活动准备: 小鸭头饰人手一份,池塘场景,小鸭各种游泳姿态的照片,音乐《母鸭带小鸭》。
第一步: 齐唱歌曲《我们要摇啊、摇啊、摇啊》,直到每个幼儿都参与到活动中来,然后再唱一段,结束时所有人都坐在地板上。	活动过程: 一、学习歌曲—掌握歌曲旋律,为进一步活动作准备 1. 欣赏歌曲《母鸭带小鸭》。 提问:你听到了什么?

第二步：

问一问幼儿，他们有没有见过雕像的照片，并展示给幼儿。

告诉幼儿，他们可以用力绷紧身上的肌肉并保持住，这样自己就能成为一座雕像。

请幼儿全体起立，并跟老师一起做个雕像的造型。

接着，可以问问幼儿，他们是否能够用某种方式改变雕像的姿势，如抬起一条腿，朝另一个方向移动手臂等。

告诉幼儿，你将播放一些雕像音乐（没有歌词的音乐），当音乐开始时，幼儿可以按照自己的想法活动或跳舞；当音乐结束时，他们必须变成一座雕像。

教师可以随时播放并暂停音乐，并跟着幼儿一起舞动或成为雕像。

第三步：

告诉幼儿，下一次音乐结束后，他们要变成一座雕像，然后就可以进入下一项活动了。

2. 唱一唱自己喜欢的一段歌曲，可采用集体演唱的方法。

二、表现歌曲——尝试用"小鸭嘎嘎叫""小鸭走路""鸭子游水"等模仿动作来表现歌曲

（一）小鸭嘎嘎叫

1. 你们用什么动作来表示鸭子"嘎嘎嘎"地叫？

2. 让我们一起试试加上好看的动作来唱这首歌。

（二）小鸭走路

1. 小鸭是怎么走路的？谁来试试学鸭子走路？

2. 这个动作表示鸭子在走路，还有别的动作吗？

3. 我们一起用自己特别的动作来表示小鸭摇摇摆摆地走路。（播放音乐）

（三）鸭子游水

1. 小鸭是怎样游泳的呢？

引导幼儿边听歌曲，边拍翅膀做游泳的动作。

2. 个别幼儿表演，师幼共同分享经验。

小结：我们会用小手摆一摆、小手一合一开的方法表示小鸭走路、游泳，真有意思。

三、活动延伸——感受歌曲欢快的情绪，体验参与音乐游戏的快乐

数人结伴跟着排头，边唱歌边做律动，将全体人员分成若干队。

我们在对比交流中发现，对幼儿而言，目标没有明确指向性是具有极大挑战性的，幼儿需要花更长的时间找到自己想要什么，教师需要在大量的个别观察之后才能做出判断并提供支持，而集体教学活动的价值恰恰是单位时间内的效益最大化。传统的集体教学活动形式显然淡化了创造性艺术活动支持幼儿主动学习、挖掘幼儿创造潜能的初衷，但高结构的设计对幼儿而言是一种无形的"指引"。

于是，我们开始思考从预设目标到判断活动有效性，是否会限制幼儿创造性艺术能力发展的多种可能性。

思考：我们不会照搬"开放"，我们也不止步"坚守"，我们追求有意义的集体教学活动，试图对原本传统意义上的艺术活动目标与框架"松松绑"，促使幼儿创造性艺术表现能力的发展。

二、一段实践带来的深度思考：怎样的目标能体现指向创造性艺术的集体教学活动价值

实践：给目标和框架松绑后的创造性艺术集体教学活动，让我们看到了每个幼儿都是小小艺术家

带着坚守派、开放派和对立派三派争执以后的思考，我们尝试设计适宜的创造性艺术集体教学活动。在原来"母鸭带小鸭"的活动中，学鸭子叫的动作—学鸭子走路的动作—学鸭子游泳的动作这一结构设计是唯一的学习路径。因此，我们调整了活动目标与实践过程。

创造性艺术活动"嘎嘎嘎"（小班）

活动目标：

感受歌曲《母鸭带小鸭》的有趣，乐意尝试用身体动作表现小鸭子明显的特征。

活动准备：

1. 经验准备：有观察小鸭形态的经验，有变换不同声音唱歌的经验。

2. 材料准备：伴奏音乐。

活动过程：

一、欣赏感受歌曲《母鸭带小鸭》的有趣

教师清唱歌曲《母鸭带小鸭》，提问："你听到了什么？""听了这首歌有什么感觉？"

二、乐意尝试用身体动作表现小鸭的明显特征

教师的决定：听了这首歌，你想做什么动作呢？让我们一起跟着音乐来玩一玩。

幼儿的选择：

1. 幼儿跟着音乐摇摇摆摆。（教师和幼儿一起摇摆，给予幼儿重拍、节奏等支持）

2.“嘎嘎嘎”地唱，然后走路。（教师和幼儿一起唱歌，肯定幼儿对歌词的改编或者完整演绎）

3.幼儿没有变成小鸭子，没有和同伴一起玩。（教师询问幼儿的计划）

三、分享、交流幼儿的动作经验

1.幼儿交流各自的动作，说说自己是怎么玩的。

2.教师肯定每个“小鸭子”的动作都很特别。

我们鼓励幼儿根据“用动作表现小鸭子”这一要求自己制订计划，给予幼儿主动选择学习路径的机会，于是，各不相同的学习风格和经验发展水平呈现在我们面前：有的幼儿用动作表现小鸭喝水；有的幼儿不做动作，选择用歌声来表现；有的幼儿表现小鸭子游来游去吃小鱼……

幼儿在表演

究竟提供哪些元素供幼儿进行艺术创作，需要教师根据幼儿的兴趣、经验和发展需求确定目标，这是高瞻课程本土化的一个过程。我们要学习高瞻课程关注幼儿学习过程，关注幼儿在活动中可能获得怎样的经验，学习支持幼儿用各自不同的经验水平与学习路径去感知理解艺术元素。我们通过追求有意义的集体教学活动，而不是对即时效果的追求，让我们的脚步慢下来，和幼儿共同享受创造的过程，呼唤将“以终为始”的目标定义为过程中支持幼儿积累经验与发展能力的自觉意识。

思考： 无论目标如何制定，只要教师心中明确活动要基于一定的素材，给予幼儿一定的空间去进行艺术创作，愿意慢下来和幼儿一同感受艺术、享受创造的过程，不把目光聚焦在技能的获得，我们相信这种主动学习的空间一定能支持幼儿创造性艺术能力的发展。

三、一年思考带来的突破：基于幼儿如何学制订的目标有哪些可行依据

思考： 以幼儿如何学而制定目标为导向的目标设计依据

当我们对比了前后两次的活动方案与教学现场之后,深感目标制定的重要,再次回顾最后的目标设定,我觉得创造性艺术集体教学活动目标的设定应该注意以下方面。

• 关注情感连接

关注环境与幼儿的情感连接,关注经验与幼儿的情感连接,关注师幼互动、幼幼互动的情感连接,是目标中首先要关注的情感体验,人们的艺术创作离不开自身情感的诉求与表达。在活动中,幼儿对贴近自己情感的内容和元素更有创造的意愿和创造的空间,因此目标的制定应当关注情感连接。

在小班音乐活动"嘎嘎嘎"中,教师敏锐地发现孩子们最近喜欢扮演各种小动物。在园本特色微课程"狂欢十分钟"中,幼儿喜欢用肢体动作来表现鳄鱼、狮子、兔子等动物形象;在自由活动中,幼儿喜欢用动作装扮成小动物,和同伴一起游戏。因此,教师根据幼儿的年龄特点,结合他们的兴趣和经验设计了本次活动,试图通过集体教学活动"嘎嘎嘎",让幼儿在唱唱跳跳中多样化地表现动物,积累各种动作经验。我们不难发现,教师将幼儿喜欢模仿小动物的情感与集体教学活动"嘎嘎嘎"连接起来,支持幼儿情绪愉悦地参加动物舞会。

• 体现主动计划

主动计划是幼儿自主选择、创意表现的前提,也是高瞻创造性艺术活动的一大亮点。在目标中体现主动计划,意味着幼儿知道自己想做什么,怎么做。将幼儿计划什么放在目标中去思考,意味着教师要思考让幼儿根据活动内容主动安排自己创造性艺术活动的可能性。

活动"嘎嘎嘎"中,教师引导幼儿制订计划:你想要变成什么小动物?打算用什么好看的、特别的动作来参加音乐会呢?这两个问题的提出让幼儿在学习之前有了思考与选择:有的幼儿双臂张开,一张一合地做起了鳄鱼;有的幼儿边做小兔跳的动作,边改编歌词;有的幼儿和同伴扮成了两只要爬树的小蜗牛……这些创造艺术的过程体现了幼儿主动计划带来的丰富创意表现。

• 重视过程体验

教师要重幼儿情感、重亲身体验,接纳幼儿在活动中的想法,重视幼儿的学习过程，而不是只关注结果；在过程中讲究材料，操作，选择，儿童的语言和思维，成人的"鹰架"等，这些是主动学习包含的五种要素。我们尝试以体现过程的目标制定来强调幼儿行为表现的多元，支持幼儿在过程中体验。活动"嘎嘎嘎"的目标制订，是教师让小班幼儿在自主选择表现方式的学习过程中有自己思考的积极尝试。

三思之后的目标设计，让我们在进行创造性艺术集体教学活动设计时有了思考的方向与依据，关注情感连接，体现主动计划，重视过程体验，让幼儿在一个又一个集体教学活动中释放创造与艺术的火花，让活动对于幼儿的发展变得更有意义。

（上海市闵行区莘庄幼儿园　许晨琳）

画得越"像"越好吗

我园的研究目标为：尝试探索"高瞻课程背景下幼儿园家庭及社区艺术资源的开发与利用"的有效途径，在实践中形成本土化的高瞻课程。研究开始，我和其他老师一样在懵懵懂懂中摸索着，并很快感受到了高瞻理念带来的冲击。高瞻课程倡导家长的积极参与，认为家庭环境、家园合作对于幼儿的学习和发展有着重要的影响。

一、寻觅：我身边的家长资源

考虑到我们的课题涉及家庭及社区艺术资源的开发与利用，组建活动之初，我想听听家长的声音，于是我在班级群发起了讨论：一是向家长征集适合我们中班幼儿参观、体验、互动的艺术场馆；二是寻找身怀艺术才华并愿意支援幼儿园课题开展的家长。很快家长们的回复纷至沓来：有提议去 k11 艺术购物中心、上海儿艺剧场、上海自然博物馆、世博园的彩色熊猫剧场、后滩湿地公园游玩的；有要求开设民族乐器课、传统抖空竹课、黄浦滨江写生课；有建议上中西点课，这样幼儿有吃有玩，会很开心；有爸爸们自荐身怀运动绝技，篮球、足球、羽毛球等，从驯狗到太极拳都可以随时来园传授……

我正在翻看家长们的众多想法时，手机响了起来，麻豆妈妈的私信来了，详细介绍沪剧院的沪剧教唱、儿童剧场的亲子互动、儿童剧表演课、未来艺术馆的参观与互动等内容，这些实实在在的支持，正是我们所需要的。

二、缘起：“彩绘社”迎来首位家长社长

麻豆妈妈是上海沪剧院的舞台设计，从小学习绘画，也喜欢绘画，而且她身边有着一群热爱表演艺术、精通表演艺术的人才资源。有了这样的专业人士，加之考虑幼儿园一直以来的小舞台表演特色，我们商定开一个小小“彩绘社”。

当我正式邀请麻豆妈妈成为彩绘社的社长时，她开始有些忐忑了，担心自己没有教小朋友彩绘的经验。而此刻的我信心高涨，这么好的资源，我怎么也要牢牢抓住。所以，我给麻豆妈妈吃了一颗定心丸：难度降低、节奏放慢、相信幼儿，同时也请她放心，彩绘社还有我，我俩相互扶持，一定会收获满满。

三、迷茫：帮助孩子们画却不被领情

（一）活动前的铺垫与期待

听说彩绘社社长麻豆妈妈来教大家彩绘，孩子们都跃跃欲试。作为前期经验储备，结合主题“我是中国人”，孩子们在画纸上创作了自己的京剧脸谱。我还和孩子们一起讨论：“你们觉得这些彩绘图片怎么样？”

“太美了。”我看到莉莉的眼睛在发光。

“这叫时尚！”小敏淡定地发表了他的见解。

“要是洗不掉了怎么办？”我又问。

“过两天颜色自己会掉的。”

“用洗面奶呀！”

“我妈妈有卸妆水，我带来给大家一起用！”

我心中小窃喜：看来孩子们这方面的经验真不少，让我们一起期待这次活动。

（二）活动中的疲惫与坚持

12月的一天，麻豆妈妈来了。活动开始后，麻豆妈妈先出示了几个彩绘的脸部照片，然后和孩子们一起扮起了小狗。她先在自己的脸上一

步步示范了面部彩绘的步骤，接着请孩子们按她的步骤来画。为了让每个幼儿彩绘得惟妙惟肖，她还亲自指导每个幼儿的动作和流程，有时候会为他们添上几笔，让"面部狗"的效果更逼真。紧张的半小时过后，每个幼儿的脸在麻豆妈妈的指导下，都变成了可爱的小狗。

我悄悄问："孩子们，你们觉得彩绘社好玩吗？"

"太难了。"天天嘀咕了一声。

"有点累。"

"我不喜欢狗，我喜欢兔子。"

"老师，下次我能不来吗？"

我有些困惑：说好的快乐都去哪儿了？还没有好好开始，梦就碎了？

（三）活动后的反思与共识

精心准备的一次活动却换来了孩子们的不领情，活动结束后麻豆妈妈很茫然地问我："是我教错了吗？画得像不好吗？"她的话引发了我的反省：我们要的"像"是像什么？是像成人的眼之所见，还是像幼儿的心之所想？我和麻豆妈妈交流："孩子们彩绘的小狗脸谱虽然非常逼真，但是这一切都是成人眼中小狗的形象，并不是幼儿对狗的认识和理解，孩子们没得选，当然不快乐。"听完我的解释，麻豆妈似乎理解了，原本她觉得孩子们只有画得像才会体验到成功带来的自豪，没想到有了太多的限制，在过程中扼杀了孩子们主动创作的意愿。

这之后我们达成了共识：让幼儿更多地去感受，去探索，发挥他们的主动性和创造力。

四、放手：心中有花，自然百花齐放

4月份，我们班准备去浦江郊野公园进行活动，尝试将高瞻课程的理念在社会实践活动中加以运用。我邀请麻豆妈妈一起参加，希望通过活动能更直观地感受一下幼儿园组织的创造性艺术活动是怎样的。活动前，我和麻豆妈妈聊起了这次活动的小任务：让孩子们找花、赏花，设计属于自己的奇迹花坛。

麻豆妈妈有些担心："孩子们能行吗？"我告诉她："在高瞻教育的教育理念里，3—8岁的幼儿期被称为'大师期'。幼儿有着自己认识周围世界的独特方式，而独特的感受正是艺术得以生发的基础。"我们达成共识：放手！

人间四月天，春花烂漫时。我们沉醉在那片花海中，我问："这些花看上去怎么样？闻上去如何？"。

幼儿们的回答丰富多彩："好香啊！好美啊！""这朵花好大，这朵花的花瓣好小哦！""姐姐花好高好高，妹妹花好矮呀！"……

通过仔细观察，幼儿对花有了自己的认识，拿起画笔开始创作……

活动结束，在回幼儿园的大巴上，麻豆妈妈特地来找我，并得意地向我展示了小麻豆的作品。我也和麻豆妈妈分享了更多孩子们交来的作品。除了感动，麻豆妈妈觉得很意外，幼儿居然能想象出这么多东西，而且用画笔把它们表达出来。

麻豆妈妈赞叹道："虽然有些作品难以理解，但是每个幼儿的作品各不相同，真是太美了。"

五、绽放：人人都是小艺术家

又到了戏剧彩绘社活动的日子，这次麻豆妈妈带来了一个大箱子，她从百宝箱里拿出各种材料，很多都是上次彩绘社活动时孩子们没有见过的：桌上的小镜子，小毛笔，小水盆，调色盘，化妆海绵，化妆盒，彩绘笔，脸部彩绘视频片段，乐曲《动物狂想曲》，四周的橱上陈列着服装、饰品和小道具……

活动开始，麻豆妈妈给孩子们带来了百老汇音乐剧《猫》和迪士尼动画电影《狮子王》的片段，瞬间把孩子们带入了狂欢的情境中。一幅幅栩栩如生的面部彩绘图，让孩子们对脸部彩绘有了更加直观的印象。麻豆妈妈说："闭上眼睛想一想你要扮演的动物王国里的朋友，想好了就去化妆吧。"

孩子们按捺不住心中的兴奋，小脸在自己的画笔下慢慢地变化，猎豹，兔子，狐狸，猫，花仙子，小精灵，恐龙大侠，鲨鱼王子……他们不仅把自己化装成了各种形象，还选择了相应的饰品，扮演相应的角色。有的幼儿屏息凝神，有的幼儿互帮互助，还有的幼儿看着镜子里的自己，乐呵呵地对着镜子笑着、乐着……彩绘社的活动让他们过了一把彩绘瘾，沉浸在脸部彩绘带来的愉悦中。

活动结束了，欢乐未完待续……

从麻豆妈妈脸上绽放出的笑里，我读到了她对创造性艺术教育的肯定。彩绘社的活动让我们收获了最真实的惊喜和感动，伴随对高瞻课程理念的认识和实践，教师、幼儿和家长一起成长，真好！

（上海市黄浦区学前幼儿园　吴铭琳）

后记

春，甘美之春，一年之中的尧舜。伴随着疫情发生时的焦躁不安，伴随着疫情过后的草长莺飞，拂堤杨柳，我们的书稿也接近尾声。

书名是在书稿完成后才确定下来的，《我是快乐的艺术家》，它传递出我们对幼儿艺术教育的本质追求。"呵护天性""释放天性"，是希望幼儿园的艺术教育能突破理想与现实之间的藩篱，真正改变"被技能导向的惰性牵扯"，让我们的孩子们"像艺术家一样生活"。在一次次活动现场，当我们看到孩子们跳出没有"兰花指"的舞蹈，演绎独一无二的"音乐喷泉"，画出天真、童趣十足的"沙池里的画画""一团乱"……我们感受到了孩子们内心特有的调皮、探索、富有趣味的生命活力，以及独特的艺术表现力，而每个幼儿个体所感受到、关注到和偏好的一切，都能得到成人的积极回应。呵护每个幼儿"艺术家般的生活"，并凭借艺术自身的价值来促进幼儿艺术才能及其他领域才能的整体发展，这是艺术教育的独特魅力，也是我们的不懈追求。

本书是研究团队共同努力的结晶。在此，谨向以下各位老师和领导表示崇高的敬意和衷心的感谢！

诚挚感谢 12 所参与项目研究的幼儿园园长和教师们，你们是项目研究的主力军，是功臣，是你们以极大的工作热情和钻研的精神，投身于整个项目的研究和实践过程：一次次研习，用自己的思考诠释创造性艺术的内涵；一次次设计活动，与孩子真实互动，呈现了创造性艺术的策略与智慧；一次次修改案例，以文字、视频的形式生动地呈现了探索的整个过程，让人感受到别样的精彩。这些幼儿园形成的几十个实践案例、课程故事，经过项目组精心挑选，成为本书的实践案例部分，相信能为一线幼儿园提供最直接的参考，同时，幼儿园的专题经验也嵌入"理性思考篇"，成为"理性思考篇"厚实的、有力量的注释。

由衷感谢持续参与项目研究与指导的项目专家团队：华爱华、张荫尧、张婕、宋青、黄婴茵。由不同学段、不同专业、不同岗位经历组成的"异质"专家团队，为项目研究贡献了智慧，无数次对话、辩论和研讨给项目带来了富有创见的新观点、新视野和新启示。华爱华教授还为本书作序，真诚地分享了她从事艺术教育研究的心路历程，以及她对项目将在整个上海迎来"满园硕果"的期待。作为项目核心组成员，上海市教育委员会教研室徐则民、贺蓉、王菁等老师全身心投入，领衔项目幼儿园，从幼儿艺术教育的价值导向开始，针对幼儿园普遍存在的问题与不足，在实践与理论层面展开了研究与探索，既保证了项目研究的方向与进程，又为项目"落地开花"以及书稿的整体质量付出了心力与智慧。

同样感谢"高瞻研究所"的研究员常明、岳野、汪遂路等，从项目研究一开始，他们同样以极大的工作热情和严谨的研究态度参与到研究中来，注重发挥自身专业和职业背景的优势，为本项目的开展提供了丰富的信息以及课程资源，一起参与活动现场的观摩与研讨，牵头"幼儿观察指标"的研究，为项目推进提供了有力的支持与帮助。感谢冯惠老师参与课题研究，为项目认真做资料分类、整理以及归档等工作。

在此，衷心感谢上海市教育委员会教研室徐淀芳主任为项目做精准定位，为项目搭建平台，并给予精神和制度上的支持。衷心感谢谭轶斌副主任，作为课题组的直接领导，从项目立项、项目研究过程到本书的编写，全程给予悉心的指导和帮助：项目立项，与我们一起修改方案；酷暑与寒冬，与我们一起参与培训；全市展示，给予专业的激励与评价；项目结题，真诚地分享她对艺术教育的关注与思考。还要感谢上海市教育委员会托幼处王纾然副处长对本项目的支持，在全市展示会上，她动情地说："这个课题是上海对国家指南的本土化、超前化的发展，这个课题是对当下快节奏、焦虑心态的一种温和而坚定的回应，这个课题是从人的全面发展和终身发展的高度来看待我们的创造性艺术教育。"感谢上海市嘉定区教育学院浦月娟老师带领区幼儿园艺术教育中心组参与项目的部分实践研究。

　　付梓出版之际，还要感谢上海教育出版社的王爱军、时莉老师为本书提供的支持和付出的心血。

　　本书撰写情况如下：研究报告《别样的艺术让每个孩子'嗨'起来》，周洪飞；第一篇"理性思考篇"，第一章"研究缘起"，张婕；第二章"幼儿园创造性艺术活动实施定位"，张婕；第三章"幼儿园创造性艺术活动实施策略"，贺蓉；第四章"幼儿创造性艺术活动评价"，岳野、赵翊璇、汪遂路；第二篇"实践案例篇"，第一章"幼儿园创造性艺术课程活动案例"，徐则民（案例由幼儿园教师们撰写）；第二章"幼儿园创造性艺术课程活动故事"，王菁（案例由幼儿园教师们撰写）。本书第一篇统稿：贺蓉、周洪飞；第二篇统稿：徐则民、王菁；全书统稿：周洪飞。

　　衷心希望本研究成果能够引发更多学前教育研究者、工作者的思考与重视，将幼儿的创造性艺术作为重要的领域来看待，让我们的教育发自肺腑地尊崇儿童、追随儿童，用心感受，用情体会，返璞归真，向着心中那份美好，一路前行！

周洪飞

2020 年 5 月